LA
JUSTICE RÉVOLUTIONNAIRE

A PARIS ET DANS LES DÉPARTEMENTS

Table.

N° Ier

		Pages
	Introduction	1
1	Épisode du Tribunal de Paris. Le procès du chien	8
2	La commission de Bayonne, ayant aussi siégé à St Sever, Dax, Auch	9

N° II

	Extrait de l'introduction	1
3, 4	Commissions de Feurs (Loire)	2
5	Tribunal révolutionnaire de Gaillac (Tarn)	8
6	—— d° —— Rochefort	10
7, 8, 9	Commissions de St Malo	17

N° III

10	Tribunal criminel (ambulant) du Pas de Calais	3
11	Tribunal révolutionnaire d'Arras	8
12	—— d° —— 1re Section, séant à Cambrai	12
13	Commission militaire de Cambrai	12

N° IV

	Extrait de l'introduction	1
14	Tribunal révolutionnaire d'Évreux et de Pont-Audemer	3
15	Commission des Sables (Vendée)	5
16	—— d° —— de Fontenay	6
17	—— d° —— de la Rochelle	10
18	—— d° —— du Mans, au château d'aux (près de Nantes)	11
19	Tribunal criminel de Rennes (ambulant)	16
20	Tribunal révolutionnaire de la même ville (ambulant) remplaçant le 1er destitué	17

N° V.

	Commissions de l'Ouest. Introduction	1
	d° d'Angers	3
21	1. Parein et Félix (ambulante)	4
22	2. Proust (ambulante)	11
23	Commissaires recenseurs jugeant par F.	17

N° VI.

	Commissions de Nantes	1
24	Tribunal extraordinaire du 13 Mars	4
25	d° section Marion, à Guérande	5
26	d° section Bignon et Phelippes	5
27	Commission Lenoir, hôtel Pépin ayant aussi siégé à Paimbœuf	7
	Commission Bignon, venue du Mans, après avoir siégé à Savenay	10
28	Commission Félix, venue de l'île de Noirmoutier	19

N° VII

	Statistique de la justice révolutionnaire	1
	Commissions et tribunaux institués ou ayant jugé révolutionnairement du 17 Août 1792 au 1ᵉ Prairial, an III (par ordre alphabétique de départements)	3
	Table alphabétique des villes et lieux où s'est exercée la justice révolutionnaire	37
	Conclusion	38

N° VIII

29	Tribunal criminel d'Orléans	1
30	d° de Blois, ayant siégé à Montdoubleau	3
	Commissions de Tours	4

31	1. Commission Sénard	4
32	2. Tribunal criminel du département, à Chinon	5
33	3. Commission établie par Guimberteau, à Tours, ayant aussi siégé à La Haye Descartes	7
34	Tribunal criminel de Poitiers	8
35	—— d° —— d'Angoulême	9
	Commissions de Bordeaux, introduction	10
36	1. Commission Lacombe, ayant siégé aussi à Libourne	13
37	2. Commission Silastre, établie pour juger Lacombe	30

N° IX.

38	Tribunal criminel de Mont-de-Marsan, ayant aussi siégé à Tartas	1
39	—— d° —— de Pau	3
40	—— d° —— de Tarbes	4
41	—— d° —— de Foix	6
42	—— d° —— de Perpignan	7
43	1ʳᵉ Commission établie par Milhaud et Soubrany dans cette ville	7
44	2ᵉ Commission remplaçant la 1ʳᵉ destituée	7
45	Tribunal criminel d'Agen	8
46	—— d° —— d'Albi, ayant aussi siégé à Lacaune	8
47	—— d° —— de Toulouse	8
48	Tribunal révolutionnaire de la même ville	11
49	—— d° —— criminel de Carcassonne	11
50	—— d° —— d° —— de Montpellier, ayant aussi siégé à Béziers	12
51	—— d° —— d° —— de Nîmes	14

N° X.

	Commissions de Marseille, introduction	1
52	Tribunal populaire établi par les sections	2

53	Tribunal révolutionnaire. Maillet, 1ᵉ époque.	11
54	Commission Brutus	17
55	Tribunal révolutionnaire Bompard. Maillet. 2ᵉ époque.	21

N.º XI.

	Commission de Toulon. Introduction	1
56	Tribunal extraordinaire de Lambesc	3
57	— dº — populaire	3
58	Commission révolutionnaire	5
59	Tribunal révolutionnaire	6
60	Tribunal criminel de Grasse	7
61	——— dº ——— Nice	8
62	——— dº ——— Digne	8
63	——— dº ——— Avignon ayant aussi siégé à Bedouin.	9
	Incendie de Bedouin ordonné par Maignet.	12

N.º XII

64	Commission populaire d'Orange	1
	Procès des membres de cette commission	31

N.ºˢ XIII, XIV

	Commission de Lyon. Introduction	1
65	Commission militaire des assiégés	3
	— dº — des représentants	4
66	Commission Massol	4
67	— dº — Dorfeuille	6
68	— dº — Parein	11
	— dº — les juges	11
	— dº — les jugements	17
	— dº — les exécutions	28
	— dº — impressions des Montagnards	33
	— dº — plainte inutile des Lyonnais	38
	— dº — les élargissements	41

LA JUSTICE RÉVOLUTIONNAIRE

A PARIS ET DANS LES DÉPARTEMENTS

D'APRÈS DES DOCUMENTS ORIGINAUX
LA PLUPART INÉDITS
(17 août 1792. — 12 prairial an III)

PAR M. CH. BERRIAT-SAINT-PRIX
CONSEILLER A LA COUR IMPÉRIALE DE PARIS

N° 1.

Extrait de la Gazette des Tribunaux

INTRODUCTION.

I.

La justice révolutionnaire n'est pas connue. Elle a laissé dans le pays des souvenirs et des impressions que le temps n'a pu affaiblir et auxquels ne répondent pas nos historiens. Leur plume s'est arrêtée sur le Tribunal de Paris, le seul dont *le Moniteur* ait enregistré les actes. Elle a simplement effleuré quelques commissions semblables; Lyon, Nantes, Arras, Cambrai, Fontenay, Orange, Strasbourg. C'étaient là, sans doute, les plus impitoyables : ce n'était qu'une partie de ces Tribunaux de sang. L'histoire de M. Louis Blanc, la plus riche sur cette épo-

1865

que néfaste, n'en rappelle que onze. Sur les quatre-vingt-cinq départements qui alors divisaient le territoire, il n'y en eut que quatre, les Hautes-Alpes, le Cher, la Corse, la Nièvre, qui échappèrent à la justice de la Terreur. Au lieu de onze Tribunaux, j'en connais plus de cent cinquante qui siégèrent dans cent quatre-vingts villes différentes, et je ne me flatte pas de les avoir tous découverts!

En effet, durant environ une année, les représentants, en mission dans les provinces ou près des armées, établirent à l'envi des commissions révolutionnaires pour juger les émigrés et les contre-révolutionnaires, des commissions militaires pour juger les révoltés pris les armes à la main, et ils chargèrent les Tribunaux criminels des départements de juger sans jury certaines catégories d'individus ou même certaines affaires. Quelques-uns de ces Tribunaux immolèrent une multitude de victimes : *Angers, Laval, Lyon, le Mans, Marseille, Mende, Orange, Rodez*. Il y en eut plus de *quarante* qui firent des tournées, accompagnés de la guillotine. Les deux commissions d'*Angers* (1) sortirent plusieurs fois de cette ville ; celle de *Bayonne* alla aussi juger dans les Landes et le Gers ; celle de *Bordeaux* à Libourne ; celle de *Laval* dans plusieurs petites villes de la Mayenne ; celle du *Mans* à Laval, Châteaubriand, Blain, Savenay et Nantes ; celle de Strasbourg au midi de cette ville et jusqu'à Schlestadt.

La justice révolutionnaire ne s'arrêtait pas devant la distance ; elle ne tint pas plus de compte des formes et des personnes ; appliquant largement la doctrine professée aux Jacobins par Robespierre (2) : « qu'en *politique* on *jugeait* avec les *soupçons* d'un patriotisme éclairé, » elle mit les accusés en coupe réglée, et les condamna *à la rue*;

(1) Voir la *Gazette des Tribunaux* des 2, 5 et 6 septembre 1864.
(2) *Moniteur* du 23 frimaire an II.

elle sacrifia des femmes, des enfants, des vieillards; elle frappa les ouvriers, les domestiques, les journaliers, les petits commerçants, que servait la Révolution, en bien plus grand nombre que les nobles, les prêtres, les riches qui étaient réputés ses ennemis.

Elle fit comparaitre et *jugea* des enfants de *huit* ans, de *cinq* ans.

Elle vécut de dénonciations où la puérilité le disputait à la calomnie; elle condamna le père pour le fils, le fils pour le père; elle fit exécuter, à Paris seulement, cent quatre vingt-deux personnes dont la condamnation *n'a jamais été écrite*; elle réunit, séance tenante, de simples témoins aux accusés, et les envoya à l'échafaud.

Elle fit fusiller jusqu'à sept cent soixante-six personnes condamnées dans les prisons par des commissaires dont les jugements ne consistaient que dans UNE SEULE LETTRE DE L'ALPHABET! (1).

Ses actes inouïs amenèrent des mots et des écrits inouïs; un Tribunal révolutionnaire fut appelé le *théâtre rouge*; l'instrument de mort fut appelé le *rasoir national*, la *sainte guillotine*; ses coups furent *glorifiés* dans des ouvrages spéciaux.

Si les juges furent inexorables et aveugles, c'est que rien ne fut épargné : ni l'oubli des principes conquis par la Révolution, ni le tri du personnel, ni les lois effrénées, ni les exemples, ni les ordres, ni les menaces.

Ainsi, la Convention remplit les prisons avec la loi des *suspects*; elle punit de mort de simples manquements, des paroles imprudentes.

Elle investit de pouvoirs illimités ses membres en mission, qui, à leur tour, déléguèrent les mêmes pouvoirs à des subalternes ignorants, féroces et crapuleux!

---

(1) Voir les *Jugements par F.* dans la *Gazette des Tribunaux* du 5 septembre 1864.

Elle ferma la bouche aux accusés dont les juges redoutaient l'éloquence.

Reniant son origine, empruntant des armes au fanatisme et au despotisme, elle imita *l'Inquisition* qui reprenait les hérétiques absous; elle reprit des accusés qu'avait acquittés le jury en province, et que le Tribunal de Paris condamna à mort. Comme aux plus mauvais temps de l'ancien régime, pour juges elle eut des *commissaires* que Robespierre avait, le premier, réclamés; s'inspirant de l'ordonnance criminelle, sur le rapport de Couthon, suscité par Robespierre, elle ravit leurs défenseurs aux accusés!

A ses commissaires furent dictés leurs jugements; les tièdes furent menacés, emprisonnés et même jugés; mais la plupart se montrèrent *à la hauteur*.

Le Tribunal de Paris demanda à la Convention de hâter la condamnation des Girondins, d'écarter les témoins des Dantonistes, de le débarrasser des *formes* qui entravaient sa marche; ses jurés et ses juges, affiliés au club des Jacobins, allaient y déclamer les soirs, et y raviver leur zèle; le président Dumas y faisait étalage de ses condamnations!

Il y eut des représentants et des juges, qui, dans une correspondance publiée au *Moniteur*, exaltèrent le nombre de leurs victimes, la cruauté de leurs exécutions! Plusieurs représentants dinèrent avec le bourreau.

Historien équitable, je n'omets pas de rares actes d'humanité : l'annulation de condamnations injustes, l'octroi d'indemnités à des accusés absous, trop éloignés de leur domicile.

Le tableau que j'esquisse n'en est pas moins affreux; serait-il outré? Il n'est malheureusement que TROP VRAI, et il est incomplet; il y manque des traits horribles de cruauté locale, que l'on retrouvera dans mon récit.

. . . .

Telle a été la justice révolutionnaire. On a essayé de l'expliquer en la présentant comme une arme fatale opposée aux envahissements de l'étranger, et aux soulèvements de l'intérieur. On n'a pas craint, en même temps, de déifier son principal promoteur, Robespierre !

Loin de servir la Révolution et la République, cette institution et cet homme abominables n'ont réussi qu'à les faire détester.

Si, malgré les efforts des puissances et des insurgés, la Révolution survécut avec la République, c'est que le pays, qui voulait la révolution, avait accepté la République ; c'est grâce aux héroïques volontaires de 1792, partout vainqueurs une fois qu'ils se furent aguerris. Les immenses périls de l'année 1793, qui donc les surmonta, et quelle fut l'époque des conquêtes, des traités de paix ? Lyon fut réduit par la levée en masse que Couthon amena de l'Auvergne ; à Watignies, les Autrichiens furent écrasés par Carnot ; Toulon fut repris par le commandant d'artillerie Bonaparte ; à Savenay, la grande armée vendéenne fut détruite par Kléber et Marceau ; enfin, le 9 thermidor était passé, et Robespierre avait disparu, lorsque la Hollande fut conquise, la Vendée pacifiée, la Prusse et l'Espagne amenées à faire la paix. Ces triomphes furent dus à notre génie militaire et non pas à l'échafaud !

La justice révolutionnaire et Robespierre garderont toute leur hideur ; plus ils seront étudiés, plus sera justifiée l'horreur instinctive et profonde qu'ils ont inspirée aux honnêtes gens de tous les partis.

. . . .

II.

Épisode du Tribunal révolutionnaire de Paris.

Un chien condamné à mort et exécuté.

Le 27 brumaire an II, le Tribunal révolutionnaire de Paris condamnait à mort un invalide, ancien recruteur, nommé Prix, dit *Saint-Prix*, accusé de « manœuvres contre-révolutionnaires à Paris, en divers lieux, et notamment au Palais-Royal. » Cette affaire, qui ressemble à cent autres du même genre, offre un incident presque incroyable, et qui mérite une place distinguée dans les fastes de ce Tribunal.

Ce *Saint-Prix* avait un chien, recueilli ou déposé pendant sa captivité chez une femme Macquart, qui voulait bien en prendre soin. Qu'avait fait cet animal? de quel crime politique s'était-il rendu coupable? Le dossier, à cet égard, ne fournit aucun renseignement. Ce qui n'est pas douteux, c'est qu'il fut question de ce chien aux débats; ce qui est *certain*, c'est que le Tribunal, en condamnant le maître, ordonna que le chien serait également mis à mort.

Cette belle sentence ne tarda pas à recevoir son exécution. Dès le lendemain, 28 brumaire, sur les ordres adressés par Fouquier au comité révolutionnaire des Tuileries, le citoyen Georges, commissaire de police, attaché à ce comité, se transporta, accompagné de l'inspecteur Hostaux, chez la femme Macquart, qui fut invitée à leur représenter le chien de Saint-Prix; puis on requit l'assistance du citoyen Bonneau, sergent, de garde au poste voisin du Combat. Ces trois braves étant réunis, le malheureux animal fut incontinent assommé par le commissaire de police.

Là ne se termina pas l'opération : procès-verbal fut dressé du *canicide*, et signé des assistants, y compris la femme Macquart. Le jour même, le secrétaire du comité des Tuileries écrivait à Fouquier pour lui accuser réception du « jugement qui condamnait Saint-Prix à la peine de mort, et ordonnait que son chien serait assommé. » En même temps, ce secrétaire « envoyait le procès-verbal dressé à ce sujet, et priait Fouquier de faire rembourser *les frais* qui avaient été avancés. »

Il faut remonter assez haut dans les annales judiciaires de la monarchie pour trouver de semblables procès. Mon père en a rappelé quatre-vingt-onze du douzième au dix-huitième siècle, dans ses *Recherches sur les procès relatifs aux animaux* (1). Le Tribunal révolutionnaire de Paris, présidé ce jour-là par le célèbre Dumas, ne craignit pas de renouveler un de ces actes superstitieux. Au dossier de Saint-Prix (2) existent une copie certifiée du procès-verbal d'exécution du chien, et l'original de la lettre écrite par le secrétaire du comité des Tuileries à Fouquier-Tinville.

. . . .

III.

LA COMMISSION EXTRAORDINAIRE DE BAYONNE, AYANT SIÉGÉ AUSSI À SAINT-SEVER, À DAX, À AUCH.

La Commission extraordinaire (et révolutionnaire) de Bayonne fut une création des représentants Pinet aîné et Cavaignac, envoyés en mission dans plusieurs départe-

---

(1) *Mémoires des Antiquaires de France*, t. VIII, pages 403 et suivantes.

(2) *Archives de l'Empire*, section judiciaire, Tribunaux révolutionnaires, carton 296, dossier 253.

ments des Pyrénées. Ils établirent d'abord des comités de surveillance dans les localités importantes de leur proconsulat. Le comité de Bayonne avait pour président le comédien Aillet, de Rouen, plus tard condamné à mort par la Commission, avec trois autres membres du même comité (1).

Ces représentants invitèrent les municipalités à changer le nom de leurs communes, « en cas qu'il vint du fanatisme ou de la féodalité, ou bien que la commune fût, dans l'opinion publique, entachée de fanatisme ou d'incivisme. » Saint-Esprit devint *Jean-Jacques-Rousseau*; Saint-Jean-de-Luz, *Chauvin-Dragon*; Saint-Palais, *Mont-Bidouze*; Ustarritz, *Marat-sur-Nive*, etc. (2).

Plusieurs communes voisines de Bayonne étaient soupçonnées d'intelligence avec les Espagnols; un grand nombre de leurs habitants, hommes, femmes, vieillards, enfants, furent emprisonnés, et servirent de prétexte à la création de la commission; c'est un arrêté du 13 ventose an II qui l'institua; on y lit notamment (3):

« Art. 6. — Une commission extraordinaire sera formée sur-le-champ....

« Art. 7. — Elle connaîtra des délits de désertion qui ne sont pas purement militaires; elle prononcera sur ceux d'émigration; les personnes prévenues d'intelligences avec les prêtres réfractaires et les émigrés celles qui seront parentes à quelque degré que ce puisse être des traîtres qui ont passé sur le territoire ennemi et des prêtres réfractaires, seront conduites devant la commission (4). »

Ce Tribunal était composé de cinq membres : Cossaune,

---

(1) *Histoire du diocèse de Bayonne pendant le XVIII° siècle*, par M. l'abbé Duvoisin; *Courrier de Bayonne* du 30 janvier 1863.
(2) Même histoire, même journal.
(3) *Ibid.*
(4) *Courrier de Bayonne* du 30 janvier 1863.

président; Maury, Dalbarade, Martin, Toussaint, *juges;* assistés de Depeton, *secrétaire-greffier.* Il n'y avait pas de ministère public (1).

Du 21 ventose au 10 floréal an II, la commission jugea un grand nombre de personnes, tant à Bayonne qu'à St-Sever, Dax et Auch. On a conservé les noms des 62 accusés présents qui furent condamnés à la peine capitale (2). Ainsi que pour nombre de commissions révolutionnaires des départements, les jugements et presque tous les dossiers de ce Tribunal ont été enlevés ou détruits (3). Pourtant j'ai pu retrouver une partie de ses jugements; trois imprimés en placard : le premier rendu à Saint-Sever, contre l'huissier *Dumartin;* le second à Auch, contre *Larroche,* noble; le troisième, à Bayonne, contre *Boucher,* régisseur des fourrages; j'y reviens plus bas; un quatrième, en copie authentique, contre le marquis de *Galard;* plus, la copie du registre des jugements rendus à Saint-Sever (4). La teneur de ces jugements, tout-à-fait identique, suffit pour connaitre la procédure plus que sommaire suivie par ce Tribunal.

L'accusé était traduit, sans acte d'accusation, devant la commission assemblée. Après avoir décliné ses noms, son âge, sa profession, son domicile, il était interrogé sommairement par le président sur les faits qui lui étaient reprochés. On lisait les pièces qui le concernaient; puis sans appeler aucun défenseur, comme à Angers, à Lyon, à Nantes, à Orange, comme ailleurs, les juges délibéraient

(1) *Jugements contre Dumartin,* etc., cités plus bas.

(2) Liste des personnes condamnées par la commission extraordinaire à la peine capitale; *Histoire,* etc., de M. Duvoisin; *Courrier de Bayonne* du 4 février 1863.

(3) Lettre de N. de Larralde, procureur impérial à Bayonne, du 19 janvier 1863.

(4) Je dois la communication de ce registre à M. Lugat, curé-doyen de Villeneuve-de-Marsan (Landes).

et le jugement était rendu. La confiscation des biens des condamnés à mort était prononcée, ainsi que l'impression et l'affiche des jugements. La peine de mort était subie à *l'instant*.

A *Bayonne*, du 21 au 27 ventose, dans une première *session*, la commission condamna à mort sept personnes. La femme Cameron, d'Itsassou, se déclarant enceinte, son exécution fut différée (1).

Saint-Sever. — La commission se rendit ensuite à Saint-Sever, dit *Mont-sur-l'Adour*, où l'avaient précédée Pinet aîné et Cavaignac, à l'occasion d'une lettre interceptée que l'huissier Dumartin écrivait à un abbé émigré. Les représentants ordonnèrent le désarmement de tout le département des Landes, qui, pour eux, était « une nouvelle Vendée prête à se lever. » Avec une nombreuse escorte de dragons et de hussards, ils firent une tournée non loin de Saint-Sever, et, en trois jours, firent arrêter près de quatre-vingts « ci-devant nobles et seigneurs. » Bientôt la commission arriva avec la guillotine (2), et, du 4 au 16 germinal, furent condamnées à mort dix-huit personnes.

Arnaud Dumartin, huissier à Samadet, condamné le 4 germinal, était accusé d'avoir signé une lettre écrite le 1er mars 1794, de Samadet, à l'abbé Juncarot, au camp des Émigrés, sur la montagne de la Rune, en Espagne, et d'avoir eu, chez lui, une grande quantité de pain cuit, dont une partie était étiquetée : *officiers*, et l'autre, *soldats* (3).

MM. Grat-Chambre d'Argon, Sartigues de Sorbets, et

---

(1) Liste des condamnés, déjà citée.
(2) Lettre de Pinet et Cavaignac, du 6 germinal an II, lue à la Convention le 12, *Moniteur* du 14.
(3) *Moniteur* du 14 germinal an II, p. 736.

l'avocat Larbins étaient gravement compromis dans la lettre de Dumartin.

Le 28 germinal, Pinet et Cavaignac écrivaient à la Convention (1) qu'ils avaient étouffé la conspiration annoncée dans leur lettre du 6, mais qu'il y avait encore de grands coupables à punir, principalement à Bayonne.

Comme d'autres Tribunaux semblables, la commission de Bayonne, lorsque, ce qui était rare, elle acquittait un accusé, le faisait avec *éclat*; l'impression et l'affiche de ses jugements, en ce cas, étaient ordonnées à un grand nombre d'exemplaires. Tous ceux que je vais rappeler ne reçurent pas de publicité.

M. Dabbadie-Despouys devait être jugé le 14 germinal, en vertu d'un mandat décerné par le président. A la vue des gendarmes, ce malheureux se jette par la fenêtre, armé d'un rasoir; sa chûte le meurtrit au point de l'empêcher de paraître devant la commission, qui, sans l'entendre, le condamna à mort le même jour.

Le 16 germinal, Paris Maigre est acquitté; *Rouerès*, son dénonciateur calomnieux, est condamné à mort par le même jugement (2).

L'avocat Méricamp, jugé le même jour ou plutôt la même nuit, joignait à une science variée et profonde une véritable éloquence; ses mérites, sa probité, son énergie, lui avaient acquis une grande influence dans la contrée dont il fut le représentant à l'Assemblée législative. Il était revenu de Paris plein de dégoût pour les hommes alors au pouvoir. Il fut arrêté, pendant la nuit, dans la crainte du peuple qui l'aurait défendu. Le lendemain, aux abords de la prison, se forma un attroupement que Méricamp dissipa par ses discours. Cet acte d'héroïsme le perdit. La commission le fit comparaître à une heure du ma-

(1) *Moniteur* du 8 floréal, p. 885.
(2) Registre déjà cité de la commission.

tin, hors la présence du peuple. Cinq de ses amis, trembleurs et jaloux, déposèrent contre lui; sa condamnation fut immédiate; et à deux heures du matin sa tête tombait en face d'une porte de l'église (1).

Dax. — De Saint-Sever, la commission, revenant sur ses pas, entra à Dax, où, du 20 au 27 germinal, en trois jours, elle prononça et fit exécuter neuf condamnations à mort. Un grand nombre d'arrestations eurent lieu, et sans un attentat commis sur Dartigoyte, et qui appela bientôt le Tribunal à Auch, il est probable que Dax aurait fourni d'autres victimes. Ce court passage de la commission a laissé dans le pays d'ineffaçables souvenirs.

Les *suspects* avaient été enfermés dans le couvent des capucins. D'abord on mura presque jusqu'au haut leurs croisées; puis cette clôture fut démolie, mais la satisfaction des prisonniers, à qui on rendait ainsi le jour et l'air, fut de courte durée, car ils purent voir, en face, dans le cimetière du couvent, des fosses fraîchement ouvertes et qui leur étaient destinées (2) !

A Dax, les condamnations furent aussi motivées sur des prétextes, et les victimes montrèrent un remarquable courage.

M. de Neurisse, lieutenant-général, fut condamné parce qu'on avait trouvé chez lui une lettre de son fils émigré ; la sœur *de Rutan*, supérieure de l'hospice, parce qu'elle favorisait les émigrés; M. *Grateloup*, officier de santé, comme « réservant une barrique de bon vin à des parents émigrés pour la leur faire boire à leur retour; » la fille *Darjo*, sa servante, pour avoir dit qu'elle rincerait volontiers les verres (3). »

(1) Lettre de M. l'abbé Lugat, du 14 novembre 1863.
(2-3) Lettre de M. le procureur impérial de Dax, du 27 mars 1863.

La sœur de Rutan était une femme distinguée et excellente. Lorsque l'on apprit sa condamnation, il y eut une espèce de mouvement, pour la sauver, parmi les militaires qui se trouvaient en ce moment à l'hôpital. Arrivée sur l'échafaud, l'exécuteur porta la main à son cou pour enlever le mouchoir qui le couvrait : « Laissez-moi, lui dit-elle, en se retournant, la main d'un homme ne m'a jamais touchée, » et elle ôta elle-même le mouchoir (1) !

On promit la vie à la fille Darjo pour lui faire dire qu'elle avait entendu le propos imputé à son maître; elle répondit au Tribunal que rien n'était vrai de ce qu'on leur reprochait à tous les deux, et qu'elle aimait mieux mourir que de racheter sa vie par un mensonge. Son courage ne se démentit pas un instant, et elle marcha fièrement au supplice. On conserve encore, à Dax, le souvenir de cette héroïque fille du peuple, et il n'y a pas longtemps que des démarches furent faites dans le pays pour lui élever un monument (2).

M. de Labarrère, commandant de la gendarmerie, malade et goutteux, sembla recouvrer ses forces au moment fatal; soutenu par un gendarme, il fit, à pied, le trajet de l'hôpital à l'échafaud.

Auch. 26 germinal-3 floréal. — La commission, je l'ai dit, était à peine installée à Dax, qu'elle fut appelée à Auch, malgré la distance, à l'occasion d'un événement grave, surtout pour l'époque.

Auch avait aussi son club des Jacobins qui tenait ses séances dans la salle de spectacle. Dartigoyte, représentant en mission, allait y discourir tous les soirs (3), pour

---

(1-2) Lettre de M. le procureur impérial de Dax, du 27 mars 1863.

(3) Notes de M. Dupuy, huissier à Auch, âgé de quatre-vingt-un ans, témoin oculaire, communiquées par M. Bataille, procureur impérial à Auch, le 23 janvier 1863.

maintenir dans le pays, à la même *hauteur*, l'esprit républicain et philosophique que, plusieurs mois auparavant, son collègue Cavaignac l'avait aidé à y répandre (1). Le 17 germinal, au moment où Dartigoyte occupait la tribune, on lança sur lui, des troisièmes loges, une brique ou tuile qui ne l'atteignit pas, et se brisa. Les morceaux en furent recueillis et mis sous scellé (2). Les portes de la salle fermées, on chercha l'auteur de l'attentat. Deux enfants désignèrent un jeune soldat du bataillon de Mirande, qui s'était endormi dans une loge, et il fut arrêté (3).

Séance tenante, le club décida que Dartigoyte serait entouré par la société en masse et par le peuple ; que dans tous les moments il aurait une garde de cinquante bons montagnards, et qu'à cette occasion la société ferait une adresse (4) à la Convention. On lit, en outre, dans le procès-verbal de la séance :

« Dartigoyte voulut s'opposer à ces décisions; il se refusa à venger une injure qui lui était personnelle, aimant

(1) On lit dans le *Moniteur* du 12 frimaire an II, p. 291 :

« Le représentant du peuple Cavaignac écrit d'Auch, le 3 frimaire, à la Convention :

« J'ai secondé de tous mes moyens notre collègue Darti-
« goyte dans son apostolat philosophique. Le 30 brumaire
« fut fixé pour célébrer à Auch la fête de la Raison et l'abo-
« lition totale du fanatisme... Le peuple s'assemble autour
« d'un bûcher couvert de titres féodaux, et se fait amener dans
« un tombereau deux vierges à miracles de ce pays, les
« croix principales, les saints.. Le bûcher est allumé, et ces
« ridicules idoles y sont précipitées aux acclamations d'une
« foule innombrable. La carmagnole dura toute la nuit au-
« tour de ce brasier philosophique qui consumait à la fois
« tant d'erreurs. »

(2) *Moniteur* du 27 germinal an II.
(3) Notes de M. Dupuy, déjà citées.
(4) Elle est tout entière au *Moniteur* du 27 germinal an II.

à croire que l'attentat partait d'une main égarée, et demanda qu'on lui pardonnât.

« Le club, tout en admirant les sentiments de Dartigoyte, arrêta qu'une commission militaire, pour juger le coupable et ses complices, serait demandée aux représentants Pinet, Monestier et Cavaignac (1). »

La Convention, les comités de salut public et de sûreté générale, les jacobins de Paris et ceux de Toulon reçurent bientôt des copies du procès-verbal du 17 germinal. Le 26, sur le rapport de Barrère, et après la lecture de l'adresse et du procès-verbal des jacobins d'Auch, la Convention décréta que les auteurs, instigateurs et complices de l'attentat commis dans la salle des séances du club des Amis de la liberté et de l'égalité, à Auch, sur la personne de Dartigoyte, représentant du peuple dans le Gers, ainsi que tous autres conspirateurs, etc., seraient arrêtés et traduits sans délai, à Paris, devant le Tribunal révolutionnaire (2). Ce décret se trouvait déjà devancé. La commission de Bayonne s'était transportée à Auch, en vertu d'un arrêté de Pinet et de Cavaignac. Le 20 germinal elle condamnait à mort et faisait exécuter onze personnes, parmi lesquelles, suivant ces représentants, « le principal auteur de l'assassinat de Dartigoyte, qui faisait retentir, jusqu'à son dernier instant, l'infâme nom de Louis XVII (3). »

J.-B.-M. de Larroche, dont j'ai vu le jugement, fut condamné « pour sentiments aristocratiques, propos et menaces contre-révolutionnaires (4). »

Les souvenirs du passage, à Auch, de la commission de

(1) Procès-verbal du club des Jacobins d'Auch, du 18 germinal an II; *Moniteur* déjà cité.
(2) Même *Moniteur*, loc. cit.
(3) Lettre de Pinet et Cavaignac, du 20 germinal an II, au *Moniteur* du 11 floréal, p. 897.
(4) *Archives du Gers*; copie communiquée par M. Bataille

Bayonne, ont pu être recueillis. L'échafaud, dressé sur la place d'armes, y resta en permanence pendant plusieurs jours. La foule qui se portait aux exécutions était calme; l'impression de terreur était grande dans le pays. On faisait la *toilette des condamnés* sur le carré de la mairie contigü à la salle où siégeait la commission. Ces malheureux ne sortaient du Tribunal que pour marcher au supplice; la plupart n'opposaient aucune résistance.

M. de Larroche essaya de fuir; il reçut d'un gendarme de l'escorte un coup de pointe dans la poitrine, et fut traîné à l'échafaud (1).

Le marquis de Verduzan n'ayant été que blessé par le couteau, fut achevé par un gendarme, qui lui tira un coup de pistolet à bout portant (2).

Je transcris le jugement du marquis de Galard qui, avec la procédure, révèle l'instruction littéraire et les idées des membres de la commission :

Du 26 germinal l'an second de la République, etc.

La Commission extraordinaire (de Bayonne) séante à Auch, département du Gers,

A rendu le jugement suivant, auquel ont assisté les citoyens Cossaune, président; Dalbarade, Maury, Martin et Toussaint, membres de ladite Commission,

A été amené à l'audience un particulier qui, sur l'interpellation que lui a faite le président,

A répondu se nommer *Galar*, âgé de soixante et un ans, ci-devant noble, natif et habitant de Lectoure.

Le président lui a dit qu'il est accusé, d'après les papiers trouvés sur lui, d'avoir embauché plusieurs personnes pour l'armée des tyrans coalisés contre les vainqueurs des despotes couronnés, d'avoir entretenu une correspondance avec les ennemis de la chose publique.

(1) Notes de M. Dupuy, déjà citées.
(2) Extrait d'un acte de notoriété sur M. de Verduzan, dressé à Auch.

La Commission extraordinaire, vu la lettre écrite au marquis de Galard, dattée du 14 janvier 1792, signée Larrouy-Laguillermie fils, signée Ricau fils, deux manuscrits intitulés, le premier, Bulletin national, 13 mars, Bordeaux ; le second, Bulletin national, dédié à la belle jeunesse, le 11 mars 1793, et les réponses de l'accusé;

Considérant que ledit *Galart*, ci-devant noble, est convaincu, d'après les papiers qui ont été trouvés sur lui, d'avoir embauché plusieurs personnes pour l'armée des tyrans coalisés contre les vainqueurs de tous les despotes couronnés, d'avoir entretenu une correspondance infernale avec les ennemis de la chose publique, correspondance vomie par un de ses êtres qui ferait douter qu'il eut reçu le jour d'une divinité si on n'en connaissait bien l'existence;

Ladite Commission extraordinaire, marchant d'un pas égal avec tous ces hommes qui veulent sauver la République, applique la peine de mort conformément à la loi à Galart, être qui n'a que trop souillé la terre sainte de la liberté, confisque ses biens au profit de la République, ordonne que le présent jugement sera à l'instant exécuté sur la place de la Liberté, imprimé et affiché partout où besoin sera.

Signé au registre, etc. (1).

Une des condamnations fut exécutée, ainsi que cela avait déjà eu lieu à Paris, à la même époque, sans que le jugement eût été rédigé.

Alexandre Delong avait adressé à la fille Dufaur, sa gouvernante, et au sieur Mouch, de Marciac, trois lettres, qui furent interceptées et remises à Dartigoyte (2). Par un arrêté du 26 germinal, ce représentant ordonna que ces trois personnes seraient jugées par la commission extraordinaire; c'est ce qui eut lieu dès le lendemain, 27. Mouch avait pu s'évader; la liste des condamnés de la

(1) Communiqué par M. Laplagne-Barris, substitut du procureur général, à Paris.
(2) *Archives du Gers*; dossier de Delong, extraits de M. Bataille.

commission (1) porte : « 41. *Mouch*, de Marciac, évadé, condamné par *contumace*. »

Catherine Dufaur fut condamnée à six mois de réclusion et à l'exposition sur la guillotine pendant trois jours de marché, deux heures chaque fois, avec un écriteau portant ces mots : « Mauvaise citoyenne et fanatique décidée (2). »

La sentence de Delong n'a pas été retrouvée ; c'est une tradition reçue dans le pays que ce malheureux fut, le 27 germinal an II, exécuté sans jugement rédigé ; voici des pièces concluantes à l'appui de cette opinion.

Le dossier de Delong, qui est aux archives du Gers sous le n° 3, porte cette suscription (3) :

« Delong, de Marciac, mis à mort, sans jugement. »

Ce dossier, outre les pièces que j'ai déjà mentionnées, renferme les trois lettres suivantes (4) :

1. Dexos, *agent national près le district d'Ustarritz, au président du département du Gers.*

« 26 ventôse an III.

« Citoyen président,

« A la réception de ta lettre du 27 de ce mois, je me suis fait représenter le jugement relatif au citoyen Delong et à la citoyenne Dufaur ; quoique l'un et l'autre soient portés au même jugement, j'ai cru qu'il convenait de t'en adresser deux expéditions que je joins yci. Une chose m'a frappé : la condamnation du citoyen Delong n'est pas prononcée, et cependant il y a lieu de présumer qu'il l'a subie. Salut et fraternité.

« Dexos. »

(1) Liste des condamnés, déjà citée.
(2) Extrait du dossier de Delong.
(3) *Ibid.*
(4) *Ibid.*

2. La municipalité d'Auch au même président.

« Du 30 ventose an III.

« Il résulte des renseignements que nous avons pris, que le citoyen Delong fut exécuté le 27 germinal, entre huit et neuf heures du soir, et qu'il n'y eut point d'autre exécution ce soir-là. L'exécuteur nous a dit lui-même qu'il ne lui lut aucun jugement ; que les gendarmes et les dragons lui amenaient les condamnés et qu'il les exécutait. »

3. La commission des administrations civiles de Paris au procureur général syndic du Gers.

« Du 11 floréal an III.

« Citoyen, la commission te transmet copie de l'arrêté du comité de législation, par lequel Clément Long fils ou tous autres prétendants légitimes à la succession de Jean-Denis-Pont-Alexandre Long, mis à mort, le 27 germinal an II de la République, sur la place de la commune d'Auch, par l'exécuteur des jugements criminels, sans jugement préalable, sont maintenus et en tant qu'expoliés, réintégrés dans la propriété, possession et jouissance desdits biens, etc. »

À Auch et dans les environs, le nombre des arrestations sous la Terreur fut très-considérable. Il existe, aux archives du Gers (1), une liste imprimée des personnes *recluses* au ci-devant évêché d'Auch ou dans une des maisons nationales de Condom, par ordre des différents comités de surveillance, pour « cause d'aristocratie ou d'incivisme. »

Cette liste comprend 355 hommes et 57 femmes ; mais elle n'est pas complète : elle n'indique la situation des prisons qu'à un moment donné, et on voit dans le registre du comité révolutionnaire d'Auch, qui a été conservé, que beaucoup de noms manquent à cette liste, qui est

(1) *Extraits des Archives du Gers*, par M. Bataille.

certifiée par le citoyen Lantrac, président du directoire du département du Gers (1).

Les *reclus* étaient pris dans toutes les conditions sociales : il y avait des ci-devant nobles, des ci-devant seigneurs, beaucoup d'hommes de loi (Pierre Salvandy, de Condom, oncle du ministre de Louis-Philippe) ; avoués, avocats, huissiers, anciens juges ; des agriculteurs, des laboureurs, des domestiques ; là, comme partout, les petits, les obscurs n'étaient pas épargnés (2).

Auch avait aussi son temple de la Raison : c'était la cathédrale de Sainte-Marie. Un jour on y mena Augereau qui était de passage dans la ville. Une citoyenne, en l'honneur probablement du général, monta à la tribune et chanta une chanson de circonstance dont les vers suivants ont été retenus :

> Dans le cœur d'un Français
> L'amour est le bonheur suprême ;
> Tous les instants sont pleins d'attraits
> Auprès de la beauté qu'il aime !
> Mais au premier son du tambour,
> On sacrifie à sa patrie
>   Son bien, sa vie
>   Et son amour ! (3)

Revenons à la commission.

Bayonne. — La commission retourna ensuite à Bayonne où, du 5 au 10 floréal, elle condamna à mort 17 personnes (4).

Ses quatre premières victimes furent des membres du comité révolutionnaire, tous étrangers au pays (5) :

(1) *Extrait des Archives du Gers*, par M. Bataille.
(2) *Ibid.*
(3) Notes de M. Dupuy, déjà citées.
(4) Liste des condamnés, déjà citée.
(5) *Histoire*, etc., de M. l'abbé Duvoisin ; *Courrier de Bayonne*, du 30 janvier 1869.

Aillet, de Rouen, comédien que j'ai déjà mentionné; — Coutenceau, clerc tonsuré, de Toulouse; — Duvau, horloger, de Châtellerault; — Sempé, tailleur, de Lembeye.

Le 6 floréal fut aussi condamné à mort et le jour même exécuté, Jean-Charles Boucher, de Paris, régisseur général en chef des fourrages auprès de l'armée des Pyrénées-Occidentales, accusé de prévarication en présentant un faux état de situation des fourrages. Lafosse, garde-magasin, son complice, fut acquitté. Ce jugement a été imprimé (1).

La commission cessa ses fonctions le 10 floréal, obéissant au décret du 27 germinal an II qui prononçait la suppression des commissions révolutionnaires, et attribuait le jugement de tous les crimes de contre-révolution au Tribunal de Paris.

Quelque temps après, Pinet et Cavaignac, préparant de la besogne à une nouvelle commission, avaient, par un arrêté du 5 prairial, ordonné l'incarcération de toutes les religieuses du district d'Ustarritz et de Saint-Palais, lesquelles « se livraient impunément à la rage « de l'aristocratie, qu'elles portaient presque toutes « au fond de leur cœur, prêchaient le fanatisme, etc. » — La plupart de ces religieuses, conduites à Bayonne, y furent enfermées dans les forts où elles languirent jusqu'après le 9 thermidor, et la venue de Baudot et Delcher, successeurs de Pinet et Cavaignac (2). Ces nouveaux représentants remplacèrent par la douceur et la clémence la violence et la tyrannie. Ils rendirent à la liberté une mul-

(1) A la Convention nationale... : Récit des faits qui ont motivé le jugement et la condamnation à mort de Jean-Charles Boucher, etc., page 70, in-8° de 76 pages, imprimé à Paris, sans date. — Bibliothèque du Louvre, *Pièces sur la Révolution*, t. 588.

(2) *Histoire, etc.*, de M. l'abbé Duvoisin ; *Courrier de Bayonne*, du 6 février 1863.

titude de personnes dont regorgeaient les prisons, les châteaux-forts, des couvents et même des églises. Ils permirent de rentrer dans leurs foyers à des habitants des communes frontières, qui avaient été *internés* à une certaine distance. C'est vers le 20 fructidor an II que Baudot et Delcher arrivèrent à Bayonne et que Pinet partit, laissant après lui un nom exécré dans tout le pays (1). A la suite de l'attentat du 1ᵉʳ prairial an III, sur le représentant Féraud, la Convention décréta Pinet d'accusation, avec vingt-six autres de ses membres (2); Pinet dut la liberté au décret d'amnistie de brumaire an IV.

Prudhomme n'a connu qu'une petite partie des victimes de la commission de Bayonne; on n'en trouve que treize dans son dictionnaire (3). Voici les situations sociales des soixante-deux condamnés :

Hommes.	58		
Femmes.	4		
Canonnier.	1	Homme de loi.	1
Carabinier.	1	Horloger.	1
Clerc tonsuré.	1	Huissier.	1
Comédien.	1	Juges.	2
Cordonniers.	2	Marin.	1
Cultivateurs.	6	Militaires, soldats.	6
Curés.	3	Nobles.	9
Domestique.	1	Officiers de santé.	2
Employés.	2	Officiers.	3
Facturier.	1	Tailleur d'habits.	1
Gardes du corps.	2	Tonnelier.	1
Gendarme.	1	Vigneron.	1
Général.	1	Profession inconnue.	10

(1) *Histoire, etc.*, de M. l'abbé Duvoisin; *Courrier de Bayonne* du 6 février 1863.
(2) *Moniteur* du 7 prairial an III, p. 997.
(3) *Dictionnaire des individus condamnés à mort révolutionnairement* (sic), 1797, 2 vol. in-8°.

LA
JUSTICE RÉVOLUTIONAIRE
A PARIS ET DANS LES DÉPARTEMENTS

D'après les Documents originaux en partie inédits

PAR

M. CH. BERRIAT SAINT PRIX

Conseiller à la Cour impériale de Paris.

II

(Extrait du Cabinet historique)

EXTRAIT DE L'INTRODUCTION (1)

« J'ai annoncé des découvertes multipliées; des faits inouïs, jusqu'à présent ignorés. Je dois expliquer comment, d'une époque si rapprochée de nous et si explorée, tout à la fois, tant d'actes abominables ont pu se dérober ainsi aux écrivains qui se sont occupés de la Révolution. Plusieurs circonstances, suivant moi, ont amené cette singularité.

« D'abord plus d'une ville n'a gardé de la justice révolutionnaire qu'un affreux souvenir. Les registres, les jugements, les dossiers ont disparu, supprimés par les membres des comités ou des commissions révolutionnaires, après l'arrestation menaçante de Fouquier Tinville, leur émule et leur guide. C'est ce qui est arrivé à Marseille, où siégèrent successivement quatre commissions meurtrières; on n'y trouve plus un papier relatif à ces tribunaux.

---

(1) C'est une suite des communications de M. le conseiller Berriat Saint Prix. Espérons, pour nos lecteurs, que ce ne sera pas la dernière. — Nous croyons savoir que ce magistrat, continuant, avec un zèle toujours croissant, ses laborieuses recherches, a fait, l'automne dernier, un voyage judiciaire à Angers, Nantes, Rennes, le Mans, et, dans les greffes de ces villes, a recueilli les documents les plus inattendus en même temps que les plus authentiques.   L. P.

1864

« Si, ailleurs, d'horribles trésors ont été conservés, la prudence louable des magistrats les a longtemps refusés aux investigations des chercheurs et des curieux. Tant qu'à côté des familles des victimes ont existé les familles des bourreaux, des révélations recueillies et propagées par des esprits, même sérieux, auroient réveillé des douleurs assoupies et excité de graves et inutiles ressentiments. Là, aussi, à Angers, à Nantes, les matériaux ont fait faute aux historiens.

« Que si des publications locales on s'élève aux travaux d'ensemble, aux histoires générales de la révolution, on s'étonnera moins encore de tant d'omissions et de lacunes. Trois causes, très-considérables, sont venues les occasionner : la grandeur du sujet, le théâtre, le caractère des écrivains. En effet, les actes de la Convention, qui étoit presque tout en France, et surtout les fastes militaires avoient de quoi suffire à l'ardeur des historiens ; c'est à Paris que l'on a écrit ; à Paris, où les départements n'étoient pas étudiés comme aujourd'hui, où l'on se bornoit, sur la province, aux extraits écourtés du *Moniteur* ; enfin, les écrivains étoient hors de la vie judiciaire ; leur profession, ni leurs études ne les portoient vers la justice révolutionnaire, dont ils ne recherchoient pas et n'auroient peut-être pas su étudier les monuments !

« J'ai été plus heureux, dans ma grande entreprise. Mes fonctions, le nom de mon père, le bénéfice du temps, m'ont largement servi. Accueilli, aidé partout avec une bienveillance sans réserve, non-seulement j'ai obtenu toutes les communications souhaitées, mais j'en ai reçu que je ne soupçonnois pas. Nombre de magistrats ont bien voulu me consacrer leur loisir et leur travail ; je suis arrivé, de la sorte, à des résultats qui ont dépassé mes prévisions et mes espérances..... »

Commission de justice populaire et Commission militaire de Feurs (Loire).

La petite ville de Feurs (Loire) fut, après la prise de Lyon, le siège de deux commissions révolutionnaires successives, destinées à juger les habitants de Montbrison et des environs qui avoient été arrêtés comme s'étant réunis ou ayant fourni des secours aux Lyonnois rebelles (Vers le 10 septembre 1793, huit cents Montbrisonnois, dont cent cinquante cavaliers, amenant du canon et des vivres, étoient entrés dans Lyon).

La première, en date, de ces commissions étoit une section de la commission populaire de Lyon, destinée spécialement à la ville de Feurs, par un arrêté de Couthon et autres, du 11 octobre 1793, dont voici les dispositions spéciales (1) :

Art. 1 et 2. Il sera formé une *commission de justice populaire*, etc., divisée en deux sections... une siégera dans la ville de Feurs.

Art. 3 et 4. Chaque section sera composée de cinq juges, d'un accusateur public et d'un greffier... Elle jugera révolutionnairement, sans appel ni recours, etc.

Art. 6. La section de Feurs sera composée des citoyens :
Lafaye jeune, commissaire des représentants, *président* ;
Tailhant, municipal à Riom,
Meyrant, administrateur à Issoire,
Bouscarat, notable de Clermont-Ferrand, } *juges* ;
Valette, juge à Marvejols,
Dublon, commissaire à Thiers, *accusateur public* ;
Clavel, *greffier*.

Art. 8. La section de Feurs entrera en fonctions dans la huitaine de ce jour, installée par la municipalité de cette ville, etc.

Art. 9. Les citoyens membres de cette commission jouiront du traitement accordé aux juges des tribunaux criminels.

Art. 10. (Relatif à la nomination des jurés de jugement qui n'eut lieu ni à Lyon, ni à Feurs).

Art. 11. (Les juges et jurés qui ne se rendroient pas à leur poste, devoient être regardés comme *suspects*). (2)

La section de Feurs ne siégea que les 20 brumaire, 3, 6, 7, 16 et 19 frimaire an II ; elle rendit sept jugements et prononça seize condamnations à mort et dix acquittements (3).

Alors fut installée à Feurs une autre commission dite *militaire*, créée, le 16 frimaire, par Albitte, Fouché, Laporte et Collot d'Herbois (4), qui avoient remplacé Couthon à Lyon. Cette nouvelle commission étoit ainsi composée (5) :

Bardet, de Saint-Etienne (ou commune d'Armes), *président* ;
Archimbaud, capitaine à Saint-Rambert ;
Chaul, cordonnier, à Montbrison ;

---

(1) Archives du Rhône, premier registre de la commission de Feurs ; lettre de M. Cuaz, conseiller à la cour impériale de Lyon, du 31 mars 1863.

(2) *Mémoires pour servir à l'histoire de Lyon pendant la révolution*, par l'abbé Guillon ; 1824, t. II, p. 268-270.

(3-4) Premier registre de la commission, lettre de M. Cuaz, du 31 mars 1863.

(5) *Mémoires* de l'abbé Guillon, t. II, p. 395 ; jugement du 16 frimaire an II ; registre cité note suivante.

Phalipon, capitaine, ibid.;
Vital Avanturier, forgeron, à Saint-Etienne, *juges*;
Delhorme fils, ibid., *greffier*.

Les membres de la commission populaire, presque tous Auvergnats et compatriotes de Couthon, n'ayant pas répondu à l'attente des représentants, Collot d'Herbois les remplaça ainsi par des juges probablement à *la hauteur*, et qui, pourtant, furent encore moins énergiques que leurs devanciers; quelles étoient donc les accusations portées et les preuves fournies à cette époque?

Du 16 frimaire au 23 pluviôse an II, la commission *militaire* tint, à Feurs, dix-sept séances et rendit vingt-cinq jugements : quarante-huit accusés furent condamnés à mort; six ou sept à la prison; cent cinquante-un furent acquittés (1).

La plupart des exécutions capitales devoient être exécutées « sur l'heure ou dans l'heure » (2).

Les exécutions, par la fusillade, avoient lieu dans une belle allée du château du Rosier. Voici un trait attribué à Javogues, par un écrivain du temps :

« On avoit arrêté le mari de Mlle Angèle du Rosier. Cette jeune femme alla supplier Javogues de lui rendre son mari; « Oui, ma petite, lui répondit le proconsul, demain tu l'auras chez toi. » Le lendemain, le mari étoit fusillé et enterré dans l'allée du Rosier (3). »

Un trait pareil pourroit être considéré comme une fable, si son auteur, Javogues, ne s'étoit peint, lui-même, dans la lettre qu'on va lire, adressée à la commission de Feurs.

Le 5 nivôse, cette commission rendoit le jugement suivant :

Vu les interrogatoires des citoyens Alexandre-Louis-Jérôme *Charpin*, ci-devant noble, habitant à Firmini; Denis *Magneux*,

---

(1-2) Registre de la commission militaire de Feurs; archives du Rhône; lettre de M. Cuaz, du 9 mars 1863.
(3) *Mémoires* de Guillon, t. II, p. 376.

aussi ci-devant noble, habitant à Saint-Laurent-la-Couche; Pierre *Rochat*, juge de paix de Saint-Jean-Soleymieux;

Vu pareillement les diverses réponses des témoins produits pour ou contre, leurs certificats de civisme visés par les autorités constituées et leurs comités de surveillance respectifs;

Après les avoir entendus eux-mêmes dans leur défense et avoir pris plusieurs autres renseignements;

Déclare qu'il est visiblement prouvé que, depuis le commencement de la révolution, ils n'ont cessé de donner des preuves de leur attachement à la cause du peuple; qu'ils ont constamment défendu ses intérêts; qu'enfin il n'existe aucune preuve ni indice qui puisse faire suspecter leurs intentions;

En conséquence, elle les acquitte et ordonne qu'ils seront à l'instant mis en liberté;

Ordonne en outre, que sur l'expédition du présent jugement, il leur sera fait main-levée pure et simple du séquestre ou scellés mis sur leurs effets.

Ainsi jugé, etc. Signé : *Bardet*, président; *Tailland, Mayran, Phalippon, Chaul* et *Avanturier* (1).

On lit, en marge : « Expédié aux parties. »

Il est difficile, assurément, de trouver des acquittements plus satisfaisants, une démonstration plus complète de l'innocence des accusés. En apprenant cette décision, Javogues éclata; il écrivit à la commission la lettre suivante, déjà publiée parmi les papiers de Robespierre (2) :

« 10 nivôse, an II.

« Je vous défends de juger aucun criminel jusqu'à ce que je sois arrivé à Feurs. J'ai vu avec la plus vive douleur que les ennemis nés de la révolution, qu'un Comte, commissaire de commune pour la commission populaire, un noble tel que Magneux, *qui possède des richesses immenses*, ont été relâchés et déclarés innocents. Il faut que vous ayez perdu toute honte et toute pudeur pour aller blanchir des aristocrates aussi gangrenés. Je sais qu'il y en a parmi vous qui ont le *cœur orfèvre*, et qui aiment l'or. Des êtres aussi méprisables ne sont pas faits pour le gouvernement républicain. Vous veillerez seulement à la garde des prisons jusqu'à mon arrivée, et vous me répondrez sur vos têtes de tous les prisonniers

---

(1) Deuxième registre de la commission de Feurs; lettre de M. Cuaz, du 31 mars 1863.

(2) *Papiers inédits* trouvés chez Robespierre, Saint-Just, etc.; 1828, t. 1er, p. 305.

qui sont chez vous et de la tranquillité. Je croyois que votre conduite vous donneroit quelques droits à la reconnoissance publique; mais vous n'êtes que des lâches et des injustes. Tenez-vous à votre poste sans juger, pour que mes oreilles ne retentissent plus de vos iniquités. »

La commission de Feurs reçut-elle cette lettre abominable? Je l'ignore. Ce qui est certain, à sa louange, c'est que les acquittements qu'elle prononça redoublèrent. Trente-sept accusés furent acquittés le 20 pluviôse, et cinquante-un le 23. — Aussi les représentants en mission à Lyon, Fouché à leur tête, ne laissèrent-ils pas continuer un tribunal qui répondoit si mal à leur confiance. Le 23 pluviôse ils prenoient l'arrêté suivant, où l'on retrouve la rédaction cauteleuse de Fouché :

Au nom du peuple François :
Les représentants du peuple envoyés dans Commune-Affranchie pour y assurer le bonheur du peuple avec le triomphe de la république dans les départements de Rhône et Loire;
Considérant que la multiplicité des tribunaux révolutionnaires ne peut qu'affoiblir leur puissance et que l'établissement de deux commissions de ce genre dans les départements de Rhône et de Loire ne peut être appuyé d'aucun motif d'intérêt public;
Arrêtent que la commission révolutionnaire établie à Ville-Affranchie est seule chargée de juger les conspirateurs dans les départements de Rhône et de Loire, et que toute autre commission créée pour cet objet sera dissoute à l'instant, quelle que soit l'autorité qui l'a établie;
Déclarent rebelles à la volonté nationale tous les employés auprès de ce tribunal, tous ceux qui exécuteroient ses jugements après la notification qui leur aura été faite du présent arrêté.
Commune-Affranchie, etc.

FOUCHÉ, LAPORTE, MEAULLE (1).

Cet arrêté fut notifié, le 25 pluviôse, à dix heures du matin, à la commission de Feurs, qui se sépara à l'instant (2).

Il est à présumer que cette commission, heureusement pour de nombreux accusés, eut vent de sa dissolution prochaine,

(1-2) Dit registre à la fin; lettre de M. Cuaz, du 9 mars 1863.

car, le 23 pluviôse, au moment où cette dissolution étoit arrêtée à Lyon, elle prononçoit, à Feurs, 51 acquittements.

Les jugements de ce tribunal ne sont pas, comme ceux de la commission révolutionnaire de Lyon, des ordres d'exécution; ils sont motivés, même avec étendue, surtout les premiers en date. Ainsi le jugement rendu, le 16 frimaire an II, contre les nommés de Vissaguet et Monnet (1), condamnés à mort, n'a pas moins de quatre pages de copie (2).

L'un des derniers, rendu le 22 pluviôse, est très-succinct; en voici les motifs (3):

La commission de justice militaire réunie à Feurs, etc.,
Considérant :
1° Qu'il importe de purger le sol de la liberté des traîtres qui l'infectent;
2° Que le peuple demande vengeance de ses ennemis;
3° Que les François sont arrivés à un terme où rien ne peut excuser ceux qui ont sciemment arboré l'étendard de la contre-révolution;
D'après ces considérations et les interrogatoires subis par les nommés (suivent seize noms);
Déclare qu'ils sont convaincus d'avoir participé à la rébellion lyonnoise, soit en portant les armes contre leur patrie, soit en assistant au congrès départemental formé à Lyon, soit en propageant les principes des contre-révolutionnaires en cette cité rebelle, soit enfin en cherchant à détruire les sociétés populaires;
En conséquence, les condamne à la peine de mort (avec confiscation des biens) (4).

Un autre jugement du même jour, portant 11 condamnations capitales, est conçu dans les mêmes termes (5).

Ainsi les deux commissions de Feurs prononcèrent 64 condamnations à mort; Prudhomme n'en mentionne que 23 dans son dictionnaire (6).

(1-2-3) Même lettre.
(4) Deuxième registre, déjà cité.
(5) Archives de l'empire; section judiciaire, BB, 72-1.
(6) *Dictionnaire des victimes*, etc.; 1797, 2 vol. in-8.

Tribunal du district de Gaillac (Tarn), converti en tribunal révolutionnaire.

Un soulèvement, dont les grains étoient la cause, amena l'établissement momentané d'un tribunal révolutionnaire à Gaillac. Pour assurer la subsistance des armées, les cultivateurs du Tarn avoient été requis de porter leurs blés aux greniers publics des villes voisines créés en vertu d'un arrêté du représentant Paganel. La commune de Salvagnac devoit conduire ses grains à Rabastens. Une foule considérable se réunit le 8 ventôse à Salvagnac ; elle se porta ensuite à Rabastens, où elle s'empara des greniers d'abondance. On y envoya de Gaillac un bataillon avec du canon ; le rassemblement fut dissipé et une cinquantaine de paysans arrêtés. Le lendemain, les cultivateurs se rassemblèrent en plus grand nombre à Salvagnac ; on sonna le tocsin dans plusieurs paroisses ; avec le concours du maire Escalette, on s'empara de vive force du drapeau ; Escalette monta sur le piédestal d'une croix, harangua la foule et lui donna pour mot de ralliement : *la religion et du pain*. Puis on se dirigea sur Rabastens, ayant à sa tête un sieur Ratier dit Saby ; mais on fut arrêté en chemin par des troupes venues de cette ville et de Toulouse, et le rassemblement se dispersa entièrement (1).

Le représentant Paganel, qui se trouvoit alors à Toulouse, prit aussitôt l'arrêté suivant :

11 ventôse, l'an II de la république.

Le représentant du peuple, délégué par la Convention nationale dans les départements du Tarn et de l'Aveyron, en séance à Toulouse,

Considérant qu'il importe d'arrêter par des mesures promptes et sévères les progrès de la malveillance, etc., arrête :

(1) Extrait d'un mémoire contemporain de M. de Combettes, communiqué, le 7 février 1863, par M. Bastié, procureur impérial à Gaillac.

Art. 1 et 2. La conduite des bons citoyens de Gaillac, etc., les mesures prises par l'agent national de cette ville.... sont approuvées.

Art. 3. Le tribunal civil de Gaillac est expressément chargé d'informer contre les insurgés pris en flagrant délit et de les juger, l'investissant, à cet effet, des pouvoirs attribués aux tribunaux criminels.

Art. 4. (Transport des cloches du tocsin à la maison commune; démolition des clochers ordonnés, etc.)

Art. 5. (Arrestation de tous les prêtres des communes insurgées et leur dépôt aux ci-devant Carmélites; information à suivre contre eux.)

Art. 6. (Relatif au logement de la force armée envoyée à Gaillac.)

Signé : PAGANEL (1).

Le 19 ventôse, le tribunal de Gaillac reçut cet arrêté du commissaire national, et prit une délibération aux termes de laquelle :

Il déclaroit accepter l'attribution mentionnée audit arrêté;
Et ordonnoit que, toutes affaires cessantes, il vaqueroit à l'instruction et au jugement des prévenus dénoncés, à l'effet de quoi, jusqu'à la perfection de la procédure, l'administration de la justice civile demeuroit suspendue (2).

Ratier, Escalette, le curé constitutionnel de Salvagnac et un certain nombre de cultivateurs furent arrêtés et emprisonnés à Gaillac; la tour de Salvagnac fut démolie, les croix renversées, les cloches déposées à la mairie.

Le 26 ventôse, les débats de l'affaire s'ouvrirent à Gaillac et occupèrent neuf audiences consécutives, y compris le réquisitoire du commissaire national et le résumé du président. Par jugement du 5 germinal, furent condamnés,

A mort, avec confiscation des biens :

François Ratier, dit Saby, capitaine de la garde nationale de Vertus;

(1-2) Extrait du registre des délibérations du tribunal du district de Gaillac, communiqué par le même.

François Escalette, maire de Salvagnac ;

A la *déportation à vie*, avec confiscation des biens :

Delmas dit Gardel, et Fabet dit Rasin ;

A trois mois *de prison* :

Quatre autres prévenus (1).

Enfin le tribunal renvoya Salvy, dit Pissarel, devant le tribunal révolutionnaire, seul compétent, et prononça l'acquittement de vingt-six autres accusés, non convaincus (2).

Le lendemain, 6 germinal, Ratier et Escalette furent exécutés sur la place de la Liberté (dans le faubourg) de Gaillac. Ils se rendirent à pied à l'échafaud, en chantant le *Miserere* et le *De profundis*, et subirent la mort, Escalette surtout, avec courage, en présence d'une foule considérable (3).

Tribunal révolutionnaire de Rochefort.

Dans l'escadre livrée aux Anglois, à Toulon, se trouvoient des vaisseaux appartenant à d'autres ports de la République : tels étoient *l'Apollon* et *le Généreux* de Rochefort. Les équipages de ces bâtiments ayant obtenu leur renvoi dans leurs arrondissements maritimes, l'*Apollon*, ramena de Toulon, à la rade de l'île d'Aix, vers la fin d'octobre 1793, son propre équipage et plusieurs officiers du *Généreux*. On supposa que ces marins étoient envoyés par les Anglois pour leur préparer la reddition de Rochefort. Laignelot et Lequinio, qui se trouvoient en mission dans cette ville, firent emprisonner une partie de ces équipages (4). Ils annoncèrent ensuite la formation d'un

---

(1-2) Jugement, en placard, du tribunal du district de Gaillac, du 5 germinal an II ; Archives de l'empire, section judiciaire, BB. — 7.

(3) Extrait du mémoire, déjà cité, de M. de Combettes.

(4) *Histoire de la Saintonge et de l'Aunis*, etc., par M. D. Massiou, Saintes, 1846, in-8, t. VI, p. 223, 225. Comme dans beaucoup de villes, les jugements et dossiers du tribunal révolutionnaire de Rochefort ont disparu. Lettre de M. Chopy, procureur impérial, à Rochefort, du 8 mars 1865.

Tribunal révolutionnaire, pour les juger, dans une proclamation du 8 brumaire an II, où on lit ce passage :

« Un tribunal révolutionnaire, en faisant tomber la tête des chefs, fera connoître aux équipages et à la garnison trompés qu'on les destinoit à devenir, ici, comme à Toulon, les instruments du despotisme des rois et des prêtres (1). »

Suivoit l'arrêté de création du Tribunal qui porte :

Art. 1er. Il sera formé, dans la cité de Rochefort, un tribunal révolutionnaire pour juger tous les citoyens de ce département accusés de délits contre la liberté du peuple, la sûreté du gouvernement républicain, l'unité et l'indivisibilité de la République, de tout vol tendant à opérer son dépérissement, en un mot de tout crime contre l'intérêt national.

2. Ce tribunal fera toutes ses instructions en public et dans le lieu le plus spacieux possible.

3. Les comités de surveillance des différentes municipalités de ce département feront conduire au tribunal révolutionnaire de Rochefort, pour y être jugés, les citoyens contre lesquels ils auront des preuves de l'un des délits dont on vient de parler.

4. Le tribunal révolutionnaire sera installé dans les vingt-quatre heures, par deux commissaires de la municipalité de Rochefort et pris dans son sein.

5. Le tribunal est formé de 3 juges, 1 accusateur public, 1 substitut et 12 jurés ; il ne pourra prononcer en moindre nombre que de 7 jurés : il interrompra ses fonctions le dernier jour de chaque décade.

6. Sont nommés les citoyens :

André (Junius), commissaire auditeur près les tribunaux maritimes, *président* ;

Vieilh (A. Fr.), président de la société populaire de Rochefort, *juge* ;

Goyran (Gasp.), secrétaire de la commission des îles du Vent, *juge* ;

Hugues (Vict.), *accusateur public* ;

Lebas (Alex.), avoué, *substitut* ;

Linières (L. Arm.), avoué, *greffier*.

Suivoient les noms de onze jurés, ayant pour directeur le citoyen *Brudieu*, et parmi lesquels étoient un *maçon*, un *calfat*, un *cordonnier* et un *cuisinier* (2).

(1) Voir la dernière note de la page précédente.
(2) *Ibid.*, p. 228.

Quelques jours après, Laignelot et Lequinio écrivoient à la Convention :

« Tout va marcher ici rondement ; le peuple va de lui-même au flambeau de la raison que nous lui montrons avec douceur et fraternité. Le tribunal révolutionnaire, que nous venons d'établir, fera marcher les aristocrates, et la guillotine fera rouler les traîtres (1). »

Bientôt, rendant compte de la formation du tribunal et de l'empressement de plusieurs membres de la société populaire à briguer l'emploi de bourreau, ils écrivoient à l'assemblée la lettre suivante (17 brumaire), où le cynisme des actes le dispute à celui des paroles :

« Encore un grand triomphe moral, citoyens nos collègues, non pas sur les *momeries presbytérales*, elles n'existent plus dans ce pays, mais sur un préjugé non moins sot et non moins enraciné qu'elles. Nous avons formé ici un tribunal révolutionnaire comme celui de Paris, et nous en avons nommé nous-mêmes tous les membres, excepté celui qui doit clore la procédure, *le guillotineur*. Nous voulions laisser aux patriotes de Rochefort la gloire de se montrer librement les vengeurs de la République trahie par des scélérats ; nous avons simplement exposé ce besoin à la société populaire : *Moi*, s'est écrié avec un noble enthousiasme, le citoyen Ance, *c'est moi qui ambitionne l'honneur de faire tomber la tête des assassins de ma patrie* ; à peine a-t-il eu le temps de prononcer cette phrase, que d'autres se sont levés pour le même objet, et ils ont réclamé du moins la faveur de l'aider ; nous avons proclamé le patriote Ance guillotineur, et nous l'avons invité à venir, en dînant avec nous, prendre ses pouvoirs par écrit, et les arroser d'une libation en l'honneur de la République. Nous pensons qu'en peu de jours les juges le mettront à même de donner la preuve pratique du patriotisme (2) avec lequel il vient de se montrer si au-dessus des préjugés, etc. »

Que dire de cette lettre ? Qu'elle fut lue en pleine Convention, le 22 brumaire an II, douze jours après l'exécution des Girondins (3).

---

(1) *Moniteur* du 16 brumaire an II, p. 189.
(2) *Moniteur* du 24 brumaire an II, p. 219.
(3) Je passe, comme étant hors de mon sujet, d'autres actes de Laignelot et Lequinio à Rochefort ; l'inauguration du *temple de la Vérité* par un

L'instruction du procès de *l'Apollon* avoit commencé lorsque la gabare le *Pluvier*, qui étoit aussi à Toulon, voulant entrer dans la Gironde, fut poussée par les vents jusqu'à la rade de l'île d'Aix. Les officiers et une partie de l'équipage furent aussitôt incarcérés. Un ingénieur, qui en faisoit partie, se tua au moment de son arrestation. « Nous le regrettons, écrivoient les représentants, parce que c'étoit un des plus coupables et un des coupables les plus instruits. »

Le procès du *Pluvier* ne fut pas réuni à celui de *l'Apollon*. « Le tribunal révolutionnaire, ajoutoient les représentants, tamisera tous ceux qui, sur l'un et l'autre de ces vaisseaux, venoient ici pour substanter la rage et l'ambition du scélérat Pitt (1). »

Le tribunal de Rochefort commença ses opérations le 1er frimaire an II. Ce jour-là, deux condamnations à mort furent prononcées, et exécutées immédiatement par le patriote Ance, appelé par les représentants le *Vengeur du peuple*. Un des condamnés étoit enseigne de vaisseau.

« Les cris de *Vive la République!* écrivoit, le 1er frimaire, Lalgnelot à la Convention, se sont élevés de quatre mille bouches à l'instant où sa tête est tombée, et l'hymne chérie a couronné cet hommage rendu à la République (2).

« Notre tribunal révolutionnaire remplit parfaitement ses fonctions; il a la confiance du peuple autant que la haine des aristocrates, dont il est l'effroi. Avant-hier il acquitta un malheureux faussement accusé; le peuple, qui est toujours en foule à ses séances, couvrit le jugement d'applaudissements réitérés, et promena l'innocent par toute la ville au milieu des chants patriotiques et de la plus franche allégresse. Nous attendons avec impatience le jugement des scélérats de *l'Apollon* : désormais cela ne peut tarder et nous ne doutons pas que la justice, le tribunal et le peuple ne soient parfaitement d'accord sur le résultat (3). »

discours athée de Lalgnelot sur le *Bonheur*; le brûlement des images, tableaux et livres pieux sur la place, etc. Voir M. Massiou, t. VI, p. 234 à 230.

(1) Lettre du 1er frimaire an II, *Moniteur* du 8, p. 275.
(2-3) *Moniteur* du 8 frimaire, p. 275.

Le 2 frimaire (1), la même peine fut appliquée à *Rivière*, fournisseur des bougies de la marine, accusé d'avoir livré à l'État des bougies faites de thérébentine et de graisse recouvertes de cire et qui, au lieu de vingt-quatre heures, duroient seulement vingt-et-une minutes (2).

Le châtiment étoit excessif, sans doute; du moins la faute étoit grave, en supposant qu'elle fût prouvée (3).

Le 8 frimaire furent jugés, au nombre de trente-quatre, les accusés de l'*Apollon* et du *Généreux*. Comme tant d'œuvres semblables de Fouquier-Tinville, l'acte d'accusation n'étoit pas concluant. C'étoit un long récit des événements de Toulon où rien n'indiquoit nettement la part que chaque accusé y avoit prise.

Dix d'entre eux furent néanmoins condamnés à *mort* comme « atteints et convaincus de complicité dans la conspiration de Toulon (4), » savoir : *Brelay, Crassous, Guérit*, lieutenants de vaisseau; *Campel, Chamboudy, Mage, Varenne*, enseignes de vaisseau; *Dort, Martzy*, capitaines d'infanterie; *Bordeaux*, chirurgien-major;

Deux furent condamnés à la *déportation* comme « fortement suspects d'avoir participé à la conspiration; »

Huit à la *détention*, comme suspects par leur conduite;

Les quatorze autres furent absous (5).

Laignelot et Lequinio ne manquèrent pas, le jour même, 8 frimaire, d'informer la Convention de l'exécution de ces malheureux.

« Le tribunal révolutionnaire, écrivoient-ils, vient de condamner à mort dix officiers du vaisseau l'*Apollon*, et le *Vengeur du Peuple*

(1) Prud'homme, *Dictionnaire*, t. II, p. 338.
(2) M. Massiou, *Ibid.*, p. 243.
(3) *Histoire de Rochefort*, etc., citée plus bas, t. II, p. 340.
(4-5) Jugement imprimé du 8 frimaire, rapporté par M. Massiou; *Ibid.*, p. 250.

en a délivré la république. Tous les marins, tous les ouvriers du port et quelques officiers sont allés les prendre et les ont escortés d'une double haie jusqu'au lieu de l'expiation; l'air a retenti des cris de : *Vive la république!* à la chute de chaque tête; et des chants patriotiques et des : *Vive le tribunal!* ont rendu un juste hommage aux membres qui le composent (1). »

Un peu plus tard, le tribunal s'occupa de l'affaire de Gustave Dechézeaux, l'un des onze députés à la Convention, de la Charente-Inférieure. Comme un grand nombre de ses collègues, il avoit protesté contre les journées du 31 mai et du 2 juin, et, le 30 juin, il avoit envoyé cette protestation au comité de sûreté générale ; enfin, le 11 août, il avoit donné sa démission et s'étoit retiré à la Flotte, dans l'île de Ré (2).

Laignelot et Lequinio, dès qu'ils eurent établi à Rochefort un tribunal révolutionnaire, songèrent à leur ancien collègue. L'accusateur public Hugues lança contre Dechézeaux un mandat d'arrêt remis à des sectionnaires de Rochefort chargés d'en assurer l'exécution. Ils se rendirent à l'île de Ré, et Dechézeaux fut arrêté le 18 brumaire (3).

Ce n'étoit pourtant pas un contre-révolutionnaire. Dans le procès du roi, quoiqu'il eût voté la détention, il avoit déclaré que Louis XVI méritoit la mort ; plus tard, il avoit approuvé la Constitution de 1793 (4). Aussi nombre de sociétés populaires et de fonctionnaires publics lui délivrèrent-ils d'honorables attestations de civisme, qui furent imprimées avec une profession de foi et distribuées aux juges et aux jurés (5). Pour paralyser l'effet de ces manifestations, deux membres de la société populaire de la Rochelle furent envoyés à celle de la Flotte. Après une séance orageuse, les membres de cette dernière so-

(1) *Moniteur* du 17 frimaire an II, p. 300; *Histoire de la ville et du port de Rochefort*, par J. T. Viaud et E. J. Fleury; 1845, 2 vol. in-8, t. II, p. 338.
(2) M. Masson, *Ibid.*, p. 257, 262, 261.
(3) *Ibid.*, p. 263 à 265.
(4) *Ibid.*, p. 255, 259.
(5) *Ibid.*, p. 269 à 272.

ciété maintinrent leur certificat, moins six d'entre eux qui se rétractèrent par faiblesse ou plutôt par crainte (1).

Sept jours après, Dechézeaux parut devant le tribunal. Il y lut un discours préparé pour sa défense et qui produisit une vive impression sur l'auditoire. Les jurés, à l'unanimité, le déclarèrent coupable « d'avoir été, par de perfides écrits, le « complice de la conspiration qui avoit existé dans le sein de « la Convention, le 31 mai, le 1ᵉʳ et le 2 juin 1793, » et par un jugement, rédigé d'avance, Dechézeaux fut condamné à mort. Le soir même, il étoit exécuté, aux flambeaux, par un obscur employé aux vivres de la marine, qu'il avoit heurté durant sa vie politique et qui avoit demandé à remplacer, ce jour-là, le *guillotineur* (2).

La plus illustre victime du tribunal de Rochefort fut le vice-amiral comte de Grimoard (dit Grimoire dans le jugement et dans Prudhomme). A Saint-Domingue, pendant les troubles, ce marin commandoit la station. Il se trouva, au Port-au-Prince, avec le vaisseau *le Borée*, et là il résista au colon Brudieu et à son parti (3). Plus tard, revenu en France, il fut fait vice-amiral pour prix de ses services, puis destitué par le comité de salut public, le 30 novembre 1793 (4). Enfin Grimoard se retrouva à Rochefort avec Brudieu (directeur du jury au tribunal révolutionnaire), qui le dénonça et le fit condamner à mort (5), le 19 pluviôse an II (6). Je n'ai pu retrouver le jugement

(1) Voir la dernière note page précédente.
(2) *Ibid.*, p. 279 à 283 et 307. Le 29 germinal an III, la veuve de Dechézeaux se présenta à la barre de la Convention, assistée de son beau-frère Achille, et demanda la réhabilitation de la mémoire de son mari. Achille Dechézeaux lut son adresse. Boissy d'Anglas y répondit avec une vive émotion, et l'assemblée ordonna que ce mémoire et les pièces justificatives seroient imprimés aux frais de la nation. *Moniteur* du 2 floréal an III, p. 861.
(3) M. Massiou, *Ibid.*, p. 526.
(4) Archives du ministère de la marine.
(5) M. Massiou, *Ibid.*, p. 529.
(6) Prud'homme, *Dictionnaire*, etc., t. II, p. 418.

de cet officier général; les archives de l'empire n'en possèdent qu'un extrait, où l'on ne voit pas les motifs de la condamnation (1).

Le jugement de l'équipage du *Pluvier* y existe tout entier; il fut rendu le 26 pluviôse. Ce jour-là furent amenés devant le tribunal treize officiers ou marins de ce bâtiment. Sept furent condamnés à mort, comme « ayant été complices d'une cons- « piration à bord de l'escadre de Toulon : »

Penier, lieutenant de vaisseau, commandant;

Boyer, Labite, aspirants;

Tuollais, Bournier, commis;

Pègre, pilote côtier;

Bertrand d'Inville, soldat de marine;

Les six autres furent acquittés (2).

Aux victimes du tribunal de Rochefort, dont je viens de parler, il faut en ajouter vingt-deux d'après MM. Viaud et Fleury (3) : deux élèves constructeurs de la marine, Chancel et Coureau; sept marins du *Borée* (le vaisseau du vice-amiral de Grimoard), et treize autres personnes du pays.

Commission militaire et révolutionnaire de Saint-Malo.

Un grand nombre de Vendéens faits prisonniers aux combats de Dol et de Pontorson avoient été amenés à Saint-Malo, où les prisons en furent remplies. Jean Bon Saint-André, par un arrêté du 27 brumaire an II (4), institua une commission militaire pour les juger, et, dès le soir même de son installation, cette commission condamnoit à mort un laboureur de Cholet (5).

(1-2) Archives de l'empire; tribunaux criminels BB, 72-2; cote de la Charente-Inférieure.

(3) *Histoire de la ville et du port de Rochefort*, t. II, p. 343, 337.

(4) Lettre de M. Gagon, procureur Impér. à Saint-Malo, du 9 déc. 1862.

(5) *Précis historique sur la ville de Saint-Malo*, par Ch. Cunat, p. 5, et 2. Extrait de la *Revue bretonne et maritime*.

Pourtant, trouvée trop humaine, elle fut reconstituée, d'abord, par Bernard Tréhouard (10 frimaire), puis par Lecarpentier (9 nivôse), le même qui a laissé d'affreux souvenirs à Saint-Malo (1).

La commission de Saint-Malo siégea du 12 au 24 frimaire, et les 3, 10, 12 floréal an II, elle envoya à la mort un grand nombre de personnes, « convaincues d'avoir pris part aux mouvements contre-révolutionnaires des brigands (2). » Prudhomme, dans son *Dictionnaire*, nous a conservé les noms de quatre-vingt-huit de ces condamnés.

Lecarpentier disoit à la commission, qui, à son gré, n'alloit pas assez vite : « A quoi bon toutes ces lenteurs ? Où vous mènent ces « éternels interrogatoires ? Qu'avez-vous besoin d'en savoir si « long ? Le nom, la profession, *la culbute*, et voilà le procès « terminé (3) ! »

Un autre jour, un ami de Lecarpentier disoit : *Il suffit que nous restions trois mille bons sans-culottes en cette commune* (4).

Cependant la commission n'inclinoit pas à l'indulgence ; on a d'elle un jugement rendu à l'égard de vingt-cinq Vendéens *déjà décédés*, qu'elle jugea néanmoins et dont elle déclara les biens confisqués. Cette décision incroyable mérite assurément les honneurs d'une nouvelle publicité ; j'en transcris les parties les plus essentielles :

Jugement rendu révolutionnairement par la Commission militaire établie à Port-Malo, du 9 nivôse an II de la République françoise, une et indivisible.

La commission militaire, etc., instruite que Jean *Morin*, tisse-

(1) *Précis historique sur la ville de Saint-Malo*, déjà cité.
(2) Lettre de M. Gagon, déjà citée.
(3) *Précis du proconsulat exercé par Lecarpentier, sous la tyrannie de Robespierre, dans la commune de Port-Malo*, par F. M. C. Duault; in-8, p. 18.
(4) *Ibid.*, p. 1.

rand, de la Jubaudière (suivent les noms, professions et demeures des vingt-quatre autres accusés);

Arrêtés comme prévenus d'avoir fait partie de l'armée rebelle de la Vendée, sont morts en détention à Port-Malo, sans avoir été interrogés, vu l'état de foiblesse et de maladie dans lequel ils se trouvoient (suivent plusieurs considérants pour établir que ces prévenus décédés étoient tous réputés *émigrés*; que la plupart avoient fait partie de l'armée rebelle, que d'autres étoient d'*ex-nobles*, etc.; puis le jugement porte):

Considérant enfin que la condamnation des coupables, même lorsque la mort les a soustraits au glaive de la loi, importe à l'ordre social, et est exigé par l'intérêt public,

La Commission est unanimement d'avis qu'il est suffisamment certain que Jean Morin (et les vingt-quatre autres individus nommés après lui) ont fait partie de l'armée rebelle et ont pris part aux mouvements contre-révolutionnaires des brigands;

En conséquence, déclare qu'ils méritoient la peine de mort et qu'elle les condamneroit de la subir, s'ils n'étoient pas décédés; — ordonne que leurs biens demeureront confisqués au profit de la République.

Ainsi prononcé par jugement révolutionnaire, en l'une des chambres du Temple de la Justice à Port-Malo, environ sept heures du soir. Signé: Obrien, *président*; Buvry, Domenge (F. M.), Beauchemin, *juges*; Amy, secrétaire adjoint (1).

Voilà un chef-d'œuvre du genre; ce n'est pas le seul; il est de tradition à Saint-Malo que la commission rendit des jugements concernant des enfants de *cinq ans*, qui, heureusement, furent acquittés.

(1) Archives de la mairie de Saint-Malo; jugement communiqué par M. Gagon, lettre du 30 décembre 1862.

Paris. Imp. PILLET fils aîné, rue des Grands-Augustins, 5.

LA JUSTICE RÉVOLUTIONAIRE
A PARIS ET DANS LES DÉPARTEMENTS

D'après les Documents originaux en partie inédits

PAR

M. CH. BERRIAT SAINT PRIX

Conseiller à la Cour impériale de Paris.

Extrait du CABINET HISTORIQUE

Commission militaire et révolutionnaire de Saint-Malo.

(Suite.)

Dans un précédent article je disois : « Il est de tradition à Saint-Malo, que la commission rendit des jugements concernant des enfants de *cinq ans*. » J'ai reçu, depuis, un de ces monuments de la justice révolutionnaire, où figurent, comme accusés absous, un enfant de dix ans, deux de neuf ans, un de huit ans et enfin deux de CINQ ANS; en voici un extrait :

JUGEMENT

Rendu révolutionnairement par la commission militaire établie à Port-Malo, du 21 nivôse, l'an II de la république, etc.

La commission militaire établie à Port-Malo, etc., autorisée à juger révolutionnairement par ordre du citoyen Le Carpentier résentant du peuple, du 9 nivôse, ayant résumé publiquement es interrogatoires de :

Premièrement, ... ;
Cinquièmement, Philippe-Auguste Torreau, âgé de neuf ans ;
Vingt-septièmement, Pierre Métivier, âgé de dix ans ;
Trente et unièmement, Louise Brevet, âgée de neuf ans ;
Quarante et unièmement, Louis Brevet, âgé d'environ CINQ ANS, natif de Chaudron, district de Cholet ;
Quarante-deuxièmement, Jacques Paillon, âgé de huit ans ;
Et quarante-quatrièmement, Marie-Jeanne Maindron, âgée de CINQ ANS, domiciliée de Jallet, même district ;
Tous arrêtés comme prévenus d'avoir fait partie de l'armée des ebelles de la Vendée,
La matière mise en délibération, etc.;
La commission, considérant que Pierre Métivier n'est âgé que de dix ans ; Philippe Torreau et Louise Brevet, de neuf ans ; Jacques Paillon, de huit ans ; Louis Brevet et Jeanne Maindron, chacun de CINQ ANS ;
Qu'ils n'ont été, dans l'armée rebelle, qu'à la suite de leurs mères ou de leurs pères ;
(Suivent des motifs sur les 38 autres accusés) ;
La commission les renvoie absous d'accusation, attendu leur bas âge et leur inexpérience ; ordonne que les portes des prisons leur seront ouvertes, si, pour autres causes, ils ne sont détenus, et qu'ils seront transférés aux hôpitaux nationaux, vu leur état de maladie et de dénûment, pour y rester tant que la Convention le trouvera convenable ;
(Treize autres accusés sont absous ou obtiennent un sursis).

Les 23 autres (parmi lesquels un noble, deux prêtres, un chartreux et trois femmes), convaincus d'avoir fait partie de l'armée rebelle, et d'avoir pris part aux mouvements contre-révolutionnaires des brigands, sont condamnés à la peine de mort et, faute d'exécuteur des jugements criminels, à être fusillés, le lendemain, sur la grève, leurs biens confisqués, etc.

Ainsi prononcé par jugement révolutionnaire, en l'une des chambres du Temple de la Justice, portes ouvertes à Port-Malo, environ huit heures du soir ; signé : Domenge, Duplacy, Buvry, Treffegain, Obrien, président ; Corbet, secrétaire.

Imprimé à Port-Malo, place de la Raison (1).

Ce jugement et celui du 9 nivôse que j'ai publié dans mon précédent article, vérifient ces attaques de Duault contre Le Carpentier :

(1) Communiqué, le 15 avril 1861, par M. Gagon, procureur impérial à Saint-Malo.

« Ce représentant accabloit la commission de reproches sanglants lorsqu'elle le frustroit d'une partie de ses victimes. Il traduisit l'un de ses membres au tribunal révolutionnaire et en ruina un autre, en le destituant d'un emploi qu'il occupoit.

« Sous cette affreuse pression, les *femmes* furent fusillées, les enfants de *cinq ans* jugés, les *morts* condamnés, les malades des hôpitaux transportés sur le champ de carnage et fusillés dans leurs couvertures (1) ! »

Tribunaux révolutionnaires d'Arras (Pas-de-Calais) et de Cambrai (Nord).

Les souvenirs et les traces laissés dans le Pas-de-Calais et le Nord, par Joseph Le Bon ; à Arras et à Cambrai, par les tribunaux qu'y établit ce représentant, sont des plus poignants de la Terreur. On a pu contester quelques traits de cette sanglante histoire ; ceux qui sont, aujourd'hui, reconnus comme certains justifient, et au delà, cette affreuse renommée. L'extrait qu'on va lire est tiré du travail remarquable publié, récemment, par M. Paris : l'*Histoire de Joseph Le Bon et des Tribunaux révolutionnaires d'Arras et de Cambrai* (2) ; j'y ai réuni une pièce inédite et importante.

A Arras et à Cambrai, il y eut, sous la Terreur, quatre tribunaux extraordinaires : le tribunal criminel du Pas-de-Calais, qui fut, en même temps, un tribunal de *circuit ;* une commission militaire ; le tribunal révolutionnaire, proprement dit d'Arras, et, enfin, celui de Cambrai, qualifié de 1re section du tribunal d'Arras. Prud'homme n'a connu que ces deux dernières commissions et n'a signalé qu'une faible partie de leurs victimes : cent treize seulement, au lieu de cinq cent vingt-neuf, chiffre total.

(1) *Précis du proconsulat de Le Carpentier*, etc., par F. N. Duault.
(2) Arras, 1864 ; 1 vol. gr. in-8 de près de 700 pages.

Dans l'ordre des temps, le tribunal du Pas-de-Calais est le premier. C'est, le 24 juin 1793, à Arras, dans l'église des Sœurs grises, qu'il commença de juger révolutionnairement. Jusqu'au 24 août, avant la venue de Le Bon, il prononça quatre condamnations à mort et quatre à la déportation ; onze autres accusés furent acquittés, dont cinq maintenus en arrestation comme suspects. Le 25 août, Le Bon arrive à Saint-Pol et l'activité du tribunal redouble.

Avec la guillotine et l'ancien bourreau de l'Artois, le 28 août, le tribunal se rend à Saint-Pol ; le 2 septembre, à Bapaume ; le 2 octobre, à Boulogne-sur-Mer ; le 4, à Saint-Omer ; le 6, à Béthune ; le 23, à Calais ; le 27, il rentre à Arras, après avoir, dans ces différentes villes, prononcé et fait exécuter vingt-deux condamnations capitales.

C'est à partir de ce moment que les actes de la justice révolutionnaire de Le Bon s'aggravent. Avant de rappeler les principaux de ces actes, il est à propos de faire connoître les documents originaux où cet homme et ses séides se sont peints à leur insu. Ces documents, précieux pour l'intelligence des faits, sont des lettres ou arrêtés de Le Bon ou de ses complices : jurés de son choix, administrateurs sous son autorité, dans tous, le maître et les émules, rivalisent en fait de cynisme et de sanglante fureur.

Le 28 août 1793, Le Bon écrivoit aux administrateurs du Pas-de-Calais :

La *guillotine* attend impatiemment *son gibier* ; les juges sont en plein ouvrage... L'exemple sera tel, qu'il intimidera les pervers et les aristocrates jusqu'à la vingtième génération.

Le 21 brumaire an II, pour réglementer le chauffage dans les prisons d'Arras, il prenoit un arrêté où on lit ces passages :

Joseph Le Bon instruit.... qu'il existe, à Arras, dans les maisons de réclusion, des quantités de bois destinées à chauffer séparément ce *ramas d'imposteurs* qui ont fait tous les maux de la France..... Considérant qu'un chauffoir commun suffit pour la *prêtraille*....

(On n'oublie pas que Le Bon, de 1789 à 1792, avoit été prêtre oratorien et curé).

Le 19 brumaire, il répondoit au comité du salut public :

J'étois digne, j'ose le croire, de recevoir la lettre que vous m'avez écrite. Vous me livrez à mon énergie révolutionnaire; eh bien, rien ne m'arrêtera pour le salut de la patrie! Malheur aux traitres, aux dilapidateurs, aux prévaricateurs de toute espèce; leurs *têtes* vont *tomber* comme *la grêle!*

Le 6 frimaire, il écrivoit au même comité :

Je garde le silence depuis quelques jours. Dites, tant mieux, c'est que Joseph Le Bon *travaille fort;* oui, je vous assure, j'y vais d'une jolie manière. Il ne se passe pas vingt-quatre heures que je ne dépêche au tribunal révolutionnaire, à Arras, deux ou trois *gibiers de guillotine!*

Le 19 pluviôse, il lui écrivoit encore :

Les prisons s'engorgent..... l'innocence souffre de l'air infect des maisons d'arrêt; d'un autre côté, la *guillotine* perd sa *proie,* attendu que plusieurs grands prévenus meurent entre les bras des geôliers.....

Le 25 pluviôse :

Hier, le ci-devant comte de Béthune-Pénin paroissoit ici comme complice d'émigrés..... Quoique son *raccourcissement* parût certain, d'après les pièces, les jurés campagnards ne purent se décider à voter contre un si riche coupable..... Imaginez-vous mon indignation! je fais arrêter le défenseur officieux.....
Je requiers l'apport subit à l'administration de toutes les pièces; en moins de six heures, Béthune fut déclaré émigré, jugé et raccourci aux flambeaux, et aux cris de : Vive la République! L'aristocratie eut un rabat-joie, et le patriotisme qui avoit frémi de rage le matin, le soir frémit d'allégresse.

Le 22 ventôse :

Avant-hier, la sœur du ci-devant comte de Béthune (madame de Modène) a *éternué dans le sac.....*

Un arrêté du 17 ventôse sur les prisons d'Arras, affectoit « aux gens suspects, pour les *mâles,* l'Hôtel-Dieu; pour les *femelles,* la maison de la Providence. »

Darthé, administrateur du Pas-de-Calais, écrivoit à Le Bas, le 20 ventôse :

Le Bon est revenu de Paris....., transporté d'une sainte fureur contre l'inertie qui entravoit les mesures révolutionnaires. Tout de suite un juré terrible, à l'instar de celui de Paris, a été adapté au tribunal révolutionnaire; ce jury est composé de soixante bougres à poil..... La guillotine ne *désempare* pas; les ducs, les marquis, les comtes et barons, mâles et femelles, tombent comme grêle.....

Le tribunal ne peut y suffire..... Nous ne dormons plus.

Le Bon écrivoit, le 4 germinal, au comité du salut public :

La *guillotine*, si elle continue son même *train*, débarrassera peu à peu nos maisons d'arrêt.

Puis le juré Gouillart écrivoit aux sans-culottes de Béthune :

Le 11 floréal : Courage, continuez, ça va; allons au pas de charge, plus que jamais; point de quartier.....; j'ai appris que vous serez charmés de savoir tous les jours *les noms des guillotinés*; e vous les ferai passer ainsi que les nouvelles des armées.....
Le 13 : Nous avons *fait guillotiner* aujourd'hui huit scélérats.
Le 15 : Cinq scélérats ont été hier *guillotinés*.

Le Bon, arrivé à Cambrai, écrivoit au comité, le 18 floréal :

La nuit dernière a été consacrée à un grand nombre d'arrestations de parents d'émigrés et de ci-devant nobles, qui se promenoient encore en dépit de vos antiques mesures..... La guillotine s'élève en ce moment sur la Grand'Place. Demain, j'espère, le tribunal sera en pleine activité.....

Le même jour, le juré Duhaut-Pas écrivoit au district de Béthune :

Je remplace notre collègue Gouillart pour vous informer, jour par jour, des noms des traîtres et des scélérats que le glaive vengeur de la loi a frappés : hier douze de cette clique infernale ont été atteints; voici leurs noms.....
Je vous écris du tribunal où nous sommes *après les carcasses* de trente-deux de Saint-Pol.....

Et le même jour, à six heures du soir :

Je m'empresse de vous mander que sur les trente-deux qui ont été mis en jugement aujourd'hui, vingt-sept sont frappés du glaive de la loi.....

Et le lendemain 19 :

On dit que ça ira, et moi je dis que ça va.....; voici les noms de ceux qui ont subi la peine due à leur scélératesse.....
Demain (jour de décade), RELACHE AU THÉATRE ROUGE!!!

Le même jour, Le Bon écrivoit à Duquesnoy :

La guillotine continue de *rouler* à toute force à Arras.....; on m'en annonce aujourd'hui vingt-huit de Saint-Pol expédiés hier. Elle va, primidi prochain, commencer ici (à Cambrai) *ses exploits*.

Le 28, Le Bon écrivoit à Saint-Just et Le Bas :

La *machine* est en bon train, je l'espère..... Messieurs les parents et amis d'émigrés et de prêtres réfractaires *accaparent* la guillotine.....

Le même jour, Tassin et Le Fetz, jurés de Cambrai, écrivoient à Arras :

Nous vous embrassons ainsi que tous nos frères d'Arras. La *guillotine* et la *fusillade* vont toujours leur train. Nous attendons le retour de Le Bon pour frapper avec une nouvelle vigueur.

Le 9 prairial, le juré Leroux écrivoit à Béthune, en annonçant la condamnation des époux Delcroc :

Ah ! *sainte guillotine*, tu es bien respectable ! Tu vas bien mieux que la lanterne, car tu *satisfais le souverain* et tu le satisfais également.

Le 25 prairial, le juré Duhaut-Pas écrivoit à Béthune :

Il y a deux jours, je vous faisois part de mes craintes sur l'*enrouillement* de la guillotine; les journées d'hier et d'aujourd'hui les ont dissipées. Sur dix accusés qui ont été traduits au tribunal révolutionnaire, cinq ont fait *la bascule*.....; la première des cinq qui a désiré que *ses pieds fussent de niveau avec sa tête* est une scélérate....., nommée Elisabeth *Plonket*.....

Le 7 messidor, le juré Clément écrivoit à Béthune :

L'infâme et scélérat Proost vient de tomber sous le glaive de la loi. Sa défense a été des plus astucieuses ; mais il n'en imposa pas à un juré révolutionnaire *déjà convaincu* de sa scélératesse,.....

Enfin, le 6 thermidor, la Société montagnarde de Saint-Omer écrivoit à Le Bon :

Vous avez le remède qui convient à ces maux épidémiques (les fanatismes de la religion, de la royauté et des richesses), et ce *remède, c'est la guillotine*; elle encourage les faibles, soutient ceux qui chancellent et n'est effrayante que pour le crime.

Voyons, maintenant, les actes ; quels qu'ils soient, ils ne paraîtront pas au-dessus de tels écrits.

En frimaire an II, le tribunal condamne à mort onze Auvergnats, chaudronniers ou rémouleurs ambulants. Ils avoient franchi la frontière pour exercer leur profession en Belgique. Rentrés en France, le département les déclare émigrés et le tribunal, constatant leur identité, les envoie à l'exécuteur!

Le procès du comte de Béthune, jugé un peu plus tard, laissa dans le pays une impression d'horreur qu'on y retrouve encore au bout de soixante-dix ans. Maréchal de camp en retraite, chevalier de Saint-Louis, M. de Béthune avcit, à Arras, une grande position. Inscrit à tort sur la liste des émigrés, il fut arrêté, en 1793, puis élargi deux fois. Incarcéré pour la troisième, le 28 nivôse, il parut devant le tribunal le 21 pluviôse an II, comme accusé de complicité d'émigration, et, sur les conclusions conformes de l'accusateur public Demuliez, il fut acquitté. Le Bon, qui assistoit aux débats avec le fameux Darthé, fit arrêter, comme suspect, le sieur Leducq, défenseur du comte de Béthune. Celui-ci fut ensuite renvoyé devant les administrateurs du département, qui, contre l'évidence, le déclarèrent émigré. Le Bon, par là, évitoit le jury. A huit heures du soir, le tribunal se réunit, de nouveau, non pour juger M. de Béthune, mais pour constater son identité. Des troupes furent mises sous les armes, et, à dix heures du soir, ce malheureux étoit exécuté aux flambeaux. On a vu en quels termes Le Bon rendit compte au comité du salut public de cette espèce d'assassinat.

Ce procès, pour Le Bon, fut un enseignement. Les jurés ordinaires étoient des instruments débiles. Dès le lendemain, soixante jurés (les b... à poil de Darthé) étoient choisis par le représentant et attachés au jugement révolutionnaire de tous les délits contre la chose publique. M. Paris a fait, en abrégé, leur biographie; la plupart étaient des hommes obscurs signalés par la violence de leurs opinions; on y comptoit un ancien domestique, deux Génovéfins défroqués, deux soldats de police et un homme à qui un vol avoit été imputé. Quatre autres, bien différents, opposèrent de la résistance à Le Bon, furent emprisonnés et contribuèrent, plus tard, à la chute du farouche proconsul.

Tous les jours le greffier du tribunal révolutionnaire devoit envoyer à Le Bon un état des jugements rendus.

La guillotine, de la petite place, fut transportée sur la place de la Comédie, qui étoit plus centrale. On installa, près de l'échafaud, une *galerie* pour les spectateurs et une *burette* où l'on vendoit des rafraîchissements.

Ainsi reconstituée, la justice de Le Bon n'avoit plus qu'à marcher. Pourtant, le 26 ventôse, elle acquittoit M. Lallart de Berlette, accusé d'avoir distribué de faux assignats. Mais aussi, le 29, traduit, de nouveau, il étoit déclaré traître à la patrie et exécuté.

Le 3 germinal, le maréchal comte de Mailly subissoit le même sort ; à quatre-vingt-neuf ans! Six autres octogénaires, trois hommes et trois femmes, à leur tour, montèrent sur l'échafaud : le prêtre Ansart, quatre-vingts ans ; le procureur Jouenne, quatre-vingts ans ; le récollet Chartrel, quatre-vingt-un ans ; la veuve Samette, quatre-vingt-huit ans ; la marquise de Monaldy, quatre-vingt-huit ans ; la vicomtesse de Nédonchel, quatre-vingt-quatre ans.

Après l'exécution de madame de Monaldy, dont le nom étoit béni par les pauvres, Le Bon disoit à la Société populaire : « Nous avons fait de bon ouvrage aujourd'hui ; nous avons fait guillotiner des vieilles ; à quoi servoient-elles ? cela étoit inutile sur la terre. » Il est de tradition à Arras que madame de Monaldy étoit sourde et paralytique, et qu'elle fut *portée* devant le tribunal et de là à l'échafaud (1) !

---

(1) Lettre de M. d'Houdain, procureur impérial à Cambrai, du 27 janvier 1861.

A la même Société, quelque temps auparavant, le proconsul avoit annoncé ainsi la mort prochaine du comte de Montgon : « C'est un bon gros aristocrate, bien dodu ; une belle tête à guillotiner. »

L'espace me manque pour analyser le procès fait à madame veuve Bataille, autre mère des pauvres, qui fut exécutée avec quatorze femmes et cinq hommes. Un registre, où cette infortunée notoit les sommes reçues, pour des charités (et qu'on l'accusoit d'avoir remises à des réfractaires) eût été SA COMPLETTE JUSTIFICATION et celle de ses prétendus complices; le substitut de l'accusateur public en refusa aux défenseurs l'exhibition, que pas un juge ni un juré ne daigna réclamer! Ces vingt victimes habitoient trois rues voisines, à Arras, ce qui fit dire à Bourdon de l'Oise, l'année suivante, à la Convention, que « Le Bon avoit fait guillotiner trois rues d'Arras. »

Mais l'affaire la plus monstrueuse, quant au caractère, fut celle des de La Viefville, que l'on a appelée le procès du *Perroquet*. Le 4 floréal, étoient amenés devant le tribunal : Louis de La Viefville, madame de Béthune, sa fille, la fille Farinaux, lingère, la fille Pitre, bonne d'enfants à leur service, accusés (je copie l'acte d'accusation) « d'avoir cherché à provoquer le rétablissement de la royauté, Louis La Viefville et Françoise de Béthune, sa fille, en ayant instruit et conservé très-soigneusement un perroquet qui répétoit très-souvent ces mots : *Vive l'Empereur, Vive le Roi, Vivent nos Prêtres, Vivent les Nobles*; les filles Pitre et Farinaux, en étant leurs complices, n'ayant pas déclaré que ce perroquet existoit dans la maison de ces derniers. »

Le perroquet, principal témoin à charge, fut apporté, par un gendarme, au tribunal. Les juges et les jurés lui firent des agaceries, lui répétant : « Jaco, dis-donc *vive le Roi!* » L'oiseau rebelle se contenta de siffler.

Les trois premiers accusés n'en furent pas moins condamnés

à mort; la fille Pitre seule échappa. On improvisa, à l'audience, le crime d'émigration contre ces malheureux. Le jury, à l'unanimité, déclara le fait constant à leur égard, Caroline Pitre exceptée. Ainsi fut jouée cette ridicule et sanglante comédie. Quant au perroquet, il fut remis à madame Le Bon, pour qu'elle lui apprît à crier : *vive la Nation!*

Les traits suivants ne sont qu'horribles.

Le 6 floréal, le marquis de Vielfort, condamné à mort, étoit déjà lié à la planche fatale, lorsque Le Bon parut au balcon de la Comédie, un papier à la main; à son signe le bourreau suspendit son œuvre. Le Bon lut, à haute voix, un journal qui rendoit compte d'un avantage remporté par l'armée d'Italie, puis il raconta au peuple une victoire de l'armée française sous les murs de Menin. Enfin, apostrophant M. de Vielfort : « Vas, « scélérat, dit-il, apprendre à tes pareils les nouvelles de nos « victoires. » L'exécution avoit été suspendue au moins dix minutes.

Le 13 floréal, le tribunal jugea quatre affaires et condamna huit personnes à mort : Vaillant et Pinchon, d'abord, comme déserteurs; puis quatre autres accusés de la seconde affaire, un autre de la troisième, un de la quatrième. Pendant qu'on jugeait ces trois affaires, Pinchon et Vaillant, de l'ordre de Darthé, furent conduits sur la place de la Comédie. On les lia au pied de l'échafaud; on brûla leurs habits, on les livra aux insultes de la populace qui les couvrit d'ordures. Vers une heure, les autres victimes furent amenées au lieu du supplice; Pinchon et Vaillant pouvoient enfin mourir! Non content de les faire attendre jusqu'à ce que l'exécution des autres condamnés fût achevée, le bourreau les força d'embrasser la tête de l'un des suppliciés; Vaillant s'évanouit. Avant de l'exécuter, pour le rappeler à la vie, on lui jeta un seau d'eau sur le corps!

On étoit arrivé au 15 floréal. Le Bas et Saint-Just invitèrent

Le Bon « à se rendre à Cambrai (1) avec un Tribunal civil et militaire pour mettre et dans l'armée et dans la ville le respect de la Révolution. » Un décret du 27 germinal supprimoit les Tribunaux révolutionnaires établis par les représentants, et réservoit à la Convention le droit d'en établir de nouveaux. Le Bon, que ce décret arrêtoit dans ses desseins, tourna la difficulté en intitulant cette commission nouvelle : « Tribunal révolutionnaire d'Arras, première section séante à Cambrai. » On peut juger du personnel de cette section, au portrait qu'en fit le député Choudieu :

J'ai vu les membres de ce tribunal ils ont plus l'air de bourreaux que de juges; ils se promènent dans les rues avec une chemise décolletée et un sabre traînant toujours à terre. Enfin, ils montent au tribunal en annonçant que l'affaire de tel ou tel va être bientôt expédiée et que *bientôt on les verra passer pour aller à l'échafaud*. J'ai été, moi-même, témoin auriculaire de ces propos.

Le Bon, les juges et le bourreau prenoient leurs repas ensemble; Laignelot et Lequinio, en avoient, un jour, donné l'exemple à Rochefort.

Au Tribunal de Cambrai, qui n'eut qu'une durée heureusement limitée, le nombre des victimes n'approcha pas de celui d'Arras ; mais les décisions ne furent ni moins arbitraires, ni moins précipitées.

Le 23 floréal, le marquis de Lawœstine de Bercelaer, qui étoit *perclus*, et sa femme, étoient condamnés.

Le 18 prairial, seize habitants de Saint-Pol, sur vingt-un, étoient frappés, la plupart pour les motifs les plus futiles.

Le 3 messidor, sur vingt-sept accusés, venus de Bapaume, Charles-Marie Payen, ancien constituant et vingt-trois autres, en deux heures de temps, étoient envoyés à l'échafaud.

(1) Avant le tribunal de Le Bon, une *commission militaire*, présidée par un colonel des fédérés de Paris, avoit siégé à Cambrai, dans l'ancienne salle capitulaire de l'archevêché. M. Paris cite neuf personnes, qui, pour espionnage et lèse-nation, furent condamnées à mort, du 6 octobre 1793 au 7 floréal an II.

Le 8, la supérieure et trois autres sœurs de la charité d'Arras, qui avoient refusé le serment, avoient le même sort.

Mais le tribunal d'Arras, pendant ce temps, ne demeuroit pas inoccupé.

Le 18 floréal, sur trente-deux accusés, la plupart de Saint-Pol (c'étoient les trente-deux *carcasses* de Duhaut-Pas), le tribunal en condamnoit vingt-huit à mort; une femme grosse obtenoit un sursis.

A peine l'exécution de ces vingt-sept victimes étoit-elle terminée, que Flament, l'un des jurés, qui alloit au théâtre, avec deux femmes, trempa sa main dans le sang qui baignoit les pavés et le fit dégoutter, en disant : « Comme c'est beau ! »

Le 12 messidor, après avoir, dans sa salle ordinaire, dépêché trois chapelains, un religieux et deux laïques, le Tribunal se transporta dans le Temple de la Raison, pour y tenir une séance extraordinaire. On y avoit exposé, sur un amphithéâtre : six récollets (un de 81 ans, Chartrel), deux carmes, trois prêtres et cinq femmes. Après quelques questions banales, sans témoins, sans défenseurs, tous furent envoyés au supplice; depuis quelque temps déjà, on étoit sous l'empire de la fameuse loi du 22 prairial, l'enfant chéri de Robespierre. La dernière victime des tribunaux de Joseph Le Bon, fut la femme Deliège, condamnée, à Arras, le 24 messidor.

D'après un « arrêté du comité de salut public du 22 mes-
« sidor, qui prenoit en considération les exemples de sévérité
« donnés à Cambrai, *commune du Pas-de-Calais*, la com-
« mission établie dans ce département par Joseph Le Bon,
« devoit cesser ses fonctions, et tous les prévenus de contre-
« révolution être traduits sans délai au tribunal révolution-
« naire » (de Paris).

Une fête se préparoit pour le 26 messidor; la guillotine, à cette occasion, fut démontée. Le 9 thermidor, le Conseil de la commune de Cambrai dut faire jeter de la chaux dans le trou qui recevoit le sang des guillotinés, afin d'arrêter les miasmes qui s'en exhaloient.

Cependant Le Bon étoit retourné à Paris, après le 9 thermidor, et il étoit rentré dans le sein de la Convention. Plus d'une fois, à l'apogée de la Terreur, il avoit été dénoncé par des habitants d'Arras et par le représentant Guffroy, l'auteur du fameux *Rougyff*. Le 21 messidor, la Convention avoit passé à l'ordre du jour sur le rapport de Barère, qui n'avoit voulu voir dans les sanglantes énormités de Le Bon que « des formes un peu acerbes. »

Le 15 thermidor, deux Cambraisiens renouvelèrent ces dénonciations. Robespierre, Saint-Just, Couthon, Le Bas n'étoient plus là ; le décret du 21 messidor fut rapporté et Le Bon conduit à la prison du Luxembourg.

Pendant le mois de fructidor, sur les personnes détenues à Arras, près de sept cents furent rendues à la liberté.

Le reste est plus connu. Après une détention exorbitante, Le Bon, mis en accusation, seulement le 22 messidor an III, fut renvoyé devant le Tribunal criminel de la Somme. Son procès (1) commença le 26 fructidor et occupa quinze audiences. Cent vingt-deux témoins y furent entendus. Cent trente-cinq questions furent posées au jury ; le verdict fut affirmatif sur cent vingt-deux. Le 13 vendémiaire il fut condamné, comme assassin, à la peine de mort. Par suite de son recours à la Convention, l'exécution fut différée jusqu'au 24 vendémiaire. « Ce jour-là, dit M. Paris, Le Bon dîna comme à son ordinaire ; après avoir achevé son repas, il demanda de l'eau-de-vie et en but à deux reprises. En quittant la maison de justice, il exhorta les prisonniers à se conduire en bons républicains. Dans le trajet il garda constamment le silence ; plusieurs fois l'exécuteur fut obligé de le soutenir pour l'empêcher de tomber.

(1) *Procès de Joseph Le Bon*, etc., recueilli par la citoyenne Varlé. Amiens, 2 vol. in-8.

« Ainsi mourut, à peine âgé de 30 ans, un homme que l'opinion publique a placé avec raison au rang des plus grands criminels. »

Un dernier trait ne doit pas être omis. Des enfants d'Arras en étoient venus à faire publiquement leurs jouets de guillotines, avec lesquelles ils exécutoient des oiseaux et des souris. Le Conseil municipal d'Arras prit, à ce sujet, deux arrêtés, les 8 et 16 fructidor an II; M. Paris a publié, de nouveau, le second; voici celui du 8 fructidor, que je crois inédit (1) :

CONSEIL GÉNÉRAL DE LA COMMUNE D'ARRAS.
Séance du 8 fructidor an II.

L'agent national fait représenter une petite guillotine de deux pieds environ de hauteur qu'il a fait retirer des mains de quelques jeunes enfants qui s'en amusoient; n'ayant pu savoir d'eux où ils l'avoient eue, ayant répondu qu'ils ne le savoient pas. En conséquence, le conseil général, considérant qu'il est dangereux pour des enfants de se faire un amusement d'une machine qui rappelle des idées de mort et qui pourroit les rendre féroces et sanguinaires, a décidé de faire briser cet instrument et autres de ce genre qui pourroient être trouvés, charge les soldats de police de faire les recherches nécessaires.

Dans l'arrêté du 16 fructidor on lit ces passages :

Le conseil général, instruit par la voix publique que des enfants s'amusoient à guillotiner des oiseaux et des souris avec ces machines, a, en effet, remarqué qu'à ces guillotines il y avoit des petites plumes enduites de sang et qui étoient restées attachées à la planche.

Certes, le conseil général attribue ce germe de férocité, qui malheureusement auroit pu se développer chez ces enfants, aux éternelles et sanguinaires clameurs du tigre Joseph Le Bon, etc.

(1) Communiqué, le 20 avril 1863, par M. le maire d'Arras.

LA
JUSTICE RÉVOLUTIONNAIRE
A PARIS ET DANS LES DÉPARTEMENTS
D'APRÈS DES DOCUMENTS ORIGINAUX
EN PARTIE INÉDITS
PAR M. CH. BERRIAT SAINT PRIX
Conseiller à la Cour impériale de Paris.

Extrait du CABINET HISTORIQUE

EXTRAIT DE L'INTRODUCTION.

La sanglante myriade des actes de la justice révolutionnaire a donné lieu à des appréciations essentiellement contradictoires, suivant la couleur politique des historiens. Mes recherches auront aussi pour résultat, je l'espère, d'éclairer cette controverse, où chacun, gardant ses convictions, a taxé ses adversaires de mauvaise foi. Ayant le premier, qu'on me permette de le dire, étudié dans leur ensemble et leurs détails les tribunaux révolutionnaires, je puis terminer ce discord où la vérité, imparfaitement connue des royalistes, a été travestie par les républicains.

En proie à une émotion que leurs douleurs font comprendre, les royalistes ont fréquemment exagéré; doublant, triplant le nombre déjà trop grand, hélas! des victimes : n'admettant, pour les condamnations, ni justifications ni excuses.

A leur tour, relevant ces erreurs, les républicains ont, à l'inverse, transformé les événements : en amoindrissant les exécutions, en cherchant pour toutes des explications, en opposant aux condamnations du vivant de Robespierre celles de la réaction thermidorienne, plus sanglante, suivant eux, que la Terreur (1).

Où donc est la vérité?

Les royalistes, malgré leurs exagérations, n'ont pu atteindre le niveau du mal; leurs évaluations n'étoient que partielles et locales; tous acceptés, comme ensemble, leurs chiffres sont encore insuffisants.

On voit ce que deviennent les évaluations des républicains; leurs justifications n'ont pas plus de valeur. Il y eut, sans doute, quelques culpabilités chez les victimes, et l'on peut, aux Vendéens, reprocher des fusillades et des cruautés; mais ces faits ne sauroient, les uns, que justifier des condamnations en nombre presque imperceptible, les autres, que faire comprendre certaines représailles des Bleus dans l'Ouest. Toujours restera, SANS LA MOINDRE EXPLICATION POSSIBLE, une masse effroyable de sacrifices humains, souillant à jamais la Montagne, le Comité de salut public, les Représentants en mission et Robespierre!

Parmi des milliers d'hommes qui trouvèrent la mort devant les tribunaux révolutionnaires, il y en eut qu'atteignoient des lois impitoyables, et l'on peut différer sur la proportion, à coup sûr ÉNORME, des innocents; mais les femmes! Et, entre toutes, les octogénaires, les infirmes, les mères de famille! Et ces soixante, attachées à leur religion, qui, *seulement* pour avoir dit, *en un temps de liberté*, les unes, qu'elles alloient à la messe des réfractaires, les autres, qu'elles n'alloient pas à celle des assermentés, furent fusillées à Angers! Quelles expressions,

---

(1) M. Hamel, *Histoire de Saint-Just*, p. 562; M. Louis Blanc, *Histoire de la révolution*, t. x, p. 147.

là-dessus, pourroient trouver les républicains les plus farouches? M. Louis Blanc, à cet égard, n'a pas dû marchander la Terreur : « Oui (1), dit-il, cette barbare, inutile et lâche immolation « des femmes, voilà ce qui, dans la révolution françoise, « restera la tache ineffaçable! »

A mon tour je dis avec les faits : non-seulement le 9 thermidor fut une délivrance, mais à la Terreur, la réaction thermidorienne ne sauroit être comparée sans la plus coupable légèreté. Sur les victimes de la justice révolutionnaire, *avant* et *après* la chute de Robespierre, laissons parler les chiffres, ils ont une irrésistible éloquence.

Jusqu'au 9 thermidor, c'est-à-dire pour les villes éloignées de Paris, jusqu'au 14 et au 15, environ 149 tribunaux, jugeant révolutionnairement, envoyèrent à la guillotine ou à la fusillade ou aux noyades au-delà de quatorze mille sept cent personnes, la plupart sans formalités et sans preuves. Après cette époque, 28 des mêmes tribunaux, observant les formes, recueillant les preuves, ne prononcèrent que deux cent quatre-vingts à deux cent quatre-vingt-dix condamnations à mort (outre les 105 Robespierristes de la Convention, du Tribunal et de la Commune de Paris, mis hors la loi le 9 et le 10 thermidor).

TELLE EST LA VÉRITÉ...

Tribunal criminel et révolutionnaire d'Evreux (Eure), *ayant siégé aussi à Pont-Audemer.*

Le Tribunal criminel de l'Eure fut du nombre et des premiers de ceux qui, pendant la Terreur, quittèrent leur siége pour aller au loin rendre leur implacable et expéditive justice.

Sur une réquisition du directoire de ce département, du

(1) Même *Histoire*, t. x, p. 420.

27 avril 1793, ce tribunal, dès le lendemain, arrêtoit qu'il se transporteroit à *Pont-Audemer* pour y juger plusieurs individus accusés de s'être livrés à des actes de provocation au rétablissement de la royauté.

En effet, le tribunal criminel de l'Eure siégea à Pont-Audemer, dans l'ancien couvent des Ursulines, et y jugea trois personnes :

Le 2 mai 1793, André *Duval*, soldat de l'armée de Dumouriez, accusé de propos contre-révolutionnaires (où se trouvoient reproduites les idées de ce général). Duval fut acquitté.

Le 4 mai, *Pompoint*, garçon meunier; le 8, *Ducastel*, mendiant. L'un et l'autre accusés et convaincus de propos contre-révolutionnaires, furent condamnés à mort et exécutés.

Après avoir ainsi répandu l'effroi dans le district de Pont-Audemer, le tribunal revint à Evreux, où il ne fut pas saisi d'un grand nombre d'accusations révolutionnaires. Voici du moins les seuls jugements de ce genre qui soient venus jusqu'à nous :

Le 17 mai 1793, *Chanu des Tilleuls*, condamné au simple bannissement pour avoir rompu son ban d'émigration.

Le 12 ventôse, an II, *Gasline*, prêtre réfractaire, et *Ressencourt*, cultivateur, qui lui avoit donné asile, acquittés.

Le 23 floréal, René Vallée, autre prêtre réfractaire, fut condamné à mort et exécuté le même jour. Pendant plusieurs mois, ce malheureux, obligé de se cacher, erra dans les champs et les bois ; dénué de tout, mourant de faim, malade, désespéré, il finit par se livrer à la municipalité de Ferrière-Haut-Clocher, qui le fit immédiatement conduire devant le comité révolutionnaire d'Evreux.

Le 11 prairial, l'abbé Cavelier avoit le bonheur d'être acquitté.

Le 28 messidor, *Hallé d'Amfreville*, autre prêtre réfractaire, ancien conseiller-clerc au Parlement de Rouen, étoit traduit devant le tribunal. Il chercha à attendrir ses juges; son défenseur présenta d'importantes observations en sa faveur; tout fut inutile; les juges, insensibles et sourds, envoyèrent Hallé à l'échafaud. Leur jugement est un monument d'iniquité, car il accepte comme faits certains des suppositions démenties par l'information, et il érige en preuves acquises des soupçons dénués de vraisemblances; tout cela exprimé dans le style de l'époque.

Un autre prêtre, poursuivi après le 9 thermidor, fut acquitté le 20 brumaire an III (1).

Commission militaire des Sables (Vendée).

La commission militaire des Sables, l'une des premières créées dans l'Ouest, fut établie, le 1ᵉʳ avril 1793, d'après la loi du 19 mars et formée, à l'élection, par les officiers de la division présents en cette ville. Le citoyen Ducourneau, capitaine aux volontaires de Bordeaux, fut le premier de ses présidents.

Dès le lendemain, 2 avril, elle débutoit par trois condamnations à mort; au 30 mai elle en avoit prononcé 70. Ses séances furent alors interrompues jusqu'en octobre. Plus tard ses pouvoirs étoient confirmés par le fameux arrêté du 21 frimaire an II, dû à Lequinio, et qui interdisoit aux tribunaux criminels, « trop embarrassés des formes, » le jugement des prisonniers vendéens, réservé aux commissions militaires, « plus expéditives, » des Sables, La Rochelle, Niort et Fontenay, et qui interdisoit, en même temps, à ces commissions d'avoir égard aux attestations des municipalités de la Vendée ou des particuliers en faveur des brigands, le Représentant devant examiner ces pièces lui-même.

(1) Extrait des registres du greffe d'Evreux, communiqué, le 5 mai 1863, par M. Boivin-Champeaux, procureur impérial.

Je ne crois pas que la commission des Sables ait eu des affaires bien dignes de remarque. Le 6 ventôse elle condamnoit à mort madame veuve Cantin de la Chauvrière, qui « avoit reçu Charette chez elle, » et Louis Esnard, *âgé de 17 ans*, qui « avoit fait des actes de baptême et de mariage au nom du curé réfractaire et avoit été un parfait brigand. »

Cette commission, l'une des plus humaines du temps et du pays, prit fin le 24 germinal an II; en un peu plus d'une année elle avoit jugé 479 personnes; 127 condamnées à mort et exécutées, un grand nombre par la fusillade, 6 à la déportation, 20 aux fers, 12 à la détention provisoire, 124 envoyées devant le tribunal criminel, et 189 mises en liberté (1).

Commission militaire de Fontenay (Vendée).

Fontenay eut aussi sa commission militaire, due encore au représentant Lequinio; instituée, comme on vient de le voir, pour juger les prisonniers vendéens. Un événement grave avoit, sinon déterminé, du moins hâté cette création.

Le 20 frimaire an II, Lequinio, arrivé la veille à Fontenay, assistoit, dans le temple de la Réunion (l'église Notre-Dame), à des danses qu'avoit précédées un banquet offert par la société populaire; on vint lui annoncer que les prisonniers étoient en insurrection. Ces malheureux, au nombre de quatre à cinq cents, affamés, s'étoient plaints à la geolière, qui leur avoit répondu par des injures. L'un d'eux la saisit à la gorge et fut tué par la garde accourue au bruit. Lequinio survint bientôt suivi du maire, d'un général et de nombreux militaires. Il se fit rendre compte des faits; tua d'un coup de pistolet un second révolté et ordonna à un officier de brûler la cervelle à un troisième. Cet officier ayant mis de l'hésitation dans l'exécu-

(1) Mémoire de M. Filaudeau, archiviste du département de la Vendée, sur les commissions militaires des Sables et de Fontenay; 20 juillet 1861.

tion de cet ordre, fut apostrophé par le représentant, qui le traita de b... de poltron (1).

Le fond de cette scène sanglante se retrouve dans une lettre de Lequinio, datée de Rochefort du 24 frimaire an II, et lue à la Convention le 1ᵉʳ nivôse (2).

« Le décadi dernier (20 frimaire), écrivoit Lequinio, j'étois à Fontenay au sein d'une réunion d'envoyés des sociétés populaires voisines..... Les prisonniers s'insurgèrent et faillirent étrangler *tous* les habitants de la geôle. La municipalité me fit avertir du danger; j'y courus; je descendis tout le premier dans la prison; je brûlai la cervelle au plus audacieux ; deux autres payèrent de leur vie l'alarme qu'ils venoient de causer, et cette horde rentra dans l'ordre; je formai, sur-le-champ, pour juger tous ces scélérats, une commission militaire beaucoup plus expéditive que le tribunal criminel, embarrassé malgré lui de mille formes.

En effet, le 21 frimaire, la Commission fut établie; elle étoit composée de cinq membres : un capitaine d'artillerie légère, *président;* un commandant de volontaires, un adjudant-major et un fusilier, *juges;* deux fusiliers, *suppléants* (3).

« Tous les citoyens et citoyennes condamnés à mort devoient être fusillés au lieu d'être guillotinés, et le commandant de la place prêter tout secours à cet égard (4). »

Ce tribunal de choix siégea depuis le 22 frimaire jusqu'au 11 germinal, et sur 332 personnes jugées, en condamna à mort 102, qui furent exécutées dans les vingt-quatre heures; il y eut jusqu'à neuf condamnations capitales par jour.

A peine la Commission avait-elle commencé ses travaux, que l'on apprit l'approche de l'armée de Charette. Lequinio donna l'ordre *sanguinaire* (expression de sa lettre du 24 fri-

---

(1) M. Benjamin Fillon, *Recherches historiques*, etc., *sur Fontenay*, 1846, t. I, p. 427-428.

(2) *Moniteur* du 3 nivôse an II, p. 374.

(3) M. B. Fillon, *ibid.*, p. 435-436.

(4) Mémoire, déjà cité, de M. Filaudeau.

mai e) de fusiller, sans forme de procès, tous les prisonniers brigands à la première apparition de l'ennemi, puis il s'enfuit à Rochefort. Mais le directoire du district et les municipaux de Fontenay décidèrent que les détenus seraient conduits à Niort (1).

Lors des premières exécutions, les corps des victimes toient dépouillés de leurs vêtements par les aides de l'exécuteur. Le district prit, le 5 nivôse an II, un arrêté prescrivant d'inhumer les exécutés avec leurs habits (2).

Le 26 germinal, la Commission dut cesser ses fonctions à la suite d'un jugement rendu contre un aide-de-camp de Huché, l'un des généraux qui commandoient les trop célèbres colonnes *infernales* de Turcau. Le Comité de surveillance de Fontenay avoit fait arrêter le général Huché et son aide-de-camp, Goy de la Martinière, à qui des infamies étoient reprochées, commises au nom de la République. Huché, conduit à Rochefort, échappa, mais la Martinière, traduit, le 22 germinal, devant la Commission militaire de Fontenay (3), y fut condamné pour *viol*, *massacre* et *incendie* (4), et exécuté dans la journée. Voici ce jugement remarquable à plus d'un titre :

« 22 germinal, an II, etc.

« La commission militaire de Fontenay-le-Peuple établie, etc., instruite que le nommé Vincent Goy-Martinière, âgé de 47 ans, de Poitiers, capitaine au 3ᵉ bataillon de la Haute-Vienne, attaché, le 16 mai 1793 (vieux style), à l'armée de l'ouest est arrêté, prévenu de crimes atroces :

« Considérant que le nommé Vincent, etc., a nui essentiellement aux intérêts de la République en faisant incendier en mépris des lois de la Convention nationale et des ordres qu'il avoit reçus de faire évacuer tout ce qui seroit nécessaire à la vie animale, des

(1) M. B. Fillon, p. 433-436.
(2) Le même, p. 440.
(3) Le même, p. 463.
(4) Le même, p. 431.

ntités de blé de toute nature et des comestibles de tout genre; qu'il a fourni aux brigands les moyens de prolonger leur existence criminelle en laissant, dans le pays insurgé, des denrées considérables, que par cet acte arbitraire il a favorisé leurs projets liberticides;

« Considérant que, foulant aux pieds les droits sacrés de la nature, — en faisant massacrer dans un pays resté fidèle à la République des femmes enceintes, des enfants à la mamelle; — que, non content d'avoir assouvi, par des violences outrées, ses passions brutales sur des filles innocentes, il a eu ensuite la barbarie de vouloir les faire assassiner; — que, poursuivant le cours de ses projets tyranniques et sanguinaires, il a fait égorger deux familles entières composées de deux mères et de cinq enfants, dont le plus jeune était encore à la mamelle; — qu'il a eu la lâcheté de faire fusiller un homme après avoir exigé et reçu une contribution de 240 livres en numéraire, et après lui avoir promis de lui sauver la vie;

« La commission militaire, unanimement d'avis que Goy Martinière a favorisé le parti des rebelles, s'est rendu coupable de viol, a commis des crimes de toute espèce; vu les lois des 19 mars et 27 juillet 1793, le condamne à la peine de mort, avec confiscation des biens, etc. (1). »

Accourus à Fontenay le 26, Hentz et Francastel révoquèrent la Commission militaire, firent arrêter des suspects que Laignelot avoit relâchés et destituèrent le maire de la ville.

Prudhomme n'a pas connu la Commission de Fontenay. M. Benjamin Fillon porte à plus de deux cent trente le total des personnes exécutées dans cette ville, du 1er janvier 1793 au 9 thermidor. Il y périt, en outre, un très-grand nombre de détenus par suite de maladies.

Au mois de fructidor arrivèrent des représentants d'une opinion modérée : Dornier, Guyardin, Auger. Ils s'occupèrent d'abord des prisonniers trouvés « luttant contre la mort, « couchés dans la fange, abandonnés sans secours. » Cette situation fut améliorée et, en peu de temps, plus de quatre

(1) Mémoire, déjà cité, de M. Filaudeau.

cents qui gémissoient dans les fers furent rendus à la liberté (1).

Commission militaire de La Rochelle (Charente-Inférieure).

La Rochelle eut également sa commission révolutionnaire établie par un arrêté de Lequinio, du 23 septembre 1793, pour juger les brigands de la Vendée, qui, à cette époque, encombroient les prisons de La Rochelle. Comme tant d'autres, elle eut son contingent de condamnations à mort ; c'est la peine qui fut appliquée aux brigands les plus marquants : prêtres, bourgeois, nobles, maltôtiers, déserteurs ; 60, d'après M. Dupont (2), eurent la tête tranchée ; les autres, laboureurs et ouriers, ne furent condamnés qu'aux travaux de la chaîne. 5 ou 600 étoient encore occupés aux travaux publics de la ville, au nettoiement des rues, au nivellement du futur cimetière (3), à la fin de nivôse an III, lorsqu'ils furent rendus à la liberté sur la proposition de Lequinio, rapportée plus bas.

Lors de l'arrivée de ce proconsul à La Rochelle, les prisonniers vendéens étoient au nombre d'environ 800. On a conservé les noms de 400, qui étoient détenus dans les tours de la Lanterne et de Saint-Nicolas (4). Il en périt un grand nombre (250, suivant M. Dupont), de misère et de maladie ; leur état étoit tel, qu'on les appeloit *ces pauvres brigands* ! Ils communiquèrent une maladie contagieuse aux juges qui les envoyoient à l'échafaud (5).

Comme tant de juges révolutionnaires, la commission de La Rochelle reçut les ordres de Lequinio ; elle dut, en conséquence, condamner à mort certains accusés, et seulement aux

(1) M. B. Fillon, p. 480, 482, 485, 487.
(2-3-5) *Histoire de La Rochelle*, 1830, in-8, p. 583-591.
(4) Cahier conservé au greffe du tribunal de La Rochelle ; lettre de M. Chandreau, procureur impérial, du 5 décembre 1862.

fers le plus grand nombre; là, par exception, l'humanité eut le dessus. C'est Lequinio lui-même qui, avec une merveilleuse assurance, nous a fait connoître cet incident.

« A mon arrivée dans la ville de La Rochelle, il y a quinze mois, disait-il, le 28 nivôse an III, à la Convention (1), je trouvai les prisons encombrées par 800 brigands environ; ils avoient tous été pris les armes à la main dans la Vendée; tous étoient condamnables à mort, aux termes de la loi. Je formai une commission militaire pour les juger; mais, réfléchissant que les pouvoirs illimités dont j'étois revêtu m'avoient été conférés pour faire le bien, même de la manière la plus utile à la république, je pensai que je pouvois sauver la vie à 600 hommes; procurer, pour les travaux de La Rochelle, un grand nombre d'ouvriers, dont nous avions le plus pressant besoin, etc..... J'ordonnai donc à la commission de juger, *conformément à la loi*, tous les ci-devant prêtres, bourgeois, nobles, maltôtiers ou contrebandiers, et les déserteurs; en un mot, tous ceux qui ne pouvoient avoir leur ignorance et le fanatisme aveugle pour excuse, et je *prescrivis* de ne condamner qu'aux travaux de la chaîne les laboureurs et ouvriers que leur ignorance profonde avoit livrés à la séduction des autres. 5 ou 600 de ces malheureux sont, depuis cette époque, occupés aux travaux publics de La Rochelle;..... je demande leur mise en liberté. »

Une assise au château d'Aux (Loire-Inférieure).— *Épisode de la commission militaire révolutionnaire du Mans* (Sarthe).

Ce n'est pas, comme on le croit généralement (2), le tribunal révolutionnaire de Paris qui a fait le plus de victimes, c'est la Commission militaire et révolutionnaire ambulante du Mans, établie à la suite des armées de l'Ouest et des côtes de Brest, et présidée par le citoyen François Bignon, capitaine au 2e bataillon de volontaires Parisiens. Du 21 frimaire, jour de sa création, au 18 floréal an II, cette commission, pour qui la renommée a été presque muette, siégea successivement au

---

(1) *Moniteur* du 29 nivôse an III, p. 492.
(2) Comme je l'ai cru moi-même, jusqu'à mon voyage à Nantes, au mois d'octobre 1863.

Mans, à Laval, Châteaubriant, Blain, Savenay et Nantes, et envoya 2,917 personnes à la fusillade. De sa sanglante histoire je tire en ce moment un épisode (1) où se dessinent en relief les mœurs du temps et les habitudes des juges militaires révolutionnaires de la Terreur.

Cette commission avoit déjà prononcé 2,600 condamnations à mort (1,069 à Nantes, en seize jours!) lorsqu'une expédition nocturne des Bleus à Bouguenais, près de Nantes, amena son transport au château d'Aux ou d'O, qui est situé un peu plus loin, près des bords de la Loire.

En 1793, un camp avoit été formé sous ce château, pour couvrir la fonderie nationale d'Indret, affectée à la marine. Les troupes républicaines qui se rendoient de ce camp à Nantes, par la traverse qui passoit sous Bouguenais, étoient ordinairement attaquées par les habitants de cette commune. Au commencement de germinal an II, la cavalerie républicaine ayant souffert de l'une de ces attaques, l'officier qui commandoit la colonne, au lieu de rentrer au camp, revint, la nuit, sur Bouguenais, et y saisit plus de 200 hommes et 22 jeunes filles, qui, le lendemain, furent mis, les hommes, dans les écuries, les granges et les greniers; les jeunes filles, dans la chapelle du château d'Aux (2).

L'officier, nommé Muscar, qui commandoit le camp, demanda des instructions à Nantes; on lui répondit de garder les prisonniers et d'attendre des juges pour examiner leur conduite (3).

C'est la commission du Mans, composée du président Bignon, de trois juges et d'un accusateur public, qui vint à Aux; elle y tint trois séances; deux le 13, et une le 14 germinal. Sur

(1) M. Dugast-Matifeux l'a déjà fait connoître en abrégé dans son très-curieux opuscule cité plus bas.

(2-3) *Le château d'Aux, en 1794, rectification historique*, par M. Dugast-Matifeux, 1857, in-8 de 36 pages.

210 hommes qui parurent devant elle, un seul, Jean Loirent, âgé de 13 ans, fut renvoyé. Parmi les condamnés, un, Jean Hervot, n'avoit que 15 ans (1); trois, que 17 ans; sept autres étoient âgés de 72 à 78 ans.

Comme les autres jugements de cet expéditif tribunal, ceux-là sont du plus admirable laconisme. Je transcris le premier, d'après le registre de la commission (2).

« Séance du 13 germinal, deuxième année républicaine,

Ont été amenés devant la commission militaire révolutionnaire, établie au Mans à la suite des armées réunies de l'Ouest et des côtes de Brest, actuellement séante à Nantes, les nommés :

« 1. Jean Guérin, âgé de 42 ans, natif, etc.

(Suivent 99 autres noms, y compris, sous le numéro 46, celui de Jean Loirent, âgé de 13 ans, renvoyé.) Ces 100 noms, prénoms, âges, une fois écrits, la séance est suspendue. On la reprend l'après-midi, probablement, et on écrit à la suite 52 autres noms, en commençant par :

« 101. Jacques Boudol, 60 ans, ci-devant procureur fiscal à Bouguenais, etc.;

« 152. Jean Lucas, etc., et puis :

« La commission militaire révolutionnaire, après avoir entendu les accusés dans leurs interrogatoires et défenses verbales, ensemble l'accusateur militaire ouï dans ses conclusions, la commission militaire déclare les dénommés ci-dessus atteints et convaincus d'avoir porté les armes contre la république dans l'armée des rebelles; en conséquence, les condamne à la peine de mort, conformément à la loi du 10 mars dernier, ordonne l'exécution dans les vingt-quatre heures, avec confiscation des biens, etc.).... »

Signé : Bignon, *président;* Wolff, Chantrelle, Aude, *juges;* Le Camus, *greffier;* David Vaugeois, *accusateur public.*

(1) Cette condamnation est « hautement qualifiée d'atroce, » par M. Dugast-Matifeux, p. 21; je n'ai rien à ajouter à une réflexion si juste.

(2) Registre de la commission du Mans, compulsé au greffe du tribunal civil de Nantes, où ce monument est conservé.

Le lendemain, 14 germinal, un semblable jugement fut rendu contre Julien Clergeot et 58 autres individus.

Se trouvoit alors, au château d'Aux, le capitaine, depuis général, Léopold Hugo (le père du poète), à peine âgé de 20 ans, qui nous a transmis des détails bien intéressants sur cette tragédie, où son rôle fut des plus humains.

« A l'opinion, dit le général, qui régnoit parmi ses membres (de la commission), nous nous attendions tous à ne leur voir prononcer que la peine capitale.... J'osai, au jour du jugement, me présenter devant le tribunal, *non pour les défendre*, on ne me l'eût *point permis*, mais pour demander qu'au lieu de les condamner à la mort, on les envoyât travailler dans les mines de l'intérieur de la France, jusqu'à la pacification qui ne pouvoit tarder. Le tribunal m'écouta sans m'interrompre, et son président me répondit que rien n'autorisoit les juges à prendre sur eux cette mesure de clémence.

« Je vis donc, après quelques courtes questions de pure forme, condamner ces infortunés à la peine terrible à laquelle ils s'attendoient ; on les conduisit à la mort par petites troupes ; ils la reçurent avec calme, à côté des fosses ouvertes (en dehors du château) pour les recevoir. J'ai beaucoup fait la guerre ; j'ai parcouru de vastes champs de bataille, jamais rien ne m'a tant frappé que le massacre de ces victimes de l'opinion et du fanatisme (1). »

Les membres de la municipalité de Bouguenais avoient été mandés au château pour donner quelques renseignements sur les prisonniers, mais on *leur défendit de parler*, et, sur neuf qu'ils étoient, la commission en fit arrêter six, qui furent conduits à Nantes et enfermés pendant neuf jours à la prison du Sanitat (2).

A peine la commission avoit-elle rendu ces soi-disant jugements, qu'elle dut retourner immédiatement à Nantes. Restoient les 22 jeunes filles, âgées de 15 à 24 ans. Le président Bignon, par une de ces subdélégations de pouvoirs familières à

---

(1) Le général Hugo, *Mémoires*, t. 1.
(2) M. Dugast-Matifeux, p. 30 et 32.

cette époque, chargea Muscar de les faire juger par une commission militaire, et cet officier, qui désiroit sauver ces prisonnières, nomma le capitaine Léopold Hugo, président, et lui fit connoître ses intentions. Alors se produisit un des incidents le plus touchants que j'aie rencontrés durant mes lugubres recherches.

Après leurs interrogatoires, lorsque les prévenues furent rentrées dans la chapelle pour y attendre le sort que leur avoient annoncé les fusillades, Hugo adressa à ses collègues quelques observations en faveur de ces jeunes filles infortunées ; il invita les juges à se bien recueillir, à ne chercher aucun modèle de conduite, à prononcer d'après leur cœur, puis il recueillit les voix, et non sans crainte, car c'étoit un vieux sous-lieutenant du 13ᵉ bataillon de Seine-et-Oise, nommé Fleury, homme sombre et taciturne, qui devoit opiner le premier. Mais cet officier dit à haute voix : « Je me suis fait militaire pour combattre des hommes et non pour assassiner des femmes. Je vote la mise en liberté des 22 prévenues et leur renvoi immédiat chez elles (1). »

Cette opinion, qui ravit Hugo, « fut tout de suite appuyée par un lieutenant de la légion nantaise, et bientôt une heureuse unanimité (dit le général) ouvrit les portes de la chapelle à ce jeune troupeau, à ces enfants tous à genoux ! Muscar vint remercier le tribunal, et lui exprimer son regret de ce que les autres prisonniers n'eussent pas été soumis à des juges aussi humains (2). » On ne voit que trop ce qui seroit arrivé si le président Bignon et ses acolytes étoient demeurés quelques heures de plus au château d'Aux.

Cette exécution judiciaire de la commission du Mans a été aggravée et défigurée, d'abord par l'inexact Prudhomme (3),

---

(1-2) Le général Hugo, *Mémoires*, t. 1.
(3) *Crimes de la Révolution*, 1797, t. VI, p. 273.

ensuite par des écrivains de notre temps, insuffisamment éclairés. Suivant Pitre-Chevalier (1), 7 ou 800 paysans de Bouguenais, qui venoient de déposer les armes, sous la promesse d'une amnistie, furent massacrés au château d'Aux, de l'ordre de Carrier, malgré le jeune officier Hugo; d'après un autre (2), ces 7 ou 800 paysans, arrêtés quelque temps après la déroute de Savenay, furent fusillés, sans autre forme de procès, au même château, sur l'ordre de Carrier; le capitaine Hugo s'opposa inutilement à cette boucherie.

Aucun de ces récits n'est vrai ; je viens de faire connoître le nombre exact des malheureux fusillés, après une sorte de jugement : 209 ; quant à Carrier, depuis quelque temps retourné à Paris, il n'eut point part à cette exécution; celles dont il fut l'auteur suffisent à sa renommée !

Tribunal révolutionnaire de Vannes (Morbihan), ayant siégé aussi à La Roche-Bernard, Auray, Lorient, Josselin.

Dès les premiers soulèvements de la Vendée et de la Bretagne, le tribunal criminel du Morbihan eut à juger les individus arrêtés pour avoir pris part à ces révoltes. Il siégea les 21 mars et 4 avril, à Vannes; les 5 et 6 mai, à La Roche-Bernard ; le 25 et 26 mai, à Auray ; le 31 août, à La Roche-Bernard, et condamna à mort sept personnes. Les jugements étoient motivés sur des faits très-graves, et de nombreux acquittements étoient prononcés.

Accompagné de Marc-Antoine Jullien, agent du Comité de salut public, le représentant Prieur (de la Marne), arrive à Vannes et la scène change; les condamnations capitales deviennent plus nombreuses, les acquittements plus rares.

Par un arrêté du 10 brumaire an II (contresigné M. A. Jul-

---

(1) *Bretagne et Vendée*, gr. in-8, p. 520-521.
(2) M. Bird, *Revue de Bretagne et Vendée*, 1857, p. 31.

lien), Prieur, d'abord, fait enlever, de l'une des portes de Vannes, où elle étoit vénérée, la statue de Saint-Vincent-Ferrier, patron de la ville, et il fait mettre à sa place « celle d'un bon sans-culotte, couvert du bonnet rouge, tenant d'une main une pique et de l'autre une couronne avec ces mots : *Le Peuple la donne!* »

Puis, irrité de la *tiédeur* du tribunal criminel, Prieur prend, le 15, l'arrêté suivant :

Au nom de la République,

Nous, représentant du peuple dans les départements maritimes, en vertu des pouvoirs qui nous sont donnés par la Convention nationale, avons arrêté ce qui suit :

Art. 1er. — Sont destitués de leurs fonctions les membres du tribunal criminel du Morbihan, séant à Vannes, ci-après nommés, savoir :

Perret, *président;*
Lemerer, *accusateur public;*

Ils seront mis en arrestation dans la maison de sûreté de cette ville, et les scellés apposés sur leurs papiers.

Art. 2. — Ils seront remplacés par les citoyens :

Raoul, *président;*
Levaillant,
Girard, } *juges;*
Rousseau,
Marion, *accusateur public;*
Hervo fils, *greffier.*

Le Représentant, etc.

Ainsi composé, le tribunal révolutionnaire de Vannes se transporta trois fois à Lorient, une à Josselin, une à Auray, et, du 18 brumaire au 10 thermidor, jour de sa dernière séance, il prononça trente condamnations à mort (dix concernoient des prêtres réfractaires) et onze à la déportation à vie. Il n'y eut que trois acquittements, relatifs à la même affaire ; un accompagné de la détention, un autre de la surveillance jusqu'à la paix. Il est vrai que devant ce tribunal, comme devant la plupart de ceux de la Terreur, les accusés n'étoient jamais assistés de défenseurs.

Les victimes montrèrent la résignation la plus courageuse.

Le 9 messidor an II, on demandoit à Mathurin Léon, prêtre réfractaire, pourquoi il n'avoit pas quitté le territoire françois, et il répondoit que « la terre étoit son lit et le ciel son toit, et qu'il ne mendioit son pain qu'à des personnes qui ne le connaissoient pas. » Il fut condamné à être, dans les vingt-quatre heures, livré au *vengeur du peuple*; c'étoit, on l'a vu, le nom donné, par Laignelot et Lequinio, à l'exécuteur du tribunal révolutionnaire de Rochefort.

Le 19 messidor, le vénérable Jacques Santerre paraissoit, avec deux autres prêtres réfractaires, devant le tribunal, et il disoit : « J'ai près de 80 ans ; j'étois prêtre à Ferel ; je me cachois comme les autres ; on peut me fusiller ou me guillotiner, je suis prêt à rendre mes comptes là haut. » La condamnation de ces trois accusés fut semblable et immédiate (1).

(1) Extrait des registres du tribunal criminel du Morbihan; Lettres de M. Caradec, procureur impérial à Vannes, des 26 janvier et 9 avril 1863.

Paris. Imp. PILLET fils aîné, rue des Grands-Augustins, 5.

LA JUSTICE RÉVOLUTIONNAIRE

A PARIS ET DANS LES DÉPARTEMENTS

D'APRÈS DES DOCUMENTS ORIGINAUX

LA PLUPART INÉDITS

(17 août 1792 — 12 prairial an III)

PAR M. CH. BERRIAT SAINT PRIX,

Conseiller à la Cour impériale de Paris.

N° V

Extrait du Cabinet historique

Commissions militaires et révolutionnaires de l'Ouest.

Parmi les Tribunaux de la Terreur, ceux qui eurent pour cause la guerre, et pour victimes les prisonniers de la Vendée, méritent une place distincte. Ce n'est pas que leurs juges puissent être épargnés par l'inexorable histoire; c'est que le pays où ils furent établis, les populations qu'ils décimèrent avoient une situation et un caractère particuliers. Pour la cruauté et le cynisme, les Tribunaux révolutionnaires de l'Ouest n'ont été, nulle part, dépassés : les hécatombes de Bignon à Savenay et à Nantes, les jugements par F. de Vacheron à Angers, égalent tout ce que la Terreur a présenté de plus affreux à Lyon, Arras et Orange. Quant au nombre des victimes, on a déjà vu (1) que, le premier, sous

(1) Le *Cabinet historique*, 1861, p. 206.

1865

ce rapport, des Tribunaux révolutionnaires, étoit la Commission *ambulante* du Mans, présidée par le citoyen Bignon, capitaine de volontaires parisiens.

J'ai fait connaître (1) les commissions militaires révolutionnaires établies à Rochefort, Saint-Malo, Fontenay, Les Sables, La Rochelle, Vannes; celles dont je vais parler sont d'une autre importance.

Toutes furent instituées en vertu du trop fameux décret du 10 mars 1793, voté d'urgence, sur la nouvelle des premiers et graves soulèvements de la Vendée et de la Bretagne. D'après ce décret :

« Étoient déclarés hors la loi les révoltés et porteurs de la cocarde blanche, etc.;

« Des commissions militaires, formées de cinq officiers des divisions employées contre les révoltés, plus les Tribunaux criminels, à leur défaut, devoient envoyer les révoltés à l'exécuteur après avoir déclaré le fait constant.

« Ce fait demeuroit constant — soit par un procès-verbal revêtu de deux signatures — soit par un seul procès-verbal revêtu d'une seule signature, confirmée par un témoin — soit par la déposition orale et uniforme de deux témoins. »

Cette formalité si simple, si faiblement protectrice, ne fut presque jamais observée par les commissions. On s'y contentoit de prendre les noms, âge, demeure des accusés, et puis, déclarant en masse leur culpabilité, on les envoyoit en masse à la fusillade, moins fréquemment à la guillotine.

Des défenseurs, il n'y en avoit jamais; je n'en ai encore rencontré qu'à la Commission de Tours, présidée par Senard, et qui ne prononça que huit condamnations capitales, se distinguant, d'ailleurs, par sa modération et son humanité.

(1) *Idem*, 1864, p. 31; 1864, p. 202, etc.

Les commissions militaires formées au sein de divisions actives étoient essentiellement ambulantes, aussi elles étoient *montées*. Les Tribunaux criminels, qui devoient, au besoin, en tenir lieu, étant sédentaires, un décret du 7 avril 1793 ordonna que, sur la réquisition des administrations de département, ces Tribunaux se transporteroient dans les chefs-lieux de districts, pour y juger les révoltés, conformément au décret du 19 mars.

C'est à Angers, à Nantes, au Mans, que furent établies ou fonctionnèrent les principales commissions militaires de l'Ouest. Avant d'en publier l'histoire, je tiens à déclarer qu'elle a été tirée des minutes des jugements et d'autres pièces originales compulsées dans les greffes de ces villes; si de telles preuves n'avoient été entre mes mains, je doute que, malgré mes convictions antérieures, formées par un rude labeur, j'eusse pu me résoudre à ajouter foi à tant d'atrocités et d'infamies!

Cette partie de mon travail est presque entièrement neuve. Je crois qu'avant moi bien peu de personnes ont pu examiner les documents inouïs conservés à Angers et à Nantes, et longtemps refusés aux investigations des chercheurs et des curieux. J'ai été plus heureux que mes devanciers. Soixante-dix années écoulées permettoient à la vérité de se faire jour; les magistrats ont pu se départir, en ma faveur, de leur prudente réserve, et m'assister des communications splendides dont on va lire l'analyse fidèle.

Commissions militaires et révolutionnaires d'Angers.

La justice révolutionnaire fut largement rendue à Angers. Il y eut, d'abord, deux Commissions militaires qui ne se distinguent de quelques autres de l'Ouest que par le nombre des victimes; il y eut, ensuite, les commissaires *recenseurs*, invention digne de l'Enfer, et que je n'ai encore retrouvée nulle autre part.

C'est le Tribunal criminel de Maine-et-Loire qui, dès le début de la guerre de la Vendée, jugea, à Angers, les révoltés et les contre-révolutionnaires. Là se trouvoient des défenseurs; là étoient observées des formalités salutaires; si des condamnations sévères furent prononcées, ce dut être en connaissance de cause. Une telle justice ne pouvoit contenter les Terroristes; on ne tarda pas à la remplacer par des Commissaires, ces juges de l'ancien régime, justement flétris par l'histoire; ressuscités sous la Terreur, grâce surtout à Robespierre, qui, le premier, au nom de la commune de Paris, étoit venu, le 15 août 1792, en demander le rétablissement à l'Assemblée législative (1).

Après l'évacuation d'Angers (fin de juin 1793), par la grande armée vendéenne, qui se portoit sur Nantes, les Représentants remplaçoient, le 8 juillet, pour la police générale, l'administration du département par un comité révolutionnaire de dix membres, choisi parmi les hommes les plus exaltés de la ville, et présidé par le citoyen Lachevardière, commissaire national envoyé de Paris.

Le 10 juillet, les Représentants Bourbotte, Tallien, etc., chargeoient le général Bonnin d'établir une commission militaire et révolutionnaire près de l'armée des côtes de La Rochelle, dont le quartier général étoit à Angers. Composée d'un président, de trois juges, d'un greffier, tous *montés*, elle devoit suivre l'armée et juger, d'après les lois révolutionnaires, les délits attentatoires à la liberté et à la sûreté générale, les délits militaires, etc.

Cette commission fut d'abord présidée par Mathieu *Parein*, le même qui dirigea, plus tard, la fameuse commission révo-

(1) *Moniteur* du 18 août 1792, p. 967.

lutionnaire de Lyon. Au mois d'octobre, Parein fut remplacé par *Félix*, qui eut *Laporte* pour vice-président.

Du 23 juillet 1793 au 16 floréal an II, en divers lieux, cette commission prononça 1158 condamnations à mort, le plus grand nombre exécuté par la fusillade. En ajoutant à ce chiffre les 49 condamnés de la commission *Proust*, et les 770 jugements par F, des commissaires *recenseurs*, on n'a pas le total des exécutions révolutionnaires du Maine. Dans les papiers des commissions d'Angers existent plusieurs listes de nombreux fusillés dont les jugements ne se retrouvent pas (1).

Comme ceux de Néron, les débuts de la commission Félix furent modérés, presque humains. Elle siégea à Angers, dans l'église des Jacobins, dès le 13 juillet 1793, jour de son installation; le 23 à Chinon; le 25 à Saumur, au Grenier à sel; le 10 août à Doué, au Collège; le 21 à Saumur; le 29 octobre (7 brumaire), la commission rentroit à Angers. Dans cet espace de plus de trois mois, elle tint 63 séances, jugea 376 personnes, et prononça seulement 12 condamnations capitales, 1 à Chinon, 11 à Saumur (plus 14 aux fers et 17 à la prison).

La commission étoit escortée par l'exécuteur Dupuy et par la guillotine. La première exécution, celle de *Jacques Payelle*, volontaire, condamné, le 23 juillet, pour avoir crié : Vive le roi eut lieu, à Chinon, le jour même, avec appareil. L'échafaud fut dressé au milieu du camp; les officiers assistoient, ainsi qu'une députation de chaque corps de la ville.

A partir du 8 brumaire, et dans une seconde tournée, la commission devint implacable. Chacune de ses audiences fut marquée par des condamnations capitales; certains jours

(1) Extraits de M. Métivier, c.tés plus bas.

tous les accusés étoient frappés; on eût dit que les juges avaient reçu des ordres souverains. Du 8 au 14 brumaire à Angers, du 18 au 21 à Saumur, du 28 brumaire au 1er frimaire à Laval, le 9 frimaire à Angers, en quinze séances, 33 condamnations à mort sur 67 accusés.

Cependant, la grande armée vendéenne ayant échoué à Granville, revenoit, par Laval et le Mans, sur Angers, où les Ponts-de-Cé (dits alors *Pont libre*) lui auroient permis de retraverser la Loire. Le 10 frimaire, toujours escortée de la guillotine et emmenant avec elle de nombreux prisonniers vendéens, la commission quitta Angers pour la troisième fois.

Le 11 frimaire, aux Ponts-de-Cé, elle condamnoit le vicaire *Bélier* et cinq autres personnes, livrés incontinent à Dupuy (1). A partir de ce jour, l'échafaud fut réservé aux condamnés les plus marquants : aux nobles, aux prêtres, aux religieuses, aux fonctionnaires; la fusillade étoit pour la multitude.

Le 12 frimaire, paroissoient devant la commission 124 prisonniers qui, tous, étoient condamnés. Le lendemain on les fusilla auprès de Juigné-sur-Loire, dans un champ appelé, depuis, *la pièce des morts* (2). C'est à partir de cette exécution en masse que la commission Félix adopta l'expéditive formule de jugement suivante (sans défenseurs, sans témoins, sans interrogatoires proprement dits) :

La Commission, etc.,
Sur la question de savoir si le sieur N... (et 123 autres nommés à la suite), sont coupables;

---

(1) Presque tous les mémoires de Dupuy existent en original. On y voit qu'il lui étoit alloué, dans les commencements, 50 livres par condamné, et que, plus tard, les exécutions s'étant multipliées, ses vacations furent réduites à 30 livres.

(2) Il paraît que les fusillades, à Juigné, ne furent pas bornées à celles que j'indique. Lettre de M. Millois, juge de paix aux Ponts-de-Cé, du 11 février 1864.

Considérant qu'il est prouvé qu'ils ont des intelligences avec les brigands de la Vendée;

Considérant qu'ils ont été pris les armes à la main contre les armées de la République;

Considérant enfin que le salut de la patrie exige en ce moment les plus grands exemples; que les rebelles de la Vendée qui ont traversé la Loire font en ce moment tous leurs efforts pour rentrer dans leur pays; qu'ils sont en présence des armées de la République; que les scélérats qui ont resté dans la Vendée relèvent la tête et assassinent chaque jour les patriotes;

Vu les lois du 19 mars 1793, etc.

Condamne, etc.

La commission prit ensuite le chemin de Doué, avec son funèbre cortège. En route on fusilla des vieillards qui ne pouvoient pas suivre la colonne (1). Arrivés à Doué, les prisonniers vendéens furent entassés dans quatre caves creusées sous le monticule que cette ville surmonte, e. qui ont conservé le nom de *prisons des Vendéens*. Ces malheureux n'entrant pas assez vite dans ces souterrains insuffisants et malsains, le citoyen Guillemette, commandant de la place, se rua sur eux avec un sabre, puis leur tira trois coups de fusil; plusieurs prisonniers ainsi atteints succombèrent à leurs blessures (2). Les autres, enfin enfermés, manquoient de pain, et, pour s'abreuver, n'avoient que de l'eau croupie en petite quantité.

A Doué, la commission pourvut largement la guillotine et la fusillade; du 16 au 22 frimaire, 11 personnes furent livrées à Dupuy, et on en fusilla 109 : le 17 frimaire, 69; le 18, 41; le 20, 68; le 22, 31; toutes jugées avec la formule que l'on vient de lire (il n'y eut que quinze acquittements). Pour le plus grand nombre, les fusillades eurent lieu à trois kilomètres de Doué, sur la commune de Douces, au bord

---

(1, 2) Extraits des archives de la cour d'Angers, communiqués, en octobre 1863, par M. le premier président Métivier. Il y a dans ces extraits un état dressé, le 23 frimaire an II, par le maire de Doué, de 11 prisonniers morts (à Doué) depuis le 21 du même mois.

d'une carrière appelée *Justices de Fier-Bois*. C'est là que, pêle-mêle, morts et mourants, les suppliciés étoient précipités, et le voyageur pouvoit, dit-on, le soir d'une exécution, entendre des plaintes sortir de la fosse de Fier-Bois. Quand on étoit pressé, l'exécution s'accomplissoit dans la prairie *du Camp*, en face des caves-prisons (1).

Le 23 frimaire, la commission se rendit à Saumur, où, douze jours durant, elle poursuivit son œuvre : 29 personnes furent envoyées à l'échafaud, entre autres *Langlois*, procureur du roi à la maîtrise; *Garaud de Theil*, receveur de la régie; *Godfroy* d'Orléans et *Peronneau*, prêtres; *Vilneau*, chanoine; *Oré du Plessis*, *Rogier de Rosemond*, nobles; la sœur de *Montigny*, religieuse; 403 autres furent fusillés : 16, le 20 frimaire; 79, le 3 nivôse; 75, le 4; 233, le 6; il n'y eut que 19 acquittements.

Les 154 condamnés des 3 et 4 nivôse furent fusillés, le jour même du jugement, à un myriamètre de Saumur, près des bois d'Asnières, non loin de la route actuelle de Napoléon-Vendée. Pour les 233 du 6 nivôse, on s'arrêta à la butte de Bournans, qui est franchie par la même route, à 3 kilomètres de la ville; là, à quatre heures du soir, l'exécution fut accomplie. On voit, à cet incident, comment procédoit la commission Félix. Certes il avoit fallu du temps pour réunir l'escorte nécessaire, pour lier tous ces malheureux, pour les conduire jusqu'à l'endroit du supplice. Quel délai étoit-il donc resté pour procéder à leur jugement? Le 6 nivôse, il est vrai, pas un seul acquittement ne fut prononcé (2).

(1) Lettres de M. Sclopis, juge de paix à Doué, du 23 décembre 1863 et 19 janvier 1864.
(2) Suivant l'acte d'accusation dressé, le 22 thermidor an III, contre les terroristes d'Angers, les jugements concernant les fournées de Doué et de Bournans auroient été rédigés après ces exécutions en masse. Extraits de M. le P. P. Métivier.

La commission revint ensuite se fixer à Angers, où, le 11 nivôse, elle reprit ses travaux, terminés seulement le 20 floréal. Les prisons y étaient alors encombrées et les détenus atteints de maladies contagieuses; on verra, aux jugements par F, à quel point de vue s'en préoccupa le comité révolutionnaire de la ville. Quant à la commission, en 14 séances, du 11 au 28 nivôse, 47 condamnations exécutées par Dupuy; 100 par la fusillade, celles-ci prononcées et exécutées le 23 nivôse; 4 acquittements. La série de Dupuy comprit des victimes de marque : La Planche de Ruillé, ancien *constituant*, Morinière, et six autres *prêtres insermentés*, Guillot de Folleville, dit l'*évêque* d'Agra, Mme de Falloux, veuve de Malcombe, Richeteau, Dupré, Donnissant, Desessarts, de Valiot, *nobles*.

Du 1er pluviôse au 20 floréal, en 62 séances, la commission prononce 96 condamnations à la guillotine, 99 à la fusillade, 94 à la déportation, et un petit nombre aux fers ou à la prison. Les condamnés à la déportation étoient des religieuses; ce jugement, du 3 floréal, mérite d'être rapporté :

Considérant, dit la commission, que par leur opiniâtreté à refuser de prêter le serment d'égalité et de liberté, et l'authenticité qu'elles ont donné à ce refus formel, Jeanne Chaussard (et 93 autres religieuses dont les noms suivent), se sont rendues indignes d'habiter le sol de la liberté;

Condamne, etc.

Durant cette période finale, les acquittements furent nombreux : il est vrai que, le 18 pluviôse seulement, la commission avoit à juger 128 militaires accusés d'avoir fui devant l'ennemi, et que tous furent renvoyés.

La dernière expédition en masse est du 25-26 germinal : sur 101 prisonniers qui paraissent ensemble devant la commission, Menard et 98 autres, parmi lesquels 41 femmes, sont condamnés à la fusillade (1).

Ces fusillades avoient lieu à une certaine distance d'Angers, sur la commune d'Avrillé, au lieu dit : *La Haye des Bons-Hommes*; j'y reviendrai en parlant des jugements par F, exécutés de la même manière et au même endroit.

Pour les autres exécutions, moins nombreuses, l'échafaud étoit dressé sur la place du *Ralliement*, aujourd'hui du *Théâtre*. Certaines présentèrent des détails à la fois horribles et touchants, conservés par la tradition locale et par un digne prêtre, l'abbé Gruget, qui a laissé des Mémoires manuscrits sur la Terreur à Angers. Recueilli par de pieuses femmes, au risque de leur vie, cet abbé étoit caché dans une maison assez voisine du *Ralliement* pour qu'il pût voir l'échafaud et donner l'absolution à tous ceux qui étoient exécutés. « J'entendois, dit-il, les cris ou plutôt les hurlements « poussés à chaque tête qui tomboit; je voyois les chapeaux « élevés en l'air aux cris chéris de Vive la République! J'ai « même vu les bourreaux montrer aux spectateurs les têtes « de ceux qui étoient immolés (2). »

Deux prêtres presque septuagénaires, l'abbé *Chesneau*, curé à Montreuil, près d'Angers, l'abbé *Doguereau*, curé dans cette dernière ville, condamnés le 11 nivôse, furent exécutés, le jour même, vers trois heures, et leurs têtes montrées à la populace.

On revêtit l'abbé *Pinot*, curé du Louroux, de ses habits et ornements sacerdotaux, avant de le mener au Tribunal. Condamné, le 3 ventôse, après quelques questions, on lui demanda s'il ne seroit pas bien aise d'être conduit à l'écha-

(1) Registres de la Commission *Félix*, compulsés, en octobre 1863, au greffe de la Cour impériale d'Angers.
(2) Le *Champ des Martyrs*, par Godard-Faultrier, 2ᵉ édit. Angers, 1855, in-18, p. 12, 13, 38, 52, 96.

faud dans le même accoutrement. « Oui, répondit le saint
« homme, vous ne pouvez me faire un plus grand plaisir ! »
Exécuté, le jour même, vers quatre heures, il mourut couvert de tous ses ornements; on lui ôta seulement sa chasuble avant de le pousser sous le couteau.

(Le procès-verbal de l'arrestation, au Louroux, de l'abbé
Pinot, portoit (1) : « Ordonnons que les chasubles, calice,
« petits bondieux et autres joujous de cette espèce seront
« aussi transportés au comité.

« *Signé* : Bidon, juge de paix. »

M. *Gastineau*, savant professeur de droit à l'Université
d'Angers, condamné et exécuté le 11 ventôse, montra beaucoup de courage. Arrivé sur l'échafaud, il considéra l'instrument fatal... « Vous allez me manquer, » dit-il au bourreau, avec fermeté. Il disoit vrai ; on le manqua, en effet, et l'exécuteur fut obligé de s'y prendre à deux fois. Ainsi finit M. Gastineau, regretté de tous les honnêtes gens (2).

Une deuxième Commission militaire fut instituée à Angers, le 18 frimaire an II, par Bourbotte, Esnué de la Vallée, Francastel et Prieur de la Marne. Depuis un mois, la commission Félix avoit quitté la ville ; ces représentants se trouvoient dépourvus. Cette commission, entièrement assimilée à la première, avoit pour président le citoyen *Proust*, du comité révolutionnaire d'Angers, et pour juges les citoyens *Morin* et *Vacheron*, employés à l'armée, et que nous retrouverons plus bas dans les jugements par F.

Dès le lendemain, 19 frimaire, la Commission entroit en activité, et condamnoit à mort Mlle de *Civrac*, âgée de 76 ans,

(1) Extraits de M. le P. P. Métivier.
(2) *Le Champ des Martyrs*, par Godard-Faultrier, 2e édition, Angers, 1855, in-8, p. 12, 13, 38, 52, 96.

abbesse à Angoulême ; Marie *Thomasseau,* 58 ans, sa femme de chambre, et l'abbé François *Edelin.* Le jour même, à cinq heures du soir, ces malheureux étoient exécutés en présence de la Commission. Le 21, étoient condamnés cinq *laboureurs ;* le 22, un *tisserand.* Puis, menant avec elle l'exécuteur Frillaux et la guillotine, la commission commençoit sa tournée. Le 29, elle siégeoit au Mans ; du 2 au 9 nivôse, à Laval ; du 22 au 25, à Sablé ; le 25 nivôse elle revenoit à Angers, après avoir prononcé 10 condamnations capitales, en tout 49. Ses opérations n'allèrent pas plus loin (1). Le 29 nivôse étoit inventé, à Angers, le fameux *recensement* des prisons, auquel furent activement employés les juges Morin et Vacheron, qui regrettoient peut-être de n'avoir pu servir la République, dans la commission Proust, à l'égal de leurs dignes collègues de la commission Félix.

Les accusés réservés à l'échafaud étoient seuls sérieusement interrogés par les Commissions. Un grand nombre de ces interrogatoires ont été conservés ; il en est de très-développés et même d'intéressants (2). En général, les réponses des femmes sont plus fermes que celles des hommes, celles des prêtres que celles des laïques, des campagnards que des citadins. On y voit la puissance du sentiment religieux dans le pays, et la faute énorme que commit la Convention en ne le respectant pas. Du reste, devant ces juges de parti pris, les accusés avoient un sort pareil, ceux qui nioient, comme ceux qui avouaient.

Comme partout, les commissions Félix et Proust eurent pour auxiliaire et promoteur un comité révolutionnaire. Depuis son établissement à Angers, le 8 juillet 1793, jusqu'au 3 nivôse an III, ce comité fit arrêter et écrouer au *Château*

(1) Registre de la Commission Proust, compulsé, en octobre 1863, au greffe de la Cour d'Angers.
(2) Extraits de M. le P. P. Métivier.

1,547 personnes (1,305 hommes, 203 femmes, 33 prêtres, religieuses), indépendamment de 932 autres personnes écrouées au même lieu par les ordres de la Commission Félix, et d'autres autorités révolutionnaires (1).

La correspondance de ce comité a été conservée, et on y trouve mêlées des lettres de la Commission et du représentant Francastel. En voici quelques extraits qui feront connaître les sentiments de ces dignes fonctionnaires.

Le 3 brumaire an II, le comité écrivoit au représentant Richard, à Saumur :

L'exemple est un motif si puissant sur le peuple, que le comité vous demande de lui envoyer la *sacram sanctam guillotinam* et les ministres républicains de son culte... Il n'est pas d'heure dans la journée qu'il ne nous arrive des *récipiendaires* que nous désirons initier dans ses *mystères*. Jugez de la *joie* que nous éprouvons en songeant que les *autels* de cette *divinité* ne sont pas près d'être abandonnés. Pour que le *service* n'éprouve aucun retard, trouvez bon que nous en prévenions *Saint-Félix*, hiérophante du sacré collège (2).

Le 14 ventôse, le Comité écrivoit à la Commission militaire :

Salut et liberté.
Nous vous faisons passer, citoyens, les pièces du *scélérat* Morin, curé réfractaire et Vendéen de Freigné, près Candé. Son interrogatoire est consigné sur l'un de nos registres. Quand vous voudrez travailler ce brigand sacré, vous le ferez prendre au Comité.

Les Sans-Culottes : TELL OBRUMIER,
BRUTUS THIERRY, p.-d.-t.

Le lendemain, Morin étoit condamné à mort.

Le 15 ventôse, le Comité écrivoit à Francastel, relativement à 60 prêtres amenés du département de la Nièvre, une lettre où se lisent ces mots :

(1) Extraits de M. le P. P. Métivier.
(2) M. Godard-Faultrier, p. 97.

Les enverrons-nous à Nantes?
Les enverrons-nous à la Commission militaire?
Les ferons-nous fusiller au coin du bois?
Les embarquerons-nous sur la *Mayenne* pour leur faire faire la *pêche du corail*, vis à vis de la Baumette?
Parle!

D'un autre côté la commission étoit encouragée et excitée par les représentants, qui, à son égard, ne tarissoient pas d'éloges.

Le 1er frimaire an II, Francastel écrivoit à la commission, alors en opération à Laval :

Courage, mes amis, votre présence électrise Laval et fait trembler tous les malveillants. Vous contribuerez à faire dissiper les *Choins*. La *guillotine* aura quelque pouvoir sur ces nouveaux révoltés qui ne sont pas encore enracinés dans leur rébellion...
Votre activité révolutionnaire seroit *de mise* dans la Vendée; elle est désirée également à Saumur et à Angers.
... Je viens d'envoyer les placards (les jugements) qui attestent si bien l'utilité de votre séjour à Laval...

Le 19 frimaire, le même lui écrivoit à Doué :

Nous applaudissons comme nous l'avons toujours fait, citoyens, à l'activité de votre patriotisme et à la justice nationale que vous avez exercée envers des ennemis publics. Vous remplirez jusqu'à la fin, avec la même *inflexibilité*, les fonctions qui vous ont été déléguées, et vous aurez bien mérité de la patrie...
Courage, mes amis, sauvons la République chacun de notre côté...

Le 27 frimaire, le même lui écrivoit à Saumur :

... Vous avez déjà fait beaucoup pour la chose publique, patriotes et frères, mais il reste encore à faire, cet intérieur de la Vendée vous attend. Je ne sais quand cette *course patriotique* pourra s'exécuter...

Le 2 nivôse, Francastel lui écrivoit encore d'Angers :

... Votre présence ici va devenir bien nécessaire; tout s'encombre; une sorte de politique fait stationner ce troupeau dans nos prisons; le moment viendra de *dégorger* tout cela...

Il nous faut ces hommes révolutionnaires qu'une fausse pitié n'amollit pas...

Indulgence, oubli du passé, compassion, sensibilité, tous ces *beaux noms* ne couvrent que faiblesse, modérantisme et perfidie. Vous savez qu'il a été pris au Mans un troupeau de plusieurs centaines de femmes ; ce sont des amazones, des paladines, des concubines de prêtres, des dames à pelisse, etc. Eh bien! tout cela semble inspirer de l'intérêt ! A qui ? à des révolutionnaires, à des membres d'une commission militaire! Venez ici, je compte sur vous; je connois vos principes, votre inflexibilité républicaine, votre intention immuable de *purger*, de *saigner jusqu'au blanc* la génération vendéenne...

Le 5 pluviôse, il écrivoit à Félix, président de la commission :

J'ignore si des ordres ont été donnés pour faire venir d'Amboise les administrateurs de cette commune, accusés de fédéralisme. Il est infiniment utile pour la République que les conspirateurs fédéralistes soient frappés au même moment que la Vendée, l'infâme Vendée est la proie des flammes et devient un *monument durable* de la toute-puissance nationale...

Le 10 floréal, Francastel et Hentz envoyoient d'Angers, à la Commission, la lettre et l'arrêté suivants :

Nous vous envoyons, citoyens, un arrêté qui contient l'expression de *notre reconnoissance* pour *les services* que vous avez rendus à la révolution dans les fonctions qui vous avoient été assignées...

Les Représentants près l'armée de l'Ouest arrêtent :

Art. 4. Les représentants du peuple annoncent leur satisfaction à la commission militaire d'Angers cy-dessus désignée, de la manière énergique, révolutionnaire et pleine de dignité avec laquelle elle a exercé ses fonctions, tant par ce qui est de leur connoissance personnelle que par les bons témoignages qui leur ont été rendus à cet égard.

Signé : FRANCASTEL et HENTZ.

On le voit: tout se réunissoit pour porter ces commissions aux dernières extrémités : les sentiments personnels des juges, les incitations et les louanges du comité et des représentants.

Aussi, quand, après le 9 thermidor, la commission Félix fut dénoncée à la Convention, ses principaux membres protestèrent de la *pureté* de leurs intentions et de leur *justice* dans une lettre où sont également des aveux précieux à recueillir.

Le 1ᵉʳ brumaire an III, Félix, *ex-président*, Laporte, *ex-vice-président* de la première commission d'Angers, écrivoient au représentant Bezard :

(D'abord ils lui demandent conseil sur le parti à prendre à l'égard des dénonciations portées contre leur Tribunal... Ils rappellent les ordres impératifs, l'approbation méritée des représentants Francastel, Bourbotte, Bo, etc... L'énergie, justice, humanité et impartialité qui ont dirigé les travaux des membres de ce Tribunal, puis ils ajoutent) :

Qu'on le juge sévèrement, tant qu'on voudra, ce Tribunal ! Mais du moins qu'on mette à côté de cette sévérité la loi, les circonstances, l'*encombrement* et la *peste* des prisons, l'invasion, les succès et les massacres réitérés des brigands envers les patriotes ; qu'on place encore à côté de cette rigidité, les traits d'humanité qu'il a fait éclater, toutes les mises en liberté qui se montent à plus de six mille, dans le cours de ses opérations.

Par la première assertion, on verra (si on est juste) l'impossibilité physique dans laquelle il se trouvoit pour faire mieux, et par la seconde on trouvera qu'il a fait beaucoup et tout ce qu'il pouvoit et devoit faire. Mais, en sens inverse, ajouter foi aux énonciations insérées dans l'*historique* de la Vendée et à celle de Vial, aussi fausse qu'absurde, qui a l'impudence et la noirceur d'avancer, dans une adresse à la Convention, en qualifiant les membres de la commission militaire de bourreaux qui ont fait périr par le fer et l'eau dix mille individus sans aucune formalité préalable, lorsqu'on a dû voir, à la levée du scellé des papiers de ce tribunal, que le résultat des individus condamnés et exécutés par la guillotine ou la fusillade étoit de *douze à quinze cents au plus*, lesquels ont été condamnés avec toutes les formalités possibles alors (1).

Des traits de cette épître, un, surtout, domine : *l'encombrement* et la *peste* des prisons. De l'aveu de Félix et de Laporte, on fusilla donc à Angers des prisonniers que l'on ne

---

(1) Toutes ces lettres, hors la première, sont tirées des extraits, déjà cités, de M. le P. P. Métivier.

pouvoit loger ou guérir! A l'appui de cette conclusion, on va voir le comité d'Angers envoyer deux députés à Francastel, lui demander des *moyens prompts et sûrs* de débarrasser les prisons, et le Représentant refuser un *ordre écrit* à cet égard.

Commissaires recenseurs d'Angers.
LES JUGEMENTS PAR F.

Les commissions Félix et Proust étoient rentrées à Angers dans le courant de nivôse an II; la première seule y continua ses travaux. Les Vendéens captifs, plus nombreux que jamais, encombroient sept prisons ou maisons religieuses qui en tenoient lieu; les Prisons nationales, la Citadelle, le Château, les Filles du Calvaire, le Bon-Pasteur, les Pénitentes et le Grand séminaire. Dès le mois de frimaire, les détenus étoient atteints de maladies contagieuses; cet état de choses donna lieu aux délibérations suivantes du comité révolutionnaire d'Angers.

Délibération (26 frimaire an II). Le Comité délibérant sur la marche de l'ennemi qui paroit vouloir repasser la Loire... Considérant que le grand nombre de prisonniers qui, tous attaqués de maladies pestilentielles, *engorgent* toutes nos maisons de détention... Arrête que Girard et Lefebvre, deux de ses membres, se transporteront sur-le-champ chez Francastel, représentant du peuple,... et lui demanderont des *moyens prompts et sûrs pour débarrasser les prisons;* arrête, en outre, que les deux commissaires demanderont audit représentant *une réponse par écrit* sur tout le contenu du présent arrêté.

Signé : Obrumier, Brémaud, Girard-Retureau, Lefebvre, etc.

26 frimaire. Retour de Girard et Lefebvre. Les citoyens Girard et Lefebvre, de retour sur leur mission, nous ont déclaré... avoir trouvé le citoyen Francastel accompagné des citoyens Thureau, général à Angers, et Moulin, aux Ponts-de-Cé... Que Francastel a répondu sur la marche des brigands... Que quant aux brigands et autres détenus dans la prison de cette ville, le représentant Francastel *n'a voulu donner aucun ordre écrit à cet égard*...

Délibération (30 frimaire). Le Comité délibérant sur la nécessité d'avoir un local assez sûr et assez spacieux pour contenir les prisonniers faits sur l'armée des brigands ; considérant que le seul local qui peut remplir ce double but ne peut être que le temple de la Raison, ci-devant Saint-Maurice (la cathédrale); considérant que cet emplacement est aujourd'hui rempli de décombres et immondices, arrête, etc. (le nettoiement du temple par 50 prisonniers, sous la surveillance de deux membres du comité (1).

Il paroît que les condamnations prononcées en nivôse par la commission Félix, que la fournée des 100 expédiée le 23, n'avoient pas suffi au désencombrement des prisons. Pour abréger la besogne, « pour *dégorger* tout cela, » comme le lui avoit écrit Francastel, cette commission eut une inspiration ou plutôt une réminiscence des journées de septembre à Paris (2).

Le 29 nivôse au soir, elle prit un arrêté, plusieurs fois renouvelé depuis, d'après lequel les citoyens *Morin* et *Vacheron*, de la commission Proust, devoient opérer le *recensement* général des prisons d'Angers. Commencée dès le lendemain matin 30 nivôse, cette revue ne fut terminée que le 29 germinal; plusieurs autres commissaires avaient été adjoints aux deux premiers; Hudoux, Baudron, Goupil, Obrumier, Roussel, Loisillon, tant de la commission Félix que du comité révolutionnaire, mais de tous Vacheron fut le plus occupé; il prit part à six recensements et, seul, en opéra sept autres; enfin, tout seul, il rendit 75 jugements par F.

Le résultat de ces *recensements* fut d'envoyer à la mort plus de 400 hommes et plus de 360 femmes ou filles, par des décisions qui consistoient, pour chaque personne, *dans une*

(1) Extraits de M. le P. P. Métivier.

(2) A l'Abbaye, le fameux Maillard avoit interrogé les prisonniers livrés à *la justice du peuple*, les 2-3 septembre 1792, et il avoit mentionné les résultats sur le registre de la prison; mais il n'écrivit pas les interrogatoires et ne mit que le mot *mort* en marge de toute une série de détenus égorgés. *Registre des écrous de l'Abbaye*, pour 1792, Archives de la Préfecture de police.

seule lettre de l'alphabet : F. (à fusiller), G. (à guillotiner); de ces F, il y en a plus de 700; de ces G, plus de 70.

Les commissaires *recenseurs* appeloient cela *juger par F;* ILS L'ONT ÉCRIT. La formalité préliminaire étoit aussi simple qu'expéditive. Amenés séparément par des gendarmes à la geôle, les détenus étoient entendus sommairement par les commissaires; l'interrogatoire écrit par le secrétaire, sans signature, la sentence étoit rendue, quelquefois après délibération, quand deux commissaires étoient présents. Voici deux des interrogatoires, du 30 nivôse an II, subis devant les citoyens *Morin* et *Vacheron ;* il y en a d'un peu plus développés, mais aussi de plus concis :

F — 1er. Jacques Maunoir, âgé de 18 ans, marchand, département de la Vendée, arrêté à Varadde par des citoyens, a avoué être resté avec l'armée des brigands environ six semaines après avoir passé la Loire.

F — 26. René Levron, âgé de 27 ans, né à la Chapelle, district de Saint-Florent, arrêté chez sa mère, à Varadde; il est cordonnier, il a travaillé pour les brigands; avec eux il a passé la Loire.

En marge des interrogatoires étoit apposée la lettre fatale, F ou G. Plus fréquemment, il est vrai, surtout dans les derniers cahiers, on mettoit *à revoir, à examiner, sursis, à élargir*, etc.

Quelquefois la lettre-jugement étoit biffée; les commissaires accordoient un sursis, ou bien, ce qui étoit plus rare, c'étoit la décision favorable que l'F venoit remplacer.

Les monuments de cette œuvre de l'Enfer sont conservés au greffe de la Cour impériale d'Angers; je les ai vus et touchés! Ils consistent dans dix-neuf cahiers in-folio, comprenant 2,796 interrogatoires et un peu moins de détenus, hommes, femmes, filles, enfants, plusieurs ayant été interrogés à deux reprises.

La plupart des interrogatoires, marginés F ou G, respirent

la conviction et la résignation; les réponses sont fermes, les expressions nettes, accentuées; et cependant, ces malheureux Vendéens, pour la plupart, n'ignoroient pas le sort qui les attendoit! Voici quelques citations :

Aux prisons *nationales*, le 1ᵉʳ pluviôse, n° 134 : *René Moreau* répond qu'il a suivi l'armée des rebelles pour rétablir la bonne religion et son roi.
N° 137 : *Chevatte* s'étoit armé pour le maintien de la bonne religion apostolique et romaine.
Le 3 pluviôse, n° 10 : *Goubau* a crié trois cents fois environ vive le roi et les prêtres.
Au *Calvaire*, 4 pluviôse, n° 17 : la veuve *Pichery* ne sait combien de fois elle a crié vive le Roy.
Le 5 pluviôse, n° 98 : la fille *Raimbaud* a crié nombre de fois vive le Roy.
A la *citadelle*, 21 pluviôse, n° 59 : *Marchais* a crié tant de fois vive le Roy qu'il ne s'en rappelle pas.
11 germinal, n° 8 : *Mornet* a crié vive le Roy le jour que l'on fusilla des patriotes à Chollet.

Tous les prisonniers jugés par G ne furent pas, comme ceux jugés par F, exécutés sans autre formalité; quelques-uns furent renvoyés devant la commission Félix, qui ne manqua pas de les livrer à l'exécuteur.

Vacheron et ses complices appeloient aussi leur œuvre : le *travail*, la *besogne*, l'*ouvrage*; ainsi on lit :

Aux prisons *nationales*, 1ᵉʳ pluviôse. A 5 h. du soir, l'ouvrage commencé s'est continué...
18 pluviôse, 6 h. 1/2 du soir, la *besogne*, quant à présent, est finie.
Au *Calvaire*, 6 pluviôse, 9 h. du matin, Vacheron a continué le *travail* commencé.
A la *citadelle*, 21 pluviôse, 4 h. du soir, l'*ouvrage* recommence.
Au *château*, 23 pluviôse, à 4 h. la séance et l'*ouvrage* recommencent.

Comme presque partout, l'instruction de ces commissaires répondoit à leurs sentiments. Le 4 pluviôse, aux prisons *nationales*, Morin écrit de sa main et il signe : *seance leve a*

4 *eurs*. Morin. Le 5 pluviôse, au *Calvaire*, Vacheron fait écrire que, dans les réponses de la fille Guillard, on voit le *fanatique* le plus prononcé.

Un tel personnel fait présager des décisions inouïes; mais l'imagination reste au-dessous de la réalité.

Voici d'abord les motifs (quand il y en eut) de quelques jugements par F :

Prisons *nationales*, 3 pluviôse, n° 27, veuve *Gasté*, 43 ans. Arrêtée sans passeport, mais pour le vrai très-scélérate. F.

Au *Calvaire*, 6 pluviôse, n° 100, veuve *Rochard*, 55 ans. N'a voulu répondre à aucune des questions de Vacheron. Fanatique, méchante, femme de mauvaise foi. F.

22 pluviôse, n° 221, Julienne *Thibauld*, domestique du curé réfractaire de Chalonnes. Excessivement fanatique. F.

13 germinal, n° 212. Veuve *Menard*, 72 ans. Vieille aristocrate, n'aimant personne, étant accoutumée à vivre seule. F.

14 germinal, n° 231. Veuve *Lespinasse*, née à Chollet, domiciliée de Brissac, 28. (C'EST TOUT!) G.

Aux *Pénitentes*, 17 germinal, n° 6. Fille *Bouchet*, 37 ans. Avec un enfant, sans mœurs, ivrogne. F.

Au *Grand-Séminaire*, 17 germinal, n° 7. Veuve Jean *Juré*, 44 ans. N'aimant que les vieux prêtres. Fanatique en diable. F.

N° 8. Renée *Juré*, sa fille, 20 ans. Fanatique comme sa mère. F.

Aux *Pénitentes*, 9 pluviôse. N° 1. Louise *Catoleau*, 20 ans. Ayant quitté ses parents depuis quatre ans; vivant avec les soldats; se dit fille publique. F.

En général, les commissaires épargnoient les femmes enceintes et les nourrices, mais il y eut des exceptions. Au Calvaire, le 11 pluviôse, Vacheron marquoit d'un F :

N° 35. La femme *Huau*, comme fanatique; elle avoit avec elle *trois* enfants : un de cinq ans, un second plus jeune encore, un troisième de *cinq mois!*

N° 41. La femme *Verger*, qui préféroit l'armée brigande à celle républicaine; avec elle étoit un enfant de *six mois!*

Comme Fouquier-Tinville et Dumas à Paris, les *recenseurs*, à Angers, expédièrent des malades. Ainsi Vacheron interroge, le 6 pluviôse, puis marque de la lettre G : les deux sœurs *Renaut*, qui, au *Calvaire*, n'étoient pas transportables, ce qui obligea le commissaire à se rendre dans leur chambre; nos 113 et 114.

Aux deux sœurs, Madeleine et Marie *Houdet* (toutes les deux alitées, au *Bon-Pasteur*), Vacheron avoit d'abord mis : *A revoir*, mais d'une encre plus noire sont ensuite apposées les lettres fatales F F; nos 20 et 21.

Ce n'est pas tout.

Des jeunes gens, des enfants, que leur âge auroit dû faire épargner, furent sacrifiés, et, notamment :

Aux prisons *nationales*, le 30 nivôse : n° 17, Charles *Dutertre*; n° 41, Jean *Loytière*; n° 56, Jean *Auger*; n° 195, *Giraudet*; tous les quatre âgés de dix-sept ans;

N° 31, François *Brichet*; n° 71, Louis *Charrier*; le 1er pluviôse, n° 129, René *Billon*; le 19 pluviôse, n° 51, *Coudrain*; — au *château*, le 23 pluviôse, n° 27, *Soulard*; — à la *citadelle*, le 21 pluviôse, n° 30, *Daligon*; n° 40, *Bauchet*; tous les sept âgés de *seize* ans ;

N° 33, Pierre *Moreau*, âgé de *quinze* ans;

Au *château*, le 23 pluviôse, n° 26, François *Oudar*, âgé de *quatorze* ans. — Vacheron, Gouppil et Loisillon envoyèrent cet enfant à la fusillade, après l'interrogatoire suivant :

Arrêté depuis trois mois a passé la Loire à Ingrande, avec les brigands, a reçu d'eux un fusil qu'il a laissé à la municipalité d'Ingrande ; a été à trois choes il est un enfant, mais un brigand qui a porté les armes contre la ,ublique. F.

On le voit : les sujets d'émotion ne manquèrent point aux commissaires recenseurs; en voici de plus poignants, peut-être, et qui ne les attendrirent pas.

Dans les prisons d'Angers se trouvoient quantité d'enfants que la guerre et la commission avoient rendus orphelins; au *Calvaire*, en pluviôse an II, on en comptoit plus de cinquante, âgés de trois à quinze ans, même plus jeunes. Depuis quatre jours (5-8 pluviôse), les citoyens Vacheron et Baudron étoient *en ouvrage* dans cette prison, et ils avoient marqué des lettres F ou G *trente-sept* femmes ou filles. On amène devant eux cinq jeunes orphelins : les sœurs *Gauthier*, âgées de seize et douze ans, qui prenoient soin d'un frère et d'une sœur de cinq et six ans et portoient dans leurs bras un nourrisson de *neuf* mois, privé aussi de sa mère. Les recenseurs voient ce jeune troupeau, entendent les sœurs aînées, et puis les F et les G continuent!

Après viennent, devant Vacheron seul, les quatre orphelins *Gueffier*; l'aîné a neuf ans, le dernier *quinze jours*; leur mère étoit morte en couches; Vacheron les voit et les entend, puis il marque d'un F une autre prisonnière.

De la part de tels hommes, rien ne sauroit nous étonner. Vacheron et ses complices ont marqué des lettres fatales plus de *trois cents* femmes ou filles — pour avoir suivi les brigands, — ou passé la Loire avec eux, — ou témoigné de la répulsion pour la république, — ou montré du fanatisme.

Cinquante-sept autres furent jugées de même pour les motifs suivants :

Sept, pour avoir dit qu'elles n'aimoient que les vieux prêtres, et qu'elles détestoient les nouveaux;

Neuf, pour n'avoir assisté qu'à la messe des insermentés;

Quarante et une, pour n'avoir pas assisté à la messe des assermentés, les *opinions*, suivant ces infortunées, étant *libres* (en temps de république).

Les interrogatoires ne contiennent RIEN *de plus!*

Comme à Paris, comme à Lyon, après avoir envoyé des centaines d'accusés à la mort, les *recenseurs* en acquittoient quelques-uns avec éclat. C'est ce qui eut lieu le 25 pluviose : *trente-six* détenus furent acquittés ; on leur délivra des certificats, et puis, avec la musique, on les promena dans les rues d'Angers, et cette cérémonie burlesque fit manquer, ce jour-là, l'*ouvrage* du matin ; voici ce que porte textuellement le 14e cahier :

« Prisons du *Château*. Le 25 pluviôse, séance du matin, Gouppil, Loisillon, Vacheron se sont occupés de mettre en liberté 36 détenus à qui ils ont délivré pièces suffisantes, au son de la musique, par les rues d'Angers.

« Led. jour 4 heures les mêmes membres ont continué leurs interrogatoires. »

Non content de juger par F, Vacheron mettoit une extrême brutalité dans ses interrogatoires ; il menaçoit les prisonniers qui ne vouloient pas avouer ; il tiroit son sabre d'un air furieux et le leur posoit sur le cou en leur disant : « Tu vas y passer (1) ! » C'est une fanatique, disoit-il, en questionnant des femmes, à son digne secrétaire Brémaud : » F...-moi lui un F (2) !

Ces interrogatoires étoient habituellement précédés d'amples libations ; les dépenses de Vacheron en vin et eau-de-vie surprirent la commission militaire (3) ; ces goûts sont révélés par des autographes. Employé à l'armée, Vacheron étoit sorti de Paris, comme Parein, comme Félix, comme Bignon, comme Ragmey, ces impitoyables juges révolutionnaires ; avant d'entrer dans la commission militaire de Proust, la 2e d'Angers, il remplissoit auprès des Représentants en mission les fonctions de *sommelier* ; on a conservé de lui la lettre suivante :

(1, 3) Dénonciation de Baigné, capitaine de gendarmerie, commandant de la citadelle d'Angers. Extraits de M. Métivier.

(2) Déclaration des trois administratrices du Bon-Pasteur. *Ibid.*

Angers, 15 frimaire an II de la République
françoise, une et indivisible.

Vive la République!

Républiquain,

Il faut absolument que ce matin tu fasses venir ou apporter dans la maison des Représentants une quantité de bouteilles de vin rouge dont la consommation est plus grande que jamais. On a bien le droit de boire à la santé de la République, quand on a coopéré à la conservation de la commune que toi et les tiens habitez. Je te fais responsable de ma demande.

Salut et fraternité.

Le Républicain : VACHERON.

(L'adresse est déchirée.)

Avec cette lettre on a un « État des vins livrés aux citoyens représentants et pris dans différentes caves d'émigrés. » Du 14 brumaire au 20 nivôse, 19 lots, formant un total de 1974 bouteilles de vin estimées 5206 francs; des reçus de Vacheron y sont mentionnés (1).

Un autre trait, de Roussel et d'un commissaire dont le nom n'a pas été conservé, ne sauroit être omis. Un jour ces deux *recenseurs* vinrent au *Bon-Pasteur* chercher, pour la fusillade, les accusées jugées par F, entre autres les trois sœurs *Houdet* et la femme Houdet, leur mère. Comme toutes ne descendoient pas, Roussel fit beaucoup de tapage, en jurant, et son collègue mit le sabre à la main. *Marie* Houdet manquoit encore. Le collègue se fit conduire dans la chambre où elle étoit alitée, des vésicatoires aux jambes. Au bruit, cette malheureuse fille avoit quitté son lit et s'étoit traînée sous un autre. Le collègue l'y ayant enfin trouvée, la fit marcher devant lui, le sabre nu, et avec sa mère et ses sœurs, elle fut liée à la chaîne (1).

Les jugements par F n'ont pas encore pris, dans l'histoire

(1) Dits extraits.

de la Révolution, la place qui leur appartient, au-dessus même des jugements de Parein à Lyon, de Bignon à Savenay et à Nantes. Ce nom, que la renommée doit répandre, ne leur a pas été seulement donné, à Angers, par une tradition incontestée; Vacheron, un jour, l'a écrit, emporté par son zèle.

Au *Calvaire*, le 13 pluviôse, il interrogeoit et notoit les détenues. La 18°, une fille Anne *Offrai*, lui répond d'une manière évasive; d'instinct il la marque d'un F; puis, comme pour se mettre en paix avec sa conscience, il ajoute que ses collègues, s'ils avoient assisté à l'interrogatoire, n'auroient pu se dispenser de *juger par F*. Je transcris cet acte modèle, en respectant jusqu'à son orthographe :

(7° cahier) Prisons dites le *Calvaire*.
L'an deux° de la République f° une et indivisible, le treizième pluviôse, la Commission militaire a dit Vacheron retournera ce jour six heures du soir aux prisons du Calvaire, il s'y est rendu de suite et a interrogé les nouvelles venues ainsi qu'il suit : (N°° 1, 2, 3, 4, 5, 6, 7, tous marqués F; 8, 9, sursis; 10, 11, 12, sont des enfants; 13, sursis; 14, 15, 16, 17, marqués F; puis) :

F, n° 18 — Anne *Offrai* âgée de 10 ans née à Hérigné fille domestique arrestée chez elle par des citoyens ce jour à Soulaines la veuve Avril (2) étoit sa metresse deja arrestée avant elle et sur toutes les quesquions quon ait pu lui faire tant a leffet de savoir si elle avoit logé des pretres des brigands si elle avoit été aux messes de cachettes ou du prêtre sermenté na fait que répondre quelle ne connoissoit point les affaires (Si mes collegues setaient trouvés a linterrogatoire ils nauroient pu se dispenser de la juger par F.

Outre les fournées de la commission Félix, les jugements par F furent exécutés au moyen de la fusillade; c'est encore de tradition à Angers, et, de plus, les fameux cahiers fournissent, sur ce point, toutes les lumières désirables.

(1) Déclaration des administratrices du Bon-Pasteur. Dits extraits.

(2) Condamnée à mort, le 13 ventôse, par la Commission Félix. Dits extraits.

En effet, en tête des 13e et 14e cahiers, on lit d'abord, sur la couverture : *du 22 pluviôs fusiliade* ; puis, sur la 1re page : *fusiliade du 22 pluviôs.*

Ce n'est pas tout.

Au *Calvaire*, le 5 pluviôse, Vacheron et Baudron interrogent, nos 15, 16 et 17, Jeanne Fouchart, femme *Chalonnot*, de la commune de *Chalonnes*, qui a trois filles avec elle : Jeanne, âgée de 16 ans ; Julienne, âgée de 14 ans ; la troisième, âgée de 4 ans. Les trois interrogatoires sont réunis par une accolade, et l'on écrit à la marge : *f pr la mère, sursis pr les filles.*

Dans la même prison, le 16 pluviôse et jours suivants, Goupil, Obrumier et Roussel interrogent encore les détenues, et, le 22 pluviôse, ils consignent ce qui suit :

Commune de *Chalonnes* :

n° 259, Jeanne *Chalonau*, 16 ans ;
n° 260, Julienne Chalonau, sa sœur, 14 ans ;
n° 261, Marie Chalonau, idem, 4 ans ;

détenues depuis cinq mois pour cause de l'inconduite de ses pères et mères (sic). *La mère a été fusillée. Le père est présumé mort chez les brigands.*

Dans la même prison, le 7 pluviôse, est interrogée et marquée de la lettre F, n° 123, Françoise Courtois, femme *Gazau*, des Ponts-de-Cez.

Le 22 pluviôse, Goupil, Obrumier, etc., font écrire :

« N° 207, Elisabeth *Gazau*, des *Ponts-de-Cez*, 18 ans, *sa mère a été fusillée il y a huit jours.* »

Le 13 pluviôse, 9e cahier, n° 47, on interroge la veuve Brunssard ou *Brossard*, de Saint-Laurent ; déclarée fanatique, elle est marquée de la lettre F.

Au *Calvaire*, le 24 pluviôse, Goupil, Obrumier, etc., écrivent : « n° 328, Charlotte *Brossard*, de Saint-Laurent, *sa mère a été fusillée* (1). »

Toutes ces fusillades ont laissé, à Angers, des impressions encore vivantes. D'affreux détails, à cet égard, ont été rapportés par des témoins oculaires; je dois, quoi qu'il m'en coûte, en rappeler quelques traits.

C'est au delà du faubourg Saint-Lazare, à près de 2 kilomètres d'Angers, entre les routes de Nantes et de Laval, au lieu dit *la Haye des Bons-Hommes*, depuis *le Champ-des-Martyrs* (2), que, par des chemins défoncés les malheureuses victimes étoient conduites avec un appareil à la fois horrible et lugubre.

Les tambours et la musique ouvroient la marche.

Après venoient le commandant de la place et les membres de la commission militaire (3).

Suivoient, entre deux files de soldats, les condamnés liés deux à deux; les femmes, souvent nombreuses, chantant des cantiques; les vieillards, les malades étoient entassés dans des charrettes.

Un peloton de soldats fermoit la marche.

Arrivés dans le clos des Bons-Hommes, les condamnés étoient rangés devant d'immenses fosses destinées à les recevoir, et là, comme aux Brotteaux, à Lyon, comme ailleurs, les sabres, les crosses de fusil, les baïonnettes achevoient

---

(1) D'après M. Godard-Faultrier, il y eut, à Angers, neuf grandes fusillades, comprenant plus de 2,000 personnes qui, toutes, n'avoient pas été jugées, même par F. — Page 183.

(2) En 1832, une chapelle expiatoire y a été élevée.

(3) Un arrêté du comité révolutionnaire d'Angers, du 22 nivôse an II, charge deux de ses membres, conjointement avec un de ceux de la commission militaire, de surveiller la conduite, l'exécution et l'inhumation au clos de la Haye-aux-Bons-Hommes, des brigands condamnés par la commission. Extraits de M. le P. P. Nétivier.

ceux que les balles n'avoient pas suffisamment atteints ; les cris des victimes s'entendoient au loin.

Pendant le trajet, eurent lieu de lamentables épisodes.

Mme Saillant et ses trois filles (au *Calvaire*, le 5 pluviôse) avoient été jugées par F par Vacheron et Baudron. Elles arrivoient dans la chaîne aux Bons-Hommes. Un militaire de l'escorte sollicita une des jeunes filles d'accepter sa main pour être sauvée. La victime s'avança d'abord vers lui, mais bientôt elle rejoignit sa mère et ses sœurs, se résignant à mourir avec elles.

Mesdemoiselles Verdier de la Sorinière firent aussi partie de la chaîne avec la fille Fonteneau, leur servante (prisons *nationales*, 18 pluviôse, n°s 1, 2, 9). On les avoit jugées par F, à cause d'un prêtre insermenté qui fréquentoit la maison de leur mère. La cadette, Marie-Louise, d'une beauté remarquable, étoit appelée la *belle Lisette;* sa voix, qui étoit magnifique, domina souvent, pendant le trajet, les voix des autres victimes et rendit l'escorte attentive ; dans la ville, un pauvre, qui passoit près du cortége, fut couvert d'une pelisse dont la jeune fille se dépouilla. Un officier vint proposer à la belle Marie-Louise de l'épouser pour la sauver : — Sauverez-vous ma mère et ma sœur ? lui répondit-elle. — Je ne le puis. — Alors laissez-moi mourir ; et elle marcha au supplice (1). L'infortunée ignoroit que sa mère, quelques jours auparavant (le 7 pluviôse), avoit été envoyée à l'échafaud par la commission Félix.

(1) M. Godard-Faultrier, p. 181 et suiv., 165, 171.

LA
JUSTICE RÉVOLUTIONNAIRE
A PARIS ET DANS LES DÉPARTEMENTS
D'APRÈS DES DOCUMENTS ORIGINAUX
LA PLUPART INÉDITS
(17 août 1792 — 12 prairial an III)

PAR M. CH. BERRIAT SAINT PRIX

Conseiller à la Cour impériale de Paris.

— N° VI —

(EXTRAIT DU CABINET HISTORIQUE)

Les Commissions militaires et révolutionnaires de Nantes ayant aussi siégé à Guérande et à Paimbœuf.

Comme à Angers (1), l'histoire de la justice révolutionnaire, à Nantes, étoit à faire. Dans mon Essai de 1861 (2), ayant suivi les historiens de la contrée (3), qui sont demeurés trop étrangers aux documents originaux, j'avois parlé surtout de la commission militaire de Nantes et d'une autre semblable de Savenay; je n'avois qu'indiqué les noyades de

---

(1) Voir *le Cabinet historique*, t. x, p. 398.
(2) *La Justice révolutionnaire* à Paris, Nantes, etc., 1861, in-18; auparavant inséré en grande partie dans la *Gazette des Tribunaux*.
(3) M. Lesradieu, *Histoire de la ville de Nantes*, in-8, t. 1; M. Mellinet, *la Commune et la Milice de Nantes*, in-8, t. VIII.

Carrier ; autant d'erreurs ou de lacunes que de mots. La vérité m'est apparue sur les commissions de Nantes lorsque (1) j'ai pu examiner les précieux registres conservés au greffe du tribunal de cette ville, et j'ai compris les exécutions, sans jugement, ordonnées par Carrier, quand j'ai disséqué le procès de ce monstre, jugé et imprimé à Paris.

En effet, à Nantes, depuis les premiers soulèvements de la Vendée jusqu'après le 9 thermidor, il y eut *cinq* commissions qui y furent établies ou y vinrent juger révolutionnairement ; les trois plus importantes, durant plusieurs mois, y fonctionnèrent en même temps.

Il y eut, d'abord, le tribunal criminel extraordinaire, institué, le 13 mars 1793, par les trois corps administratifs réunis de la ville ; il tint, en octobre, une assise à *Guérande* ; Marion étoit son président.

Puis, la deuxième section du tribunal criminel de la Loire-Inférieure, présidée successivement par Gandon, *Phelippes de Tronjolly* et Lepeley ; formée, de même, le 16 mars ; dès le 18 avril, confirmée révolutionnairement par les représentants Villers et Fouché.

En outre, la commission militaire dite de la maison *Pépin*, présidée par Lenoir ; établie, le 9 brumaire an II, par Carrier et Francastel ; elle tint une assise à *Paimbœuf*.

De plus, la commission militaire de Bignon, capitaine de volontaires parisiens, venue du *Mans* à Nantes, après avoir siégé à Laval, Châteaubriand, Blain et Savenay : celle dont j'ai raconté (2) une assise au château d'Aux ; la plus remarquable de toutes les commissions.

Enfin, la deuxième commission de l'*Ile de Noirmoutiers*, dirigée par Félix, l'ex-président de la grande commission

---

(1) Au mois d'octobre 1863.
(2) *Cabinet historique*, 1864, p. 207.

d'Angers; elle ne vint siéger à Nantes qu'à partir du 27 thermidor an II.

Plusieurs de ces tribunaux eurent Carrier pour auxiliaire, non comme juge, mais comme bourreau.

Dès le mois de brumaire, le tribunal de Phelippes et la commission Pépin fonctionnoient à la fois. Carrier, trouvant lente et mesquine leur action, même stimulée par ses injures et ses menaces, y joignit ses exécutions personnelles au moyen des bateaux à soupape, de la fusillade et de la guillotine.

Ici, poursuivant mes recherches dans le même esprit; évitant les exagérations, les réticences, les erreurs, j'arrive à montrer qu'à Nantes le nombre des victimes a été moins grand qu'on ne l'a cru jusqu'à présent, mais que l'horreur des actes de Carrier avoit très-imparfaitement été mise en lumière. Et pourtant, une partie de ces atrocités doit nous échapper; celles de Fouquet et de Lamberty, les principaux sicaires de Carrier, furent rappelées lors de la condamnation à Nantes de ces deux bêtes fauves; or, les pièces de ce procès n'existent plus, et les représentants, qui étoient venus remplacer Carrier, avoient défendu d'ébruiter les affreuses révélations qui eurent lieu aux débats.

Voici, maintenant, ce que furent, dans l'ordre des temps, les commissions que je viens d'indiquer.

La constitution civile du clergé (1), et les mesures violentes qui en furent la suite (2), avoient blessé profondément les populations religieuses de la Vendée et de la Bretagne; la levée des 300,000 hommes ordonnée, à la fin de février 1793 (3), devint la cause d'un soulèvement général dans ces

(1) Décret du 24 août 1790.
(2) Décret du 26 août 1792 sur les ecclésiastiques à déporter à la Guyane.
(3) Décret du 24 février 1793.

provinces. C'est le dimanche, 10 mars suivant, jour indiqué pour les premières opérations du recrutement, que la révolte se manifesta jusqu'aux portes de Nantes. Le 12 mars, un rassemblement armé s'empara de la petite ville de Savenay; là, quatre gendarmes sur cinq, un membre du district et le curé constitutionnel furent massacrés (1).

L'administration municipale de Nantes ne crut pas devoir attendre les ordres de la Convention pour faire juger les révoltés pris les armes à la main qui lui étoient incessamment amenés. Dès le 13 mars, les trois corps constitués de la ville se réunirent et prirent l'arrêté suivant (2) :

L'assemblée arrête que, conformément à la loi du 9 mars courant, connue par les papiers publics, il sera composé un tribunal extraordinaire, formé des citoyens nommés ci-après pour juger, sans appel et recours en cassation, les conspirateurs et rebelles détenus au château de cette ville, et autres qui pourront y être amenés.

Ces citoyens, au nombre de dix, ayant Giraud pour accusateur public, et Coiquaud pour greffier, se réunirent, le jour même, au Palais-de-Justice, place du Bouffay, et procédèrent au jugement de Gabriel *Musset*, laboureur à Saint-Mame, qui avoit été arrêté parmi les révoltés en armes de Machecoul. On entendit huit témoins, l'accusateur public, le citoyen Villenave (3), défenseur officieux, et, à sept heures du soir, Musset fut condamné à mort.

Ces dix juges siégent encore le 14, le 15 et le 16 mars; trois accusés sont condamnés à deux ans, six à trois mois de prison pour outrages; un quatrième, Jean *Menoret*, à la peine de mort pour avoir fait partie d'un attroupement séditieux.

(1) *Savenay, au 12 mars 1793*, par M. Ledoux, juge de paix à Saint-Gildas-des-Bois, in-8.
(2) Greffe du tribunal de Nantes, un cahier de 10 feuil., 13-23 mars 1793.
(3) C'est le même qui, devenu homme de lettres, a traduit les *Métamorphoses d'Ovide*; il fut un des 132 Nantais envoyés à Paris.

Le 16, les trois corps administratifs se réunissent de nouveau, et, en vertu de leur arrêté, le tribunal est divisé en deux sections; la première, présidée par le citoyen *Marion*, siègera avec un jury de jugement (1) et connaîtra des crimes ordinaires (2); la deuxième, présidée par le citoyen *Gandon*, et, plus tard, par le célèbre *Phelippes*, dit de Tronjolly, siègera comme tribunal extraordinaire.

A partir de ce moment, la section de *Marion* siège les 18, 19, 20, 21, 22 et 23 mars; elle condamne (le 19) Pierre *Hauquier*, charpentier, à la peine de mort pour révolte armée; une huitaine d'accusés aux fers; un, entre autres (le 20 mars), pour vol à main armée; deux à la prison; onze sont acquittés.

Après le 23 mars, cette première section dut s'occuper des crimes ordinaires. Mais on la retrouve, au moins quelques-uns de ses membres, jugeant révolutionnairement à *Guérande* (3), du 4 octobre au 4 novembre 1793. Il y eut là vingt-quatre séances; quinze accusés furent ajournés; vingt acquittés; quatre (des révoltés) condamnés à mort; cinq à la déportation; deux, à la prison; cette assise fut assez clémente. Il est vrai que, le 8 octobre, neuf accusés avoient eu le bonheur de s'évader de la prison. La guillotine et l'exécuteur de Nantes étoient venus fonctionner à Guérande. Cette petite campagne fut terminée, le 4 novembre, en vertu d'un arrêté de Francastel et Carrier du 9 brumaire, qui investissoit la section présidée par Phelippes des affaires de Guérande et des environs (4).

Composée d'un président, de quatre juges et d'un gref-

(1) Cahier de Nantes déjà cité.
(2) Arrêté des représentants du 20 mai 1793, 2ᵉ registre du Tribunal de Phelippes, déjà cité.
(3-4) Greffe de Nantes, registre du Tribunal criminel en mission à Guérande, 32 feuillets remplis.

ner (1), cette section, d'abord présidée par Gandon, eut une durée et une importance bien différentes. Du 20 mars 1793, jour de sa première séance, jusqu'au 9 floréal an II, qui fut la dernière, elle jugea plus de 789 personnes; 207 furent condamnées à mort; 81 à la déportation; 7 aux fers; 8 à la prison; 503 furent acquittées (2), dont 158 faute de dénonciation ou de témoins (3). Cette proportion exagérée d'acquittements ne dut pas satisfaire Carrier, et, très-probablement, elle contribua à l'arrestation de Phelippes et à son envoi à Paris, dans le commencement de pluviôse. C est ce qui étoit arrivé à Maillet et à Giraud; le premier président, le second accusateur public à Marseille; ayant acquitté 251 accusés, lorsqu'ils n'en condamnoient à mort que 187, ils furent, comme *contre-révolutionnaires*, emprisonnés, puis envoyés à Paris par Fréron et Barras. Ces aménités de la Terreur ne sont point rares.

Cependant, dès le 18 avril 1793, le tribunal extraordinaire de Gandon et Phelippes avoit été institué comme tribunal révolutionnaire par un arrêté de Villers et Fouché; puis, le 20 mai, maintenu comme tel par un autre arrêté de cinq représentants; enfin par un troisième, du 0 brumaire, de Francastel et Carrier, déjà cité.

Tout en cédant à la pression de la Terreur, ce tribunal eut des velléités de justice. Phelippes essaya à plusieurs reprises (4) de faire élargir les nombreux prisonniers retenus sans aucune espèce de mandat. Il invita (5) les sociétés po-

(1) Premier cahier de 19 feuillets, déjà cité.
(2) Greffe de Nantes; un petit cahier de 4 feuillets; quatre registres : le premier du 23 mars au 23 mai 1793; le deuxième de mai au 21 août; le troisième du 20 août 1793 au 16 nivôse an II; le quatrième du 17 nivôse au 12 prairial an II.
(3) Lettre de M. Lallié, avocat à Nantes, du 22 juin 1865.
(4) 23, 27 juillet 1793, 2ᵉ registre.
(5) 31 juillet 1793, *ibid.*

pulaires à lui adjoindre, chacune, un de leurs membres pour l'assister dans la visite des prisons et la mise en liberté des prévenus; il sollicita (1) les représentants dans le même but. Son tribunal essaya aussi (2) de supprimer la permanence de la guillotine établie sur la place du Bouffai.

Ses condamnations ne portèrent pas toutes sur des innocents : entre autres révoltés armés, *Gendron* étoit condamné (1er juin) pour avoir pris part à des assassinats à l'étang du *Premerier*, qui fut nommé le *Petit Machecoul* ; Pierre *Cran*, prêtre (6 juin), pour avoir contribué à la révolte et aux massacres de Savenay, dont j'ai parlé ; *Lefèvre*, laboureur (7 pluviôse), après un combat avec les bleus, avoit, au bout d'une pique, la main d'un patriote, qu'il fit baiser à un citoyen.

Mais les 5 et 8 nivôse, le tribunal condamnoit à mort deux femmes de quatre-vingts ans, *madame Réal Despérières*, née *Troishenry*, et *mademoiselle Poulain de la Vincendière*.

Sur le troisième registre du tribunal sont transcrits à leur date les fameux ordres de Carrier, des 27 et 29 frimaire, de guillotiner, sans jugement, 51 Vendéens dont 4 enfants et 7 femmes.

Phelippes, dans le courant de pluviôse, fut remplacé comme président par Lepeley, l'un des juges.

Cependant les Vendéens, amenés ou reçus, se multiplioient à Nantes. Pour les juger, Francastel et Carrier établirent, le 9 brumaire, un nouveau tribunal révolutionnaire ou commission militaire formée de cinq juges, y compris Lenoir, président, et d'un greffier. Dans les premiers temps, il y eut aussi un accusateur militaire (3). Cette commission

---

(1) 8 août 1793, *ibid*.
(2) 8 septembre 1793, 3e registre.
(3) Même greffe : 1er registre de la commission *Pépin* (gr. in-fol. de 319 pages), du 13 brumaire au 23 floréal an II.

siégea le plus souvent place de la Liberté dans la maison *Pépin*, qui lui a donné son nom; elle tint à *Paimbœuf* une assise dont il sera question plus bas, et quelques séances dans les prisons de l'Éperonnière, des Récollets, du Bon-Pasteur, du Bouffay et des Saintes-Claires.

D'après l'arrêté de Carrier et Francastel, la commission devoit juger militairement tous les individus, soupçonnés d'avoir porté les armes, pris les armes à la main, attachés aux brigands, nantis de signes de rébellion, courriers ou espions des rebelles; toutes les personnes dénoncées par les citoyens et les autorités, amenées par la force publique. Les considérants de l'arrêté sont curieux :

Voulant infliger promptement aux grands coupables détenus dans les prisons de Nantes ou qui *se réfugient dans cette cité*, etc.

La commission *Pépin* tint sa première séance le 18 brumaire; la dernière le 11 floréal an II. Dans cet intervalle, elle jugea plus de huit cents personnes; 230 (1) furent condamnées à mort; 60 aux fers, 46 à la prison ; 321 furent acquittées et 167 renvoyées à plus ample information; dans ces chiffres sont compris les accusés de Paimbœuf.

Les condamnations à mort étoient exécutées par la fusillade.

La commission ne siégea souvent qu'au nombre de trois membres; ses jugements d'abord assez détaillés devinrent bientôt succincts; la présence de l'accusateur militaire cessa d'y être mentionnée.

Le 16 pluviôse, *Lenoir* se rend avec la commission à la prison de l'*Éperonnière* pour y juger publiquement 35 brigands envoyés d'Ancenis; 24, condamnés à mort, sont fusillés, le jour même, à cinq heures.

(1) 241, suivant M. Lallié; lettre déjà citée.

Le 4 ventôse, la commission siége aux *Récollets*.

Le 6, sur la réquisition du comité républicain, qui n'avoit trouvé aucune charge contre nombre de femmes détenues au *Bon-Pasteur*, elle se transporte dans cette prison; là elle fait comparaître, par diverses catégories, 106 femmes, qui, après soit « une vigoureuse remontrance sur leur fanatisme « incivique, » soit « un chaud discours républicain » du président, sont renvoyées d'accusation.

Le 12 ventôse, séance au tribunal révolutionnaire, place du Bouffay, par les commissions réunies des armées de l'Ouest et des Côtes-du-Nord; elles jugent *Ripault de la Cathelinière*, qui est condamné à mort pour avoir commandé une division de 10,000 hommes, et signé une proclamation du 4 septembre 1793, avec nombre d'autres généraux vendéens.

Le 2 germinal, la commission Pépin siége aux *Saintes-Claires*: six accusés y sont condamnés à mort pour un complot de prison.

Deux jours après, sur les réquisitions du représentant, elle se transporte à *Paimbœuf* : du 7 au 22 germinal, elle y tient 14 séances, et, sur 162 accusés, y prononce 103 condamnations à mort; le 24, elle rentrait à Nantes (1).

A la proportion des acquittements et des plus amples informés, on voit que la commission Pépin n'étoit pas aussi impitoyable que la commission Bignon, dont je vais bientôt parler. Au commencement de floréal, il restoit à la prison de l'Éperonnière plus de 300 femmes ou enfants. Pour les interroger sommairement, la commission s'y transporta les 8, 9, 11 floréal. Le 22 arriva, à Nantes, le décret du 19 qui supprimait les commissions et tribunaux établis par les repré-

---

(1) Même greffe : 2ᵉ registre de la commission *Pépin* (in-fol. de 51 pages), du 7 au 22 germinal an II.

sentants; la commission arrêta qu'elle cesseroit ses fonctions; tous ces malheureux durent être mis en liberté.

La commission *Bignon* (1), que je crois être le premier à faire bien connaître, avoit été établie au Mans; je l'ai, néanmoins, classée avec celles de Nantes, ses nombreuses condamnations, hors 21, ayant été prononcées dans cette ville, à Savenay et au château d'Aux, qui est de la banlieue de Nantes.

C'est le 24 prairial an II, que cette commission fut établie à la suite des armées réunies au Mans contre les rebelles, par un arrêté de Bourbotte, Prieur (de la Marne) et Turreau, représentants près de ces armées. Elle étoit attachée au quartier-général; les municipalités devoient lui fournir un local commode pour ses séances; elle connoissoit de tous les délits tendant au renversement de la discipline militaire, à l'empêchement du progrès de l'esprit public et du maintien de la liberté. Six membres la composoient :

Quatre juges :
Bignon (François), capitaine au 2e bataillon de Paris;
Chantrelle, lieutenant au même bataillon;
Reuillon, gendarme;
Gonchon;

Un accusateur militaire :
Vaugeois (David);

Un greffier :
Collet Valdampierre, caporal.

Chaque membre recevoit 12 fr. d'indemnité par jour.
Les frais de bureau étoient de 1,000 fr.
Bignon présida habituellement la commission; c'est en cette qualité que nous le retrouverons à Nantes.

(1) Même greffe : registre de la commission du Mans (in-fol. de 261 p.). Ce registre, après les cahiers des *jugements par F d'Angers*, est le monument le plus remarquable de la Terreur que j'aie étudié jusqu'à présent.

Le jour même de l'arrêté, le 24 frimaire, la commission tint une séance au *Mans*; elle condamna à mort douze personnes de condition obscure; elle prononça un sursis à l'égard d'une treizième, et ordonna que quinze enfants de l'âge de quatre ans jusqu'à quinze (ceux probablement des condamnés) seroient élevés au Mans, dans une maison d'arrêt, aux frais de la République.

Le 26 frimaire, à *Laval*, étoient condamnés à mort un militaire et un marchand de toiles.

Le 29, à *Châteaubriand*, un tisserand, un menuisier, un maçon et un perruquier; le 30, un noble, à la même peine. Le citoyen Gervais, fournisseur de la viande, en retard, n'eut que six mois de prison.

Le 2 nivôse, à *Blain*, un domestique et un noble, même peine : la mort.

Ainsi, depuis et y compris le Mans, en cinq séances, la commission n'avoit encore prononcé que 21 condamnations capitales. La déroute des Vendéens à Savenay alloit lui fournir une occasion éclatante de se distinguer.

La bataille de Savenay dura pendant presque toute la journée du 3 nivôse. L'armée républicaine, qui arrivoit de Blain et que commandoient Kléber, Marceau et Westermann, n'était pas nombreuse (1). Les Vendéens lui opposèrent la plus énergique résistance, d'abord dans les bois qui, du côté de Blain, couvrent Savenay, ensuite dans les rues de cette dernière ville; ils avoient du canon et combattoient avec le courage du désespoir. Ce n'est que sur le soir que Bignon et ses juges purent entrer en séance et juger militairement les prisonniers faits pendant et après l'action, et qui avoient été enfermés dans l'église (2). Parmi eux se trouvoient deux

(1) *Bataille de Savenay*, par M. Ledoux, maire de cette ville; *Revue des provinces de l'Ouest*, 1858, Nantes.
(2) *Ibid.*

ecclésiastiques; ils furent fusillés en masse, en dehors de la ville, et longtemps après on pouvoit voir, sur un mur longeant la route de Guérande, la trace sanglante de ces exécutions (1).

Le 3 nivôse donc, à Savenay, la commission condamne à mort Joseph Bernard et 287 autres accusés, parmi lesquels quinze n'étoient âgés que de dix-sept ans. Voici le jugement copié, à Nantes, sur le registre déjà cité :

A Savenay, le 3 nivôse, etc.,
Ont été amenés devant la commission :
1° Joseph Bernard, âgé de
2° à 288; suivent les noms et âges des 287 autres accusés (je devrais dire condamnés).
Le Tribunal, d'après les interrogatoires subis et les réponses par eux faites, l'accusateur militaire ouï en ses conclusions, les déclare atteints et convaincus d'avoir porté les armes contre la République, par conséquent les condamne à la peine de mort, conformément à la loi du 19 mars dernier, etc.

Signé : BIGNON, etc.

Le 5 nivôse, semblable jugement concernant Boucherons et 187 autres, dont onze de dix-sept ans.

Le 6 nivôse, même jugement à l'égard de Louis Châlon et 183 autres, dont neuf de dix-sept ans. Total, 660 condamnations à mort, à Savenay, en trois séances; pas un seul acquittement.

La première décade de nivôse an II est une époque pour la justice révolutionnaire. En même temps que la commission Bignon fonctionnoit si bien à *Savenay*, la commission Félix, d'Angers, en assise à *Saumur*, les 3, 4 et 6 nivôse, envoyait 387 prisonniers à la fusillade; à *Lyon*, la commission Parcin n'étoit pas si remarquable; les 1, 2, 4, 5 et 6 nivôse, elle expédioit seulement 170 prisonniers; il est

(1) Lettre de M. Ledoux, du 6 décembre 1862.

vrai qu'elle procédoit avec le *rasoir national*, instrument moins prompt et plus solennel.

Les femmes et les enfants qui, à la bataille de Savenay, comme ailleurs, accompagnoient l'armée vendéenne, furent amenés à Nantes et déposés à l'*Éperonnière*. Nous retrouverons bientôt une partie au moins des femmes devant Bignon et aux carrières de Gigant; en nous occupant de Carrier, nous verrons ce que devinrent la plupart des enfants, qui étoient bien plus nombreux.

Après avoir glorieusement fonctionné à Savenay, la commission Bignon entra à Nantes, où elle devoit compléter ses titres à la renommée, et elle s'établit, d'abord, quai de l'Hôpital, puis à *l'Entrepôt*, vaste édifice où étoient surtout entassés les prisonniers vendéens. Depuis huit heures du matin jusqu'à dix heures du soir (1), pendant un mois, presque tous les jours, elle fut à la besogne. Ses premières séances méritent une attention particulière. Par des jugements littéralement semblables à ceux de Savenay, la commission condamna à mort (2) :

Le 9 nivôse, Michel Gaufrelot et 99 autres prisonniers;

Le 10, Louis Hortion et 96 autres;

Le 11, Pierre Poutière et 119 autres ;

Le 12, Joseph Chollet et 117 autres ;

Le 13, Joseph Yvon et 288 autres (*en tout deux cent quatre-vingt-neuf*);

Le 14, Pierre Ledô et 98 autres ;

Le 15, Pierre Blanchard et 198 autres (*cent quatre-vingt-dix-neuf*);

(1) Pièces remises à la commission des 21 (chargée du rapport sur la mise en accusation de Carrier), imprimées par ordre de la Convention, an III, p. 109; *Lettre de Bignon*, du 25 ventôse an II; Bibliothèque du Louvre, *Pièces sur la Révolution*, t. 524-25.

(2) *Id.*, registre de Nantes.

Le 16, Jean Benetau et 249 autres (*deux cent cinquante*) ;

Le 17, Pierre Chailliot et 201 autres (*deux cent deux*);

Le 18, la *fille* Marie Duchêne et 61 autres femmes ou filles ayant suivi les brigands ;

Le 19, la fille Rose Benetau et 44 autres femmes ou filles, même position. Dans cette séance il fut sursis au jugement des femmes enceintes ;

Du 20 au 23, *relâche*.

Le 24, un seul, *Jandonnet de Langrenière*, chef des révoltés ;

Les 25, 26, 27, *relâche*.

Ce mot de *relâche* ne m'appartient pas ; on le doit au citoyen Duhaut-Pas, un des jurés, b... *à poil*, de Joseph Lebon, qui écrivoit aux frères et amis de Béthune, leur rendant compte des opérations du Tribunal révolutionnaire d'Arras : « *Demain* (décade), *relâche au théâtre rouge* (1) !

Le 28, Louis Cochart et 96 autres sont condamnés à mort ;

Le 29, Jean Sacher et 56 autres. Ce jour, Pierre Turpin, âgé de seize ans, est mis en liberté ; c'est le premier depuis le Mans ;

Le 30, Pierre Barbotin et 206 autres (*deux cent sept*) ;

Le 6 pluviôse, Louis Garnier et 25 autres.

Total, en 16 séances, 1069 condamnations à mort et *trois* acquittements (outre le jeune Turpin, le 29 nivôse, il y eut Camus (Jacques) et Joly (Joseph), le 6 pluviôse).

C'est hors de Nantes, au lieu dit *les Carrières* ou *les Rochers de Gigant*, que ces malheureux étoient fusillés. On employoit surtout des hommes *ad hoc*, des déserteurs allemands, qui, ne sachant pas le françois, étoient sourds aux plaintes (2).

(1) *Histoire de Joseph Le Bon*, par A. J. Paris, 1864, in-8, p. 433.
(2) M. Michelet, *Histoire de la Révolution française*, t. VII, p. 112.

Après l'éxécution, on dépouilloit jusqu'aux femmes, et quelquefois la sépulture de ces nombreux cadavres se faisoit attendre. Ainsi il fut établi au procès de Carrier, par plusieurs témoignages, qu'à Gigant, pendant deux ou trois jours, étoient restés entassés les corps de 75 à 80 très-jeunes femmes, nus, le dos en l'air (1).

Quels hommes étoient donc les membres de cette commission ? Le chiffre de leurs victimes suffit pour classer ces exécuteurs montagnards. A Savenay ils n'avoient pu, le premier jour, commencer de siéger que dans l'après-midi ; le soir, dans la nuit, si l'on veut, ils avoient déjà condamné à la fusillade 288 prisonniers, expédiés probablement le lendemain. C'étoit après un combat meurtrier, sous l'impression de la lutte : soit ; voyons la suite. La grande armée vendéenne est détruite ; la résistance n'existe plus que sur la rive gauche de la Loire ; Bignon et les siens se rendent à Nantes ; que se passe-t-il ? Là, en 13 jours, ils envoient à la fusillade 1573 hommes et 100 femmes, sans un seul acquittement, un seul ! Pour ces commissaires, je ne l'oublie pas, il ne s'agissoit que de constater l'identité d'individus signalés comme rebelles ; mais d'où leur amenoit-on ces rebelles ? Etoit-ce d'un champ de bataille, encore poudreux, venant d'être désarmés ? Non. Les hommes étoient tirés de l'*Entrepôt*, les femmes et les filles de l'*Eperonnière*, prisons où ils étoient entassés quelle que fût leur provenance ; c'est là que le comité révolutionnaire de Nantes, ou Carrier, parmi des milliers de prisonniers, sans erreur possible, marquoit ceux que la commission devoit irrémissiblement frapper !

Quant au président Bignon, je n'ai pas encore découvert les antécédents de ce grand juge jusqu'à sa nomination au

---

(1) Procès de Carrier ; Bulletin du Tribunal révolutionnaire de Paris ; Bibliothèque Impériale : Dépositions de Bourdin, n° 81, p. 2 ; — de Debourges, n° 96, p. 1.

Mans; mais un document non suspect, une lettre de lui-même, révèle son caractère. Le 25 ventôse, s'adressant à un de ses amis (membre d'un tribunal révolutionnaire), à propos du procès de Fouquet et Lamberty, dont l'instruction étoit alors commencée, il lui écrivoit : « Deux patriotes en appa-
« rence (Fouquet et Lamberty) (1), avoient de Carrier une
« mission, moitié écrite, moitié verbale, pour faire des ex-
« péditions tant de jour que de nuit. Cette *mission étoit* d'a-
« *bord de couler bas un bateau chargé* de prêtres. CELA ÉTOIT
« A MERVEILLE, mais ces messieurs prenoient à l'entrepôt
« ou dans les prisons des individus non jugés et les noyoient
« impitoyablement, etc. » L'on comprend maintenant que des fusillades en masse devoient peu coûter à un homme animé de tels sentiments.

Ainsi fonctionnoit la commission Bignon. Croira-t-on que ses exécutions ne satisfaisoient pas Carrier? Un jour il menaça Gonchon « de la fusillade, s'il ne vidoit pas, en quelques heures, l'Entrepôt par ses jugements. » Gonchon en mourut, dit-on, de saisissement. — Revenons aux opérations de la Commission.

Le 8 pluviôse, Jean Barbin, jugé seul, est *acquitté* ; Bignon dut regretter sa journée.

Le 9, Michel Allard et cinq autres sont condamnés à mort.

Le 22, Giroud de Marcilly, chef de rebelles, a le même sort. Dans son jugement figure, c'est le premier, une espèce d'acte d'accusation dressé par Vaugeois.

Le 23, la veuve de Marcilly, même peine. Elle obtint un sursis, étant enceinte. Nous verrons, tout à l'heure, le véritable motif qui fit épargner cette dame.

Le 26, trois acquittements.

Le 27, trois condamnés à la déportation.

(1) *Lettre de Bignon*, déjà citée, note 1, p. 13.

Le 1ᵉʳ ventôse, Claude-Alexandre Dailly, noble, peine de mort.

Du 2 ventôse au 11 germinal, *relâche*. Il ne faut pas oublier qu'à cette époque, Carrier avoit délivré Nantes de sa présence.

Le 12 germinal, trois acquittements.

Les 13 et 14, la commission siége au château d'*Aux*, au delà de Bouguenais, sur la rive gauche de la Loire, et en trois séances elle condamne à mort 200 habitants de Bouguenais, parmi lesquels étaient trois enfants de dix-sept ans, et un de QUINZE ANS, Jean Hervot. Jean Loirent, âgé de treize ans fut le seul acquitté. — Le 14, la Commission revient à Nantes, laissant à juger 22 jeunes filles. Une Commission improvisée *ad hoc* parmi les officiers du camp, et présidée par le capitaine, plus tard général, Hugo (le père du poëte), acquitta, à l'unanimité, ces malheureuses orphelines. J'ai déjà raconté, dans le *Cabinet historique* (1), cet épisode de la guerre de la Vendée et l'admirable conduite du jeune capitaine Hugo.

Le 17 ventôse, *Mᵐᵉ de Bonchamp*, Marie-Renée-Marguerite de Scépeaux, est condamnée à mort.

A partir de ce jour, jusqu'au 24 germinal, la Commission Bignon ne fit plus que glaner ; en six séances, onze condamnations à mort, vingt-trois acquittements. — Le 22, elle jugeoit 7 gardes nationaux et 9 charretiers qui avoient laissé surprendre un convoi par les Vendéens : tous étoient renvoyés.

Le 25 germinal, *Fouquet* et *Lamberty*, tous les deux adjudants généraux d'artillerie, tous les deux sicaires et

---

(1) En 1864, p. 207, d'après M. Dugast-Matifeux. Il existe au greffe du tribunal de Nantes diverses pièces de nature à jeter un nouveau jour sur l'assise du château d'Aux et sur l'officier Muscar qui commandoit ce poste, en 1794. *Lettre*, déjà citée, de M. Lallié.

noyeurs de Carrier, étoient condamnés à mort. Lorsque Nantes eut été délivré du féroce proconsul, ces deux hommes, signalés au comité révolutionnaire par la publique horreur, durent être arrêtés et livrés à Bignon, qui s'en trouva assez embarrassé. Envoyer à la fusillade des centaines d'hommes, femmes ou enfants brigands, pour ce juge révolutionnaire, *c'étoit à merveille*, mais juger des sans-culottes noyeurs de prêtres, c'étoit bien différent ; aussi, dans la lettre que j'ai déjà citée, Bignon écrivoit sur ce procès : « Nous avons, en ce moment, une affaire *très-délicate*, etc. » Au cours de l'instruction, Vaugeois, l'accusateur militaire, et un autre commissaire furent envoyés à Paris, auprès de Carrier, qui leur dit qu'il les ferait fusiller s'ils condamnoient Lamberty, le seul patriote qu'il y eût à Nantes (1).

Nonobstant, les débats finirent par s'ouvrir, et d'horribles révélations les remplirent, sur les noyades, cela est certain ; Fouquet et Lamberty, qui avouoient, durent être condamnés ; mais les représentants, successeurs de Carrier, défendirent d'ébruiter ces atrocités (2), et le jugement de Fouquet ne fit pas même allusion aux causes véritables d'une punition si juste ; en voici les motifs (3) : l'on n'en sauroit trouver de plus curieux :

Condamnés pour avoir soustrait à la vengeance nationale madame de Marsilly, sa femme de chambre, la femme de chambre 'e madame de Lescure, les deux sœurs Dubois ; Fouquet et Lamberty s'étoient *partagés* la femme Marsilly et sa femme de chambre, etc.

Ce jugement et ses énonciations confirment cette tradition, recueillie à Nantes, que des marquises, des comtesses et leurs femmes de chambre y avoient été, au même prix, tirées

(1-2) Procès de Carrier déjà cité, déposition de Vaugeois, n° 6, p. 3 ; Bulletin, 7° partie.
(3) Registre de la commission du Mans.

des prisons par les sans-culottes qui entouroient Carrier et qui étoient très-friands de robes de soie.

La commission Bignon touchoit à sa fin. Après le procès de Fouquet elle ne tint plus que onze séances et ne prononça que trente-trois condamnations à mort ; les trois dernières (18 floréal) furent celles des capitaines *Desvaux* et *Bonnot* et du lieutenant *David*, arrêtés, dès le 24 germinal, pour avoir faussement dénoncé leur chef de bataillon Lecourbe, qui, le jour même, avait été hautement acquitté. A la dernière séance, le 19 floréal, 5 militaires sont condamnés aux fers pour désertion.

Telle fut cette commission, qui non seulement n'avoit encore figuré dans aucune histoire générale de la révolution, mais que les historiens de Nantes n'ont pas fait connaître : du 24 frimaire au 19 floréal an II, en un peu moins de cinq mois, 2919 condamnations à mort ; 8 à la déportation ; 9 aux fers ; 1 à la prison ; 40 acquittements.

Le dernier Tribunal révolutionnaire qui fonctionna à Nantes fut la 2ᵉ commission de *l'île de Noirmoutiers*, dite Ile de la Montagne (1). Ainsi que deux ou trois Tribunaux semblables, elle survécut au 9 thermidor. Un arrêté des représentant Bourbotte et Bô, du 22 prairial au 2 floréal, l'avoit formée en ordonnant le renouvellement des membres de la 1ʳᵉ commission de Noirmoutiers pour « imprimer à ses jugements une nouvelle activité. » La plupart des juges de la grande commission d'Angers, dont j'ai fait l'histoire, y trouvèrent place : Félix, *président* ; Laporte, *vice-président* ; Obrumier, Goupil fils, *juges* ; Hudoux, *accusateur public*.

Du 29 prairial au 17 thermidor ils siégèrent dans l'île, où

(1) Greffe de Nantes : registre de la commission de l'Ile de la Montagne, gr. in-fol. de 73 feuillets (non cotés), du 28 prairial an II au 17 frimaire an III.

ils prononcèrent seulement 25 condamnations à mort et 18 à la déportation, avec plus de 600 acquittements ; il est vrai que, près d'eux, ils n'avaient ni un Carrier, ni un Francastel et que les prisons de l'île étoient infestées par le typhus. La commission vint ensuite à Nantes, où, du 27 thermidor au 27 fructidor, elle prononça douze condamnations capitales et 78 acquittements. Après, du 8 vendémiaire au 17 frimaire an III, dernière séance, il n'y eut de condamné qu'un cavalier (11 frimaire) aux fers, pour vol; les autres accusés furent ou acquittés ou ajournés à plus ample information. Robespierre n'étoit plus de ce monde. Pourtant la commission n'avoit pas apporté de Noirmoutiers des habitudes parfaitement judiciaires; on le voit à une correspondance échangée, le 8 fructidor, entre elle et la société de Vincent-la-Montagne, de Nantes. Cette société reprochait à la Commission Félix de siéger sans *jurés* et sans *défenseurs*, malgré la loi du 14 thermidor (celle qui avoit aboli la loi du 22 prairial) et de se faire *escorter* par des dragons, le sabre nu. Les *Félix* répondoient qu'on ne leur avoit pas notifié la loi invoquée ; qu'ils donnoient pour défenseur le peuple aux accusés ; que tous les deux jours ils rendoient compte de leurs opérations au Comité du Salut public; que sur *l'escorte*, ils consulteroient les représentants, etc. (1).

(1) Extraits des archives de la Cour impériale d'Angers, communiqués par M. le premier président Métivier, p. 87.

(Exemplaire corrigé.)

LA
JUSTICE RÉVOLUTIONNAIRE
A PARIS ET DANS LES DÉPARTEMENTS
D'APRÈS DES DOCUMENTS ORIGINAUX
LA PLUPART INÉDITS

(17 août 1792 — 12 prairial an III)

PAR M. CH. BERRIAT SAINT PRIX
Conseiller à la Cour impériale de Paris.

— N° VII —

(EXTRAIT DU CABINET HISTORIQUE)

Dans l'ordre de mes communications au *Cabinet historique*, cette partie de mon labeur ne devoit venir que plus tard; les audacieux ouvrages contemporains où l'on ne craint pas de glorifier Saint-Just, Robespierre, Marat, les Jacobins, me font devancer la publication de ma statistique de la justice révolutionnaire. Ce document devra paroître concluant aux hommes qui ne veulent pas absolument fermer les yeux à la lumière.

Statistique de la justice révolutionnaire.

Le début de mon premier article sur la justice révolutionnaire et ses fastes ignorés, a rencontré quelque incrédulité dans le public; on a semblé craindre, de ma part, l'exagération ou l'erreur; mes *cent trente* commissions ont surpris, rapprochées surtout des onze ou douze tribunaux

(1) *Voy.* t. IX, p. 244; t. X, p. 22, 118, 197, 298; t. XI, p. 137

semblables dont s'est contenté M. Louis Blanc, dans son *Histoire de la révolution*, la plus développée que nous possédions encore; on s'est également étonné du nombre de ces *tournées* judiciaires qu'accompagnoient la guillotine ou la fusillade.

Je viens donc me justifier au besoin, en présentant la nomenclature des commissions ou tribunaux révolutionnaires dont l'existence est pour moi certaine, avec l'itinéraire de ceux qui étoient *ambulants*; mais leur nombre total n'est plus *cent trente*, c'est au delà de *cent cinquante*, ayant siégé dans cent quatre-vingts villes ou lieux différents, et ce n'est pas *vingt-deux* tribunaux ambulants, c'est plus de *quarante*. A ces notions je joins le nom des villes, l'époque des fonctions, le chiffre des condamnations à mort connues, pendant la *vie* et après la *mort* de Robespierre, jusqu'au 12 prairial an III, limite de mon ouvrage; j'indique mes principales sources et autorités, et je classe cette revue sanglante dans l'ordre alphabétique des départements, presque tous visités par la faux de la Terreur.

L'importance des résultats aidera, je l'espère, à supporter la sécheresse des détails; que l'on me permette d'ajouter que ce travail, bien plus considérable qu'il ne le paroît au premier aspect, est entièrement neuf. Prudhomme, en tête de son fameux dictionnaire des victimes (1), a mis en quelques lignes les villes où furent établies des commissions révolutionnaires: cette liste est incomplète et erronée. Léger dans ses investigations et son examen, imparfaitement servi par ses correspondants, Prudhomme a attribué des commissions à des villes seulement visitées par des tribunaux ambulants; il n'a pas connu certaines commissions, non plus que les *tournées* de beaucoup d'autres; le caractère et les chiffres vrais des condamnations lui ont souvent échappé; de là dans

(1) *Dictionnaire des individus condamnés pendant la révolution*; 1797, 2 vol. in-8, à 2 colonnes.

son dictionnaire, précieux néanmoins, des inexactitudes sur les juges et sur les victimes. J'aurais, à mon tour, reproduit beaucoup d'erreurs, sans mes persévérantes recherches personnelles (1), sans le concours si bienveillant et si utile de tant de dignes magistrats et de personnes obligeantes nommés plus loin, et qui, depuis plusieurs années, secondent ma trop grande entreprise.

Commissions et Tribunaux institués ou ayant jugé révolutionnairement du 17 août 1792 au 12 prairial an III.

A

	Condamnations capitales ROBESPIERRE	
	Vivant	Mort

AIN. — *Bourg.* — Tribunal criminel (2) ayant jugé révolutionnairement, du 6 frimaire au 22 messidor an II, 6 condamnations à mort. 　　6　　»

Greffe du tribunal de Bourg. — Lettre de M. Jeandet, procureur impérial.

AISNE. — *Laon.* — Semblable tribunal. Du 9 brumaire an II au 2 vendémiaire an III, 9 condamnations.　　3　　6

Greffe du tribunal de Laon. — Lettre de M. Coquilliette, procureur impérial.

ALLIER. — *Moulins.* — Semblable tribunal.

　　　　　　　　　　　A reporter....　　9　　6

---

(1) Que l'on me permette aussi d'indiquer les voyages déjà accomplis pour examiner les documents originaux dans les archives, les greffes, les collections particulières :
En octobre 1863, à Angers, Nantes, Rennes, Le Mans ;
En septembre 1864, à Poitiers, Angoulême, Bordeaux, Toulouse, Montpellier, Nîmes, Marseille, Toulon, Carpentras, Bédoin, Orange, Lyon ;
Accueilli, assisté partout et par tous avec le plus extrême empressement !
(2) Il est entendu que tous les tribunaux criminels de départements que je cite avoient été institués ou avoient jugé révolutionnairement.

— 4 —

	Report....	9	6
Du 22 brumaire au 17 messidor an II, 6 condamnations.		6	»

Note de M. l'Archiviste de l'Allier; registre du tribunal criminel.
Lettre de M. Foulhoux, procureur impérial à Moulins.

ALPES (BASSES-). — *Digne.* — Semblable tribunal. 2 fructidor an II, 1 condamnation. | » | 1

Prudhomme. *Dictionnaire*, etc.

ALPES (HAUTES-).

ALPES-MARITIMES. — *Nice.* — Semblable tribunal. Du 26 vendémiaire au 9 messidor an II, 10 condamnations. | 10 | »

Greffe du tribunal de Nice. — Lettre de M. Pensa, procureur impérial.

ARDÈCHE. — *Privas.* — Semblable tribunal. Du 16 avril 1793 au 17 fructidor an II, 28 condamnations. | 26 | 2

Prudhomme, *Dictionnaire*, etc.

ARDENNES. — *Charleville.* — Semblable tribunal. Du 26 septembre 1793 au 6 fructidor an II, 13 condamnations. | 12 | 1

Prudhomme, *ibid.*

ARRIÈGE. — *Foix.* — Semblable tribunal. Du 17 juillet 1793 au 23 germinal an II, 11 condamnations. | 11 | »

Prudhomme, *ibid.*

AUBE. — *Troyes.* — Semblable tribunal.

A reporter.... | 74 | 10

Report....	74	10

Du 19 mars 1793 au 9 messidor an II, 3 condamnations. | 3 | » |

Greffe du tribunal de Troyes. — Lettre de M. Bergognié, procureur impérial.

AUDE. — *Carcassonne.* — Semblable tribunal. Du 23 nivôse au 19 floréal an II, 4 condamnations. | 4 | » |

Greffe du tribunal de Carcassonne. — Lettre de M. Armengaud, procureur impérial.

AVEYRON. — *Rodez.* — Semblable tribunal. Du 30 mars 1793 au 28 messidor an II, 44 condamnations. | 44 | » |

Idem. Commission militaire. 14 brumaire, 7 frimaire an II, 2 condamnations. | 2 | » |

Prudhomme, *Dictionnaire*, etc.

B

BOUCHES-DU-RHÔNE. — *Marseille.* — Tribunal populaire; avant le 26 août 1793, 14 condamnations. | 14 | » |

Histoire de Marseille, par Augustin Fabre, 1829, 2 vol. in-8. — *Histoire de la Révolution à Marseille*, par Lourde, 1839, in-8, t. III. — *Marseille depuis 1789 jusqu'en 1815*, par un vieux Marseillais (Lautard), 1844, 2 vol. in-8. — Collections particulières de MM. Augustin Fabre, de Crozet, Bouillon-Landais, à Marseille; les deux premières compulsées en septembre 1864.

Ibid. Commission révolutionnaire. Président, Maillet, 1re époque. Du 28 août 1793 au 26 nivôse an II, 162 condamnations. | 162 | » |

| *A reporter*.... | 313 | 10 |

Report....	313	10
Ibid. Commission militaire. Président, Leroy, dit *Brutus.* Du pluviôse au germinal an II, 123 condamnations.	123	»
Ibid. Commission révolutionnaire. Président, Maillet, 2ᵉ époque. Du germinal au prairial an II, 117 condamnations.	117	»

Mémoire... sur les massacres du Midi, par Fréron. Collection Baudoin, 1824, in-8. — Catalogue de la Bibliothèque impériale. *Histoire de France,* t. III. Convention. — Archives de l'Empire. Tribunaux criminels, BB. 72, carton 1. — Tribunal révolutionnaire de Paris, carton 329. — Collections particulières de Marseille, plus haut citées.

C

CALVADOS. — *Caen.* — Tribunal criminel révolutionnaire. Du 12 mars 1793 au 9 fructidor an II, 7 condamnations.	7	»

Prudhomme, *Dictionnaire,* etc., en rapporte 14. — Greffe de la Cour impériale de Caen. — Lettre de M. Rabou, procureur général.

CANTAL. — *Aurillac.* — Semblable tribunal, ayant siégé aussi à *Saint-Flour.* Du 14 juin 1797 au 4 thermidor an II, 10 condamnations.	10	»

Greffe du tribunal de Saint-Flour. — Lettre de M. Anzolle, procureur impérial.

CHARENTE. — *Angoulême.* Semblable tribunal. Du 17 au 27 brumaire an II, 2 condamnations.	2	»

Greffe du tribunal d'Angoulême. — Registre compulsé en septembre 1864.

A reporter....	572	10

| | Report.... | 572 | 10 |

CHARENTE-INFÉRIEURE. — *La Rochelle.* — Commission militaire. Du 28 avril 1793 au 12 germinal an II, 60 condamnations. — 60 — »

(*Cabinet historique*, 1864, p. 205.)

Histoire de La Rochelle, par M. Dupont. 1830, in-8. — Correspondance de M. Chaudreau, procureur impérial en cette ville.

Ibid. — *Rochefort.* — Tribunal révolutionnaire. Président, André. Du 1er frimaire au 26 pluviôse an II, 31 condamnations. — 31 — »

(*Cabinet historique*, 1864, p. 31.)

Histoire de la Saintonge, par M. Massiou. 1846, 6 vol. in-8°. — Histoire du port de Rochefort, par MM. Viaud et Fleury. 1815, in-8°. — Lettre de M. Chopy, procureur impérial en cette ville. — *Moniteur.* — Archives de l'empire; tribunaux criminels. BB. 72-2.

CHER. — *Bourges.* — 2 condamnations. — 2

CORRÈZE. — *Tulle.* — Tribunal criminel ayant siégé aussi à *Brives.* Du 14 juin 1793 au 16 germinal an II, 5 condamnations. — 5 — »

Prudhomme. *Dictionnaire.*

CORSE.

CÔTE-D'OR. — *Dijon.* — Semblable tribunal. Du 6 ventôse au 21 germinal an II, 16 condamnations. — 16 — »
  12 — 11   1

Prudhomme. Minutes du greffe de la Cour de Dijon, compulsées en septembre 1867.

Ibid. — *Auxonne.* — Commission militaire. Du 28 brumaire an II au 20 vendémiaire an III, 17 condamnations. — 16 — 1

| | A reporter.... | 700 | 11 |

| | Report..... | 700 | 11 |

Prudhomme.—Archives de la mairie d'Auxonne. —Lettres de M. Merle, juge de paix de cette ville.

Côtes-du-Nord. — *Saint-Brieuc.* — Tribunal criminel ayant siégé aussi à *Lannion.* Du 12 vril 1793 au 11 thermidor an II, 47 condamnations. — 47 »

Prudhomme.

Ibid. — *Lamballe.* — Commission militaire. Avril 1793, 7 condamnations. — 7 »

Archives de l'empire. — Tribunaux des départements. B. B. 72, 2.

Creuse. — *Guéret.* — Tribunal criminel. Du 3 brumaire au 18 germinal an II, 4 condamnations. — 4 »

Greffe du tribunal de Guéret. — Lettre de M. Dartige, procureur impérial.

D

Dordogne. — *Périgueux.* — Semblable tribunal. Du 11 avril 1793 au 17 thermidor an II, 30 condamnations. — 31 2

Prudhomme.

Doubs. — *Besançon.* — Semblable tribunal, ayant siégé aussi à *Ornans, Maiche, Belvoir* et *Pontarlier.* Du 7 mars 1793 au 27 frimaire an III, 77 condamnations. — 63 12

Greffe du tribunal de Besançon. — Mémoire de M. Sauzay, avocat en cette ville.

Drôme. — *Valence.* — Semblable tribunal. Du

| | A reporter.... | 857 | 25 |

| | Report.... | 857 | 25 |

20 germinal au 24 ventôse an II, 3 condamnations. | | 3 | »

Prudhomme.

E

EURE. — *Evreux.* — Semblable tribunal, ayant siégé aussi à *Pont-Audemer.* Du 17 mai 1793 au 25 messidor an II, 4 condamnations. | 4 | »
(*Cabinet historique*, 1864, p. 109.)

Greffe du tribunal d'Evreux. — Mémoire de M. Boivin-Champeaux, procureur impérial.

EURE-ET-LOIR. — *Chartres.* — Semblable tribunal. Du 5 fructidor an II, 2 condamnations. | » | 2

Greffe du tribunal de Chartres. — Lettre de M. Séguier, procureur impérial.

F

FINISTÈRE. — *Quimper.* — Semblable tribunal. Du 9 avril 1793 au 23 germinal an II, 6 condamnations. | 6 | »

Prudhomme.

Ibid. — *Brest.* — Tribunal révolutionnaire, Président, Ragmey. Du 21 pluviôse au 21 thermidor an II, 71 condamnations. | 62 | 9

Du Châtelier. Brest et le Finistère sous la Terreur. 1858, in-8°. — Archives de l'empire. Tribunaux révolutionnaires, cartons 542 à 544. — Registre du tribunal révolutionnaire de Brest, communiqué par M. Gouin, président du tribunal civil. — Tribunal inconnu à Prudhomme.

| | *A reporter*.... | 932 | 36 |

| | Report.... | 932 | 36 |

G

Gard. — *Nîmes.* — Tribunal criminel. Du 16 nivôse au 14 thermidor an II, 134 condamnations. | 134 | »

Greffe de la Cour impériale de Nîmes. — Registres compulsés en septembre 1864.

Garonne (Haute-). — *Toulouse.* — Semblable tribunal, converti, en nivôse, en tribunal révolutionnaire. Du 11 avril 1793 au 2 thermidor an II, 47 condamnations. | 47 | »

Greffe de la Cour impériale de Toulouse. — Mémoires communiqués par M. Escudié, conseiller. — Registres compulsés en septembre 1864.

Gers. — *Auch.* — Semblable tribunal. Du 16 pluviôse au 13 thermidor an II, 2 condamnations. *Voy.* aussi *Bayonne* (Pyrénées-Basses). | 2 | »

Prudhomme.

Gironde. — *Bordeaux.* — Semblable tribunal. Du 14 vendém. au 1ᵉʳ thermidor an II, 2 condamnations. | 2 | »

Prudhomme.

Ibid. — Première commission militaire. Président, Lacombe, ayant siégé aussi à *Libourne.* Du 23 octobre 1793 au 9 thermidor an II, 293 301 condamnations. | 293 301 | »

Histoire de Bordeaux, par M. Bernadau. 1838, in-8°. — Examen critique de l'histoire de Bordeaux. 1839, in-8°. — Histoire de Libourne, par M. Guinodie, 1845, in-8°. — Bibliothèque Impé-

| | A reporter.... | 1,410 | 36 |

Report....	1,410	36

riale. Placards de la commission de Bordeaux; 1 vol. très-gr. in-f°. — *Id*. Catalogue de l'Histoire de France, t. III: Convention.—Comptes de l'exécuteur de la Commission, communiqués par M. Brunet, président de l'académie de Bordeaux. — Greffe de la Cour impériale de Bordeaux; Registres et cartons de la commission Lacombe, compulsés en septembre 1864.

Ibid. — Deuxième commission militaire. Président, Lataste, établie pour juger Lacombe et ses complices. 27 thermidor an II, 3 brumaire an III, 2 condamnations. » 2

Bibliothèque impériale. Même catalogue. *Ibid.*

H

HÉRAULT. — *Montpellier.* — Tribunal criminel. Président, Salsiñs Gas, ayant siégé aussi à *Béziers.* Du 12 frimaire au 22 prairial an II, 32 condamnations. 32 »

Greffe de la Cour impériale de Montpellier; Registres compulsés en septembre 1864.—(Prud'homme ne mentionne que six de ces condamnations).

I

ILLE-ET-VILAINE. — *Rennes.* — Semblable tribunal. Du 26 mars au 28 octobre 1793, 22 condamnations. 22 »

Prud'homme.

Ibid. — Première commission militaire. Président, Gabriel Vaugeois, ayant siégé aussi à

A reporter....	1,464	38

Report....	1,464	38

Vitré. Du 19 brumaire au germinal an III, 85 condamnations. | 83 | » |

Greffe de la Cour impériale de Rennes; Registres compulsés en octobre 1863.

Ibid. — Deuxième commission militaire. Président, Brutus Magnier, ayant aussi siégé à *Laval.* Du au 14 prairial an II, 51 condamnations. | 51 | » |

(Le nombre véritable doit être décuple.)

Même greffe. — 2ᵉ registre de la commission Brutus (le premier, qui devait comprendre 294 jugements, a été égaré), compulsé en octobre 1863.

Ibid. — *Saint-Malo.* — Commission militaire, président O'brien. Du 12 frimaire au 24 floréal an II, 87 condamnations. | 87 | » |

(*Cabinet historique*, 1861, p. 38, 118.)

Prudhomme. — Précis historique sur Saint-Malo, par Ch. Cunat. — Précis du proconsulat de Lecarpentier à Port-Malo, par F. N. C. Duault, in-8. — Correspondance de M. Gagon, procureur impérial. — Copie de deux jugements de la commission.

INDRE. — *Châteauroux.* — Tribunal criminel. 23 avril 1793, 4 condamnations. | 4 | » |

Greffe du tribunal de Châteauroux. — Lettre de M. Ragon, procureur impérial.

INDRE-ET-LOIRE. — *Tours.* — Semblable tribunal, ayant siégé aussi à *Chinon.* 24 prairial, 22 thermidor an II, 2 condamnations. | 1 | 1 |

Prudhomme.

Ibid. Première commission militaire. Président

| A reporter.... | 1,690 | 41 |

| | Report.... | 1,690 | 41 |

sident, Senard. Du 24 juin au 26 juillet 1793, 8 condamnations. — 8 »

    Greffe de la cour impériale d'Angers. — Registre de la commission Senard, compulsé en octobre 1863.

    Ibid. 2e commission militaire établie par Guimberteau, et ayant aussi siégé à *La Haye-Descartes*. Du 4 frimaire au 7 floréal an II, 11 condamnations. — 11 »

    Souvenirs de la révolution dans le département d'Indre-et-Loire, par Carré de Busserole, 1864, in-18.

Isère. — *Grenoble*. — Tribunal criminel. 25 floréal, 8 messidor an II, 3 condamnations. — 3 »

    Prudhomme. — Archives de l'empire. Tribunaux des départements, BB, 72-3.

J

Jura. — *Lons-le-Saunier*. — Semblable tribunal ayant aussi siégé à *Dôle*. 14 octobre 1793, 13 nivôse an II, 2 condamnations. — 2 »

    Greffe du tribunal de Lons-le-Saunier. — Mémoire de M. Bachod, procureur impérial.

L

Landes. — *Mont-de-Marsan*. — Semblable tribunal ayant siégé aussi à *Tartas*. Du 3 juin 1793 au 12 germinal an II, 11 condamnations. — 11 »

    Greffe du tribunal de Mont-de-Marsan. — Lettre de M. Dutour, procureur impérial.

A reporter.... 1,725 41

| | Report.... | 1,725 | 41 |

LOIR-ET-CHER. — *Blois.* — Semblable tribunal ayant aussi siégé à *Mondoubleau.* 17 brumaire, 20 germinal an II, 7 condamnations. — 7 »

Prudhomme. — Archives de l'empire. Tribunaux des départements, BB, 72-3.

LOIRE. — *Montbrison.* — Semblable tribunal. Du 26 floréal au 4ᵉ complémentaire an II, 4 condamnations. — 3 1

Prudhomme.

Ibid. — *Feurs.* — Commission de justice populaire. Président, Bonarme. Du 26 brumaire au 19 frimaire an II, 15 condamnations. — 15 »

Ibid. — Commission militaire. Président, Bardet. Du 6 frimaire au 23 pluviôse an II, 48 condamnations. — 48 »

(*Cabinet historique*, 1864, p. 23).

Correspondance de M. Cuaz, conseiller à la cour impériale de Lyon. — Archives du Rhône. Registres des commissions de Feurs, compulsés en septembre 1864.

LOIRE (HAUTE-). — *Le Puy.* — Tribunal criminel. Du 31 mars 1793 au 13 thermidor an II, 51 condamnations. — 51 »

Prudhomme.

LOIRE-INFÉRIEURE. — *Machecoul.* — Commission militaire du *Château.* Président, Petit. Du 24 au 27 avril 1793, 8 condamnations. — 8 »

Ibid. — Idem de l'*Hôpital.* Président, Sionnet. Du 25 au 26 avril 1793, 7 condamnations. — 7 »

| | A reporter.... | 1,861 | 42 |

Report....	1,864	42

Greffe du tribunal de Nantes. — Extraits de M. Lallié, avocat.

Ibid. — *Nantes.* — Tribunal extraordinaire. 1re section. Président, Marion, ayant siégé aussi à *Guérande.* Du 13 au 23 mars, du 4 octobre au 4 novembre 1793, 7 condamnations. — 7 »

Ibid. — Même tribunal, 2e section. Présidents, Gandon, Phelippes, Lepeley. Du 23 mars 1793 au 9 floréal an II, 207 condamnations. — 207 »

Ibid. — Commission militaire, dite de la maison Pepin. Président, Lenoir, ayant siégé aussi à *Paimbœuf.* Du 15 brumaire au 11 floréal an II, 230 (1) condamnations. — 230 »

(*Cabinet historique*, 1863, p. 137).

Greffe du tribunal de Nantes. — Registres compulsés en octobre 1863.

Le Château-d'Aux. (*Cabinet historique*, 1864, p. 207.)

Pour la commission Bignon, *roy.* Sarthe, Le Mans.

Pour la commission Félix, *roy.* Vendée, Noirmoutier.

Ibid. — *Carrier.* — Ordres des 27 et 29 frimaire an II, d'exécuter sans jugement 81 Vendéens prisonniers, parmi lesquels se trouvoient deux enfants de 13 ans, deux de 14 ans et sept femmes (les 4 sœurs La Métairie) ; 81 condamnations. — 81 »

À reporter....	2,350	42

(1) 241, suivant M. Lallié, avocat à Nantes.

Report....	2,359	42

Archives de l'empire. Tribunal révolutionnaire de Paris, 493ᵉ carton; procès de Carrier, pièces 64 et 65. — Ces ordres célèbres existent encore en original; je les ai *vus* et *touchés*, pour la première fois, le 18 juin 1861. — A cette époque, je ne connoissois ni Vacheron et consorts, d'Angers, ni les *jugements par F*. — Voyez MAINE-ET-LOIRE.

Ibid. — *Savenay.* — *Voy.* Sarthe, Le Mans.

LOIRET. — *Orléans.* — Tribunal criminel. 27 floréal, 14 thermidor an II, $\frac{X}{4}$ condamnations. | 4 | 1 |
| | 3 | |

Greffe de la cour impériale d'Orléans. — Mémoire de M. Bimbenet, greffier en chef.

LOT. — *Cahors.* — Semblable tribunal ayant aussi siégé à *Figeac*. Du 21 avril 1793 au 15 thermidor an II, 18 condamnations. | 18 | » |

Greffe du tribunal de Cahors. — Note de M. Dufour, avocat; lettre de M. de Calmèles, procureur impérial. — Archives de l'empire. Tribunaux criminels des départements, BB, 72-2.

LOT-ET-GARONNE. — *Agen.* — Semblable tribunal. Du 21 frimaire au 27 germinal an II, 4 condamnations. | 4 | » |

Greffe de la cour impériale d'Agen. — Lettre de M. Sigaudy, procureur général.

LOZÈRE. — *Mende.* — Semblable tribunal, ayant siégé aussi à *Florac* et à *Marvejols*. Du 18 mars 1793 au 8 fructidor an 2, 141 condamnations. | 136 | 5 |

Greffe du tribunal de Mende: Mémoire du greffier. — Correspondance de M. Deleveau, procureur impérial.

| A reporter... | 2,515 | 48 |

| | Report.... | 2,515 | 48 |

M

MAINE-ET-LOIRE. — *Angers*. — Semblable tribunal, ayant siégé avant la commission Parein, nombre de condamnations inconnu. — Mémoire.

Ib. Id. — Première commission militaire. Présidents, Parein, puis Félix, ayant aussi siégé à *Chinon, Saumur, Doué, Laval, Ponts-de-Cé.* Du 13 juillet 1793 au 20 floréal an II, 1158 condamnations. — 1,158 »

(*Cabinet historique*, 1864, p. 311.)

Greffe de la cour impériale d'Angers. — Registres de la commission Félix, compulsés en octobre 1863. — Extraits manuscrits de M. le premier président Métivier. — Correspondance de MM. Sclopis et Millois, juges de paix à Doué et aux Ponts-de-Cé; Richard, procureur impérial à Saumur. — Le Champ des Martyrs, par Godard-Faultrier, 2ᵉ édit., 1855, in-18.

Ibid. — Deuxième commission militaire. Président, Proust, ayant aussi siégé au *Mans, Laval, Sablé.* Du 10 frimaire au 23 nivôse an II, 49 condamnations. — 49 »

(*Cabinet historique*, ibid.)

Même greffe. — Registre de la commission Proust, compulsé en octobre 1863.

Ibid. — Les commissaires recenseurs. Vacheron et autres. *Jugements par F.* Du 30 nivôse au 20 germinal an II, 766 condamnations. — 766 »

(*Cabinet historique*, 1864, p. 324.)

Condamnations inconnues à Prudhomme. — Même greffe. — Cahiers originaux (10) du recense-

| | A reporter.... | 4,488 | 48 |

Report.... 4,488 48

ment des prisons d'Angers. — Le Champ des Martyrs, etc.

Ibid. — *Chemillé.* — Commission militaire. Président, Babaud. Avril 1793, 2 condamnations. — 2 »

Ibid. — *Châteauneuf.* — Conseil militaire. Frimaire an II, 10 condamnations. — 10 »

Ibid. — *Saint-Lambert.* — Commission militaire. Mars 1793; nombre de condamnations, inconnu. — Mémoire.

Extraits manuscrits de M. le P.-P.-T. Métivier.

Manche. — *Cherbourg.* — Tribunal révolutionnaire. 23 messidor an II, 1 condamnation. — 1 »

Prudhomme.

Ibid. — *Coutances.* — Tribunal criminel. Du 1er mai 1793 au 7 thermidor an II, 12 condamnations. — 12 »

Greffe du tribunal de Coutances. — Mémoire de M. Quénault, sous-préfet de l'arrondissement.

Ibid. — *Granville.* — Commission militaire. Du 20 brumaire au 22 floréal an II, 43 condamnations. — 43 »

Prudhomme.

Marne. — *Reims.* Tribunal criminel. Du 18 septembre 1793 au 10 prairial an II, 8 condamnations. — 8 »

Prudhomme.

A reporter... 4,573 48

Report....	4,573	48

MARNE (HAUTE-). — *Chaumont.* — Semblable tribunal, ayant aussi siégé à *Langres.* Du 12 juin 1793 au 23 floréal an II, 7 condamnations. — 7 »

Prudhomme.

MAYENNE. — *Laval.* — Commission militaire, ayant aussi siégé à *Mayenne, Ernée, Lassay, Craon* et *Château-Gontier.* Du 3 nivôse au 18 fructidor an II, 337 condamnations. — 307 30

Les martyrs du Maine, par Théodore Perrin. 1830, in-12. — Mémoire et correspondance de M. Moulard, archiviste-adjoint de la Sarthe.

MEURTHE. — *Nancy.* — Tribunal criminel. Du 20 avril 1793 au 21 frimaire an III, 13 condamnations. — 11 2

Greffe de la Cour impériale de Nancy. — Placards de jugements tirés d'une collection privée. — Lettre de M. Neveu-Lemaire, procureur général.

MEUSE. — *Saint-Mihiel.* — Semblable tribunal. Du 26 vendémiaire au 14 thermidor an II, 13 condamnations. — 13 »

Prudhomme.

MORBIHAN. — *Vannes.* — Semblable tribunal, ayant aussi siégé à *La Roche-Bernard* et *Auray.* Du 23 mars 1793 au   brumaire an II, 7 condamnations. — 7 »

Ibid. — Tribunal révolutionnaire, président Raoul, ayant siégé aussi à *Lorient, Auray* et *Josselin.* Du 18 brumaire au 16 thermidor an II, 30 condamnations. — 30 »

(*Cabinet historique*, 1864, p. 212.)

A reporter....	4,948	80

| | *Report*.... | 4,918 | 80 |

Greffe du tribunal de Vannes. — Mémoire de M. Caradec, procureur impérial.

MOSELLE. — *Metz*. — Tribunal criminel, ayant aussi siégé à *Longwy*. Du 10 juin 1793 au 18 fructidor an II, 39 condamnations. — 32 7

Greffe de la Cour impériale de Metz. — Mémoire de M. Royet, greffier en chef.

N

NIÈVRE.

NORD. — *Avesnes*. — Commission militaire. Du 24 prairial au 22 thermidor an II, 16 condamnations. — 15 1

Prudhomme.

Ibid. — *Cambrai*. — Commission militaire. Président, le colonel du 4° fédérés de Paris. Du 15 vendémiaire au 7 floréal an II, 9 condamnations. — 9 »

Histoire de Joseph le Bon et des tribunaux révolutionnaires d'Arras et de Cambrai, par M. A.-J. Paris. 2° édit., 1864, 2 vol. in-8°, t. 2, p. 66.

Ibid. — *Ibid*. — Tribunal révolutionnaire de Le Bon. Du 21 floréal au 8 messidor an II, 149 condamnations. — 149 •

(*Cabinet historique*, 1864, p. 129.)

Prudhomme a connu la moitié à peine des victimes de ce tribunal. — Quelques souvenirs du règne de la Terreur, à Cambrai, par M. P.-J. Thénard. 1860, in-8°. — Histoire de Joseph le Bon, etc., par M. Paris.

| | *A reporter*.... | 5,153 | 88 |

Report....	5,153	88

Ibid. — *Douai.* — Tribunal criminel du Nord, érigé par la Convention en tribunal révolutionnaire ambulant. Président Béthune, ayant siégé aussi à *Valenciennes*, *Lille*, *Le Quesnoy*, *Avesnes* et *Cambrai*. Du 30 avril 1793 au 13 fructidor an II, 8 condamnations. — 8 »

Histoire de Joseph le Bon, etc., t. II, p. 390-94.

Ibid. — *Valenciennes.* — Commission militaire. Président Cathol. Du 2 vendémiaire au 26 nivôse an III, 69 condamnations. — » 69

Prudhomme n'a pas connu le tiers des victimes de cette commission. — Greffe de la Cour impériale de Douai; Registre de la commission de Valenciennes, communiqué par M. Pinart, procureur général.

O

OISE. — *Beauvais.* — Tribunal criminel. Du 18 avril 1793 au 7 thermidor an II, 12 condamnations. — 12 »

Greffe du tribunal de Beauvais. — Mémoire de M. Paringault, procureur impérial.

ORNE. — *Alençon.* — Semblable tribunal. Du 5 mai 1793 au ~~21 brumaire~~ an II, ~~5~~ condamnations. 173 — ~~5~~ 173

Greffe du tribunal d'Alençon. — Mémoire de M. de Beaurepaire, substitut du procureur impérial.

~~Ibid. — Commission militaire. Frimaire an II, au moins 60 condamnations.~~ — ~~60~~ »

A reporter....	5,238	157

Report....   5,238   157

~~Je n'ai encore trouvé, sur la commission militaire d'Alençon, qu'une lettre du représentant Garnier, à mes yeux suffisante pour admettre l'existence de cette commission et le chiffre minimum de 60 condamnations.~~

Le 29 frimaire an II, d'Alençon, Garnier adressait à la Convention une lettre lue à la séance du 2 nivôse (*Moniteur* du 3, p. 375) et où se trouve le passage suivant :

« On nous amène ici (après la victoire du Mans sur les Vendéens) des prisonniers par trentaine ; dans trois heures on les juge, la quatrième on les fusille, dans la crainte que ces pestiférés, trop accumulés dans cette ville, n'y laissent le germe de leur maladie épidémique. »

P

PAS-DE-CALAIS. — *Arras.* — Tribunal criminel. Président Herman, ayant aussi siégé à *Saint-Pol, Bapaume, Boulogne-sur-Mer, Saint-Omer, Béthune* et *Calais.* Du 24 juin 1793 au 17 ventôse an II, 49 condamnations.   49   »

Ibid. — Tribunal révolutionnaire de Le Bon. Du 19 ventôse au 24 messidor an II, 343 condamnations.   343   »

(*Cabinet historique*, 1864, p. 120.)

Prudhomme n'a pas connu la septième partie des victimes de ce trop célèbre tribunal. — Histoire de Joseph le Bon, etc., par M. Paris. — Procès de Joseph le Bon, à Amiens. 2 vol. in-8°.

PUY-DE-DÔME. — *Riom.* — Tribunal criminel. Du 19 mai 1793 au 21 thermidor an II, 32 condamnations.   31   1

Prudhomme.

A reporter....   5,661   158

Report....	5,661	158

PYRÉNÉES (BASSES-). — *Bayonne*. — Commission extraordinaire. Président, Cossauno, ayant aussi siégé à *Saint-Sever*, *Dax* et *Auch*. Du 21 ventôse au 10 floréal an II, 62 condamnations.

62 »

(*Cabinet historique*, 1863, p. 231.)

Prudhomme n'a pas connu le quart des victimes de cette commission. — Histoire du diocèse de Bayonne, par M. l'abbé Duvoisin; Courrier de Bayonne du 4 février 1863. — Registre de la commission de Bayonne en séance à Saint-Sever, communiqué par M. l'abbé Lugat, curé à Villeneuve de Marsan (Landes). — Correspondance de MM. de Larralde, Lacrampe, de Monclar, Bataille, procureurs impériaux à Bayonne, Dax, Saint-Sever, Auch.

Ibid. — *Pau.* — Tribunal criminel. Du 22 septembre 1793 au 19 prairial an II, 5 condamnations.

5 »

Prudhomme.

Ibid. — *Saint-Jean-de-Luz.* — (Chauvin-Dragon.) Commission militaire et révolutionnaire. Fructidor an II, 2 condamnations.

» 2

Histoire du diocèse de Bayonne, déjà citée. — Prudhomme.

PYRÉNÉES (HAUTES-). — *Tarbes.* — Tribunal criminel. 8 pluviôse, 21 floréal, 19 prairial an II, 4 condamnations.

4 »

Greffe du tribunal de Tarbes. — Mémoire de M. Adnet, procureur impérial.

PYRÉNÉES-ORIENTALES.—*Perpignan.*—Sem-

A reporter....	5,732	160

Report....	5,732 160

blable tribunal. Du 2 mai 1793 au 3 thermidor an II, 13 condamnations.   13 »

<small>Archives de l'Empire. — Tribunaux des départements, BB., 72-3.</small>

R

RHIN (Bas-). — *Haguenau*. — Commission militaire. Du 23, 26 brumaire an II, 2 condamnations.   2 »

<small>Prudhomme.</small>

Ibid. — *Strasbourg*. — Tribunal criminel. Du 30 août 1793 au 19 pluviôse an II, 22 condamnations.   22 »

<small>Prudhomme. — Greffe du tribunal de Strasbourg. — Lettre de M. Jalenques, procureur impérial.</small>

Ibid. — *Idem.* — Tribunal révolutionnaire. Président, Taffin ; accusateur public, Schneider, ayant aussi siégé à *Barr*, *Oberehnheim*, *Epfig* et *Schlestadt*. Du 2 brumaire au 23 frimaire an II, 33 condamnations.   33 »

<small>Archives de l'Empire. Tribunal révolutionnaire de Paris, 343e carton. Procès d'Euloge Schneider. — Recueil de pièces authentiques servant à l'histoire de la Révolution, à Strasbourg (sans date), 2 vol. in-8. — Pièces inédites trouvées chez Robespierre, 1828, 3 vol. in-8.</small>

Ibid. — *Wasslenheim*. — Commission militaire. 24 septembre 1793, 1 condamnation.   1 »

<small>Prudhomme donne le nom de *Wasslacheim* qui</small>

A reporter....	5,803 160

| | Report.... | 5,803 | 160 |

n'existe pas dans les dictionnaires; ce doit être une faute d'impression.

Rhin (Haut-). — *Colmar.* — Tribunal criminel. Président, Rapinat. Du 21 septembre 1793 au 9 messidor an II, 11 condamnations. — **11**

Ibid. — Commission extraordinaire. Président, Delâtre. 7 ventôse an II, 1 condamnation. — **1**

<small>Greffe de la cour impériale de Colmar. — Lettre de M. de Bigorie de Laschamps, procureur général. — Histoire de la révolution française dans le Haut-Rhin, par M. Véron-Réville, conseiller à Colmar, 1865, in-8.</small>

Rhône. — *Lyon.* — Commission militaire des assiégés, établie par le général de Précy. Août, septembre 1793, 4 condamnations. — »

<small>Mémoires pour servir à l'histoire de Lyon, etc., par l'abbé Guillon; 1824, 2 vol. in-8, t. II, p. 13.</small>

Ibid. — *Idem.* — Commission militaire des assiégeants. Présidents, Masset et Grandmaison. 12 octobre 1793 au 3 frimaire an II, 106 condamnations. — **106**

Ibid. — Commission de justice populaire. Président, Dorfeuille. Du 10 brumaire au 9 frimaire an II, 114 condamnations. — **114**

Ibid. — Commission révolutionnaire. Président, Parein. Du 14 frimaire au 17 germinal an II, 1,682 condamnations. — **1,682**

<small>Archives du Rhône. — Registres et jugements de ces trois commissions tant manuscrits qu'imprimés (une partie des jugements de Parein</small>

A reporter.... 7,717 160

Report..... 7,717 160

étaient imprimés d'avance; on y ajoutait les noms des accusés au moment de l'interrogatoire) compulsés par M. Cuaz, conseiller à la cour impériale, en avril 1861; vus par moi-même, en septembre 1861.

S

SAÔNE (HAUTE-). — *Vesoul.* — Tribunal criminel. 16 mai 1793, 21 floréal an II, 2 condamnations à la déportation seulement.

Greffe du tribunal de Vesoul. — Lettre de M. Maistre, procureur impérial.

SAÔNE-ET-LOIRE. — *Chalon.* — Semblable tribunal. Du 4 nivôse au 12 prairial an II, 4 condamnations. 4 »

Prudhomme. — Greffe du tribunal de Chalon. — Pièces communiquées par M. Flouest, procureur impérial.

SARTHE. — *Le Mans.* — Semblable tribunal. Président, Isambart, ayant aussi siégé à *Sablé*. Du 22 septembre 1793 au 9 prairial an II, 138 condamnations. 138 »

Correspondance de M. Moulard, archiviste-adjoint de la Sarthe. — Greffe du tribunal du Mans. — Registre compulsé en octobre 1863.

Ibid. — Commission militaire. Président, Bignon, ayant aussi siégé à *Laval, Châteaubriand, Blain, Savenay, Nantes* et au *Château-d'Aux*. Du 21 frimaire au 21 floréal an II, 2,919 condamnations. 2,919 »

(*Cabinet historique*, 1865, p. 146.)

A reporter..... 10,778 160

| | Report.... | 10,778 | 160 |

Greffe du tribunal de Nantes. — Registre de la commission du Mans, compulsé en oct. 1863; c'est un monument. — Le château d'Aux, par M. Dugast-Matifeux, 1857, in-8. — Bataille de Savenay, par M. Ledoux, maire de cette ville, 1858, in-8. — Savenay, au 12 mars 1793, par le même, in-8. — Correspondance de M. Lallié, avocat à Nantes.

Ibid. — *Sablé.* — Commission militaire dite centrale, ayant aussi siégé *au Mans.* Du 30 vendémiaire au 12 nivôse an II, 21 condamnations.   21 »

Archives de l'empire. — Tribunal révolutionnaire de Paris, carton 198.

SAVOIE et HAUTE-SAVOIE. — *Chambéry.* — Tribunal criminel ayant aussi siégé à *Annecy* et *Sallanches.* Du 17 mai 1793 au 18 ventôse an II. 12 condamnations.   12 »

Prudhomme. — Archives de l'empire. — Tribunaux des départements. BB. 72-8.

SEINE. — *Paris.* — Commission dite des émigrés. Président, général Berruyer. 22 octobre 1792, 9 condamnations.   9 »

Bulletin du tribunal criminel du 17 août, nos 35 à 39.

La Convention nationale. Président, Vergniaud. 17 janvier 1793, 1 condamnation.   1 »

Que l'on ne s'étonne pas de trouver ici la Convention; cette assemblée, jugeant l'infortuné Louis XVI, fut un tribunal révolutionnaire au premier chef. — Le *Moniteur.*

Tribunal extraordinaire, dit des crimes du

| | A reporter.... | 10,821 | 160 |

| | Report.... | 10,821 | 160 |

10 août. Président, Lavau. Du 25 août au 30 novembre 1792, 20 condamnations. 20 »

Tribunal extraordinaire, puis révolutionnaire. Présidents, Montané, Dobsent, Herman, Dumas. Du 6 avril 1793 au 22 prairial an II, 1,256 condamnations. 1,256 »

Tribunal révolutionnaire, dit du 22 prairial. Présidents, Dumas, Coffinhal. Du 24 prairial au 12 thermidor an II, 1,456 condamnations (y compris les 105 robespierristes mis hors la loi les 9 et 10 thermidor). 1,456 »

Tribunal criminel de la Seine jugeant révolutionnairement. 18 thermidor. C'est le jugement d'identité concernant Coffinhal. Le tribunal du 22 prairial ayant été dissous, celui du 23 thermidor n'existant pas encore, le tribunal criminel dut être saisi. 1 condamnation. » 1

Tribunal révolutionnaire du 23 thermidor. Du 27 thermidor an II au 12 prairial an III. Présidents, Dobsent, Agier, Liger. 71 condamnations. » 71

<small>Les tribunaux révolutionnaires de Paris sont les seuls dont le *Moniteur* ait quotidiennement enregistré les actes, en rapportant les noms de la plupart des accusés.
Plusieurs ouvrages, y compris mon Essai de 1861, leur ont été consacrés; aucun n'est complet, plusieurs sont inexacts; j'y reviendrai sous peu, avec l'étude (1) nouvelle et considérable, cette fois, que j'ai faite des dossiers de ces tri-</small>

A reporter.... 13,553 232

(1) Cette étude m'a occupé une année entière, de 1862 à 1863.

| | Report.... | 13,553 232 |

bunaux conservés aux Archives de l'empire; vaste et terrible collection, où presque rien ne manque. Fouquier-Tinville fut arrêté à l'improviste au milieu de ces richesses, au moment où il instrumentoit les robespierristes avec un zèle égal à celui qu'il avoit déployé envers les thermidoriens.

Les affaires, registres, pièces, remplissent 541 cartons.

Les n°s 1 à 241 forment ce qu'on appelle le *cabinet* de Fouquier. Les cartons 94 à 193 sont occupés par des correspondances *privées*; on ne les communique pas, et, d'ailleurs, ces documents n'ont trait ni aux affaires ni aux tribunaux.

Les cartons 242 à 267 *bis* sont relatifs au *tribunal du 17 août 1792*.

Les n°s 268 à 434 comprennent le tribunal extraordinaire du 10 mars 1793, nommé plus tard tribunal révolutionnaire, perfectionné, même transformé par la loi du 22 prairial an II. Cette série se termine au 12 thermidor, par le 4° jugement d'identité des robespierristes mis hors la loi. C'est dans cette série, la principale, la plus intéressante que, entre autres incidents inouïs, j'ai trouvé le *procès du chien*, publié dans le *Cabinet historique* (1863, page 219).

Les cartons 435 à 501 sont relatifs au tribunal du 23 thermidor, y compris le procès de Fouquier et de ses complices.

Le cœur est comme soulagé dès l'ouverture du 435° carton; sur 12 dossiers, il y en a 10 de *liberté*, tandis que les 40 dossiers des 26 cartons précédents concernent tous des condamnés à mort.

Les cartons 502 à 542 renferment des pièces diverses : les registres du tribunal, des exploits d'huissiers, des listes d'objets ayant appartenu aux accusés, etc.

Prochainement, je le répète, je ferai connaître sous leur véritable jour, dégagés à la fois des déclamations royalistes et des restrictions montagnardes, les tribunaux révolutionnaires de Paris.

SEINE-INFÉRIEURE. — *Rouen*. — Tribunal criminel ayant aussi siégé à *Neufchâtel*. Du

| | A reporter.... | 13,553 232 |

| | Report.... | 13,553 | 232 |

11 mai 1793 au 21 fructidor an II, 26 condamnations. — 25 1

Prudhomme.

SEINE-ET-MARNE. — *Melun*. — Semblable tribunal. Du 5 juin 1793, 1 condamnation. — 1 »

Prudhomme.

SEINE-ET-OISE. — *Versailles*. — Semblable tribunal. Du 15 septembre 1793 au 13 prairial an II, 10 condamnations. — 10 »

Greffe du tribunal de Versailles. — Lettre de M. Guillemain, procureur impérial.

SÈVRES (DEUX-). — *Niort*. — Semblable tribunal. Du 1er avril 1793 au 25 prairial an II, 86 condamnations. — 86 »

Prudhomme. — Archives de l'Empire. BB. 72.

SOMME. — *Amiens*. — Semblable tribunal. 1er thermidor an II, 1 condamnation. — 1 »

Greffe de la cour impériale d'Amiens. — Lettre de M. Saudbreuil, procureur général.

T

TARN. — *Alby*. — Semblable tribunal, ayant aussi siégé à *Lacaune* et *Castres*. 30 septembre 1793, 5 germinal an III, 5 condamnations. — 7 »

Archives de l'empire. — Tribunaux des départements, BB. 72-3.

Ibid. — *Gaillac*. — Tribunal de district érigé

| | A reporter.... | 13,678 | 233 |

| | *Report*.... | 13,678 | 233 |

en tribunal révolutionnaire. Du 20 ventôse au 5 germinal an II, 2 condamnations. | | 2 | »

(*Cabinet historique*, 1804, p. 29.)

Mémoire mss de M. de Combettes. — Registre du tribunal de Gaillac. — Correspondance de M. Bastié, procureur impérial.

~~Tarn-et-Garonne. — Montauban. — Tribunal criminel. Du   an II. 4 condamnations.~~ ~~4~~ »

~~Prudhomme.~~

V

Var. — *Draguignan*. — Semblable tribunal, ayant aussi siégé à *Grasse*. Du 16 frimaire au 9 thermidor an II, 28 condamnations. | 28 | »

Greffe du tribunal de Draguignan. — Mémoire de M. Perrotin, procureur impérial.

Ibid. — *Toulon*. — Commission militaire suivie d'un tribunal révolutionnaire. Du 19 nivôse au 29 ventôse an II, au moins ~~50~~ 68 condamnations. | ~~50~~ 68 | »

Je n'ai pas d'autres détails sur le fonctionnement de la justice révolutionnaire à Toulon, après la reprise de cette ville (29 frimaire an II), et les fusillades sans jugement ordonnées par Fréron et Barras. Suivant Henry (*Histoire de Toulon depuis 1789 jusqu'au Consulat, d'après les documents de ses archives*, 1855, 2 vol. in-8), une commission militaire d'abord, plus tard un tribunal révolutionnaire, envoyèrent à la mort nombre de Toulonais; la guillotine fut, au bout de quelques mois, substituée à la fusillade, et son activité alla une fois jusqu'à faire tomber dix-neuf têtes en

| *A reporter*.... | 13,702 | 233 |

	Report....	13,762	233

vingt minutes. — Henry a publié (t. II, p. 299) deux lettres originales du citoyen Durand, commandant en chef de Port-la-Montagne (Toulon), sur l'exécution des jugements de la Commission révolutionnaire. Dans la première, du 19 nivôse, il est question d'une trentaine de suppliciés à couvrir de chaux vive; dans la seconde, du 29 ventôse, d'une vingtaine de condamnés à mort, etc. — C'est là que j'ai puisé mes dates et mes chiffres.

A Toulon, où j'ai séjourné, en septembre 1864, l'existence de cette Commission n'est un doute pour personne; on espère retrouver quelque jour ses jugements.

VAUCLUSE. — ~~Carpentras~~ Avignon. — Tribunal criminel, ayant aussi siégé à *Bédoin*. Du 9 octobre 1797 au 18 prairial an II, 103 condamnations, y compris 2 prêtres condamnés à Bédoin, le 4 prairial; 63 personnes condamnées le 9, au même lieu sur la promenade.   103 »

Bibliothèque impériale. — Catalogues, *Histoire de France*. — Convention, n° 1097. Jugement rendu (à Bédoin) par le tribunal révolutionnaire de Vaucluse, le 9 prairial, an II.
Mémoire de M. l'abbé Sauve, vicaire à Bédoin, Archives de la commune de Bédoin et du tribunal de Carpentras, compulsées en septembre 1864.

Ibid. — *Orange.* — Commission populaire Président, Fauvety. Du 1ᵉʳ messidor au 17 thermidor an II, ~~327~~ 331 condamnations.   ~~327~~ 331 »

Archives du tribunal de Carpentras. — Registres, dossiers, correspondance de la Commission d'Orange, compulsés en septembre 1864. — Cabinet de M. de Crozet, à Marseille.

Ce que j'ai dit des acquittements de cette Commission célèbre, dans mon *Essai* de 1861, sur la foi d'un correspondant du pays, très-digne, mais légèrement servi lui-même, sera modifié d'après mon examen personnel.

	A reporter....	14,192	233

Report....	14,192 233

VENDÉE. — *Fontenay.* — Tribunal criminel. De janvier 1793 à frimaire an II, 48 condamnations. — Prudhomme. — 48 »

Ibid. — *Idem.* — Commission militaire. Président Boussay. Du 22 frimaire au 26 germinal an II, 192 condamnations. — 192 »
(*Cabinet historique*, 1864, p. 202).

<small>Recherches historiques sur Fontenay, par M. Benjamin Fillon, 1846, 2 vol. in-8.
Mémoire de M. Filaudeau, archiviste de la Vendée, sur les Commissions militaires de Fontenay et des Sables-d'Olonne.</small>

Ibid. — *Les Sables-d'Olonne.* — Semblable commission. Président, Ducourneau. Du 2 avril 1793 au 24 germinal an II, 127 condamnations. — 127 »
(*Cabinet historique*, 1864, p. 201).

<small>Mémoire de M. Filaudeau.</small>

Ibid. — *Noirmoutier* (Ile de), dite en l'an II : Ile de la Montagne. — Première commission militaire. Pluviôse à prairial an II, au moins 1200 condamnations. — 1200 »

<small>Recherches topographiques... historiques sur l'île de Noirmoutier, par François Piet, 2ᵉ édition, publiée par son fils, 1863, 1 vol. in-8. — Fr. Piet, qui fut, pendant quelque temps, accusateur public de cette Commission, ne donne pas le nombre des condamnés ; je crois, d'après les récits de ce contemporain, que le chiffre de 20, que je porte, est au-dessous de la vérité.</small>

Ibid. — *Idem.* — Deuxième commission mi-

A reporter....	14,579 233

| | Report... | 14,579 | 233 |

litaire. Président, Félix, venue à la fin siéger à *Nantes*. Du 27 prairial an II au 17 frimaire an III, 37 condamnations. ... 3 | 31

> Greffe du tribunal de Nantes.
> Registre de la Commission de l'île de la Montagne, compulsé en octobre 1863.

VIENNE. — *Poitiers*. — Tribunal criminel. Du 28 mars 1793 au 24 thermidor an II, 36 condamnations. ... 35 | 1

> Greffe de la Cour impériale de Poitiers. — Registres compulsés en septembre 1864. — Prudhomme, mal renseigné, compte 66 autres victimes qui ne furent condamnées qu'à la déportation ou à la réclusion.

VIENNE (HAUTE-). — *Limoges*. — Semblable tribunal. Du 28 mars 1793 au 14 thermidor an II, 22 condamnations. ... 22 | »

> Prudhomme.

VOSGES. — *Epinal*. — Semblable tribunal, ayant siégé aussi à *Mirecourt*. Du 25 brumaire au 22 prairial an II, 10 condamnations. ... 10 | »

> Greffe du tribunal d'Epinal. — Mémoire de M. Hennequin, procureur impérial.

Y

YONNE. — *Auxerre*. — Semblable tribunal. Du 7 au 17 juin 1793, 2 condamnations. ... 2 | »

> Greffe du tribunal d'Auxerre. — Lettre de M. Courant, procureur impérial.

| | A reporter.... | 14,651 | 268 |

Report.... 14,651 268

(COMMISSIONS RÉVOLUTIONNAIRES AUX ARMÉES).

Armée d'Italie. — Commission militaire. Nivôse an II, 2 condamnations.   2

Prudhomme.

Armée du Nord. — Semblable commission, ayant aussi siégé à *Cassel* et à *Ypres.* Du 3 nivôse an II au 27 vendémiaire an III, 29 condamnations.   23   6

Prudhomme. — Lettre de M. Smagghe, juge de paix à Cassel.

Armée de l'Ouest. — *Idem.* Du 29 frimaire au 17 nivôse an II, 5 condamnations.   5   »

Armée des Pyrénées-Occidentales. — *Idem.* Du 27 octobre 1793 au 27 thermidor an II, 47 condamnations.   43   4

Armée des Pyrénées-Orientales. — *Idem.* Du 12 nivôse au 9 fructidor an II, 30 condamnations.   27   3

Armée du Rhin. — *Idem.* Du 13 nivôse au 6 floréal an II, 7 condamnations.   7   »

Armée de Sambre-et-Meuse. — *Idem.* Du 1ᵉʳ thermidor an II, 2 condamnations.   2   »

Prudhomme.

(COMMISSIONS DANS LES PAYS CONQUIS).

DYLE. — *Bruxelles.* — Commission militaire.

A reporter.... 14,760 281

| | Report.... | 14,760 | 281 |

Du 26 vendémiaire an II au 14 ventôse an III, 29 condamnations. — 18 — 11

Prudhomme.

MONT-TERRIBLE. — *Delémont.* — Tribunal criminel, ayant aussi siégé à *Seignelégier* et à *Porrentruy.* Du 26 brumaire au 28 ventôse an II, 4 condamnations. — 4 — »

Archives de l'Empire. — Tribunaux des départements, BB. 72.

OURTE. — *Liége.* — Semblable tribunal. Du 24 brumaire au 21 nivôse an II, 4 condamnations. — 3 — 1

LA ROËR. — *Bois-le-Duc.* — Commission militaire. Du 26 vendémiaire an II au 28 ventôse an III, 55 condamnations. — 22 — 33

Prudhomme.

(COLONIES).

LA GUADELOUPE. — Trois commissions militaires, établies par Victor Hugues à La Guadeloupe, après la reprise de cette île sur les Anglais, en l'an III; condamnations, nombre inconnu. — Mémoire

Histoire de la Guadeloupe, par M. A. Lacour, conseiller à la Cour impériale de la Basse-Terre, 1857, 3 vol. in-8.

		Condamnations capitales ROBESPIERRE	
		Vivant.	Mort.
Total....		14,807	326

Table alphabétique
DES VILLES ET LIEUX OU S'EST EXERCÉE LA JUSTICE RÉVOLUTIONNAIRE.

A

Agen.
Alby.
Alençon.
Amiens.
Angers.
Angoulême.
Annecy.
Arras.
Auch.
Auray.
Aurillac.
Aux (Château d').
Auxerre.
Auxonne.
Avesnes.
Avignon.

B

Bapaume.
Barr.
Bayonne.
Beauvais.
Bedoin.
Belvoir.
Besançon.
Béthune.
Béziers.
Blain.
Blois.
Bois-le-Duc.
Bordeaux.
Boulogne-sur-Mer.
Bourg. — Bourges
Brest.
Brives.
Bruxelles.

C

Caen.
Cahors.
Calais.
Cambrai.
Carcassonne.
Carpentras.
Cassel.
Castres.
Chalon.
Chambéry.
Charleville.
Chartres.
Châteaubriand.
Château-Gontier.
Châteauneuf.
Châteauroux.
Chaumont.
Chemillé.
Cherbourg.
Chinon.
Colmar.
Coutances.
Craon.

D

Dax.
Delémont.
Digne.
Dijon.
Dôle.
Douai.
Doué.
Draguignan.

E

Epfig.
Epinal.
Ernée.
Evreux.

F

Feurs.
Figeac.
Florac.
Foix.
Fontenay.

G

Gaillac.
Granville.
Grasse.
Grenoble.
Guadeloupe (la).
Guérande.
Guéret.

H

Haguenau.

J

Josselin.

L

Lacaune.
La Haye Descartes.
Lamballe.
Langres.
Lannion.
Laon.
La Roche-Bernard.
La Rochelle.
Lassay.
Laval.
Le Puy.
Libourne.
Liège.
Lille.
Limoges.
Longwy.
Lons-le-Saunier.
Lorient.
Lyon.

M

Machecoul.
Malche.
Mans (le).
Marseille.
Marvejols.
Mayenne.
Melun.
Mende.
Metz.
Mirecourt.
Mondoubleau.
Montauban.
Montbrison.
Mont-de-Marsan.
Montpellier.
Moulins.

N

Nancy.
Nantes.
Neufchâtel.
Nice.
Nîmes.
Niort.
Noirmoutier.

O

Obernheim.

Orange.
Orléans.
Ornans.

P

Paimbœuf.
Paris.
Pau.
Périgueux.
Perpignan.
Poitiers.
Pontarlier.
Pont-Audemer.
Ponts-de-Cé.
Porrentruy.
Privas.

Q

Quesnoy (le).
Quimper.

R

Reims.
Rennes.

Riom.
Rochefort.
Rodez.
Rouen.

S

Sablé.
Sables-d'Olonne.
Saint-Brieuc.
Saint-Étienne.
Saint-Flour.
Saint-Jean-de-Luz.
Saint-Lambert.
Saint-Malo.
Saint-Mihiel.
Saint-Omer.
Saint-Pol.
Saint-Sever.
Sallanches.
Saumur.
Savenay.
Schlestadt.
Seignelégier.
Strasbourg.

T

Tarbes.
Tartas.
Toulon.
Toulouse.
Tours.
Troyes.
Tulle.

V

Valence.
Valenciennes.
Vannes.
Versailles.
Vesoul.
Vitré.

W

Wasselnheim.

Y

Ypres.

Tel est le tableau lamentable des organes et des actes de la justice révolutionnaire; je crois pouvoir le présenter comme un résumé saisissant et fidèle de l'histoire de la Terreur, et, partant, de la domination de Robespierre.

Des inexactitudes ont pu m'échapper dans cette vaste revue; elles doivent être légères et peu nombreuses; on voit mes soins pour m'éclairer et les auxiliaires que j'ai eu le bonheur d'avoir.

Sur les 88 départements qui, en 1793 et 1794, divisoient le territoire de l'ancienne France, la Savoie et Nice comprises, quatre seulement, les Hautes-Alpes, le Cher, la Corse, la Nièvre, échappèrent à la justice révolutionnaire. Sur plus de *cent cinquante* commissions ou tribunaux qui, à ma connaissance, la rendirent et dont plus de *quarante*, ambulants, menoient avec eux la guillotine, bien peu furent assistés de jurés, fanatiques, d'ailleurs, à l'égal des juges (Paris, Arras, Brest, Cambrai, Rochefort): bien peu daignèrent accorder aux accusés des défenseur.

Aussi la précipitation des jugements, le nombre des condamnations quotidiennes dépassent-ils toute créance.

En sept séances, de quelques heures, les commissions *Félix*, d'Angers, *Parein*, de Lyon, *Bignon*, du Mans, firent mettre à mort jusqu'à 202, 207, 209, 233, 250, 288, 290 personnes ; je néglige les chiffres inférieurs à 200.

En seize jours, 1972 Vendéens, parmi lesquels 106 femmes, furent condamnés à la fusillade par la commission Bignon, alors en séance à Nantes; trois seulement furent acquittés.

Enfin, jusqu'au 9 thermidor, dans l'espace d'un peu plus de seize mois, sous la domination de Robespierre, plus de *quatorze mille huit cent sept* (1) personnes furent condamnées à mort; Robespierre disparu, jusqu'au 12 prairial an III, jour de la suppression du tribunal révolutionnaire de Paris, en 10 mois, il n'y eut que *trois cent vingt-six* condamnations capitales; on y ajoutera, si l'on veut, les 105 robespierristes mis hors la loi par la Convention les 9 et 10 thermidor an II.

(1) Le chiffre vrai dépassera certainement *dix-sept mille*, en tenant seulement compte des 294 jugements du premier registre de Brutus Magnier, à *Rennes*, non encore découvert.

LA JUSTICE RÉVOLUTIONNAIRE

A PARIS ET DANS LES DÉPARTEMENTS

D'APRÈS DES DOCUMENTS ORIGINAUX

LA PLUPART INÉDITS

(17 août 1792 — 12 prairial an III)

PAR M. CH. BERRIAT SAINT PRIX

Conseiller à la Cour impériale de Paris.

— N° VIII —

(Extrait du Cabinet historique)

Les tribunaux et commissions que doit comprendre cette nouvelle série d'articles sont présentés dans l'ordre de mon voyage, en septembre 1864, dans le midi, à la recherche de documents originaux sur la justice révolutionnaire.

Tribunaux criminels d'Orléans (Loiret) et de Blois (Loir-et-Cher).

Je ne connois que trois affaires jugées révolutionnairement par le tribunal criminel du Loiret, séant à Orléans. La première concernoit les nommés *Coupé* et *Gruel*, condamnés à mort, le 24 vendémiaire an II, pour exposition de faux assignats. Un second jugement, du même tribunal (28 brumaire), déclara leurs biens acquis à la République en vertu d'un décret du 1er brumaire, postérieur à leur condamnation (1).

Les autres affaires étoient celles de deux prêtres, dits réfractaires, et qui furent condamnés à mort : *Porcher*, curé à Faronville, près d'Orléans, le 27 floréal an II ; *Garnier*, sous-diacre à Orléans, le 14 thermidor suivant (2).

Ces deux malheureux prêtres étoient dans la même situation qu'une foule d'autres dont le sort fut pareil. Ils n'avoient pas accepté la constitution, ni prêté le serment civique, parce que ces déclarations répugnoient à leur conscience, et que, disoient-ils, « les opinions étoient libres. » Ils n'avoient pas obéi au décret qui les soumettoit à la déportation, parce que l'on se résout difficilement à quitter son pays, et que de pauvres prêtres ne savoient comment subsister à l'étranger.

Leurs réponses et leur attitude devant leurs juges furent héroïques ; ni l'un ni l'autre n'hésitèrent, quoique assurés du sort qui les attendoit.

Le 17 floréal, le citoyen Deschamps, notable et membre de la commune d'Orléans, faisoit subir à *Porcher* un interrogatoire, où se lisent les passages suivants (3) :

D. Avec la vie errante et vagabonde, depuis 18 mois que tu as quitté ta cure, comment fesais-tu pour te faire blanchir ton linge, pour te changer, pour tes bas, les chaussures, restais-tu donc toujours tout nud ?

R. Je faisais comme je pouvais.

. . . .

D. Que dis-tu de la suppression du culte public de la religion prétendue catholique ?

R. Cela ne regarde que la Convention.

(1) Archives de l'Empire, tribunaux des départements. B. B. 72-3. — Loiret.

(2, 3) Greffe de la Cour impériale d'Orléans ; extraits de M. Bimbenet, greffier en chef, communiqués le 11 novembre 1863.

D. Conviens-tu que le dogme de cette religion n'est qu'un enchaînement d'erreur, de superstition, et de mensonges, et qu'il n'a été établi que par la tyrannie et le despotisme et que pour jeter les les hommes dans l'esclavage, l'aveuglement et les ténèbres?

R. Je professe la religion catholique et je la professerai jusqu'à la fin.

Traduit, le 27 floréal, devant le tribunal criminel, *Percher* fut condamné à mort; l'exécution eut lieu, le jour même, à quatre heures de l'après-midi.

Rougeau, son oncle, accusé de lui avoir donné asile, fut acquitté; une autre personne, pour le même fait, fut condamnée à mort par contumace (1).

Garnier-Dubreuil, à son tour, ne montra pas moins de courage. Le jour de sa condamnation, peu de moments avant le supplice, il fit appeler l'accusateur public, et rectifia, en sa présence, une erreur qui lui étoit échappée au tribunal.

Le tribunal de *Loir-et-Cher* n'eut à juger révolutionnairement qu'une seule affaire; elle étoit importante par sa nature et par ses résultats.

La levée de 30,000 hommes de cavalerie, qu'ordonnoit le décret du 22 juillet 1793, avoit excité, le 12 septembre suivant, dans la petite ville de Mondoubleau, une émeute parmi de nombreux jeunes gens des communes environnantes; les cris de : *Vive le Roi! vive la Nation!* y avoient été proférés. Par un arrêté du 22 vendémiaire, an II, le directoire du département requit le transport sur les lieux du tribunal criminel, lequel s'y rendit de Blois. Il siégea à Mondoubleau du 9 au 17 brumaire. Plus de 80 témoins furent entendus; 17 accusés présents jugés. Le 17 brumaire, étoient condamnés à mort : *Deshayes* et *Gemmier*, laboureurs, Pierre *Jouan-*

(1) Voir les notes 2 et 3 de la page précédente.

neau, berger, qui avoient crié : *Vive le Roi!* deux autres aux fers et huit à la prison; quatre étoient acquittés (1).

Commissions militaires de Tours; tribunal criminel d'Indre-et-Loire.

La justice révolutionnaire a marqué davantage dans le département d'Indre-et-Loire; là on peut lui compter trois organes successifs : la première commission militaire de Tours, présidée par Senard; le tribunal criminel d'Indre-et-Loire; la deuxième commission militaire de Tours, établie par Guimberteau.

La première commission fut créée, au mois de juin 1793, par les représentants alors réunis en commission centrale à Tours. Elle étoit composée de cinq juges, nommés par le citoyen Ronsin, adjoint du ministre de la guerre, ayant pour président, élu à l'unanimité, Senard, et d'un greffier (2).

Du 27 juin au 16 juillet, elle tint 16 séances et jugea 156 accusés, la plupart militaires. Huit furent condamnés à mort (3) :

Le marquis de Sanglier. — Émigré, 30 juin.
Le vicaire Retrif. — Prêtre réfractaire, id.
Ch. Loquet. — Volontaire, 1er juillet.
Le marquis de Poyenne. — 2.
J.-J. Bedrume. — Lieutenant-colonel. — 3.
G. Guichon. — 10.
Renan Des Vernières. — 11.
P. Quenaut. — Colporteur. — 16.

Le marquis de Sanglier et le prêtre Retrif moururent avec courage. Le *Moniteur*, qui annonce leur exécution,

(1) Archives de l'Empire, trib. des départ. B. B. 72-3. — *Loir-et-Cher*, placard du jugement du 17 brumaire.
(2, 3) Greffe de la Cour impériale d'Angers; registre de la commission de Tours, compulsé en octobre 1863.

ajoute : « L'un et l'autre ont subi leur jugement avec cette assurance que donne le fanatisme (1).

Il y eut, en outre, 1 condamnation à la déportation, 6 aux fers, 6 à la prison et 135 acquittements (2).

On a apprécié cette commission avec sévérité, faute d'avoir connu ses actes. De toutes celles du même genre que j'ai étudiées, elle m'a paru la moins cruelle, la mieux dirigée. On vient de voir la proportion de ses acquittements; sa manière de procéder offroit quelques garanties. Si les présidents des commissions militaires d'Angers et de Nantes avoient pris Senard pour guide, des milliers de victimes auroient été épargnées. Senard, en effet, admettoit les défenseurs et quelquefois entendoit des témoins, ce que ne firent point ses dignes émules. Lorsque l'affaire étoit grave, l'accusé étoit interrogé minutieusement. Les réponses de Des Vernières, entre autres, occupent plusieurs pages dans le jugement (3).

La commission Senard cessa de siéger le 16 juillet 1793. Le 12, elle avoit annoncé que des rumeurs s'étant élevées, que des malveillants cherchant à la compromettre, le président écriroit aux représentants réunis à Angers, qu'à moins de contre-ordre, les affaires épuisées, elle emporteroit tous ses papiers à Angers; ce qui fut exécuté (4).

Vers le même temps, le tribunal criminel d'Indre-et-Loire fut requis de se transporter de Tours à Chinon, ville occupée, durant quelques jours (milieu de juin 1793), par l'armée des Vendéens. Il paroît que des acquittements seuls y furent prononcés (5). Ce qui est certain, c'est qu'à la date

(1) *Moniteur* du 7 juillet 1793, p. 807.
(2, 3, 4) Registre déjà cité, aux dates indiquées.
(5) *Souvenirs de la Révolution dans le département d'Indre-et-Loire* par J.-X. Carré de Busserolles, 1864, in-18, p. 160.

du 22 brumaire suivant, ce tribunal criminel n'avoit encore rendu aucun jugement révolutionnaire emportant la confiscation des biens (1). Les décisions de ce tribunal ne furent pas jusqu'au bout si bénignes. A Tours, il condamna à mort deux prêtres dits réfractaires; le 14 prairial an II, l'abbé Prosper *Lesuire;* le 22 thermidor suivant, l'abbé de Paule *de Noyelles.* Il paroit que, dans la première de ces affaires, le tribunal avoit été assisté d'un jury (2).

Mais ce département ne pouvoit être privé des plus essentiels organes de la Terreur : les comités de surveillance révolutionnaire. Les représentants, réunis à Saumur, en établirent d'abord un à Tours, par un arrêté du 27 vendémiaire an II. Ce comité fit arrêter trente-sept prêtres seulement dans cette dernière ville.

A la même époque, Amboise eut aussi son Comité, et des *suspects* y furent emprisonnés.

Le 21 frimaire, probablement pour venir en aide à la deuxième commission militaire, alors en plein exercice, le représentant Guimberteau remplaçoit les membres du comité de Tours par dix hommes nouveaux, parmi lesquels figuroit le citoyen Sanson, *exécuteur des arrêts criminels* (3); un tel nom révèle la valeur morale des autres.

Moins *pure* que Guimberteau, apparemment, et lorsque, par une adresse du comité de Tours, elle eut connu ce choix exquis, la Convention en fit l'objet d'un blâme, et, tout ensemble, du décret de règlement suivant :

Du 23 germinal an II. Sur l'observation faite par un membre que l'adresse du Comité de surveillance révolutionnaire de Tours est signée par l'exécuteur des jugements criminels, qui réunit à ses

---

(1) Certificat du greffier Bodin. Archives de l'Empire, trib. des départ. , B. B., 72-3. — *Indre-et-Loire.*
(2) M. Carré de Busserolles, p. 189, 191.
(3) Le même, p. 234.

fonctions d'exécuteur des jugements criminels celle de membre du Comité de surveillance révolutionnaire ;

La Convention Nationale décrète que les fonctions d'exécuteur des jugements criminels sont incompatibles avec celles de membre des Comités de surveillance (1).

La deuxième commission militaire de Tours date de la fin de brumaire an II. Elle fut instituée à la suite d'un incident du spectacle de cette ville, qualifié d'*attentat horrible*. Le 28 brumaire, il y avoit eu du bruit dans cette salle ; on y avoit crié : *A bas le bonnet rouge !* Un spectateur, ainsi coiffé et d'un air excentrique, avoit été expulsé et son bonnet foulé aux pieds.

Guimberteau, dès le lendemain, prit un arrêté qui établissoit une commission militaire formée de sept membres, au choix du représentant, et pouvant voter au nombre de cinq. Fixée provisoirement à Tours, mais susceptible d'être envoyée dans le département d'Indre-et-Loire et dans celui de Loir-et-Cher (ressort du proconsulat de Guimberteau), elle étoit chargée de juger :

Les auteurs et complices de l'*attentat horrible* du 28 brumaire,
Les émigrés et les prêtres réfractaires,
Les provocations au rétablissement de la royauté,
Les accapareurs,
Les affaires envoyées par le représentant du peuple, etc. (2).

Les travaux de cette commission ne me sont pas révélés, comme ceux de la première, par des documents authentiques et originaux. On a retenu douze de ses condamnations, toutes capitales. *Coulon de Lignières* et cinq autres, du 4 frimaire au 8 pluviôse an II, jugés et exécutés à Tours ; un septième, René *Guérin*, laboureur, le 28 pluviôse, à Lahaye-Descartes, au cours d'une tournée faite, dans le département,

(1) Collection Baudouin, in-8, tome XLIII (germinal an II).
(2) M. Carré de Busserolles, p. 236-240.

par la Commission avec l'exécuteur et la guillotine; *Pasquier* et quatre autres du 10 ventôse au 5 floréal, à Tours. Sur ces douze condamnés, neuf furent jugés comme *contre-révolutionnaires* et trois comme *brigands* de la Vendée (1).

Il est probable que ces affaires ne furent pas les seules dont fut saisie la Commission. Un décret de la Convention, du 5 ventôse an II, ordonna qu'il seroit sursis à la procédure commencée contre les frères *Gerboin*, d'Amboise, en la Commission militaire établie à Tours; un autre décret, du 4 prairial, rendu sur le rapport du Comité de sûreté générale, ordonna la mise en liberté de ces détenus, et leur réintégration dans toutes leurs fonctions (2).

Comme partout, le 9 thermidor fut un jour de délivrance dans Indre-et-Loire. Le représentant Pocholle, qu'on y envoya, un peu plus tard, fit mettre en liberté les *suspects* enfermés dans les prisons de Tours, de Loches et de Chinon; il rendit au culte plusieurs églises, et fit gratter le bonnet rouge sur les édifices publics (3).

Tribunaux criminels de Poitiers (Vienne) *et d'Angoulême* (Charente).

Le tribunal criminel de la *Vienne*, séant à Poitiers, fut appelé à juger révolutionnairement, avant la fin de mars 1793, en vertu du fameux décret du 19 de ce mois. Une émeute, causée par la levée des trois cent mille hommes, avait troublé l'arrondissement de Civrai. Dès le 25 mai 1793, deux culti-

---

(1) Le même, p. 249-252.
(2) Décrets des 5 ventôse et 4 prair. an II; collection Baudouin, t. XLIII et XLVI, à ces dates.
(3) M. Carré de Busserolles, p. 300. Ce curieux volume renferme, sur les actes de la Terreur, dans Indre-et-Loire, d'autres détails très-intéressants, mais hors de mon cadre, qui est déjà trop vaste.

vateurs, poursuivis comme chefs et principaux auteurs de cette émeute, étoient, par le tribunal de la Vienne, livrés à l'exécuteur, comme hors la loi. Le 5 avril suivant, un troisième individu subissoit le même sort, partagé, le 28, par cinq serviteurs ou domestiques d'émigrés. Le tribunal demeuroit ensuite inoccupé durant huit mois (1).

Saisi de nouveau, en nivôse an II, du 8 au 29 de ce mois, en sept séances, il prononçoit huit condamnations capitales; les 21 et 23 pluviôse, deux; les 23 et 29 germinal, quatre; les 8 et 9 floréal, deux; total, 21 condamnés, parmi lesquels onze prêtres (2).

Outre ces condamnations, le même tribunal, le 28 ventôse, avoit prononcé la peine de la déportation contre Joseph *Taupin* et 25 autres prêtres insermentés, et celle de la détention contre François *Roi* et 51 autres. Prudhomme, mal informé, a fait figurer, dans son *Dictionnaire des victimes*, ces 78 condamnations comme capitales. Je ne mentionne pas 5 ou 6 autres jugements prononçant la déportation et rendus en floréal, non plus que les acquittements, qui furent très-nombreux (3).

L'office du greffier, à Poitiers, comme en d'autres lieux, se ressentoit de l'époque; plusieurs jugements ne sont signés que par le président; d'autres sont dépourvus de signatures. Les décisions révolutionnaires proprement dites s'arrêtèrent au 9 floréal an II (4).

Le tribunal criminel de la *Charente*, séant à Angoulême, commença de juger révolutionnairement peu après celui de Poitiers, mais il en demeura bien loin par le nombre et la rigueur des décisions. Du 3 mai 1793 au 22 floréal an II

---

(1) Greffe de la Cour impériale de Poitiers, registres du tribunal criminel de la *Vienne*, compulsés en septembre 1864.

(2, 3, 4) *Ibid.*

(11 mai 1794), deux condamnations capitales seulement : la première, 17 brumaire, prononcée contre l'huissier *Hélion* ; la seconde, 24 brumaire, contre le tonnelier *Fauvaud*, l'un et l'autre accusés de « propos tendant au rétablissement de la royauté (1). » En outre :

Une seule condamnation à la déportation, 30 août 1793, contre le tailleur de pierres *Dognon*, pour semblable crime ;

Une à la détention, 17 brumaire, contre le curé *Juglard*, pour propos inciviques ;

Une à la réclusion perpétuelle, 22 floréal, contre le curé *Joussin*, de Chassencuil ; le jugement ne fait pas mention du crime reproché à l'accusé (2).

Prudhomme, dans son dictionnaire, porte *Joussin* comme condamné à mort.

Commissions militaires et révolutionnaires de Bordeaux (3).

Bordeaux, le pays d'origine ou d'adoption de plusieurs des orateurs de la Gironde, avoit eu le malheur de protester contre le 31 mai ; crimes irrémissibles aux yeux de la Montagne, et qui furent la cause occasionnelle des sanglantes infortunes de cette grande cité.

Lorsque, le 6 juin 1793, la nouvelle de l'arrestation des

---

(1) Je n'ai pas tenu compte de Vicart, dit Manet, condamné le 27 vendémiaire, et qui ouvre la liste de M. Gigon ; cette condamnation capitale, émanée du jury, avait été suivie d'un recours en cassation. Lettre de M. Gaillard, proc. imp. à *Angoulême*, du 16 mars 1866.

(2) Greffe du tribunal de première instance d'Angoulême ; registres du tribunal criminel de la *Charente*, compulsés en septembre 1864.

Le journal *la Semaine religieuse*, d'Angoulême, nos du 28 mai et du 4 juin 1865, contient une intéressante notice de M. le docteur Gigon, sur les victimes de la Terreur dans le département de la Charente.

(3) J'ai parlé de ces commissions dans mon Essai de 1861 (p. 162), mais d'une manière très-imparfaite ; je ne connaissois pas alors les documents originaux de la commission Lacombe, conservés au greffe de la Cour Impériale de Bordeaux, où je les ai compulsés, en septembre 1864.

principaux Girondins parvint à Bordeaux, le conseil général de la commune se réunit; une protestation énergique fut rédigée; une commission, dite *populaire*, et une force départementale créées; des émissaires, envoyés dans tout le midi et jusqu'en Bretagne et en Normandie. Mais les soulèvements fédéralistes ayant été généralement comprimés, la commission populaire, le 12 août, se déclara dissoute (1). Dès le 6, tous ses membres et tous ceux qui avoient concouru ou adhéré à ses actes, avoient été mis hors la loi par la Convention (2).

Baudot et Ysabeau, chargés d'assurer l'exécution de ce décret, arrivèrent, le 10 août, à Bordeaux; l'émotion populaire les obligea de se retirer à La Réole (3). De cette ville, Baudot écrivit à la Convention (4), « que Bordeaux étoit rempli de prêtres, d'émigrés et de nobles; que tout ce qui émanoit de la Convention, tout ce qui venoit de Paris étoit reçu avec mépris, souillé et insulté... que chaque jour les patriotes y étoient vexés, incarcérés; qu'on osoit même y parler publiquement de se rendre aux Anglois. »

La Convention, le 24 septembre, renvoya au Comité de salut public cette lettre, où la vérité était gravement altérée.

De La Réole, les représentants exercèrent d'abord sur Bordeaux une influence que secondoient le nouveau club national, une municipalité nouvelle (dont le chef fut, plus tard, poursuivi et condamné pour des vols sans nombre, commis dans l'exercice de ses fonctions), et enfin les comités de surveillance révolutionnaire (5).

---

(1) M. Fabre de la Benodière, *la Justice révolutionnaire à Bordeaux*, discours de rentrée; 1865, in-8, p. 14 et 15.
(2) *Moniteur* du 8 août 1793, p. 838.
(3) M. Fabre, p. 16.
(4) *Moniteur* du 26 septembre 1793, p. 1141.
(5) M. Fabre, p. 20-23.

Le 25 vendémiaire (16 octobre), renforcés de Chaudron et de Tallien, de troupes et d'artillerie, Ysabeau et Baudron rentrèrent dans Bordeaux. Dès le 27, ils arrêtèrent de concert :

La formation d'une armée révolutionnaire ;
L'arrestation de tous les suspects ;
Le désarmement général ;
Les visites domiciliaires ;
La création d'une commission militaire, etc., etc. (1).

« De fait, dit M. Louis Blanc (2), rien ne nécessitait, à Bordeaux, l'emploi des rigueurs. Cette ville n'était pas, comme Strasbourg, sous la main de l'ennemi. Elle n'avait ni soutenu un siége exterminateur comme Lyon, ni, comme Toulon, appelé les Anglais. Même aux yeux des Montagnards, son crime ne pouvait être que d'avoir penché un moment du côté des Girondins... Un moment ! car elle les avait abandonnés bien vite ; et lorsque, suppliés de quitter la Réole, les représentants s'y étaient décidés, les Bordelais, sortis en foule au-devant d'eux, des branches de laurier à la main (3), leur avaient fait un triomphe où l'on n'entendait d'autre cri que ceux de *Vive la République ! vive la Montagne !* »

Les Bordelais furent bientôt frappés de terreur ; on le voit à ce passage d'une lettre de Tallien, à ses collègues, du 30 vendémiaire, et qui fut lue à la Convention, le 8 brumaire (4) :

Le désarmement s'exécute aujourd'hui avec un zèle incroyable et donnera des armes superbes et en grande quantité à nos chers sans-culottes. Il y a des fusils garnis en or. L'or ira à la monnaie, les fusils aux volontaires, et les fédéralistes à la guillotine, par jugement de la Commission que nous avons instituée par un deuxième arrêté ci-joint. Les bons citoyens, fâchés d'être confon-

(1) Le même, p. 28.
(2) *Histoire de la Révolution*, t. X, p. 151.
(3) C'est une expression de la lettre de Tallien, du 30 vendémiaire, citée plus loin.
(4) *Moniteur* du 7 brumaire an II, p. 151.

dus sous la dénomination de *Girondins*, nous ont priés de changer le nom de ce département en celui de *Bec-d'Ambés* (1) (le confluent de la Dordogne et de la Gironde).

Le scélérat Lavaugoyon, arrêté cette nuit... sera traduit demain devant la Commission militaire.

La Commission militaire, formée dès le 30 vendémiaire, étoit composée de sept membres, qui furent surnommés les *sept péchés capitaux* (2) :

Lacombe, *instituteur*, président,
Parmentier, *comédien*,
Barsac, *commis en vins*,
Marguerie, *droguiste*,   } juges.
Morel, *ouvrier doreur*,
Rey, *boulanger*,
Giffey, greffier.

Il y eut des remplacements : *Ancian*, de La Réole, fut quelque temps au nombre des juges. Vinrent ensuite :

Barreau-Clarigny, *professeur*, à Libourne,
Albert, ouvrier *mégissier*, à La Réole,
Lacroix, *tonnelier*, au même lieu.

Ce personnel n'étoit recommandable ni par les antécédents, ni par le caractère.

Lacroix condamnoit à mort, même quand ses collègues acquittoient.

Plusieurs des juges eurent le sort de Fouquier-Tinville : Lacombe et Rey montèrent sur l'échafaud après le 9 thermidor; Ancian, arrêté, en prairial an III, se brûla la cervelle (3).

Le 2 brumaire, la commission fut installée par Tallien et

---

(1) Ce changement fut approuvé par la Convention, le 12 brumaire ; *Moniteur* du 13, p. 176. Le nom de Gironde ne fut rendu au département que par un décret du 25 germinal an III.

(2, 3) M. Fabre, p. 30, 31, 29.

Ysabeau. Lacombe prononça une allocution, où le passage suivant dut être remarqué :

Organes de la loi, nous serons impassibles comme elle; aucune considération ne pourra nous arrêter, et si dans cette Commission il se trouvait un être assez lâche pour *ne pas condamner son père*, s'il était coupable, que le perfide tombe lui-même sous le glaive de la loi ! (1).

Ces principes n'étoient pas personnels à Lacombe; on les retrouve aux illustres Jacobins de Paris. Sept jours après, à leur séance du 9 brumaire, un citoyen, ayant fait observer que pour Gautier, quoique fort patriote, il devoit être dur d'avoir à *prononcer contre son frère*, excita un violent murmure, et le président Montaut lui dit :

Je rappelle le préopinant à l'ordre : quand il s'agit de patrie, il n'est ni *frères*, ni *sœurs*, ni *père*, ni *mère*; les Jacobins immolent tout à leur pays ! (2).

A peine installé, Lacombe se mit à la besogne. Dans la séance même, Lavau-Gayon, hors la loi, comme émissaire de la commission populaire, fut, en quelques minutes, envoyé à l'échafaud (3).

Le lendemain, ce fut le tour du girondin Biroteau; le 4 brumaire, celui de Saige, ancien maire de Bordeaux (4).

On devoit s'attendre aux démarches en faveur des détenus; le 4 brumaire, il y fut pourvu. D'après l'art. 6 d'un arrêté des représentants en date de ce jour, « étoient regardés et traités comme *suspects*, les *citoyennes* et autres individus qui viendroient solliciter pour les détenus ou pour obtenir quelque grâce. » (5)

(1) Le même, p. 34.
(2) *Moniteur* du 12 brumaire an II, p. 169.
(3, 4) Registres de la commission Lacombe, à ces dates.
(5) M. Fabre, p. 26.

Les heureux débuts de la commission furent promptement signalés à Paris, par le représentant Baudot. Le 12 brumaire, il disoit à la Convention (1) :

Nous avons fait punir le maire de Bordeaux, homme riche de 10 millions et fécond en ressources d'esprit et que ceux des habitants qui n'étaient pas de vrais Sans-Culottes avaient fait un dieu !

Et le 13 brumaire, aux Jacobins (2) :

Maintenant il est à Bordeaux une Commission militaire, qui juge les délits contre la Nation. Tout s'y fait militairement et le gouvernement ne va qu'à coup de sabre et de guillotine; c'est la dernière ressource qu'on a trouvée contre les aristocrates encroûtés de ce pays-là.

Le 11 brumaire, comme O'Brien avait fait à Saint-Malo (3), Lacombe condamnoit un *mort*. Bertonneau, à Saint-Aubin en Médoc, après avoir tiré sur des cavaliers chargés de l'arrêter, s'étoit tué d'un coup de pistolet. La commission constata l'identité du cadavre, et, « attendu qu'avant son décès, Bertonneau avoit été mis hors la loi, déclara ses biens confisqués au profit de la République (4). »

Le 12 brumaire, les représentants arrêtèrent que la commission, fixée provisoirement à Bordeaux, se transporteroit dans les divers lieux où il y auroit des conspirateurs à punir. En conséquence, Lacombe alla siéger à Libourne, où, du 14 au 23 brumaire, accompagnée de l'exécuteur et de la guillotine, la Commission prononça cinq condamnations à mort, plusieurs à des peines inférieures et un assez grand nombre d'acquittements. Le 25 brumaire (5), le Tribunal

(1) *Moniteur* du 13 brumaire an II, p. 176.
(2) Séance du 16 brumaire, M., p. 186.
(3) *Cabinet historique*, t. X, p. 30.
(4, 5) Registre de la commission, aux dates indiquées.

reprenoit ses fonctions à Bordeaux et bientôt recevoit le titre glorieux d'*expéditif*.

En effet, le 29 brumaire, Ysabeau et Tallien écrivoient aux Jacobins de Paris (1) :

L'absence de la Commission militaire que nous avions envoyée à Libourne avait un peu ralenti la marche des événements. Les fédéralistes commençaient déjà à relever la tête... les Girondins croyoient pouvoir bientôt reparaître... mais le retour du tribunal expéditif a tout déjoué et la chute des têtes de quatre conspirateurs a achevé de faire rentrer les aristocrates dans le néant...

Nous nous attachons à faire tomber les têtes des meneurs, des conspirateurs en chef, à saigner fortement la bourse des riches égoïstes.

Rien ne peut étonner de la part de ce Tribunal, conduit par de tels hommes, et c'est avec raison qu'on le nommoit *expéditif*.

Sa manière de procéder étoit des plus simples; le savoir de ses membres remarquable.

Il n'y avoit pas d'accusateur public et pas d'acte d'accusation.

On avoit, contre l'accusé, les notes du Comité de surveillance chargé de fournir la *besogne* au Tribunal.

Les jours d'audience, Lacombe dressoit, le matin, la liste des accusés à juger; ces accusés étoient avertis de leur comparution par les soldats de l'armée révolutionnaire qui les conduisoient au tribunal (2).

Les défenseurs, admis au bout de quatre mois (arrêté des représentants du 23 pluviôse), se bornoient, de crainte de blâme ou de quelque chose de pire, à lire un mémoire ordinairement écrit par l'accusé (3).

(1) Et non pas à la Convention. *Moniteur* du 12 frimaire, p. 289.
(2) M. Fabre, p. 34.
(3) Le même, p. 35.

Après, venoit l'interrogatoire; réfutation violente de la défense. Il arriva à Lacombe de dire à l'accusé : « Nous sommes fixés sur les charges existant contre toi (1); » et un autre jour d'écrire : « Le soin que prend l'accusé (Péry) pour se blanchir paroît un crime de plus (2). »

Le médecin *Baque* (condamné à mort le 8 pluviôse) « qui avoit protesté de son civisme et de ses bonnes intentions, n'avoit fait, par là, qu'ajouter la mauvaise foi à tous ses autres crimes (3); » c'est ce que porte le jugement.

Nombre de condamnations à mort furent prononcées sur des motifs incroyables, partout imités, du reste, par les juges de la Terreur. Lacombe se contentoit de déclarer un accusé *aristocrate* ou *fanatique* ou *ennemi* de la Révolution et l'envoyoit à l'échafaud.

Quant au savoir des juges, on peut l'apprécier par leurs rapports sur les affaires; j'en citerai deux qui sont autographes (4).

Le premier, de Morel, *doreur*, commence ainsi :

Rapord de la faire de citoyens Dura Longa et Large teau n. g¹. de Libourne.
Le onze octobre (vieux setil) etc.

Le second, de Lacroix, *tonnelier*, a pour titre :

Raport faict par Lacroix à ses colleges de la Commission millitére ceur la fafero de detenus de la commune de Nérac.

Outre les condamnations à mort, aux fers, à la prison, il y avoit des condamnations pécuniaires; c'est une particularité qui distingue la commission de Lacombe, qui vouloit, apparemment, seconder les vues de Tallien « sur la bourse

---

(1, 2) Le même, p. 57.
(3) Registre de la commission, à la date indiquée.
(4) M. Fabre, p. 54.

des riches égoïstes. » Il y eut une multitude d'amendes proportionnées à la fortune présumée des accusés. Le total de ces amendes atteignit presque *sept millions;* plus d'un septième, tant pour les sans-culottes de Bordeaux et de quelques villes voisines que pour l'armée révolutionnaire; ces attributions patriotiques sont toujours formulées dans les jugements.

Furent ainsi condamnés, entre autres :

Le 9 brumaire, les frères *Raba*, à 500,000 livres d'amende; 400,000 pour l'armée révolutionnaire, 100,000 pour les Sans-Culottes de Bordeaux (1).

Le 26 frimaire, Ch. *Peixotto*, banquier, « convaincu d'avoir manifesté son mépris pour sa section et pour les pauvres en leur donnant 30 livres par mois, » 1,200,000 livres d'amende, savoir : un million pour la république, 200,000 livres pour les Sans-Culottes de Bordeaux. — Peixotto devoit garder prison jusqu'au paiement de cette dernière somme (2); pour pouvoir s'exécuter il demanda un délai à la Commission (3).

Le 7 germinal, *Lafond* aîné, négociant; le 9, *Lajard*, courtier, chacun 300,000 livres d'amende, etc. (4).

Je rappelle maintenant les procès faits aux acteurs et artistes des théâtres de Bordeaux; ces affaires méritent une mention spéciale.

Cent soixante et onze artistes, acteurs, chanteurs, danseurs et danseuses, musiciens, etc., tant du *Grand-Théâtre,* que de ceux des *Variétés* et du *Vaudeville,* le plus grand nombre en état d'arrestation, y compris trois *danseuses* de quinze ans, parurent devant la Commission qui dut les tous acquitter. Voici les crimes qui avoient motivé ces poursuites :

(1) Le même, p. 29.
(2) Registre de la commission à la date indiquée.
(3) Dossier Peixotto, aux cartons de la commission.
(4) Bibliothèque impériale, *Catalogue de l'Histoire de France,* t. III, Convention, nos 1037, 1038.

Bien avant la création de la Commission, les 17 et 21 juin 1793, les acteurs du Grand-Théâtre, dans l'espoir d'attirer la foule, avoient représenté une pièce intitulée : *La Vie est un songe*, ou *Arlequin bouffon de cour* (1), comédie héroïque en trois actes et en vers libres, par de Boissy, et dont les principaux personnages sont un roi de Pologne, deux princes, une princesse et leur bouffon, *Arlequin*. On dit, à Bordeaux, que le 17 juin, dans la salle, un cri de : *Vive le Roi* s'étoit fait entendre. Là-dessus, dénonciation à la municipalité de la ville. Demeurée dans l'oubli (2), cette grave affaire fut reprise au moment des poursuites contre le *négociantisme* par Ysabeau et Tallien, qui, le 10 frimaire, écrivoient au ministre de l'intérieur (3) :

Avant hier, tous les sujets du Grand-Théâtre, au nombre de quatre vingt-six, ont été mis en état d'arrestation. C'étoit un foyer d'aristocratie, nous l'avons détruit.

Cette nuit, plus de deux cents gros négociants ont été arrêtés, les scellés mis sur leurs papiers, et la Commission militaire ne va pas tarder à en faire justice.

La guillotine et de fortes amendes vont opérer le scrutin épuratoire du commerce et exterminer les agioteurs et accapareurs...

Toutes les églises sont fermées...

Par un de ces contrastes, qui n'étoient pas rares à cette époque, après avoir fait incarcérer tant d'acteurs, les représentants prenoient, le 12 frimaire, quatre jours après, l'arrêté suivant (4) :

Le maire et les autres dépositaires publics sont autorisés à

---

(1) Tom. IV des œuvres de de Boissy, 1738, in-12. Le second titre : *Arlequin bouffon de cour*, fut ajouté par les acteurs de Bordeaux. Cette pièce est médiocre de sujet, d'intérêt et de style, mais elle prêtoit au spectacle.

(2) Dossier de l'affaire du *Grand-Théâtre*; on y trouve aussi l'affiche du spectacle : *la Vie est un songe*.

(3) *Moniteur* du 23 frimaire an II, p. 333.

(4) M. Fabre, p. 38.

remettre aux directeurs des théâtres de la République tous les ornements d'église et autres attributs de la sottise et de la superstition qui peuvent être entre leurs mains, en faisant don au directeurs des théâtres, attendu leur patriotisme.

Sans tarder, Lacombe procéda, contre les acteurs, à une enquête volumineuse qui ne produisit rien de précis (1). Les artistes des *Variétés* et du *Vaudeville* furent compris dans la procédure.

Le 8 nivôse, *Goy* et vingt autres artistes du *Grand-Théâtre* parurent devant la Commission, qui les acquitta, se réservant de prononcer sur les artistes les plus coupables et sur les directeurs (2).

Le 13, la veuve *Diatroselly*, directrice du Grand-Théâtre, fut mise en détention jusqu'à la paix (3).

Le 17, *Calésy* et soixante-treize autres de la même scène, musiciens, danseurs et danseuses, mis en jugement, étoient acquittés (4).

Le même jour vinrent *Poullain* et trente autres artistes du théâtre des *Variétés*, soupçonnés d'avoir assisté à la représentation du 21 juin. Ils répondirent qu'ils étaient indépendants du Grand-Théâtre et n'avoient pas pris part à *La Vie est un songe*, et qu'ils avoient fait leurs efforts pour représenter des pièces patriotiques; on les mit en liberté (5).

Enfin, à la même audience, parut à la barre la dernière fournée : *Léquin* et quarante-quatre autres artistes du *Vaudeville*, dit le théâtre de la *Montagne*; ils étoient accusés d'avoir « contribué à la représentation de pièces propres à alarmer la pudeur des âmes vertueuses, notamment de la comédie : *La Tentation de Saint-Antoine* (6). » Mayeur,

(1) Dossier du *Grand-Théâtre*, déjà cité.
(2, 4, 5, 6) Registres de la commission, aux dates indiquées.
(3) *Catalogue*, déjà cité, t. III, Convention, n° 963.

acteur et directeur du théâtre, répondit qu'il étoit un des *vainqueurs* de la Bastille et qu'il avoit voulu, par la pièce en question, peindre la vie hypocrite et vicieuse des dévots, etc. L'acquittement de ces accusés fut également prononcé (1). Je regrette que l'espace me manque pour transcrire les motifs du jugement, qui sont du sérieux le plus bouffon.

Plus tard il y eut une victime de: *la Vie est un songe;* le 24 prairial, *Delille Arrouch* (2) fut condamné à mort pour avoir crié: *Vive le Roi!* à la représentation du 17 juin 1703; ce malheureux paya pour les 171 artistes que Lacombe avoit dû acquitter.

En pluviôse et ventôse l'*activité* de la Commission se ralentit un peu; des bruits d'indulgence arrivèrent de Bordeaux à Paris, mais Ysabeau se hâta de les démentir dans sa correspondance. Tallien, le 24 ventôse, lisoit à la Convention une lettre de ce collègue, du 21, qui se terminoit ainsi (3):

Les arrestations continuent et j'ai pris le parti de ne plus relâcher aucun ci-devant noble...
La guillotine a fait justice avant-hier d'un prêtre assermenté, coupable de royalisme; aujourd'hui il y passera une religieuse. Voilà la réponse à nos modérés qui avaient semé le bruit que la peine de mort était abolie.   *Signé* ISABEAU.

Néanmoins, du 20 germinal au 18 prairial, pendant six semaines, il n'y eut pas de jugements. Par un arrêté du 28 floréal, signé Barère, Collot d'Herbois, *Robespierre*, etc., le comité de salut public ordonna que la commission repren-

(1) Même registre.
(2) Troisième registre à la date indiquée.
(3) *Moniteur* du 26 ventôse an II, p. 710.

droit ses fonctions (1). Elle les reprit, en effet, le 10 prairial, et, depuis ce moment jusqu'au 13 thermidor, le nombre des condamnations capitales fut plus que doublé (2) ; les femmes, d'abord épargnées, furent envoyées à l'échafaud au nombre de plus de quarante (3). M. A. Julien, âgé de 19 ans, le *bon ami* de Robespierre (4), étoit venu à Bordeaux stimuler l'action révolutionnaire ; il y contribua à la découverte et à l'exécution de plusieurs Girondins (5).

J'ai parlé de Biroteau, expédié dès le 3 brumaire. Grangeneuve, le 1er nivôse, avoit été aussi condamné à mort ; il étoit accusé de « s'être lâchement caché dans une tanière pour se soustraire à la poursuite des républicains (6). »

Guadet et Salles furent découverts, par les soins de Julien (on employa des chiens de chasse), dans les grottes de Saint-Émilion ; le 1er messidor ils ne firent que traverser la commission pour aller au supplice (7).

Barbaroux, le 7 messidor, fut saisi dans un champ, où d'un coup de feu il s'étoit fracassé la tête ; on le transporta agonisant à Bordeaux. Mais Lacombe ne le laissa pas mourir en paix ; l'échafaud auroit été privé. « La commission, porte le jugement, voulant concilier ce qui est dû à la justice avec ce que prescrit l'humanité, suspendit sa séance ordinaire et se rendit au comité de surveillance, où gisoit Barbaroux ; et là, portes ouvertes, elle ordonna qu'il subiroit la peine de mort (8). »

Lacombe n'eut pas à s'occuper de Buzot ni de Péthion, qui s'étoient empoisonnés et dont les cadavres furent retrouvés

---

(1) Troisième registre de la commission, aux dates indiquées.

(2, 3) *Bordeaux après thermidor*, manuscrit de M. Aurélien Vivie, chef de division à la préfecture de Gironde, communiqué le 30 janvier 1866.

(4) Dans ses lettres au GRAND HOMME, Julien écrit toujours : *Mon bon ami.*

(5) M. Fabre, p. 43, 46.

(6, 7, 8) Troisième registre de la commission, aux dates indiquées.

dans un champ, à demi dévorés par les animaux. Cette fin de l'ami de madame Roland et de l'ancien maire de Paris, il n'est personne d'humain qui ne la déplore. Quant aux sentiments qu'elle inspira, sur les lieux mêmes, à des hommes de l'époque, à des pourvoyeurs de Lacombe, ils sont clairement exprimés dans la lettre suivante, qui fut adressée à la Convention et lue dans sa séance du 19 messidor (1) :

La société populaire et républicaine de Castillon, district de Libourne, département du Bec-d'Ambès, etc.

Citoyens représentants, nos recherches n'ont pas été vaines, et nos promesses ne le sont point. En vous annonçant la prise du scélérat Barbaroux, nous osâmes vous assurer que, morts ou vivants, ses perfides complices Petion et Buzot seraient bientôt en notre pouvoir.

Ils y sont en effet, C. R., ou pour mieux dire, ils n'y sont déjà plus.

Il était trop doux pour des traîtres le supplice que la loi leur préparait, et *la justice divine* leur en réservait un plus digne de leurs forfaits. On a trouvé leurs cadavres hideux et défigurés à demi rongés par les vers; leurs membres épars sont devenus la proie des chiens dévorants; et leurs cœurs sanguinaires, la pâture des bêtes féroces. Telle est l'horrible fin d'une vie plus horrible encore. Peuple! contemple ce spectacle épouvantable, monument terrible de la vengeance.

Traîtres! que cette mort ignominieuse, que cette mémoire abhorrée vous fassent reculer d'horreur et frémir d'épouvante! Tel est le sort affreux qui tôt ou tard vous est réservé.

Signé, *les Sans-Culottes composant la société populaire et républicaine de Castillon.*

Avec ce que j'ai déjà rapporté des actes et de la correspondance de Baudron, de Tallien, d'Ysabeau, cette lettre explique, je crois, les assassinats judiciaires de Lacombe.

Quant à Julien, l'exécution de trois Girondins et de membres de leurs familles, ne le contentoit pas; il vouloit

(1) *Moniteur* du 20 messidor an II, p. 1187.

aller plus loin, et il écrivoit à son *bon ami* Robespierre, le 12 messidor an ii (1) :

. . . .
Je te prie de vouloir bien m'obtenir (du Comité de salut public) une réponse sur les objets suivants :
1°.....
2° Faire *raser* les maisons où étaient Guadet, Salle, Pétion, Buzot et Barbaroux ; transférer la Commission militaire à Saint-Émilion pour y *juger* et y faire *périr* sur les lieux les auteurs ou complices du récèlement des conspirateurs.

Les travaux de Lacombe, de prairial à thermidor, méritent d'être cités même après ceux de Fouquier-Tinville. Les condamnations à mort s'élevèrent jusqu'à *treize* dans une seule séance (voir plus bas) ; il y eut aussi des *fournées* de parlementaires ; neuf le 22 messidor : sept conseillers et deux avocats généraux (2).

Comme Fouquier, Lacombe eut ses *amalgames*. — Voici la position sociale des 13 condamnés à mort (sur 14), du 16 messidor, deux hommes et onze femmes (3) :

Cazaux, *prêtre*,
Pausi, *porteur d'eau*,
Fille Launai, *couturière*,
Fille Lebert, *officière* du Bon-Pasteur,
Fille Sauve, *sans profession*,
Fille Blutel, *religieuse*,
Veuve Journi, *couturière*,
Fille Beauretour, ci-devant *noble*,
Femme Alix, *cuisinière*,
Fille Milon, *habituée* du Bon-Paste...
Fille Tiffrey, *domestique*,
Femme Dubert, *domestique*,
Fille Micault, *rentière*.

(1) *Papiers inédits trouvés chez Robespierre, Saint-Just*, etc. Baudouin, 1828, in-8, t. III, p. 8.
(2) Bibliothèque impériale, *Catalogue de l'Histoire de France*, t. III, Convention, n° 1131.
(3) Même catalogue, loc. cit., n° 1139.

On le voit, à Bordeaux, comme partout, la justice révolutionnaire n'atteignoit pas moins les *petites gens* que les autres; avec un prêtre, deux religieuses et une noble, un porteur d'eau, deux couturières, une cuisinière et deux domestiques furent ensemble envoyés à l'échafaud.

A Bordeaux, comme à Angers et ailleurs, l'assistance à l'office d'un prêtre insermenté étoit un crime capital. Le 19 messidor (1), Jeanne *Biolle* et cinq autres religieuses étoient condamnées à mort « pour avoir assisté à la messe de prêtres réfractaires; » c'est TOUT ce que porte le jugement!

Des octogénaires montèrent aussi sur l'échafaud!

Le 1er thermidor (2), Joseph Duval, âgé de 80 ans, ex-noble.

Le 3 thermidor (3), *Barret Ferrand*, âgé de 81 ans, malade et perclus de douleurs. Il étoit porteur de son certificat de civisme, mais « il étoit *noble* et avoit remis *trop tard* sa croix de Saint-Louis, » tels furent les seuls motifs que trouva Lacombe à son égard (4).

A cette époque le nombre des détenus s'éleva à *seize cent dix-huit* (5). Dans une des huit prisons de Bordeaux étoient, le 16 messidor, *cinq cents quatre-vingts* prêtres, plus tard transférés à Blaye, puis à l'île d'Oleron, d'où ils devoient être déportés (6).

La dernière affaire jugée par la commission fut celle de *Dugarry*, condamné à mort le 13 thermidor (7).

La chute de Robespierre, qui devoit sauver tant de victimes, n'étoit pas encore connue.

(1, 2) Troisième registre de la commission, aux dates indiquées.
(3) Idem, ibid.
(4) M. Fabre, p. 59.
(5) Le même, p. 45.
(6) Lettre de M. Vivie, du 22 février 1866.
(7) Troisième registre de la commission à cette date.

Garnier de *Xanthe* (nom du temps donné à la ville de *Saintes*), reçut cette grande nouvelle, par un courrier extraordinaire, dans la nuit du 13 thermidor. Ce représentant ne pouvoit en croire ses yeux. Cependant le doute n'étant pas possible, son parti fut bientôt pris; sans tarder, il ordonna l'arrestation de Lacombe; le matin la double nouvelle s'étant répandue, ce fut dans la ville une ivresse générale (1), confirmée, le 15, lorsque Garnier eut suspendu provisoirement la Commission (2).

Pourtant, deux jours auparavant, le même Garnier avoit essayé de compléter ce tribunal et de perfectionner ses jugements. Par un arrêté du 11 thermidor, il avoit créé un accusateur public; par le même acte il substituoit à la délibération en secret, le vote des juges à haute voix (3); fatale erreur de l'Assemblée constituante (4) qui coûta la vie à Louis XVI et à tant d'autres victimes, après lui!

858 accusés furent jugés par Lacombe, du 2 brumaire au 13 thermidor (23 octobre 1793-31 juillet 1794).

301 furent condamnés à mort; M. de Lamartine, avec son imagination ordinaire, dit: *Sept cent cinquante* (5);

129 aux fers ou à la détention, avec ou sans amende;

55 à l'amende, sans peine accessoire.

373 furent acquittés (6), compris les 171 artistes des trois théâtres.

Les amendes prononcées s'élevèrent à 6,940,300 livres; sur quoi 1,000,000 livres pour les sans-culottes de Bordeaux et de quelques communes environnantes; 400,000 livres pour

(1, 2) M. Vivie, *Bordeaux après thermidor*.
(3) M. Fabre, p. 48.
(4) Décret du 16 septembre 1791, sur... *l'établissement des jurés*, 2ᵉ partie, tit. VIII, art. 9.
(5) *Histoire des Girondins*, t. VII, p. 332.
(6) *Bordeaux après thermidor*.

l'armée révolutionnaire (où les sans-culottes ne manquoient pas); 1,325,000 livres pour un hospice de bienfaisance et 100,000 liv. pour un temple de la Raison, édifices demeurés à l'état de projet (1).

Qui pourroit s'y attendre; comme celles de Fouquier, les annales de Lacombe, dans les premiers temps, présentent quelques louables formules.

Le 12 brumaire (2), aux époux *Lance*, « dupes de prêtres perfides, » d'après le jugement, la commission, en les acquittant, faisoit remettre, par son secrétaire, 200 livres à titre d'indemnité.

Le 26, *Delort*, ayant envoyé, contre les brigands de la Vendée, son fils âgé de moins de 16 ans, recevoit de même 300 livres pour les faire parvenir à son fils (3).

Plusieurs accusés acquittés (4), entre autres Loriague, le 19 pluviôse (5), reçurent du président l'accolade fraternelle.

Mais, comme moi, on aura de la peine à croire à la sincérité de ces démonstrations chevaleresques. Que l'on se rappelle d'abord les promenades par la ville, au son de la musique, des accusés d'Angers acquittés par Vacheron et les autres *juges par F.* (6): puis les proclamations des accusés de Lyon, par Parein, sur la place de l'Hôtel-de-Ville, au bruit du canon (7)! Enfin, qu'on lise les incidents de l'exécution des jugements de Lacombe, qui vont suivre et qui achèvent la peinture de cet abominable tribunal.

On sait, d'après le *Moniteur*, qu'à Rochefort, à la Société populaire, devant les représentants Lequinio et Laignelot,

(1) M. Fabre; p. 59; et ma *Justice révolutionnaire*, 1861, p. 163.
(2) Premier registre de la commission, à cette date.
(3, 5) *Ibidem*.
(4) M. Fabre, p. 56.
(6) *Cabinet historique*, t. X, p. 331.
(7) V. ma *Justice révolutionnaire*, 1861, p. 183

le patriote Ance réclama et obtint avec un *noble enthousiasme*, l'office de *guillotineur* (1); on sait également que de Rochefort il alla ensuite *exercer* à Brest, avec un égal élan (2).

A Bordeaux, cette fonction fut usurpée, momentanément, par le perruquier *Dutroussy*, qui, apparemment, étoit jaloux des plaisirs officiels de l'exécuteur en titre. Ce digne sans-culotte exécuta plusieurs condamnés auxquels il prodigua d'abord ses outrages. Un document authentique nous révèle cet épisode monstrueux (3).

Les représentants du peuple en mission dans le département du Bec-d'Ambès arrêtent que le citoyen Dutroussy, prévenu d'avoir, sans *mission* et sans *caractère*, guillotiné plusieurs personnes condamnées, après leur avoir *prodigué* toutes sortes d'insultes, sera, sur-le-champ, mis en état d'arrestation; chargent le Comité de surveillance, etc. Bordeaux, en séance, le 29 ventôse an III.

Signé : TREILHARD, BOUSSION.

Malgré ses acquittements, Lacombe avoit *usé* l'instrument du supplice. La partie *essentielle* de la guillotine avoit dû être reparée et puis renouvelée; c'est ce que nous apprennent des états de l'exécuteur de Bordeaux qui ont été conservés. En tête se lisent les articles suivants (4), dont j'ai respecté l'orthographe :

Tribunal de l'armée révoluptionnaire.
1° Etat du charpentier. Ouvrage pour la gillotine.
Démonté l'ancienne, 373 livres.
Pausé la nouvelle la nuit. — Elle est permanente sur la place Natisonale.
Démonté à Libourne, etc.

(1) *Moniteur* du 24 brumaire an II, p. 219.
(2) Du Châtellier, *Brest sous la Terreur*, 1858, in-8, p. 70.
(3) M. Fabre, p. 61.
(4) Pièces originales communiquées, le 15 novembre 1863, par M. G. Brunet, ancien président de l'Académie de Bordeaux.

2° Idem, du serrurier, 175 livres,
3° Idem, du taillandier, 118 livres,
Un Damas à la mode de Paris,
Raccomodé l'ancien Damas,
Repassé deux fois le Damas.

Je voudrois m'arrêter ici ; les devoirs de l'historien ne me le permettent pas. « La vérité, écrit avec raison, M. Louis Blanc (1), la vérité exige que tout soit dit, absolument tout. » Je viens donc à la guillotine, dite *à quatre couteaux*.

La commission Lacombe, trouvant probablement que la guillotine et l'échafaud ordinaires n'étoient pas suffisants, avoit donné des ordres et pris des mesures, de concert avec la municipalité, pour faire construire un échafaud dans des proportions plus vastes et avec des dispositions permettant *d'opérer* plus largement.

Le 3 pluviôse an III, apprenant du citoyen Bois, commissaire national, que l'on avoit construit à Bordeaux une guillotine à *quatre tranchants*, le Comité de surveillance chargea de vérifier le fait deux de ses membres qui, séance tenante, lui en firent leur rapport.

« Chez le cit^en Fadville, marchand de bois, rue Constantin, n° 15, étoit, à leur grand étonnement, un échafaud très-considérable, peint en rouge, occupant la circonférence d'une grande salle et destiné à une guillotine. Cet échafaud avoit deux grandes portes en forme de portes de grange, outre cinq ou six autres sur les côtés, avec un grand escalier de 13 à 14 marches. Sur l'échafaud, une trappe pour les cadavres et un trou pour les têtes ; par les principales portes seroit entré le charriot qui devoit emporter le coffre rempli de têtes et de cadavres. »

A cet échafaud monumental avoient coopéré, sciemment, les cit. Fadville, *marchand de bois*, Burguet jeune, *char-*

(1) *Histoire de la Révolution*, t. X, p 179.

pentier, Meunier, *peintre*, Jayet fils et Sarrasin, *serruriers* associés, Rey, *cordonnier* Pechado et Clochard, *architectes*, ce dernier employé au bureau des travaux publics de la commune. Tous, du 4 au 15 pluviôse, furent entendus par le comité qui, un peu plus tard, recueillit, sur le monument, treize pièces, parmi lesquelles étoit « une autorisation de la Commission militaire, en date du 3 thermidor an II, signée Lacroix fils, membre et Chaudru, greffier, suivie d'un renvoi au bureau des travaux publics de la commune, en date du 8 thermidor (on n'oublie pas que la nouvelle de la chûte de Robespierre ne parvint à Bordeaux que dans la nuit du 13), signé P^{re} Thomas, maire, plus deux *plans* de l'échafaud (1).

Ces détails, s'ils ne montrent pas les quatre tranchants en question, les font du moins pressentir, et ils nous expliquent le bruit public et la tradition locale à cet égard.

Cependant le jour de l'expiation étoit arrivé. Après l'arrestation de Lacombe, des victimes, jusque-là contenues par la crainte, signalèrent ses exactions infâmes à l'égard des familles des accusés, ses condamnations à mort de détenus dont la rançon n'avoit pas été assez ample (2). Traduit devant une Commission spéciale, par Ysabeau, qui avoit remplacé Garnier, à Bordeaux, Lacombe, le 27 thermidor, fut condamné (3) « comme exacteur, concussionnaire, prévaricateur, corrupteur des mœurs et de l'esprit public et comme tel traître à la patrie. » Ce jugement reçut les applaudissements d'un peuple immense qui eut à se reprocher d'avoir insulté

---

(1) Délibérations du Comité de surveillance de Bordeaux, des 3, 4, 5, 6, 18 pluviôse et 18 ventôse an III. Registre de ce comité, marqué D, n° 459 des archives de la Gironde; communication de M. Aurélien Vivie.

(2) *Bordeaux après thermidor*, mss.

(3) *Catalogue de l'Histoire de France*, déjà cité, t. III, Convention, n° 1406.

le condamné jusqu'à l'échafaud, et puis d'avoir outragé son cadavre (1).

Ainsi se trouvèrent vérifiées ces prophétiques paroles d'un prêtre à Lacombe, qui l'avoit injurié avant de le condamner à mort :

Encore quelques jours, et dans ce même lieu où tu condamnes les innocents, tu entendras ton arrêt de mort, et ce même peuple qui applaudit à tes jugements, te conduira à l'échafaud à coups de pierres (2).

Après l'exécution de Lacombe, Ysabeau fit cesser la permanence de la guillotine, qui duroit à Bordeaux depuis dix mois; la Terreur était finie (3) !

Quant aux complices de Lacombe, quatre furent condamnés, le 3 brumaire an III (4) :

Rey, un de ses collègues et qui avoit pris part à ses exactions, à la peine de mort;

Bizet et *Lacombe aîné*, chacun à 20 ans de fers;

La veuve Lacombe à 20 ans de gêne.

(1, 2) M. Fabre, p. 78, 79.
(3) Le même, p. 19.
(4) *Catalogue*, cité plus haut, Convention, n° 1200.

Paris. — Typ. TILLET fils aîné, 5, rue des Grands-Augustins.

LA
JUSTICE RÉVOLUTIONNAIRE
A PARIS ET DANS LES DÉPARTEMENTS
D'APRÈS DES DOCUMENTS ORIGINAUX
LA PLUPART INÉDITS

(17 août 1792 — 12 prairial an III)

PAR M. CH. BERRIAT SAINT PRIX
Conseiller à la Cour Impériale de Paris.

— N° IX —

(Extrait du Cabinet historique)

Tribunal criminel des Landes — Mont-de-Marsan — *ayant aussi siégé* à Tartas.

Je connois du tribunal criminel des Landes, ayant jugé révolutionnairement, six condamnations capitales, toutes prononcées à Tartas, arrondissement de Saint-Sever.

1ᵉʳ frimaire an II. — *Gramidon fils*. Réunions et manifestations monarchiques et contre-révolutionnaires. Huit autres accusés furent condamnés à la déportation, pendant quatre années.

8 frimaire. — *Laborde*. Attroupements contre la levée en masse.

3 pluviôse. — *Labée*, chanoine réfractaire. Peine subie seulement le 21 germinal.

15 ventôse. — *Dambourgès*, vicaire réfractaire.

13 germinal. — *Dubayle*, prêtre réfractaire.

Idem. — Jeanne *Mouscardès*, boulangère. Asile donné au vicaire Dambourgès.

L'exécution de Labée et le jugement de Dubayle avoient donné lieu à une grave objection qui ne fit que les *retarder*, grâce à l'illustre Dartigoyte. Les deux malheureux prêtres disoient que le décret du 30 vendémiaire an II, relatif aux ecclésiastiques sujets à la déportation, n'ayant pas été publié dans le pays, eux n'avoient pu profiter des dix jours de grâce que l'art. 14 du décret accordoit pour se présenter à l'administration du département qui régloit l'exécution de la déportation, et qu'ainsi la peine de mort, portée en l'art. 5 du décret, ne leur étoit pas applicable. On en référa à Dartigoyte, alors à Toulouse, et qui ne répondit pas d'abord. Mais, dans une lettre de l'accusateur public, on voit que, dès son arrivée à Saint-Sever (près de Tartas), ce représentant avoit *levé la difficulté* (1).

Prudhomme, dans son dictionnaire *des victimes*, avec ces six personnes, en cite trois autres condamnées à mort par le même tribunal : *Machebé* et *Dubroca*, jugement du 3 juin 1793; *Gemmier*, 17 brumaire an II; ces affaires n'ont point été retrouvées au greffe du Mont-de-Marsan (2).

Ici, dans l'ordre des lieux, seroit placée la commission extraordinaire de *Bayonne* qui siégea aussi à *Saint-Sever*, *Dax* et *Auch*, si je n'avois fait son histoire : *Cabinet historique*, volume de 1863, p. 251 et suiv. (3).

(1) Registre du tribunal criminel des Landes; lettre de M. Dutour, procureur impérial à Mont-de-Marsan, du 4 décembre 1863. — Archives de l'empire, BB. 72-3. — *Landes*. Placards ou copies authentiques de ces six jugements.

(2) Dite lettre de M. Dutour.

(3) Et *Gazette des Tribunaux* des 7 et 12 octobre 1865.

Tribunal criminel des Basses-Pyrénées — Pau — *et des Hautes-Pyrénées* — Tarbes.

Une seule condamnation à mort me paroît avoir été prononcée révolutionnairement par le tribunal criminel des Basses-Pyrénées, qui siégeoit à Pau : celle d'Ambroise *Darthez*, chanoine réfractaire ; jugement du 11 pluviôse an II. On voit sur le registre que ce condamné, au moment de sa sentence, se frappa d'un couteau qu'il avoit sur lui. Un homme de l'art, appelé, constata la mort; puis on lit : « Le cadavre a été retiré de l'auditoire pour être livré à la sépulture conformément à la loi (1). »

En procédant ainsi, légalement, le tribunal de Pau montroit qu'il n'étoit pas *à la hauteur*. Avant lui, le 9 brumaire, le tribunal révolutionnaire de Paris avoit ordonné que le cadavre du girondin Dufriche-Valazé, mort suicidé à l'audience, seroit exposé sur le lieu du supplice (2). Un peu plus tard, le 20 ventôse, le tribunal révolutionnaire de Marseille, on le verra plus bas, ordonnoit la même exhibition, et avec plus d'appareil, pour deux condamnés qui s'étoient aussi mortellement frappés à l'audience (3).

Les autres condamnations de Pau sont moins sévères. Deux déportations à vie : *Bardou*, 28 octobre 1793 ; *Labourdette*, 24 germinal an II. Trois déportations temporaires : *Labadie, Camboué, Bareton*; jugements des 19 septembre, 9 brumaire, 26 frimaire an II. Réclusion avec exposition, veuve Capdeville, 21 brumaire (4). Huit autres condamnations, le 26 frimaire, avec Bareton (5).

(1) Lettre de M. de Saint-Maur, citée plus bas.
(2) V. *Justice révolutionnaire*, in-18, 1861, p. 45.
(3) Jugement en placard ; Archives de l'empire, BB. 72-1, Bouches-du-Rhône.
(4, 5) Lettre de M. de Saint-Maur, avocat général à Pau, 14 décembre

L'affaire Bardou, jugée le 28 octobre 1793, présenta un autre incident, également digne de mémoire. Traduit, une première fois, pour « provocation au rétablissement de la royauté, » Bardou avoit été acquitté le 7 octobre; repris pour « incivisme, » cette fois, le 28 octobre, il fut condamné à la déportation à vie, avec confiscation des biens. Alors le comité révolutionnaire de Pau intervint et forma opposition au jugement qu'il accusoit de faiblesse et d'insuffisance; sur quoi « le tribunal, disant droit, déclara qu'il seroit procédé à une nouvelle information. » On ignore si un nouveau jugement fut rendu (1) pour consacrer ce droit de révision des clubs. Plus d'une fois, la Convention, annulant des jugements d'acquittement fit traduire, pour les mêmes faits, les accusés devant le tribunal révolutionnaire de Paris, où ils furent condamnés à mort; les sans-culottes de Pau purent se croire le droit de demander la révision d'une condamnation à leurs yeux trop indulgente.

On a du tribunal criminel des *Hautes-Pyrénées* (Tarbes), cinq condamnations à mort, prononcées révolutionnairement sur la dénonciation, et, je puis ajouter, sous la pression du représentant Monestier (du Puy-de-Dôme).

La première, 8 pluviôse an II, concerne *Dagos*, prébendier au chapitre de Comminges. Cet ecclésiastique n'avoit pas prêté le serment civique et s'étoit caché dans les montagnes de la Barousse, où il vivoit avec des bergers. Il fut trahi, puis jugé et exécuté comme insermenté et réfractaire (2).

1863; — greffe de la Cour impériale de cette ville, notes du greffier en chef, mai 1860.

(1) Lettre de M. de Saint-Maur.

(2) Registres et pièces du greffe du tribunal criminel des Hautes-Pyrénées; lettre de M. Adnet, procureur impérial à Tarbes, du 25 nov. 1863.

Le deuxième jugement, 21 floréal, comprend trois condamnations à mort; l'intervention de Monestier en a fait un monument.

Après avoir, le 18 et le 19 floréal, instruit l'affaire des nommés *Ducasse-Barbat* et *Coussen-Barbat*, les membres du tribunal se rendent auprès du représentant pour lui proposer leurs doutes sur l'application de la loi à ces deux accusés. Le soir du 19, séance générale populaire provoquée par Monestier et à laquelle assiste le tribunal. Là, le représentant dicte au greffier un arrêté dénonçant, comme contre-révolutionnaires, ces deux accusés, plus deux autres. Le 21, l'audience est reprise, Ducasse-Barbat, Coussen-Barbat, plus *Ducasse-Sens*, sont condamnés à mort; le quatrième, Ducasse-Coutes, est renvoyé (1). Ne pourroit-on pas se demander ici, qui, du tribunal ou du représentant, avoit condamné ces malheureux?

La cinquième condamnation est plus poignante encore; le jugement se complète de la tradition locale qu'un magistrat a recueillie de la bouche de vieillards contemporains et dans le pays même, où cette affaire a laissé une impression profonde (2).

Le 10 prairial, en vertu d'un arrêté de Monestier, du même jour, paroissoit, devant le tribunal, Joseph *Lasalle*, officier de la marine royale, noble, parent d'émigrés et, disoit-on, émigré lui-même. Quoique s'étant évadé deux fois, Lasalle inspiroit un intérêt général, auquel Monestier n'étoit pas demeuré étranger. Après un ample repas, et, très-échauffé, suivant ses habitudes, le représentant vint à la séance, qui se tenoit dans l'église de Saint-Jean. Il y harangua le tribunal et l'assemblée avec véhémence, puis, sur le même ton, interrogea Lasalle, qui fut condamné à mort.

(1, 2) Voy. la dernière note, page précédente.

A minuit, aux flambeaux, l'exécution eut lieu en vertu d'un ordre signé par Monestier. Le lendemain, revenu au calme, le représentant disoit à un membre du tribunal : « Eh bien, hier soir, nous avons fait une fameuse peur à ce pauvre Lasalle! Comment une fameuse peur, répondit l'autre, vous lui avez fait plus que peur, puisqu'il a été exécuté. — Quoi, répliqua Monestier, ils l'ont exécuté? Les canailles, ils n'ont pas attendu mes ordres! » Celui qu'il avoit donné la veille étoit sorti de sa mémoire (1).

Dans le jugement de Lasalle est mentionnée une lettre anonyme adressée à l'accusé : « lettre impudemment aristocratique annonçant de la haine et du mépris pour..... tous les partisans de l'immortel Marat (2)! »

Tribunaux criminels de l'Ariége — Foix — *et des Pyrénées-Orientales* — Perpignan.

J'ai à citer du tribunal criminel de *l'Ariége* quatre condamnations à mort prononcées révolutionnairement :

Bernard *Galy*, 17 juillet 1793, émission de faux assignats;
Pierre *Maucrette*, 17 août suivant, même crime (3);
Paul *Castel* dit Camelot, tisserand, 9 septembre suivant, complot et rassemblement contre le recrutement (4);
Dupré, prêtre réfractaire, 15 frimaire an II (5).

De six autres accusés, traduits avec Castel, quatre furent condamnés : un à mort par contumace, trois à la déportation (6).

Le 27 brumaire, Claverie, prêtre réfractaire, n'étoit condamné qu'à la réclusion, à cause de ses infirmités (7).

(1, 2) Voy. note 2, p. 121.
(3, 5, 7) Lettre de l'accusateur public de Foix, du 25 nivôse an II; Archives de l'empire, BB 72-1. Ariége.
(4, 6) Placards des jugements visés par le président Beille; dites Archives, *ibid.*

Dans les *Pyrénées-Orientales* la justice révolutionnaire a compté plusieurs organes : le tribunal criminel du département et deux commissions militaires ayant, tous les trois, siégé à Perpignan (1).

On peut citer, du tribunal criminel, dix-neuf jugements, du 2 mai 1793 au 8 thermidor an II, comprenant seize condamnations à mort, deux à la déportation et huit acquittements. Les condamnations capitales sont motivées, en général, sur des faits graves ; dans les extraits des jugements, seuls venus jusqu'à nous, on ne voit pas s'ils furent prouvés : émigration, 4 condamnés ; rébellion, 1 ; espionnage, 2 ; armes portées contre la république, 6 ; intelligences avec les ennemis, 1 ; conspiration, 2 (2).

La première commission militaire, en nivôse et pluviôse an II, condamna huit personnes, dont les noms ont été conservés (3) ; la cause de la condamnation et la peine appliquée (la mort probablement), ne me sont pas connues.

Cette commission ne satisfit point les représentants Milhaud et Soubrany, qui l'avoient établie le 23 nivôse. Leur arrêté, du 29 pluviôse, dans lequel ce tribunal fut traité de « prévaricateur pour sa *lenteur* à juger les coupables, » prononça la destitution de ses membres et leur envoi au tribunal révolutionnaire de Paris (4).

Une autre commission militaire de cinq juges fut créée par un arrêté, des mêmes représentants, du 3 ventôse, où l'on voit « qu'il est instant de rétablir promptement la jus-

---

(1) Archives de l'empire. BB. 72-4.' Pyrénées-Orientales. Lettre de M. Boistard, substitut à Perpignan, du 28 novembre 1863.
(2) Jugements des 2, 8, 27 mai, 23 juin, 12, 15 juillet, 6, 7, 12, 29 octobre 1793 ; 10, 17 brumaire an II.
(3) Lettre des administrateurs des domaines au ministre de la Justice, du 14 germinal an II ; dites Archives, BB 72-4, *ibid.*
(4) *Revue rétrospective*, par M. Taschereau, 1836, t. VI, p. 288, 292.

tice révolutionnaire, dont le cours ne pourroit être interrompu sans compromettre le succès des armes de la République et la sûreté du peuple (1). »

Tribunaux criminels de Lot-et-Garonne — Agen — *et du Tarn* — Albi *et* Lacaune.

Le tribunal criminel de *Lot-et-Garonne* n'a pas été très-occupé révolutionnairement ; je ne connois de lui que six affaires : cinq condamnations capitales, une à la déportation. Du 13 mai 1793 au 13 fructidor an II, étoient condamnés :

1° Par le tribunal siégeant sans jury :

Le 10 mai 1743. — *Rives-Moustié*. Émigration et rupture de ban ;

Le 27 germinal an II.— Charles *d'Ausac*. Semblable délit ;

Le 13 fructidor. — *Delsac*, prêtre réfractaire.

2° Par le tribunal assisté d'un jury, mais institué révolutionnairement par un arrêté du représentant du peuple Paganel, du 27 brumaire an II :

Le 21 frimaire. — Joseph *Duthiers*. Émission de fausses nouvelles, propos contre-révolutionnaires ;

Le 14 nivôse. — Bernard *Peyraud*, pour avoir pris part, le 10 septembre 1793, à Lauzun, à une émeute qui avoit pour objet le recrutement.

La femme *Debaux*, déclarée émigrée et contre-révolutionnaire, échappa à la peine de mort et ne fut condamnée qu'à la déportation (2). Ces affaires ne présentèrent pas d'incident digne de remarque.

Le tribunal criminel du *Tarn* (Albi) n'offre rien de parti-

(1) Voy. note 5, page précédente.
(2) Archives de la Cour impériale d'Agen ; notes du greffier en chef, du 24 janvier 1866.

culier soit quant au nombre, soit quant à la nature des affaires par lui jugées révolutionnairement. Du 3 avril 1793 au 18 pluviôse an III (6 février 1795), onze jugements, onze condamnations à mort, une à la déportation, trois à la détention, 1 à la réclusion. Sur les onze condamnés à mort, cinq prêtres, *dits* réfractaires; les autres étoient de simples ouvriers; quatre étoient accusés d'avoir pris part à une révolte contre le recrutement (1).

Le 30 septembre 1793, sur la réquisition du directoire du district d'Albi, le tribunal se transporta à *Lacaune*, où fut condamné à mort Jacques *Bonnet*, dit Fouliaraque (2). Il y eut de très-nombreux acquittements dans la période qui m'occupe (3).

Après le 12 prairial an III, limite de mes recherches, le tribunal d'Albi jugea encore plusieurs affaires politiques; aucune condamnation capitale ne fut prononcée; l'emprisonnement correctionnel d'une courte durée fut la peine appliquée (4).

Un autre tribunal du Tarn, celui du district de *Gaillac*, avoit été investi de pouvoirs révolutionnaires pour juger une affaire spéciale; j'ai parlé de ce procès dans le *Cabinet*, volume de 1864, pages 29-31.

Tribunal criminel et tribunal révolutionnaire de Toulouse (*Haute-Garonne*).

Deux organes de la justice révolutionnaire ont successivement fonctionné à Toulouse : le tribunal criminel de la

---

(1) Greffe du tribunal d'Albi. Notes de M. Desazars de Montgaillardy, substitut à ce tribunal, mai 1868.
(2) Placard du jugement; Archives de l'empire. BB 72-2. Tarn.
(3) Lettre de M. Desazars, déjà citée.
(4) Notes de M. Desazars, plus haut citées.

Haute-Garonne et un tribunal révolutionnaire proprement dit.

Composé d'un président, de trois juges, et siégeant sans jury, le premier de ces tribunaux, du 11 avril 1793 au 17 frimaire an II, tint quatorze audiences et prononça quatorze condamnations à mort, deux à la déportation, une aux fers, plus quelques acquittements (1).

Parmi les condamnés à mort se trouvent un boulanger et un boucher qui furent assimilés à des empoisonneurs : le premier, pour avoir vendu du pain sophistiqué; le second, pour avoir destiné à la vente de la viande corrompue. Si la peine étoit hors de toute proportion avec le délit, du moins y avoit-il une atteinte grave à l'honnêteté publique; je n'ai pas rencontré, dans mes douloureuses recherches, beaucoup de jugements révolutionnaires où la condamnation fût à ce degré plausible.

Le 11 octobre 1793, le boulanger *Denis*, de Toulouse, est condamné à la peine de mort « pour avoir été trouvé nanti de trente et une marques de prétendu pain, *immanducable*, composé de son, de recoupures et de farine gâtée; la trente deuxième marque vendue à une pauvre femme; conduite horrible qui constitue ledit Denis empoisonneur public, ayant commis le crime d'homicide par poison, prévu par le Code pénal, titre Ier, 6e section, art. 12 et 14 » (2).

Le 23 brumaire an II, *Lestrade*, boucher à Loubers, est condamné à la même peine, « comme ayant travaillé pour la vendre, à bas prix, la viande corrompue d'une vache morte, et ainsi *projetté* l'empoisonnement des citoyens qui

---

(1) Mémoire du greffe de la Cour Impériale de Toulouse, transmis en janvier 1864, par M. le conseiller Escudié; registres criminels du même greffe, compulsés en septembre 1864.

(2) Placards imprimés; Archives de l'empire, BB 72-3. Haute-Garonne.

auroient acheté cette viande; » les mêmes articles de loi lui sont appliqués (1).

Au commencement de nivôse, les représentants Dartigoyte et Paganel établirent, à Toulouse, un tribunal révolutionnaire assisté d'un jury, et qui, du 25 nivôse au 2 thermidor an II, condamna trente-deux personnes à mort, quatre à la déportation et une à l'emprisonnement (2).

Comme partout, plusieurs des condamnations capitales furent motivées d'une façon étrange.

Bénac, condamné le 7 pluviôse, étoit accusé d'avoir dit « qu'il vouloit s'ériger en législateur. »

Olombel, le 9 ventôse, étoit accusé de propos contre la mémoire de Marrast (Marat).

Véry-Maur, prêtre, 24 germinal, avoit fait le serment civique avec restriction.

Dans les jugements, pour motifs, la prévention laconiquement énoncée, puis la condamnation par la simple application de la peine.

Une des victimes étoit tristement célèbre : le comte Jean Dubarry, le beau-frère de la royale courtisane, condamné, le 28 nivôse, pour correspondance avec les émigrés (3).

Tribunal criminel de l'Aude — Carcassonne.

Je ne connois que trois affaires jugées révolutionnairement par le tribunal criminel de l'*Aude*; toutes les trois concernoient des prêtres dits réfractaires; un seul fut condamné à mort : Henri *Beille*, vicaire; jugement du 2 ventôse an II; exécution du 3 (4).

(1) Voy. note 2, page précédente.
(2, 3) Documents cités plus haut.
(4) Greffe de la Cour d'Assises de l'Aude ; lettre de M. Serres, procureur impérial à Carcassonne, du 15 mai 1866.

Le procès de ce vicaire offre une particularité parfaitement d'accord avec les sentiments et le langage de l'époque. Un lieutenant de gendarmerie, en arrêtant ce malheureux prêtre, le 28 pluviôse, fit, à son domicile, une perquisition et y saisit un cahier manuscrit, où Beille, en termes violents, apprécioit la conduite du gouvernement envers le clergé. Le lieutenant apposa son visa sur le cahier et il ajouta : « Très-intéressant pour conduire la tête de l'auteur à la *fenêtre nationale* » (ce qui eut lieu).

Les deux autres affaires concernoient :

Méric Labatut, vicaire, 22 nivôse an II, déportation à vie;
Louis Serres, prêtre, 19 floréal, réclusion à vie seulement; un rapport de médecin constatait que la santé de l'accusé ne lui permettoit pas de supporter la peine de la déportation; ces traits d'humanité n'étoient pas familiers aux juges de la Terreur (1).

Prudhomme a porté Labatut et Serres dans son Dictionnaire des victimes, ainsi qu'un Charles Beuillé, qui, le 23 nivôse an II, auroit été aussi condamné à mort; ce dernier jugement n'a pas été retrouvé.

Tribunal criminel de l'Hérault — Montpellier — *ayant aussi siégé à Béziers.*

Le tribunal criminel de l'*Hérault*, séant à Montpellier, jugea aussi révolutionnairement du 21 avril 1793 au 5 fructidor an II. Comme ceux de Paris, ses débuts furent modérés : jusqu'au 10 octobre 1793, en six mois, trois condamnations à mort. Un peu plus tard, ces condamnations se multiplièrent : une en frimaire, deux en nivôse, deux en ventôse,

---

(1) Voy. la note 4, page précédente.

sept en germinal, treize en floréal, quatre en prairial, après thermidor une seule ; en tout trente-trois.

De nivôse à floréal, durant la grande Terreur, au chiffre des exécutions se joignent l'absurdité des jugements et le ridicule des noms des juges.

Le 9 nivôse, *Michel*, prêtre réfractaire, est condamné à mort, et le jugement ordonne « que les vêtements et effets dont Michel a été trouvé nanty (sic), seront brûlés au pied de l'échafaud comme étant des objets propres à propager le fanatisme.

Le 19 germinal, quatre personnes : la demoiselle *Coste*, marchande ; *Lazuttes*, boulanger ; la veuve *Ballard*, marchande ; *Rolland*, négociant, sont condamnés à mort ; voici les motifs du jugement d'après la minute :

Considérant que depuis le commencement de l'année courante, il a été formé ou transmis dans Montpellier, un complot tendant à favoriser les projets hostiles des émigrés, déportés et autres ennemis de la république, en donnant à *facturer*, en recevant pour *facturer*, en facturant ou coopérant à la *facture* d'une quantité de *galettes*, en cachant ou conservant cette espèce de pain que les coupables destinoient à l'aliment exclusif des contre-révolutionnaires et à occasionner la famine des patriotes ;
Qu'Elisabeth Coste est convaincue d'avoir donné à *facturer*, caché ou conservé une partie de ces galettes ;
Que Lazuttes..., la veuve Ballard..., Rolland sont convaincus des mêmes faits et intention...

Huit autres accusés, non convaincus de l'intention, furent acquittés (1).

En m'envoyant un mémoire du greffier en chef sur ce jugement, un magistrat de la Cour de Montpellier, haut placé, m'écrivoit, le 29 décembre 1863 :

(1) Registres du tribunal criminel de l'Hérault, greffe de la Cour Impériale de Montpellier, compulsés en septembre 1864.

J'ai besoin de vous assurer que notre greffier est un homme exact et sérieux. Vous croiriez que quelque vieille légende attribue cette monstruosité à des cannibales en délire.

Plus tard, non sans surprise, j'ai copié moi-même, sur le registre et *in extenso*, ces motifs incroyables (1).

Le 8 floréal, sur la réquisition de l'administration de ce district, le tribunal se transporta à Béziers. Là, sur huit accusés, on en condamna quatre à mort : *Lasserre* père, la dame *Lasserre*, Jacques *Lasserre* fils, et un autre *Lasserre*, pour provocation au rétablissement de la royauté. Après avoir ainsi montré qu'ils étoient à la *hauteur*, les malheureux juges, voulant à la pureté des actes joindre la distinction des noms, signèrent :

Salsifis Gas, président;

Betterave Devic,
Tournesol Escudié, } juges.
Raisin Peytal,

Mais quand Robespierre eut quitté la scène politique, ces prénoms de sans-culottes quittèrent la feuille des jugements (2).

Tribunal criminel du Gard — Nimes.

Moins remarquable que celui de l'Hérault, sous le rapport du caractère des jugements, le tribunal criminel révolutionnaire du *Gard* l'emporta, de beaucoup, par le nombre des condamnations capitales : cent trente-six, au lieu de trente-trois. Il eut des *fournées* dont plusieurs approchèrent de celles de Fouquier-Tinville.

(1) Voy. note 1, page précédente.
(2) Dits registres.

La première audience est du 13 mai 1793. Un jugement, à cette date, ordonne « qu'un des deux placards affichés dans Nîmes et portant : « Vive le roi Louis XVII ! Mort aux 745 tirans ! » sera lacéré et brûlé sur la place publique par les mains de l'exécuteur des arrêts criminels. »

A la fin de mai commencent les affaires d'opposition au recrutement et de provocation au rétablissement de la royauté. Le tribunal, siégeant sans jury, prononce plusieurs acquittements. Ce n'est que le 1er nivôse (22 janvier 1794), au bout de plus de huit mois, que s'ouvrent les condamnations à mort. Pierre Duma est la première victime; condamné « sans défenseur, ouï les témoins et l'accusateur public, par le tribunal, opinant à haute voix (1). » Le représentant Boric ne tarda pas à confirmer les pouvoirs révolutionnaires du tribunal (2); puis, le décret du 27 germinal étant venu attribuer le jugement des conspirateurs des départements au tribunal de Paris, un arrêté du comité de salut public, du 26 floréal, ordonna que le tribunal de Nîmes, avec les mêmes membres, reprendroit ses fonctions (3).

Le 29 messidor et le 1er thermidor (le moment de la délivrance était proche), furent les jours les plus néfastes; 48 victimes en deux audiences; la fournée d'Autard père et de trente autres, le 29 messidor; celle d'Arnaud et de seize autres, le 1er thermidor; tous condamnés pour complots fédéralistes (4).

Le 14 thermidor, 6 condamnations capitales; ce sont les

(1, 4) Greffe de la Cour impériale de Nîmes, registres plumitifs du tribunal criminel du Gard, compulsés en septembre 1864.

(2) Tableau (incomplet) des tribunaux et commissions révolutionnaires établis sous la république. — Papiers du Comité de salut public, aux Archives de l'empire, AF', 22.

(3) Dits papiers; mêmes Archives; *ibid.*

dernières; la nouvelle de la chute de Robespierre étoit en chemin. Un arrêté du Comité de salut public, du 13 thermidor, envoyé par un courrier extraordinaire, défendit l'exécution des jugements rendus (1).

Après, le tribunal siégea, révolutionnairement, deux ou trois fois encore, mais ne prononça que des acquittements. Il y en avoit eu 13, le 21 prairial et 14, le 2 messidor : en tout une quarantaine contre 136 condamnations à mort.

Je n'oublie pas ici un louable décret de la Convention, appliqué deux fois par le tribunal. D'après ce décret, du 19 brumaire an II, les enfants, dont les père et mère avoient subi un jugement emportant la confiscation de leurs biens, devoient être reçus et élevés dans les hospices destinés aux enfants abandonnés. — Les personnes qui élevoient chez elles de ces enfants avoient droit à l'indemnité accordée par le décret du 19 août 1793.

Le 28 germinal, le tribunal criminel du Gard, ayant condamné à mort et à la confiscation des biens, Massabiau et six autres accusés, ordonna, en exécution de la loi du 19 brumaire, que leurs enfants seroient reçus et élevés dans les hospices. Le 5 prairial suivant, semblable décision pour les enfants, s'ils en ont, de Balmelle et Tortilia, condamnés aux mêmes peines (2).

J'arrive aux commissions de Marseille.

(1) Dits papiers du Comité.
(2) Greffe de la Cour impériale de Nîmes, déjà cité.

LA
JUSTICE RÉVOLUTIONNAIRE
A PARIS ET DANS LES DÉPARTEMENTS
D'APRÈS DES DOCUMENTS ORIGINAUX
LA PLUPART INÉDITS

(17 août 1792 — 12 prairial an III)

PAR M. CH. BERRIAT SAINT PRIX

Conseiller à la Cour impériale de Paris.

— N° X —

(Extrait du Cabinet historique)

Tribunal populaire, tribunal révolutionnaire, Commission militaire de Marseille (1).

Avec sa population, ses sentiments politiques, sa résistance armée à la Convention, Marseille ne pouvoit échapper à la justice révolutionnaire. Trois commissions *ad hoc* y furent établies successivement, en 1793 et 1794, par les représentants, précédées, elles-mêmes, d'un autre tribunal extraordinaire, dit tribunal *populaire*, que les sections de la ville avoient créé, poussées par les événements.

(1) Cette partie de mon travail a exigé des recherches infinies. Les dépôts publics de cette ville sont très-pauvres en documents originaux sur ces commissions. On verra ce que j'ai dû aux libérales communications, à Marseille, de MM. Augustin Fabre, de Crozet, Bouillon-Landais; à Aix, de M. Charles de Ribbe.

Le Tribunal populaire.

Avant la fin de juillet 1792, la démagogie avoit ensanglanté Marseille. Six personnes y avoient été pendues comme contre-révolutionnaires : la Cayole, *bouquetière;* Boyer, *marchand drapier;* Cadet, *dit* Beaucaire et Olivier, *maîtres d'armes;* le père Nuyrate et le père Taxi, *minimes* (1). Ces actes de la *justice du peuple,* comme on l'appeloit alors, sont confirmés, moins les noms, par *le Moniteur.*

Marseille, 24 juillet 1792 (2). — Notre ville est dans une telle agitation, qu'il y a trois jours que nous sommes sur pied; six aristocrates contre-révolutionnaires et prêtres réfractaires ont été pendus par le peuple; nous sommes toujours en expédition permanente pour d'autres qu'on va chercher aux environs où ils se sont réfugiés. Le 20, nous devions être victimes de ces infâmes conspirateurs... Le peuple n'a plus de patience... Malheur aux traîtres!

La journée du 10 août et la chute de la royauté, les massacres à Paris, Meaux, Reims, Caen, Couches, Lyon (3), ne calmèrent pas, on le comprend, les démagogues de Marseille et de ses environs. En peu de jours, jusqu'au commencement de septembre, il y eut douze nouvelles victimes, tant en cette ville que dans la petite cité de Manosque. A Marseille, Belan, *perruquier;* Begon, *carrossier;* Coudoulet père et fils; Camoin (4); Brémond l'Américain et Julien Brémond (5); Vasque, *le voilier;* — à Manosque, quatre ecclé-

---

(1) *Marseille depuis 1789,* par un vieux Marseillais (Lautard); 1844, 2 vol. in-8; t. I, p. 126, 140, 142.

(2) *Moniteur* du 2 août 1792, p. 903.

(3) Voy. M. Mortimer-Ternaux, *Histoire de la Terreur,* t. III.

(4) Lautard, déjà cité, t. I, p. 144, 150 à 154.

(5) *Histoire de Marseille,* par M. Augustin Fabre, 1829, 2 vol. in-8, t. II, p. 480.

siastiques, savoir : le curé de Ceyreste, le père Potion, *moine*, et deux autres prêtres (1).

Les honnêtes gens sortirent de leur torpeur, et c'est alors que fut institué le tribunal populaire, qualifié, à la Convention, de « tribunal de sang, dont les jugements étoient des assassinats. » Cette assemblée ne traita point de la sorte le tribunal extraordinaire établi à Nantes, en mars 1793, par les corps administratifs de cette ville, lors des premiers soulèvements de la Vendée (2).

On va voir la composition du tribunal *populaire*, les garanties qu'y trouvoient les accusés ; si les commissions, sorties du cerveau de Robespierre, avoient présenté la moindre partie de ces avantages, des milliers de victimes auroient eu la vie sauve.

L'initiative de la création de ce tribunal appartint à la section n° 1, de Marseille, bientôt appuyée « par toutes les « autres sections de la ville et des faubourgs ; il s'agissoit « d'établir provisoirement deux tribunaux populaires, pour « juger les prévenus de complots et conspirations contre la « liberté et l'égalité, etc. »

Le 11 septembre 1792, le conseil général de la commune, ouï Étienne Seytres, procureur-syndic, prit, à l'unanimité, une délibération en conséquence. Cette délibération (3), où d'abord est rappelée la pétition de la section n° 1, contient une espèce de code d'organisation et de procédure, en 18 articles, dont voici l'analyse :

Les 24 sections de la ville et des faubourgs devoient nommer 48 commissaires, pour composer, de 24 membres chacun, le tribunal d'accusation et le tribunal de jugement. Articles 1 et 2.

(1) Voir la note 4, page précédente.
(2) *Cabinet historique*, 1865, p. 138.
(3) Cabinet de MM. de Crozet et Bouillon-Landais, à Marseille ; placard à trois colonnes de l'imprimerie d'Auguste Mossi, 1792.

Ces deux tribunaux nommeroient, à la pluralité des voix, leur président et leur greffier. Art. 3.

Pour opérer une arrestation, il falloit une réquisition signée par trois membres au moins du tribunal d'accusation. Art. 4.

Ce dernier tribunal, composé de la moitié, au moins, de ses membres, recevroit, par écrit, les déclarations des dénonciateurs et des témoins. *Ibid.*

Les trois quarts, au moins, des membres — ou 18 — étoient nécessaires pour déclarer l'accusation. Art. 5.

Devant le tribunal de jugement (18, au moins, des membres présents), étoient ouïs oralement, dans la huitaine, les dénonciateurs, les témoins, le prévenu, son défenseur officieux; le jugement étoit rendu, sans désemparer, publiquement, et motivé. Art. 8 à 11.

Les délits contre la liberté et l'égalité, les complots contre-révolutionnaires étoient seuls de la compétence du tribunal populaire; pour les autres, l'accusé devoit être envoyé devant les tribunaux ordinaires. Art. 13.

Les peines à appliquer n'étoient pas déterminées; le conseil faisait seulement observer que le crime de complot contre-révolutionnaire devoit être expié par la mort. Art. 17.

Le conseil terminoit en invitant les citoyens au calme, à la modération, à attendre la décision du tribunal populaire. Art. 18.

Tel étoit le tribunal *populaire*; aucun tribunal ou commission extraordinaire de la Terreur ne présenta, et de bien loin, de semblables éléments.

Le 26 septembre, les 48 commissaires élus se réunirent dans l'église de Sainte-Jaume (1). Le 1er octobre, ils prêtèrent serment et furent officiellement installés par le maire, qui, de son côté, jura d'obéir à leurs jugements. Les noms de ces élus ont été conservés (2), et plusieurs se retrouvent parmi les victimes du tribunal de Maillet et de la commission de Brutus.

Le 5 octobre, sur la provocation du procureur Seytres, le corps municipal, par un arrêté spécial, étendit la compétence des deux tribunaux :

(1, 2) Cabinet de M. Bouillon Landais; placards des 25 septembre et 1er octobre 1792.

Aux provocations au meurtre;
Aux incendies et pillages;
Aux destructions de clôture;
Aux attentats à la propriété, à la sûreté des personnes (1).

Enfin, le 12 octobre, le tribunal d'accusation faisoit afficher une adresse au peuple, motivée sur des listes de proscription qui alors circuloient dans la contrée (2).

Un évènement aussi considérable que celui de la création du tribunal populaire n'a pas trouvé place dans les registres du corps municipal de Marseille (3) : il ne faut pas trop s'en étonner; ces registres sont presque muets sur l'affreuse peste qui dépeupla la ville en 1720 (4).

Quoi qu'il en soit, le tribunal d'accusation ne tarda pas à donner signe de vie. Au moment de son installation, il y avoit 27 détenus à juger (5). Presque tous furent mis en liberté, du 13 au 16 octobre (6). Il ne paroît pas qu'alors on se fût occupé des actes de *la justice du peuple*; mais les massacres devoient se renouveler, et, par suite de l'inertie du tribunal criminel, amener l'intervention sérieuse du tribunal populaire.

En effet, le vénérable abbé Olive, âgé de 84 ans, curé à Marseille, et qui, après avoir quitté la ville, avoit eu l'imprudence d'y revenir un moment, fut, dès son retour, le 23 janvier 1793, pendu, en plein jour, rue Canebière. Bientôt après, à Salon, des propriétaires, les sieurs Bedoin, Gi-

---

(1) Même cabinet, in-8 de 6 pages, 5 octobre 1792.

(2) Même cabinet, placard imprimé du 12 octobre 1792.

(3) Lettre de M. de Crozet, du 25 septembre 1864; *idem* de M. Bouillon-Landais, du 24 octobre suivant.

(4) Dite lettre de M. de Crozet.

(5) Placard du 12 octobre, cité note 2.

(6) *Journal des départements méridionaux*, Marseille 1792, in-4, n° 97, 16 octobre; Bibliothèque impériale, collection La Bédoyère. — M. Fabre, t. II, p. 483.

raud et Rosier furent aussi expédiés; puis, à Marseille, le père Rolland, *carme*, ne tarda pas à subir le même sort (1). Ces crimes étoient attribués à une bande de sans-culottes assassins dont les deux frères Savon étoient signalés comme les chefs. Le tribunal criminel des Bouches-du-Rhône, qui siégeoit à Marseille, au lieu de remplir son devoir, demeura dans une coupable inaction. A cette époque, en étoient les principaux membres : *Maillet*, président; *Giraud*, accusaeur public; *Chompré*, greffier; élus le 27 novembre 1792, par l'assemblée électorale, installés le 28 (2); nous les retrouverons, avec les mêmes fonctions, au tribunal révolutionnaire. La couleur politique de ces hommes suffit pour expliquer leur inertie jusqu'au commencement de février 1793; dès ce moment, cette inertie fut comme légitimée par le honteux décret du 8 février, provoqué à la Convention par les Jacobins, et qui « ordonna la suspension provisoire des procédures relatives aux évènements des premiers jours de septembre 1792 (3). » Après le 31 mai, lorsque la Gironde eut disparu, la sainte Montagne acheva son œuvre; en juin et juillet, toutes ces procédures furent annulées, et les égorgeurs de septembre, à Paris et à Meaux, rendus à *la liberté* (4)!

Toutefois les assassinats de Marseille n'étoient pas demeurés impunis. Le 15 avril 1793, sur la réquisition des représentants Bayle et Boisset, les deux frères Savon avoient été

---

(1) Lautard, t. I, p. 178, 221.

(2) Greffe de la Cour impériale d'Aix; registre des procès-verbaux d'audience du Tribunal criminel des Bouches-du-Rhône, novembre 1792. — Extraits de M. Charles de Ribbe, du 3 juillet 1860.

(3) *Moniteur* du 10 février 1793, p. 190-92. Là se trouve, *in extenso*, la cynique pétition des Jacobins, la discussion et le décret qui la suivirent.

(4) Décrets des 16 juin et 17 juillet 1793; collection des lois, dite *du Louvre*, in-4, t. XIV, p. 737; t. XV, p. 138.

arrêtés et renfermés au fort Saint-Jean (1), et leur procès commencé. Bientôt, par suite des mouvements fédéralistes de Marseille, ces représentants, obligés de quitter cette ville, prenoient, le 2 mai, à Montélimar, un arrêté qui cassoit le tribunal populaire et la commission centrale (2).

Les sections ne se laissèrent pas intimider; avant le 11 mai elles se réunirent et renouvelèrent les pouvoirs du tribunal et du comité central; on réinstalla ces deux autorités avec pompe; la ville fut illuminée (3).

Le 15 mai, Jean et Laurent Savon et Amand Gueit, un de leurs complices, étoient condamnés à mort par le tribunal, comme assassins, et, le lendemain, le jugement étoit exécuté sur la plaine de Saint-Michel (4). Lors de ce jugement et de cette exécution, quelle fut l'attitude de Giraud et de Maillet (celui-ci, le 18 mai, présidoit encore le tribunal), je l'ignore; mais il est permis de supposer qu'il y eut, de leur part, quelque manifestation, car, dès le 20 mai, au matin, tous les deux étoient arrêtés (5), puis détenus jusqu'à l'entrée de Cartaux.

Cependant les sections réclamèrent auprès de la Convention; le 25 mai, elles faisoient présenter à sa barre une adresse contre les représentants en mission qui, « à Marseille, ne s'étoient entourés que de factieux et de désorganisateurs (6). »

(1) Journal déjà cité, p. 181, note 6; n° 177, du 20 avril 1793.

(2) *Moniteur* des 14 et 22 mai 1793, p. 588, 616.

(3) *Idem* du 22 mai, p. 616.

(4) Lautard, t. I, p. 223. Le *Moniteur* du 27 novembre, p. 635, annonce « l'exécution du fameux Savon » et la reporte au 15 mai.

(5) Registre d'audience du Tribunal criminel; lettre de M. Ch. de Ribbe, 3 juillet 1866, déjà cités. — Le greffier Chompré fut arrêté à son tour, mais ne fut détenu que peu de temps; en juillet 1793, il reprenoit ses fonctions au Tribunal criminel. *Ibid*.

(6) *Moniteur* du 27 mai 1793, p. 637.

Marseille et son tribunal furent vertement traités par Barère et Thuriot (1). Le 19 juin, sur le rapport de Rival, la Convention cassa définitivement le tribunal populaire et le comité central de Marseille, et déclara hors la loi leurs membres s'ils persistoient à exercer leurs fonctions (2).

Au lieu de se soumettre, comme ils le devoient, les Marseillais se révoltèrent. Ils formèrent un corps de troupes qui marcha sur Lyon, et se heurta à Orange contre plusieurs bataillons détachés de l'armée assiégeante, sous les ordres du chef de brigade Cartaux (3).

En attendant, le tribunal populaire continuoit de juger. Le 3 juillet, il condamnoit à mort Barthélemy, *savonnier*, et, le 10, Paulet (4). Puis les corps administratifs de la ville (27 juillet, 19 août 1793) prescrivoient la fusion des deux sections du tribunal (5). Enfin, jusqu'à la veille (24 août) de l'entrée de Cartaux, étoient condamnés : Grimaud, Bazin et Abeille, plus Arbaud et sept autres, *dits* de la bande d'Aix; Lautart (6), qui rapporte le fait, ne donne pas les noms.

(1) Barère disoit le 25 mai : « Une révolution s'est opérée à Marseille; des aristocrates, des modérés, des gens riches se sont emparés des sections. »

Thuriot disoit le 6 juin : « Le tribunal élevé dans Marseille est un tribunal de sang qui incarcère arbitrairement tous les amis de la révolution; qui ne juge pas, mais qui assassine les patriotes. »

Puis le 7 juin : « Nous avons tous la conviction qu'un tribunal qui s'est formé lui-même n'est pas un tribunal et que ses jugements sont tous des assassinats. »

Enfin, le 17 juin, le même Thuriot, revenant sur le tribunal soi-disant *populaire* accusé d'immoler tous les jours les patriotes du 10 août (les assassins du curé Olive!), demandoit que ses membres fussent mis hors la loi et qu'il fût permis à tout patriote de courir sus. — *Moniteur* des 27 mai, 7, 8 et 20 juin 1793, p. 638, 684, 687, 738.

(2) *Moniteur* du 21 juin, p. 744.

(3) *Idem* du 24 juillet, p. 880; lettre d'Albitte à la Convention.

(4, 6) Lautard, t. 1, p. 226.

(5) Jugement Clastrier, rendu par Maillet le 26 septembre 1793; Archives de l'empire, BB. 72-1, *Bouches-du-Rhône*.

Quelque temps après, Poultier et Rovère écrivoient à la Convention que ces huit condamnés étoient « morts en chantant la Marseillaise; » l'assemblée décréta (1) qu'un monument leur seroit élevé dans le jardin du Palais national, et elle chargea son comité d'instruction publique de recueillir les circonstances de ce trait sublime et *les noms* de ces héros (2).

Un mois plus tard, 21 Girondins mouroient aussi en vrais républicains, et la Convention ne donnoit pas un regret à leur fin patriotique.

Quant aux jugements du tribunal populaire, je les ai vainement recherchés, et j'ignore s'ils existent quelque part; les indications suivantes, touchant huit audiences tenues et treize individus jugés par ce tribunal, peuvent être présentées comme authentiques (3).

Le 15 mai 1793, Jean Savon, Laurent Savon, Auguste Gueit, condamnés à mort; Alexis Roman, à 10 ans de fers;
Le 3 juillet, Louis Barthélemy, condamné à mort;
Le 30, Jacques Ebrard, à 6 mois de détention;
Le 3 août, Joseph Chastagnier, à 3 ans de détention; Guillaume Cauvière et Etienne Lejourdan, acquittés;
Le 4, Elisabeth Taneron, 12 ans de fers;
Le 8, Joseph Pourcel, 1 an de détention;
Le 12, Louis Carbonel, 1 an de détention;
Le 14, Benoît Raybaud, 2 ans de détention.

Reprenons la suite des événements :

Vers la fin d'août, il y eut à Marseille un engagement sé-

(1, 2) 19 septembre 1793; *Moniteur* du 21, p. 1120; Collection des lois, dite *du Louvre*, in-4, t. xv, p. 903.

(3) Greffe de la Cour impériale d'Aix; cahier intitulé : *Répertoire des jugements rendus par la Commission militaire en l'an II*^{me}. Ce cahier contient les noms des personnes jugées, en pluviôse et ventôse, par Leroy *dit* Brutus. Le scribe, à son insu, y a mêlé ceux des 13 individus que je cite avec la date des jugements, tous antérieurs à l'entrée de Cartaux à Marseille, et appartenant, par conséquent, au « Tribunal populaire. » — Communication de M. Ch. de Ribbe, d'Aix.

rieux. La section des *Prêcheurs*, dite *le n° 11*, et qui étoit composée de jacobins du plus bas étage, s'étoit soulevée. Elle avoit deux pièces de canon. La garde nationale fut obligée, le 24 août, de la bombarder de la rue Canebière jusque dans l'église des Prêcheurs; vaincue, la section n° 11 quitta Marseille et fut se réunir à l'armée de Cartaux (1).

Ce combat motiva, plus tard, nombre de condamnations capitales prononcées par le tribunal de Maillet, et par celui de Brutus : « tel contre *le n° 11* ; tel ayant prêché l'égorgement *du n° 11*, » etc.

En effet, Cartaux, à ce moment, se trouvoit aux portes de Marseille, après avoir, quelque temps auparavant, et grâce à Napoléon Bonaparte, repris Avignon sur les Marseillais.

Du Pont-Saint-Esprit, Cartaux et ses bataillons suivirent, en descendant, les deux rives du Rhône; avec eux étoit le lieutenant Bonaparte, qui commandoit l'artillerie de la colonne de droite. Le 25 juillet, on arriva devant Avignon, où s'étoient repliés les Marseillais. Entré, sans coup férir, à Villeneuve, avec sa colonne, Bonaparte mit en batterie ses deux pièces de 4, et les pointa lui-même sur l'artillerie des Marseillais, forte et nombreuse, postée sur le rocher d'Avignon. Du premier coup, un canon des rebelles fut démonté; du second un de leurs artilleurs tué, un autre estropié; la ville ne tarda pas à se rendre (2). Ce fut là, dit-on, un des premiers faits d'armes du grand homme, que devoit bientôt effacer la reprise de Toulon.

Cartaux mit, un certain temps, à pénétrer jusqu'à Mar-

(1) Lautard, t. 1, p. 269 et suiv. — *Moniteur* du 13 septembre 1793, p. 1086.

(2) Mourreau (de Vaucluse) : *Napoléon Bonaparte, lieutenant d'artillerie*, 1821; in-8, cité par A. Mahul, *Annuaire nécrologique*, 1822, p. 24; De Coston, *Biographie des premières années de Napoléon*, 1840, 2 vol. in-8, p. 250 à 255.

seille ; il n'avait plus avec lui Napoléon Bonaparte, retenu par la maladie. Le 25 août, Cartaux fit son entrée à Marseille avec Albitte et plusieurs autres représentants (1) qui ne tardèrent pas à agir avec vigueur. 500 prisonniers *dits* républicains furent mis en liberté ; les anciens fonctionnaires rappelés ; leurs armes rendues aux bons citoyens, surtout à ceux de la *section* n° 11 ; les autres désarmés ; les scellés mis sur les biens des individus hors la loi ; enfin, un tribunal criminel révolutionnaire institué (2). Les événements, il faut le reconnaître, ne poussoient pas les représentants à la clémence ; en juillet, les sections de Toulon avoient emprisonné les représentants Pierre Bayle et Beauvais ; à la fin d'août elles livrèrent la ville et le port aux Anglais ; Louis XVII fut proclamé, la cocarde et le drapeau blancs arborés (3).

Le Tribunal révolutionnaire — Maillet — 1ʳᵉ *époque.*

Des arrêtés d'Albitte, Salicetti et Gasparin (25 et 26 août 1793) (4) établirent un tribunal révolutionnaire à Marseille ; il étoit ainsi composé :

Maillet cadet, *président* ;

Leclerc,
Courmes,
Bompard, } *juges* ;
Brogy,
Rouedy,
Maurin,

---

(1) *Moniteur* du 2 septembre 1793, p. 1034 ; Lettre d'Albitte et autres, du 28 août.
(2) *Idem* du 6 septembre, p. 1056, 1057 ; autre lettre des représentants du 29 août.
(3) *Idem* du 11 septembre, p. 1078.
(4) Registre des jugements du Tribunal criminel des Bouches-du-Rhône, à ces dates ; Lettres de M. Ch. de Ribbe, des 19 juin et 3 juil. 1866.

Giraud, *accusateur public*;
Chompré, *greffier* (1).

Ainsi, à leur sortie de prison, Maillet et Giraud étoient placés à la tête du tribunal où devoient paroître leurs ennemis personnels. Voilà comment étoient choisis les juges révolutionnaires; leurs actes doivent-ils nous étonner ?

Installé, dès le 26 août (2), Maillet, le 28, condamnoit à mort Joseph Laugier, l'un des présidents du tribunal populaire (3).

Sa manière de procéder étoit celle des commissions révolutionnaires; on lisoit l'acte d'accusation, quand il y en avoit un; l'accusé étoit interrogé; l'accusateur public entendu; les juges, au nombre de trois, quelquefois de quatre, y compris le président, opinoient à haute voix, et le jugement étoit prononcé.

Durant la première époque, du 28 août 1793 au 29 nivôse an II (17 janvier 1794), Maillet tint soixante séances et jugea 528 personnes; 162 furent condamnées à mort, 39 aux fers, 25 à la réclusion, 19 à la détention ou à la gêne, 5 à la prison; 278, plus de la moitié, furent acquittées (4). Il faut observer que le plus grand nombre de ces jugements est antérieur à la déclaration du gouvernement révolutionnaire (14 frimaire); à ce moment où, partout, et comme obéissant à un signal mortifère, les juges extraordinaires, à l'envi, redoublèrent de rigueur. Un historien contemporain de Marseille a dissimulé la mansuétude relative de Maillet, tant

(1, 3) Archives de l'empire, BB. 72-1, *Bouches-du-Rhône*. Là se trouvent presque tous les jugements en placard de Maillet, première et deuxième époque; plus des listes, tant imprimées que manuscrites, des condamnés et des acquittés pour la première époque seulement.

(2) Voir la note 4, page précédente.

(4) Dits placards et listes imprimés, y compris le 26 nivôse; les deux derniers jugements, 27 et 29 nivôse, ne sont que sur les registres du Tribunal criminel, à Aix. Lettre de M. Ch. de Ribbe, du 19 juin 1866.

la vérité est comprimée par la passion politique. « A la fin « de 1793, dit Lautart (1), Maillet avoit expédié 162 pères « de famille et prononcé de *rares* acquittements (278) pour « simuler l'impartialité. »

Après Laugier, d'autres membres du tribunal populaire furent sacrifiés; le 21 septembre, Louis Maiffredy, président de la chambre de jugement; le 20, Nicolas Clastrier, membre de la chambre d'accusation (2). Plusieurs personnes, Barles, 14 nivôse; Dechame, 23 nivôse, furent aussi condamnées à mort pour avoir déposé comme *témoins* au même tribunal (3).

Les exécutions avoient lieu avec appareil; les condamnés alloient à la mort revêtus d'une chemise rouge; il y en eut de transférés ailleurs; Bertet et Mériaud, hommes de loi d'Aix, exécutés en cette ville, le 2 octobre 1793 (4). Voici, sur ces exécutions ce qu'écrivoit, à Payan (la créature de Robespierre), le citoyen Benet, qui fut ensuite greffier de la commission d'Orange (5) :

Marseille, quintidi frimaire an II.

Encore un *triomphe* de la liberté sur l'esclavage, de la raison sur le fanatisme, mon cher procureur général; un ci-devant prêtre, curé de Salon, passe sous mes fenêtres, *en robe rouge*, conduit par la gendarmerie... Devine où va le cortége?.. Demain, on *en annonce* sept ou huit; après-demain, *relâche au théâtre*. Mon ami, l'esprit public se vivifie dans cette commune; la liberté, l'égalité commencent à y établir leur empire, etc.

BENET.

Au nombre, à la solennité de leurs exécutions, il semble que Maillet et Giraud remplissoient à souhait leurs devoirs

(1) *Marseille depuis* 1789, t. I, p. 327.
(2, 3, 4) Dits placards des Archives.
(5) *Papiers trouvés chez Robespierre, Saint Just, Payan*, etc., 1828, in-8, t. I, p. 187.

de justiciers; bien loin de là, considérés comme les ayant *trahis*, ils furent emprisonnés et envoyés au tribunal de Paris, où Fouquier-Tinville leur fit leur procès. Cette affaire, que je vais analyser, doit jeter quelque lumière sur la Terreur et sa justice, car elle démontre que, comme je l'ai déjà dit (1), les juges révolutionnaires n'obéissoient pas uniquement à leur fanatisme personnel; que, souvent, ils étoient, en outre, contraints par la pression abominable des représentants en mission (2).

Maillet et Giraud, qui avoient été emprisonnés par les fédéralistes; qui avoient envoyé à l'échafaud 162 personnes, revêtues de la chemise rouge des assassins et des empoisonneurs (3), furent donc traités de conspirateurs, remplacés par une commission militaire, et traduits au tribunal révolutionnaire de Paris, par un arrêté de Barras et Fréron, daté de Port-la-Montagne (Toulon), le 17 nivôse an II (4).

L'arrestation de nos deux conspirateurs ne fut pas immédiate; c'est le 3 pluviôse, seulement, qu'ils furent conduits à Paris, de brigade en brigade, sur l'ordre du général Lapoype, qui commandoit la place de SANS NOM (5). Marseille, pour le dire en passant, devoit à ses proconsuls cette appellation magnifique, laquelle ne dura pas longtemps; par un décret du 24 pluviôse (6), la Convention ordonna que cette commune conserverait son nom de Marseille.

Le 8 pluviôse, Maillet et Giraud arrivoient à Commune-

(1) *Cabinet historique*, 1863, p. 248.
(2) On a vu, dans l'article précédent, qu'à Perpignan, en pluviôse, Milhaud et Soubrany ordonnèrent l'arrestation de la première commission militaire, qui *jugeoit* avec *trop de lenteur*.
(3) Code pénal de 1791, tit. Ier, art. 4.
(4, 5) Procès de Maillet, Archives de l'empire, W, Trib. de Paris, carton 329, dossier 545, pièce 3.
(6) Collection Baudouin, in-8, t. XLII, pluviôse an II.

Affranchie (1); le 17, à Paris, ils étoient écroués à la Conciergerie, en vertu d'un mandat d'arrêt de Fouquier-Tinville (2), et leur procès commençoit. Dans une lettre, signée Barras et Fréron, datée du 6 pluviôse an II, de Marseille (3), ils étoient accusés :

D'avoir été les instigateurs des derniers troubles de Marseille, les 12, 13 et 14 frimaire, suivis de l'état de siége;
D'avoir soustrait à l'échafaud des contre-révolutionnaires, et notamment Larguier, substitut de la commune à Marseille, l'ami intime et le correspondant de Barbaroux, condamné seulement à la détention. On eût dit que la guillotine n'avoit de tranchant que pour les non-nobles. — Les gros négociants qui, par leurs trésors, avoient alimenté la guerre civile, se promenoient tranquillement... sûrs de leur impunité...
Giraud, étoit, en outre, prévenu de correspondance avec les émigrés...

Le 18 pluviôse, sans tarder, Fouquier interroge les deux accusés (4).

Maillet répond qu'il a dénoncé Barbaroux comme un mandataire infidèle ; que, loin d'avoir excité le fédéralisme, il a été, lui-même, plongé dans les cachots par les contre-révolutionnaires de ce parti..... que ses fers n'ont été brisés qu'à l'arrivée, à Marseille, de l'armée de la République.

Giraud répond aussi qu'il a été incarcéré, pendant trois mois, par les fédéralistes.

Les 25, 26 et 27 pluviôse, Fouquier instruit, et il entend *vingt-cinq* témoins (5), parmi lesquels *huit* représentants, tous favorables à Maillet et à Giraud; tous célébrant leur patriotisme. Le Blanc, représentant, entre autres (6), déclare « que Maillet et Giraud avoient été jetés dans les cachots du

---

(1, 2, 3) Procès de Maillet, pièces 3, 2, 4.
(4) Dit procès, pièces 14 et 13.
(5) *Ibidem*, pièces 9, 10, 11, 12.
(6) *Ibidem*, pièce 12.

« fort Saint-Jean ; que leur perte étoit résolue, et que si
« Cartaux avoit tardé de quelques jours ils auroient été
« envoyés à l'échafaud par le tribunal hors la loi. »

En lisant une telle information, l'on s'attend à voir les portes de la Conciergerie s'ouvrir. Au lieu d'y conclure, Fouquier dressa un acte d'accusation calqué sur la lettre de Fréron et dans lequel aucun témoignage favorable aux prévenus n'étoit même indiqué (1).

Pour leur justification, Maillet et Giraud publièrent un mémoire (2) dans lequel ils faisoient valoir leurs 162 condamnations capitales ; puis, le 5 ventôse, ils parurent devant le tribunal que présidoit Coffinhal. Ils y firent entendre seize témoins (3), et le jury, sur toutes les questions, les déclara non coupables (4).

Le 8 ventôse, ils se présentoient à la barre de la Convention ; là, séance tenante, un décret (5) annulant l'arrêté des représentants qui les avoit traduits au tribunal révolutionnaire de Paris, les renvoyoit à leurs fonctions. Avant de partir, Maillet et Giraud songèrent à se *retremper;* ils allèrent fraterniser, d'abord au club des *Jacobins* (6), où Maille prononça son propre panégyrique, puis à celui des *Cordeliers* (7), qui les reçut au nombre de ses membres. Ils retournèrent, plus tard, à Marseille, où déjà avoit été remplacée la commission militaire, dont je vais maintenant parler.

(1) *Ibidem*, pièce 17.
(2) *Mémoire justificatif* des citoyens Maillet, président, et Giraud, accusateur public, etc., in-8 de 19 pages. — Biblioth. impér.
(3, 4) Procès, pièces 10 et 18.
(5) Collection des lois, dite *du Louvre*, in-4, t. VII, p. 522.
(6) Le 8 ventôse ; *Moniteur* du 12, p. 653.
(7) Le 17 ventôse ; *Moniteur* du 21, p. 692.

La Commission militaire.

La justice révolutionnaire ou, comme on l'appeloit, la vengeance nationale, n'était pas intermittente. Maillet, on l'a vu, présidoit encore son tribunal révolutionnaire le 20 nivôse et, le 1ᵉʳ pluviôse, étoit installée, à sa place, la commission militaire créée par Barras et Fréron. Cette commission pouvoit juger, au nombre de trois juges, sans accusateur public, par conséquent sans acte d'accusation (1); elle étoit ainsi composée :

Leroy, *dit Brutus, président*;

Lefevre,
Thiberge,
Lépine,
Vaucher,
} *juges*;

Elie Martin, *greffier* (2).

Installée le 1ᵉʳ pluviôse an II (3), elle tint dix audiences (4) et jugea 217 personnes; 123 furent condamnées à mort; une seule à la détention; 93 furent acquittées (5).

Comme Lacombe à Bordeaux, Brutus, à Marseille, étoit *expéditif*; le représentant Moïse Bayle l'atteste (6) :

« Cette commission, composée de six membres, jugeoit à trois, sans accusateur public ni jurés; elle faisoit monter de la prison ceux qu'elle vouloit envoyer à la mort. Après leur avoir demandé leur nom, leur profession et quelle devoit être leur fortune, on les

(1) Arrêté du 17 nivôse an II; placard imprimé du cabinet de M. de Crozet.
(2) *Ibidem*, même placard.
(3) Lettre de la Commission, *Moniteur* du 6 germinal an II, p. 750.
(4) Les 4, 7, 11, 13, 21, 26, 29 pluviôse; 8, 9 et 10 ventôse an II.
(5) Dit *Répertoire* du greffe d'Aix, déjà cité; — liste manuscrite des personnes guillotinées; Commission militaire; cabinet de M. Augustin Fabre, juge de paix à Marseille. — Lautard, t. I, p. 372.
(6) *Mém. sur les massacres du Midi*, par Fréron, 1824, in-8, p. 350-351.

faisoit descendre pour être placés sur une charrette qui se trouvoit dans la cour du palais de justice. Les juges paraissoient ensuite sur le balcon, d'où ils prononçoient la sentence de mort. Telle étoit la méthode *expéditive* imaginée par Fréron. »

En effet, de Marseille, le 5 pluviôse, Fréron écrivoit au même Moïse Bayle (1) :

La commission militaire, que nous avons établie, à la place du tribunal révolutionnaire, *va un train épouvantable* contre les conspirateurs... les riches négociants et les fédéralistes. Quatorze ont déjà payé de leur tête leurs infâmes trahisons; ils tombent comme la grêle sous le glaive de la loi. Demain, seize *doivent* encore être guillotinés; presque tous chefs de légions, notaires, sectionnaires, membres du tribunal populaire, ou ayant servi dans l'armée départementale. En huit jours, la commission militaire fera plus de *besogne* que le tribunal n'en a fait en quatre mois. Demain, trois négociants dansent aussi la carmagnole; c'est à eux que nous nous attachons, etc.

A ces témoignages, la Commission, elle-même, ajoutoit le sien, en adressant, vers la fin de ventôse, à la Commune de Paris, la lettre suivante, qui fut lue à la séance du 3 germinal, puis insérée au *Moniteur* (2) :

La commission militaire (établie à Marseille) vous adresse 10 exemplaires de chacun des jugements rendus par elle contre les scélérats fédéralistes et contre-révolutionnaires qui ont tenté d'opérer la contre-révolution dans les départements méridionaux.
Vous verrez que depuis son installation (le 1ᵉʳ pluviôse), elle n'a pas perdu un instant.
La vengeance nationale est ici à l'ordre du jour; la terreur est dans l'âme des lâches, des aristocrates et des modérés. Le glaive de la loi nous est confié : il frappe journellement les têtes coupables; il n'en échappera aucune, nous vous l'assurons; PLUS LA GUILLOTINE JOUE, *plus la République s'affermit*. Le sang des scélérats, des ennemis de la patrie *arrose les sillons* du Midi ; leurs corps *fertilisent les champs;* la terre a soif de ces monstres.

(1) Voir la note 6, page précédente.
(2) *Moniteur* du 6 germinal an II, p. 730.

Nous travaillons sans relâche à faire *disparaître*, dans les départements méridionaux, tous ceux qui ne veulent pas de la liberté, qui méprisent l'égalité, qui rejettent l'unité et l'indivisibilité de la République, qui n'aiment pas la Convention nationale et la sainte Montagne, qui craignent les jacobins et tous les sans-culottes nos frères.

Ça va bien, ça ira bien mieux dans peu de temps.

Après cette lecture, que fit la Commune? La Commune *applaudit vivement* aux *expressions* de cette lettre, et arrêta l'affiche des jugements annoncés (1).

Quelque temps auparavant, Brutus avoit été plus modéré, ou si l'on veut moins sincère; voici ce qu'on lit dans le *Journal de Marseille* (2):

Le 17 pluviôse, à la Société populaire de sans nom, Brutus, président de la commission militaire... a sommé tous les patriotes d'éclairer la commission par les renseignements les plus exacts. Il a déclaré, au nom de la commission, que si elle applique avec inflexibilité la loi aux coupables, il seroit bien plus consolant pour elle d'avoir à élargir des innocents.

Très-peu de jugements de cette commission sont venus jusqu'à nous: le suivant est l'un des principaux; l'on y trouvera aisément la méthode dite *expéditive*:

Jugement rendu en présence du peuple par la commission militaire (3).

Au nom de la République française,

Les membres de la commission militaire établie à Marseille, par arrêté des représentants du peuple dans les départements méridionaux, en date du 17 nivôse, pour juger définitivement, sans appel de jurés et sans recours en cassation, les contre-révolutionnaires qui ont conspiré l'année dernière, etc.

---

(1) *Moniteur, ibidem.*
(2) 1793, in-8, n° 62, 25 pluviôse an II, Biblioth. impér., collection La Bédoyère.
(3) Cabinet de M. de Crozet; placard de l'imprimerie de Jouve et C⁰, à Marseille.

Attendu qu'il résulte des dénonciations (1) et de la vérification des pièces produites (2) contre les prévenus ci-après nommés, ainsi que de leurs propres aveux (3), qu'ils sont coupables d'avoir porté les armes contre la République, d'avoir présidé dans les sections ou occupé des postes civils dans les autorités contre-révolutionnaires et fédéralistes *dans* lesquelles on complotoit l'envoi de troupes contre la Convention......

Attendu qu'ils ont pris part et signé des délibérations liberticides... que d'autres ont fourni de l'argent pour payer des troupes rebelles ;

Interrogatoires subis, réponses des accusés entendues (4),

La commission populaire, d'après l'opinion prononcée à haute voix, par J. Lefébre, J. F. Lespine, Charles Thiberge, Fr. Vaucher, membres, et Brutus, président de la commission ;

A condamné à la peine de mort (avec confiscation des biens) les nommés ci-après, tous convaincus du crime de contre-révolution.

(Suivent les noms de 23 personnes, avec les motifs en abrégé de la condamnation ; il en est de très-vagues, tels que : « ayant signé des actes liberticides. Sur ces 23 personnes, il y avoit :

1 octogénaire,
1 septuagénaire,
1 ouvrier,
1 noble,
1 commis,
6 négociants ou fabricants,
3 prêtres ou religieux,
7 propriétaires,
1 magistrat,
1 officier ministériel.

Après sont les textes appliqués, y compris le décret du 27 mars 1793, qui mettoit *hors la loi* les aristocrates et les ennemis de la révolution ;

Puis les acquittements : 20 personnes, parmi lesquelles

3 jeunes filles,

(1) Quelles dénonciations?

(2) Quelles pièces?

(3) Quels aveux? Rien d'indiqué, rien de précis, et pas un procès-verbal cité, pas un témoin oui, malgré la disposition impérative du décret du 19 mars 1793, art. 3, sur les Commissions militaires.

(4) Point de défenseurs, bien entendu.

1 Polonais,
1 Irlandais,
1 Génois.

Le jugement est terminé par de patriotiques exhortations aux « acquittés, qui vont reprendre le titre glorieux de citoyens français, etc. »

Enfin, le commandant de la place étoit chargé de faire mettre sur le champ à exécution le jugement.

Fait à Marseille, le 8 ventôse an II, signé Brutus, Lefèvre, etc.

A son tour, la commission Brutus fut remplacée par le tribunal de Maillet. — 2e époque.

Le tribunal révolutionnaire. — Bompard et Maillet. — 2e époque.

Peu de temps après l'acquittement de Maillet et de Giraud, les membres de la commission Brutus donnèrent leur démission (1). Maignet, alors en mission dans les départements des Bouches-du-Rhône et de Vaucluse, prit, le 23 ventôse an II, un arrêté par lequel, après avoir exalté l'acquittement de Maillet et de Giraud, il rétablit le tribunal révolutionnaire qu'avoit remplacé la Commission militaire, et le composa de ses anciens membres, « qui feroient tomber le glaive de la « loi avec la promptitude de la foudre sur la tête de tous les « coupables, mais l'éloigneroient avec une religieuse atten- « tion de la tête de tous les innocents. » En attendant l'arrivée de Maillet et de Giraud, le tribunal choisiroit son président (ce fut Bompard), et les fonctions d'accusateur public seroient remplies par le citoyen Riquier, président du tribunal du district. On devoit juger révolutionnairement, au nombre de trois membres, et entrer en fonctions dès le lendemain, 24 ventôse (2).

(1, 2) Arrêté de Maignet, du 23 ventôse an II ; placard imprimé du cabinet de M. de Crozet.

Aussitôt rétabli, le tribunal révolutionnaire se mit à la besogne; il étoit provisoirement ainsi composé :

Bompard, ancien *suisse* de l'abbaye Saint-Victor (1), *président*;
Brogy, \
Rouedy, } *juges*;
Maurin, /
Riquier, ancien maître d'école (2), *accusateur public*;
Chompré, *greffier*.

Du 25 ventôse au 10 germinal, il tint 10 séances (3) et jugea 197 personnes : 66 furent condamnées à mort, 7 à la déportation, 5 aux fers, 5 à la réclusion, 9 à l'amende; y eut 105 acquittements (4).

Quelques-uns des jugements de Bompard méritent d'être cités :

Le 26 ventôse, sous la présidence de cet ancien Suisse, étoient condamnés à mort: Antoine Éllenne, *dit* Blégier, maître de langues, âgé de 83 ans, et 10 autres personnes; une seule étoit acquittée. Au bas du placard imprimé de ce jugement, on lit ce qui suit (5) :

Nota. Etienne Moutte et Joseph Guérin, condamnés par le présent jugement, ayant imaginé de se soustraire à l'infamie par le suicide, le tribunal, sur la réquisition de l'accusateur public, a ordonné le transport à l'échafaud des corps de ces criminels revêtus de la *chemise rouge*, pour y être joints à ceux de leurs coopérateurs en contre-révolution qui ont été exécutés.

En agissant ainsi, Bompard et Riquier suivoient l'exemple que, le 9 brumaire précédent, Herman et Fouquier Tinville leur avoient offert au tribunal de Paris, en ordonnant que le cadavre du girondin Dufriche-Valazé, mort suicide à

(1, 2) M. Augustin Fabre, *Histoire, etc.*, t. II, p. 535.
(3, 4, 5) Placards déjà cités : Archives de l'empire, BB. 72-1.

l'audience, seroit exposé sur le lieu du supplice (1). Il y avoit véritablement de l'*unité* dans la justice révolutionnaire.

Le jugement suivant nous révèle une invention de Maillet : le délit de *nullité*, punissable d'une contribution forcée.

Le 29 ventôse, 25 accusés étoient acquittés, mais 9 d'entre eux étoient frappés d'une contribution forcée plus ou moins considérable, et ainsi motivée (2) :

Considérant que plusieurs des individus présentés en jugement se sont rendus vraiment coupables de NULLITÉ, dans un temps où tout bon républicain devoit par lui-même servir sa patrie, ou par ses facultés ou par ses moyens physiques, et que ne rien faire pour une aussi belle révolution mérite l'animadversion d'un tribunal impartial, qui, lisant dans la conscience des individus, s'il ne les juge pas mériter que le glaive de la loi s'appesantisse sur eux, ne peut les rendre à la liberté qu'après qu'ils auront fourni le secours qu'elle a droit d'exiger d'eux ; le tribunal acquitte de l'accusation et ne met en liberté qu'après qu'ils auront payé les sommes ci-dessous :

Melchior Mestre, Mestre cadet, Audibert, chacun	20,000 liv.
Chaulieu,	4,500
Gaillard,	4,000
Pellard père et Danneo père, chacun	3,000
Bas,	2,000
Lambert,	50

Le 11 germinal, parmi les accusés acquittés par Bompard, figurent Louis Cayol, âgé de *onze* ans, et Charles Cayol, âgé de *neuf* ans (3). Ces conspirateurs nous en rappellent deux de neuf ans, un de *huit* ans et deux de cinq ans, qui avoient été jugés, à Saint-Malo, en pluviôse, par O'Brien, sous la pression du représentant Le Carpentier (4).

(1) Voy. ma *Justice révolutionnaire*, 1861, in-18, p. 45.
(2) Registre des jugements du Tribunal criminel ; Lettre de M. Ch. de Ribbe, du 19 juin 1866, déjà citée.
(3) Placards des Archives déjà cités.
(4) *Cabinet historique*, 1861, p. 118.

Le 19 germinal, Marc *Aillaud*, tanneur à Marseille, « ayant tenté de corrompre un fonctionnaire public avec une paire de bas de soye et 50 pièces doubles d'or à l'effigie de l'infâme Capet, est *amendé* de 60,000 francs au profit de la nation; plus à la Monnoie les 50 doubles louis seront versés, et la paire de bas de soye vendue au profit des pauvres (1). »

Maillet et Giraud reprirent, le 21 germinal, leurs fonctions au tribunal révolutionnaire, le premier de président, le second d'accusateur public; peu de jours après, Maignet plaçoit *sous la surveillance* de ces hauts magistrats le tribunal criminel du département; que, par le même arrêté (2), ce représentant rétablissoit à Marseille; Barras et Fréron l'avoient auparavant transféré à Aix.

Durant sa dernière session, du 21 germinal au 6 floréal, Maillet tint 15 audiences et jugea 107 personnes; 58 furent condamnées à mort, 4 à la détention, 2 au bannissement; 43 furent acquittées (3): bien moins de la moitié. Depuis sa comparution au tribunal de Paris, Maillet avoit réformé la prodigalité de ses acquittements. Voici maintenant quelques jugements de cette dernière période.

Le 24 germinal, *Chevalier*, tambour-major, étoit condamné à mort pour « avoir, en cette qualité, accompagné les patriotes à l'échafaud et fait battre le roulement pour que le peuple n'entendît pas les dernières paroles des martyrs de la liberté (4).

L'action de ce Chevalier étoit celle de l'illustre Santerre, qui étouffa, sous un roulement de tambours, les dernières paroles de Louis XVI; la situation et les victimes n'étoient plus les mêmes, Maillet le fit bien voir !

(1, 3) Mêmes placards, déjà cités.
(2) Arrêté du 28 germinal an III; registres d'Aix; lettre de M. Ch. de Ribbe, du 3 juillet 1866, déjà cités.
(4) Dits placards.

Le 28 germinal, *Cousinéri* étoit aussi condamné à mort « pour avoir *continuellement erré*, comme fuyant la ven- « geance populaire qu'il s'étoit attirée par sa conduite inci- « vique, et pour avoir détesté la révolution (1). »

Les travaux de Maillet, — 2ᵉ époque, — cessèrent après le décret du 27 germinal an II, qui attribuoit au tribunal révolutionnaire de Paris le jugement des prévenus de conspiration de tous les points de la République; mais la justice révolutionnaire ne devoit pas longtemps chômer dans le proconsulat de Maignet; le 15 prairial fut installée la commission d'Orange, dont ce représentant, dès le 4 floréal, avoit sollicité la création auprès du Comité de salut public. Prochainement, et cette fois, sur les documents originaux vus de près, je tracerai de nouveau (2) l'histoire de cette commission célèbre.

Maillet, Giraud et Chompré, après la clôture de leur tribunal révolutionnaire, étoient rentrés au tribunal criminel; le 6 vendémiaire an III, un arrêté des représentants Auguis et Serre (3) en fit disparaître leur trinité montagnarde.

(1) Biblioth. impér., *Catalogue de l'Histoire de France*, t. III, Convention, n° 1053.
(2) J'en ai parlé dans mon *Essai* de 1861, p. 194; il y a là des omissions qui ne me sont pas personnelles.
(3) Registres d'Aix; lettre de M. de Ribbe, déjà cités.

Paris. — Typ. PILLET fils aîné, 5, rue des Grands-Augustins.

LA JUSTICE RÉVOLUTIONNAIRE

A PARIS ET DANS LES DÉPARTEMENTS

D'APRÈS DES DOCUMENTS ORIGINAUX

LA PLUPART INÉDITS

(17 août 1792 — 12 prairial an III)

PAR M. CH. BERRIAT SAINT PRIX

Conseiller à la Cour impériale de Paris.

— N° XI —

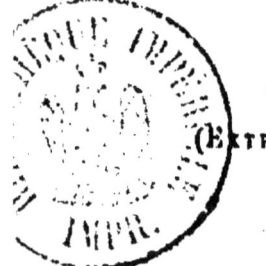

(Extrait du Cabinet historique.)

Tribunaux extraordinaires et révolutionnaires du Var, des Alpes-maritimes et des Basses-Alpes : — Toulon, Grasse, Nice et Digne.

Comme à Marseille, il y eut, à Toulon, en 1793 et 1794, plusieurs tribunaux révolutionnaires et un tribunal *populaire* : des massacres de la démagogie (2), ensuite la réaction du parti de l'ordre où dominoient les royalistes : un tribunal criminel dirigé par les jacobins ; il y eut, de plus, le

---

(1) Voy. t. IX, p. 244 ; t. X, p. 22, 118, 197, 298 ; t. XI, p. 137, 265 ; t. XII, p. 58, 120.

(2) M. Mortimer-Ternaux, que l'on accuse d'exagération, dans son *Histoire de la Terreur*, n'a parlé ni des massacres démagogiques de Marseille, ni de ceux de Toulon ; on peut y joindre les mêmes exécutions *populaires* de l'Orne ; là, en août et septembre 1792, *huit* prêtres furent égorgés. Voy. M. de Robillard, le *Tribunal criminel de l'Orne*, 1866, p. 151.

coupable appel de l'étranger accompagné de la remise du port et de la flotte aux Anglois et aux Espagnols.

Les massacres démagogiques de Toulon, réprimés aussi par un tribunal *populaire*, sont à peu près du même temps que ceux de Marseille. Ils commencèrent lorsque la société jacobine, dite le *Club des blancs*, se trouva présidée par Sylvestre, jacobin venu de Paris (1). Le 28 juillet 1792, étoient à la fois sabrés et pendus par ces clubistes et leur président : MM. Guérin, Maure, Roubaud, membres du district, M. Gazan, procureur général-syndic (2). Puis on décapitoit M. Reboul (3); le 30, M. Gantheaume, juge au district, et Fadas, geôlier des prisons du Palais-de-Justice, étoient *lanternés*. Le 31, M. Dabaux, membre du directoire du département, s'étoit cassé la cuisse, dans sa fuite, en tombant du rempart; il n'en fut pas moins égorgé (4). Ces horreurs étoient dénoncées à l'Assemblée législative, dès le 7 août, par une députation de Toulon qui annonçoit que des séditieux avoient massacré, dans cette ville, neuf personnes, y compris le procureur général-syndic du département (5). Après la journée du 10 août, à Paris, les exécutions *populaires* reprirent à Toulon. Le 18 août, M. Desidery, de Rians, transféré en ville; le 21, M. Charles Senez, étoient pendus (6). Le 10 septembre, le comte de Rochemore, major général de la marine, M. de Flotte, commandant de la marine, plus deux prisonniers, avoient le même sort (7). Déjà les forçats étoient sortis du bagne; la municipalité de Toulon,

---

(1) Lavergne, *Histoire de la révolution française dans le Var*, 1839, in-8, p. 113.

(2) Ibidem, p. 115, 116. — Henry, *Histoire de Toulon depuis 1789 jusqu'au Consulat, d'après les documents de ses archives*; 1855, 2 vol. in-8; t. I, p. 232.

(3, 4) Henry, t. I, p. 230, 242, 244.

(5) *Moniteur* du 9 août 1792, p. 932.

(6, 7) Henry, t. I, p. 234 et suiv.

dite patriote, ne fit rien pour empêcher ces actes exécrables (1).

Plusieurs bandes de forcenés parcoururent la ville et la banlieue, ayant à leur tête Lambert; Lemaille dit Beausoleil; Barry; Jassaud; Figon, l'exécuteur. Une de ces bandes, avec Figon, décapitoit à La Roque-Bussane M. Sacqui des Thourets (2); une autre, avec Beausoleil, pendoit, à La Valette, le curé Martel (3).

La guillotine arriva à Toulon; elle fut essayée sur le cou d'un mouton (4). Le tribunal criminel *extraordinaire* ayant Lambert pour président, plusieurs condamnations à mort furent prononcées et exécutées; d'abord, le 15 janvier 1793, Figon, le bourreau (5); ensuite, le 16 avril, M. de Bastard, chanoine de Toulouse, qui, émigrant sur une felouque, étoit venu s'échouer sur la plage de Bandol; et peu après, M. de Basterot, capitaine, commandant *la Melpomène* (6).

Le parti de l'ordre se réveille enfin; les sections gouvernent; une nouvelle municipalité est installée, à Toulon, le 14 juillet 1793, et, comme à Marseille, on établit un tribunal *populaire*; celui-ci, dit *martial* (7), avec au moins quinze juges. Les principaux meurtriers sont arrêtés : Jassaud, Sylvestre, Barry, Lambert, Beausoleil, Paul, Barthélemy, J.-B. Gueit (8), et, comme à Marseille, des actes de révolte se mêlent aux actes de justice; les représentants Pierre Bayle et Beauvais sont jetés en prison, où le premier se pend à ses barreaux (9).

(1) Henry, t. I, p. 254 et suiv.
(2, 3) Le même, p. 110, 128, 142.
(4, 5) Henry, t. I, p. 324, 335.
(6) Lavergne, p. 148.
(7, 8, 9) Le même, p. 189, 190, 191.

Le tribunal *populaire* ouvrit ses séances et condamna à mort successivement :

Jassaud, pour avoir pendu MM. de Rochemaure et Debraux; Beausoleil, pour avoir pendu le curé Martel; Sylvestre, président du club *des Blancs*, chef de la bande qui avoit massacré MM. Guérin, Roubaud et Maure (1); Barthélemy, président du tribunal extraordinaire; Lambert et Barry, pour assassinats.

Le 20 août 1793, lors de l'exécution de ces deux derniers condamnés, il y eut des scènes sanglantes. Les Jacobins attaquèrent la force publique; Lambert et Barry s'ouvrirent un passage; mais bientôt Barry fut abattu d'un coup de pistolet, et Lambert, blessé grièvement d'un coup de baïonnette, fut repris et exécuté sur la place de Toulon, appelée encore aujourd'hui le *Champ de bataille* (2).

Après la criminelle remise de ce port aux Anglois, le tribunal *populaire* continua de siéger. Suivant Henry, du 27 juillet au 4 novembre, il prononça 24 exécutions capitales, 12 exécutées par la décollation, 12 par le gibet (3). Le 18 octobre, il condamnoit a mort Jean-Baptiste Gueit. Son jugement, le seul de ce tribunal que je connaisse, nous a été conservé par Fréron (4); en voici les passages les plus essentiels; son intitulé est curieux :

Au nom de Louis XVII, par la grâce de Dieu et la loi constitutionnelle de l'État, roi des Français;

Le 18 octobre 1793, le tribunal populaire martial, à l'unanimité, condamne à être *transmarché* des prisons royales à la place Saint-Pierre, pour y être pendu et étranglé, jusqu'à ce que mort s'ensuive, à une potence;

(1) Le même, p. 192-194.
(2) Le même, p. 240; Henry, t. II, p. 46.
(3) Henry, t. II, p. 42, 282.
(4) *Mémoire historique sur la réaction royale et les massacres du midi*; 1824, in-8, Baudouin; pièces justificatives, p. 288.

Jean-Baptiste Gueit, vitrier, domicilié à Toulon, atteint et convaincu d'assassinat et provocation à ce crime; d'avoir violé le palais de nos rois, à main armée (le 10 août)... d'être l'agent et l'émissaire de Carteaux et de Barras, de fomenter la guerre civile, etc. Signé par Granier, *président*, par quatorze juges et par le greffier Pignol.

Avant son exécution, Gueit fit à sa mère ses adieux (imprimés à la suite du jugement).

Enfin, Toulon étoit repris par le commandant Bonaparte; aussitôt les affreuses boucheries, appelées les mitraillades et les fusillades de Fréron, commencèrent. Le 30 frimaire (20 décembre 1793), le lendemain de l'entrée de l'armée républicaine, les représentants Salicetti, Ricord, *Robespierre jeune*, Fréron et Barras écrivoient au Comité de salut public:

. . . .

La vengeance nationale se déploie. On fusille à force; déjà tous les officiers de la marine sont exterminés. La République sera vengée d'une manière *digne d'elle* ; les mânes des patriotes seront apaisées (1).

Ainsi Robespierre jeune étoit présent à Toulon, au commencement des fusillades et il approuva ces exécutions. M. Louis Blanc (2), qui révoque en doute cette présence, n'a rapporté qu'une partie de la lettre que je viens de citer.

Immédiatement après furent créés, d'abord une commission, puis un tribunal révolutionnaire (3), pour juger les Toulonnais contre-révolutionnaires. A ce sujet, Ricord, Barras, Salicetti écrivoient au comité de salut public :

(1) *Papiers inédits trouvés chez Robespierre*, pièces justificatives, etc., 1828, in-8, t. III, p. 143.
(2) *Histoire de la révolution*, t. X, p. 105.
(3) *Histoire de Toulon*, déjà citée ; t. I, p. 133 et suiv.

Toulon, le 3 nivôse an II.

. . . .

P. S. Nous formons des Commissions pour l'administration de la marine, des effets des rebelles, etc., et une Commission qui jugera révolutionnairement tous les coquins (1).

Suivant Henry (2), historien du pays, ces tribunaux fonctionnèrent successivement jusqu'à la fin de l'année et même plus tard, et

ils envoyèrent à la mort les malheureux Toulonnais coupables seulement d'avoir habité la ville pendant la rébellion ; car, des vrais criminels, auteurs, fauteurs ou complices de la trahison, il n'en étoit pas resté un seul. On exécuta d'abord les condamnés par la fusillade ; au bout du premier mois la guillotine fut rétablie, et, un jour, elle fit tomber dix-neuf têtes en vingt minutes ; on dut mettre les corps des suppliciés dans de la chaux vive (3).

Les jugements de ces tribunaux n'ont pas encore été découverts (4). Le nombre des condamnations capitales dut être considérable ; j'en puis citer au moins 68, dont *quinze* femmes, en quatre séances seulement : les 19 nivôse, 29 ventôse, 11 et 12 germinal et à la fin de ce dernier mois, le tribunal révolutionnaire fonctionnoit encore avec une grande activité. Voici mes autorités.

Le citoyen Durand, commandant de la place, à Port-la-Montagne (Toulon), écrivoit, le 19 nivôse an II, à la commission municipale de cette commune (5) :

Citoyens, je vous préviens qu'il y aura ce jourd'hui, à midi, l'exécution du jugement rendu par la Commission révolutionnaire.

---

(1) *Papiers inédits*, etc., t. III, p. 156.
(2) *Histoire de Toulon*, déjà citée, t. I, p. 136 et suiv.
(3) Henry, t. I, *ibid*.
(4) Lettre de M. Gauja, procureur impérial à Toulon, 17 novembre 1866.
(5) Henry, t. I, p. 299 ; Lettre de M. Teissier, de Toulon, 23 nov. 1866.

Le nombre des prévenus *pourra* s'élever à trente; que l'intention des représentants est, conformément au bien publique, pour prévenir toute contagion, qu'il soit jeté dans la *fausse* où seront déposés les suppliciés une quantité de chaux vive. Je vous prie, et vous requiert au besoin, de prendre sans retard des mesures pour qu'il en soit conduit une *quantité* au lieu où se font les exécutions pour être employée à cet usage.

Signé DURAND.

Du 29 ventôso, semblable lettre du même, pour l'exécution, le lendemain, à midi, d'un jugement de la même Commission; le nombre des condamnés *pourrait* se monter à une vingtaine, etc.

Une lettre de Port-la-Montagne, du 13 germinal, insérée au *Moniteur* (1), contient ce passage :

, ...

On *continue* de poursuivre tous les complices de la rébellion. Le 11, on a guillotiné *onze* femmes; le 12, *quatre* femmes et trois hommes.

Une lettre de Ricord, en mission dans le *Var* et les *Alpes maritimes*, écrite de Nice, le 2 floréal an II, au comité de Salut public, et terminée par ce *P.-S.* (2) :

P. S. Je reçois, à l'instant, du général Bizanet des nouvelles sur la situation du Port-la-Montagne; elles sont telles que vous pouvez les désirer; les aristocrates sont arrêtés en grand nombre; le tribunal met une activité incroyable dans ses jugements...

On le voit, mon chiffre de 68 victimes, loin d'être hasardé, n'est peut-être pas le quart de la vérité.

Le département du *Var* a possédé un troisième organe de la justice révolutionnaire : le tribunal criminel du département qui commença à fonctionner à *Grasse* avant la reprise de Toulon. Je connois, du 16 frimaire an II au 18 fri-

---

(1) *Moniteur* du 22 germinal an II, p. 818.
(2) *Papiers inédits*, etc., t. III, p. 152.

naire an III, 27 de ses jugements, portant 29 condamnations à mort (27 hommes et 2 femmes), 6 à la déportation, et 13 acquittements. Là, comme ailleurs, toutes les catégories sociales payent leur tribut à l'échafaud. Sur ces 29 condamnés à mort, on trouve (1) :

    6 prêtres,
    5 marchands ou négociants,
    5 propriétaires ou rentiers,
    4 ouvriers,
    3 hommes de loi,
    1 notaire,
    1 commis,
    1 chirurgien,
    1 capitaine de vaisseau,
    1 ancien gendarme,
    1 fille publique.

Les motifs de ces condamnations sont peu variés : pour contre-révolution, 14; émigration, 13; fédéralisme, 2. Parmi les contre-révolutionnaires est Mlle de Ponthevès, dite Saint-Blaise, âgée de 71 ans; parmi les émigrés, Julie Annequin, fille publique (2).

Du tribunal des *Alpes-Maritimes*, séant à Nice, je ne connois que onze condamnations pour crimes de contre-révolution; 9 à la peine de mort (7 hommes et 2 femmes), 2 à la déportation. Les jugements furent rendus du 26 vendémiaire an II au 23 vendémiaire an III (3).

Celui des *Basses-Alpes*, séant à Digne, ne m'a fourni qu'un

(1, 2) Greffe de la Cour d'assises du *Var*; Mémoire de M. Perrotin, procureur impérial à Draguignan, 31 août 1863; Archives de l'empire, BB. 72-7-*Var*. Là, sont en placard, un grand nombre de ces jugements, y compris celui du capitaine *Cuers*, dit Cogolin — 19 pluviôse an II — dont la minute n'a pas été retrouvée à Draguignan.

(3) Greffe de la Cour d'assises des *Alpes-Maritimes*; lettre de M. Peuss, procureur impérial à Nice, 24 novembre 1863.

seul jugement, du 2 fructidor an II, condamnant à la réclusion Joseph Mollet, curé du Castellet (1), et que Prud'homme a compris, à tort, dans son dictionnaire des victimes.

Tribunal criminel de Vaucluse, établi alors à Avignon, *et s'étant transporté à* Bedoin.

Le tribunal criminel de *Vaucluse*, d'abord établi à Avignon, y a condamné à mort, révolutionnairement, une quarantaine de personnes (2). Le premier de ces jugements venu jusqu'à moi est du 6 octobre 1793 et concerne Gay (Siffrein), dominicain, condamné pour émigration (3); le dernier, du 18 prairial an II (4), est celui de Ferrand (Joseph), cordonnier, condamné pour le même crime. L'audience la plus occupée fut celle du 5 nivôse; il y eut, ce jour-là, 9 condamnés à mort, savoir : deux *rentiers*, un *notaire*, un *vicaire*, un *négociant*, un *fabricant de bas*, un *boulanger*, un *cordonnier* et un *perruquier*; comme tous les juges révolutionnaires, ceux d'Avignon pratiquoient l'égalité devant l'échafaud.

Ce tribunal n'auroit point à être distingué de beaucoup d'autres semblables, n'étoit l'affaire de Bedoin, par laquelle, et grâce au représentant Maignet, il s'est fait une place dans l'histoire.

A Marseille, qui dépendoit du proconsulat de Maignet, le tribunal de Maillet, on l'a vu à la fin de mon précédent article, avoit clos ses séances le 6 floréal. Maignet, qui ne pouvoit se passer de justice révolutionnaire, s'étoit adressé, dès

---

(1) Greffe de la Cour d'assises des *Basses-Alpes*; lettre de M. Jullien, substitut du procureur impérial à Digne, 23 novembre 1863.

(2) Lettre de M. Peiron, procureur impérial à Carpentras, 10 nov. 1863.

(3, 4) Archives de l'empire, BB. 72-7-*Vaucluse*.

le 4 floréal, au Comité de salut public. Peu de jours après, un trait de démence des habitants de Bedoin, bourg voisin de Carpentras, et signalé pour son royalisme invétéré, lui fournit un prétexte pour devancer les ordres du pouvoir central. Dans la nuit du 12 au 13 floréal, l'arbre de la liberté, planté sur la place de Bedoin, fut abattu, les affiches des décrets de la Convention lacérées et jetées dans la boue (1). Ces actes de folie ont été diversement expliqués. Suivant l'abbé André (2), on devroit les attribuer au parti contre-révolutionnaire de Bedoin, où se trouvoient un sieur Molière, condamné plus tard, et quelques prêtres insermentés.

D'après M. l'abbé Sauve (3), au contraire, ces voies de fait stupides avoient été concertées entre l'ex-notaire Lego, agent national à Carpentras, et un habitant de Bedoin pour fournir à Maignet l'occasion, qu'il attendoit, de faire du Comtat une *petite Vendée*. Le Bedoinais fut, nonobstant, compris parmi les condamnés à mort, et au moment où il alloit invoquer les promesses de Lego, un roulement de tambours l'empêcha de parler et il tomba, c'étoit justice, sous les balles des soldats de Suchet.

Quoiqu'il en soit, les mesures de rigueur ne se firent pas attendre, modelées sur le fameux décret de la Convention qui concernoit Lyon rebelle. Dès le 14 floréal, Maignet prenoit un premier arrêté ainsi conçu (4) :

(1) Lettre de Maignet à la Convention, *Moniteur* du 30 floréal an II, p. 977.
(2) *Histoire de la révolution Avignounaise*, 1844, 2 vol. in-8, t. II, p. 270.
(3) Vicaire à Bedoin; *Mémoire manuscrit*, transmis, le 17 mai 1861, par M. Combemale, procureur impérial à Carpentras.
(4) *Jugement* rendu par le tribunal révolutionnaire du département de Vaucluse, etc., le 9 prairial an II, in-4 de 30 pp. Avignon, imprimerie de Raphel. — Bibliothèque impériale, Lb⁴¹ 1097, in-4.

AU NOM DU PEUPLE FRANÇAIS.

Le représentant du peuple envoyé dans les départements des Bouches-du-Rhône et de Vaucluse.

Instruit que, dans la nuit du 12 au 13 de ce mois, des contre-révolutionnaires ont commis à Bédouin, district de Carpentras, un de ces crimes qui appellent toutes les vengeances des lois; qu'ils ont osé porter leurs mains sacrilèges sur l'Arbre de la liberté, qu'ils ont renversé; qu'ils ont poussé l'audace jusqu'à arracher les Décrets de la Convention, les fouler aux pieds et les plonger dans la boue;

Considérant qu'une commune où un pareil délit s'est tranquillement commis, ne peut qu'exciter les plus vives inquiétudes, etc..., que le *soupçon* doit tout envelopper dans un pays où des ennemis de la patrie, des ci-devant nobles ont vécu tranquillement, etc.; que la Commune ne pourra le fixer sur quelques individus qu'en indiquant elle-même les *coupables*; que dans tous les cas les officiers municipaux et les membres du comité de surveillance seront toujours, avec raison, regardés comme les premiers auteurs d'un crime aussi abominable, par leur négligence à remplir leurs devoirs;

Arrête ce qui suit :

Le bataillon de l'Ardèche (commandé par Suchet), qui se trouvoit à Carpentras, étoit envoyé à Bédouin et, là, logé et nourri chez les habitants; les ci-devant nobles, prêtres et autres suspects, la municipalité et le comité de surveillance de cette commune arrêtés, comme auteurs ou complices présumés du complot; l'accusateur public chargé d'instruire et le tribunal de juger révolutionnairement, etc. Enfin l'arrêté devoit être imprimé à 12000 exemplaires aux frais et dépens de la commune et affiché dans les deux départements.

Lego, avec les compagnies de Suchet, ne tarda pas à se rendre à Bedoin; là, dans l'église et en chaire, il donna lecture de l'arrêté de Maignet, et les *coupables* n'ayant pas été indiqués par les premières personnes mises en état d'arrestation, le représentant prit, le 20 floréal, un second arrêté; celui-là veut être littéralement transcrit (1) :

(1) Jugement cité plus haut.

AU NOM DU PEUPLE FRANÇAIS.

Le représentant du peuple envoyé, etc.

Considérant que la justice ne sauroit donner trop d'éclat à la vengeance nationale, dans la punition du crime abominable qui s'est commis à Bédoin; que ce n'est qu'en frappant sur le lieu même où il a été commis, et au milieu de ces contrées que l'aristocratie tourmente depuis si longtemps, que l'on pourra porter l'épouvante dans l'âme de ceux qui oseroient encore méditer de nouveaux attentats;

Considérant que l'opiniâtreté que les individus saisis, comme le plus fortement prévenus de ce crime, mettent à en faire connaitre les principaux auteurs, *fait présumer* que *toute la commune* est criminelle;

Considérant qu'une commune qu'une pareille suspicion poursuit ne sauroit exister sur le sol de la liberté; que le pays qui a osé s'élever contre la volonté générale du peuple, méconnaître les décrets de la Convention, fouler aux pieds les lois qu'une nation s'est faite, renverser le signe auguste de la liberté, est un *pays ennemi* que le *fer* et la *flamme doivent détruire;*

Ordonne que le tribunal criminel du département de Vaucluse, chargé de juger révolutionnairement ce crime de lèse-nation, se transportera, dans le plus court délai, à Bédouin, pour y instruire la procédure, et y faire de suite exécuter les jugements qu'il rendra;

Ordonne qu'aussitôt après l'exécution des principaux coupables, l'agent national notifiera à tous les autres habitants *non détenus,* qu'ils aient à évacuer dans les 24 heures leurs maisons et en sortir tous leurs meubles; qu'après l'expiration du délai *il livrera la commune aux flammes* et en fera ainsi *disparaître tous les bâtiments;*

Ordonne qu'au milieu du territoire où existe cette infâme commune il sera élevé une *pyramide* qui indiquera le crime dont ses habitants se rendirent coupables, et la nature du châtiment qui leur fut infligé.

Fait défenses à qui que ce soit de *construire*, à l'avenir, sur cette enceinte aucun bâtiment ni d'en *cultiver* le sol.

Charge l'agent national de s'occuper de suite de la *répartition des habitants* dans les communes voisines reconnues patriotes.

Enjoint aux habitants de ne point abandonner la demeure qui leur aura été désignée, à peine d'être traités comme *émigrés*, comme aussi de se présenter toutes les décades devant la municipalité desdits lieux, à peine d'être déclarés et traités comme *suspects* et renfermés jusqu'à la paix.

Le présent arrêté sera imprimé, publié et affiché dans l'étendue des deux départements, aux frais des habitants de la commune.

Fait à Avignon, le 17 floréal de l'an second de la République Française, une et indivisible.

Signé à l'original,   MAIGNET.

Je ne qualifie pas cet acte, il n'en est pas besoin; mais j'y joins quelques réflexions bien simples. Par son premier arrêté, Maignet avoit demandé que la commune de Bedoin lui livrât les auteurs du crime : il ne l'obtint pas, il ne pouvoit pas l'obtenir. Comment les Bedoinais auroient-ils pu désigner les coupables? Ces insensés, probablement peu nombreux, qui, *la nuit*, avoient abattu l'arbre de la liberté planté sur une place *en-dehors* du bourg? Cependant, ce *silence* inévitable rendoit, aux yeux de Maignet, *toute* la commune criminelle; c'étoit un *pays ennemi* à détruire par le *fer* et le *feu!* Les habitants *non détenus* (et ainsi présumés innocents) devoient également être punis par l'incendie; personne ne pourroit plus *construire* dans l'enceinte de Bedoin, ni *cultiver* son sol. Enfin, les habitants devoient être *distribués* dans les communes voisines, et y rester sous les peines des *émigrés* et des *suspects!*

Quelles énormités! Et toutefois elles ne surprendront pas ceux qui, sérieusement, ont étudié la Terreur. Est-ce que, peu de mois auparavant, la Convention, je veux dire la Montagne, n'avait pas décrété la *destruction* de Lyon, la seconde ville de la France? L'arrêté de Maignet, sur Bedoin, n'étoit, en quelque sorte, que le développement, appliqué à un petit bourg, de ce trop fameux décret.

Le 19 floréal, le tribunal d'Avignon, probablement imprégné des principes de Maignet, arrivoit à Bedoin, avec la guillotine ; il était ainsi composé : Fouque, *président*, Faure, Boyer, Rémusat, *juges*; Barjavel, accusateur public (nous le retrouverons comme *conseil*, dans la Commission d'Orange) ; Ducros, *greffier* (1). Une information fut commencée; les arrestations comprirent environ 130 personnes; les prêtres, nobles, parents d'émigrés, autorités constituées furent enchaînés, suivant l'expression de Maignet (2); l'église, très-vaste, dut servir de prison. Un jour, les malheureux détenus furent presque asphyxiés; on fit, malgré leur présence, brûler les boiseries intérieures du temple (3).

Aux Bedoinais poursuivis, un troisième arrêté de Maignet, du 20 floréal (4), joignit 6 personnes détenues à Avignon, parmi lesquelles Marie Thomas, âgée de 19 ans; toutes furent condamnées à mort.

Maignet songea ensuite à faire approuver, par la Convention, sa belle conduite; à la séance du 28 floréal étoit lue la lettre suivante (5) :

Maignet, représentant du peuple, délégué dans les départements des Bouches-du-Rhône et de Vaucluse, à la Convention nationale.

C'est au moment où la République française porte l'effroi sur tous les trônes, que l'infâme commune de Bedouin, plus audacieuse que tous les despotes, ose se soulever contre la volonté nationale, fouler aux pieds les décrets de la Convention, renverser le signe auguste de notre régénération, l'arbre de la liberté.

Depuis longtemps Bedouin a manifesté sa haine contre la révolution ; cinq commissions successives y ont été envoyées pour punir les crimes des scélérats, mais le germe aristocratique y a toujours fécondé et produit de nouveaux forfaits.

Située au pied du Mont-Ventouse, entourée de collines entre-

---

(1) Jugement cité plus haut.
(2) Lettre à la Convention, plus bas transcrite.
(3) Mémoire de M. l'abbé Sauve.
(4) Jugement déjà cité.
(5) *Moniteur* du 30 floréal an II, p. 977.

coupées de défilés nombreux, cette contrée présentoit tout ce qu'il falloit pour former une nouvelle Vendée.

Il ne faut pas en douter, tel étoit le projet, puisque ces brigands ont, dans leur coup d'essai, été aussi loin que l'on fait au milieu de leurs plus grands succès les scélérats qui les ont précédés.

Aussitôt que j'ai appris cet attentat horrible contre la majesté du peuple, j'ai envoyé 300 hommes du 4ᵉ bataillon de l'Ardèche, qui, dans toutes mes épurations civiques m'a si bien secondé. J'ai fait *enchaîner* prêtres, nobles, parents d'émigrés, autorités constituées.

J'aimois à croire que je pourrois trouver quelques individus qui, pénétrés de l'horreur du crime commis dans cette commune, s'empresseroient de soustraire leurs noms à l'infamie et indiqueroient les coupables; mais un silence absolu ne me prouve que trop qu'ils ont tous participé au crime.

Alors, ne voyant dans cette commune qu'une horde d'ennemis, j'ai investi le tribunal criminel du pouvoir révolutionnaire pour faire tomber de suite la tête des plus coupables; et j'ai ordonné, qu'une fois ces exécutions faites, les *flammes fissent disparaître* jusqu'au nom de Bedouin.

Puissent périr ainsi tous ceux qui oseront braver la volonté nationale et méditer de nouveaux complots contre la liberté française!

Salut et fraternité. *Signé* MAIGNET.

Cette magnifique lettre fut immédiatement suivie d'un vote favorable ainsi mentionné (1):

La Convention nationale approuve la conduite du représentant du peuple Maignet, ordonne l'insertion de la lettre au Bulletin, et la renvoie pour le surplus aux comités de Sûreté générale et de Salut public.

Merlin (de Douai) prétendit, après le 9 thermidor (2), que cette approbation avoit été surprise à la Convention. En vérité, je ne le crois pas. Il faut se reporter à l'époque, celle de la grande Terreur; la Montagne, à la fin de floréal, pouvoit bien approuver la conduite de Maignet à l'égard du bourg de Bedoin; à la fin de messidor elle approuvoit la con-

---

(1) *Moniteur*, ibidem.
(2) Convention, séance du 17 nivôse an III; *Moniteur* du 20, p. 454.

duite, à Arras et à Cambrai, de Joseph Lebon (1), à qui Barère reprocha seulement « des formes un peu acerbes! (2) »

Cependant, à Bedoin, le grand jour de la justice approchoit. Le 4 prairial, le Tribunal y rendit un jugement prélude contre deux prêtres, dits réfractaires, J.-J.-E. Noury et Séb. Moine, qui furent condamnés à mort (3). Les citoyens Blovac et Pichot, dénonciateurs de ces deux malheureux, durent recevoir la récompense de 100 fr. allouée, en cas pareil, par la loi (4).

Ne voulant laisser échapper personne, Maignet, par un quatrième arrêté du 7 prairial (5), étendit les pouvoirs du tribunal à tous les individus trouvés dans les contrées environnantes de Bedoin, suspectés d'avoir participé à l'infâme attentat; telle étoit Marie Martin (6), ex-religieuse insermentée, âgée de 65 ans, condamnée à mort le 9 prairial.

Le 9 prairial, le tribunal, siégeant en *plein air*, rendit son jugement sur l'affaire.

La commune de Bedouin fut déclarée en état de contre révolution, presque sans interruption depuis sa réunion à la France; pour contre-révolution, conspiration, fédéralisme, *soixante-trois* personnes présentes furent condamnées à mort, 55 hommes et 8 femmes; nobles, prêtres, hommes de loi, religieuses, propriétaires, simples ouvriers;

Pour s'être soustraits à la justice, *dix* absents furent mis hors la loi;

Comme suspects, douze femmes et un homme furent condamnés à la réclusion;

Le cordonnier *Clop* à 6 ans de fers pour avoir vendu ses souliers

---

(1) Voir le *Cabinet historique*, 1864, p. 130.
(2) Séance du 21 messidor an II, *Moniteur* du 22, p. 1195.
(3) Greffe de la Cour d'assises de Vaucluse; communication de M. Pinet de Menteyer, substitut à Carpentras.
(4) Loi du 29-30 vendémiaire an II, art. 13.
(5) Jugement, déjà cité, du 9 prairial.
(6) Dit jugement, p. 13.

5 fr. en numéraire et 10 fr. en assignats; *Constant*, à un an de détention pour avoir été trouvé sans cocarde;

52 personnes furent acquittées sans, néanmoins, être *soustraites* à l'incendie de leurs demeures...

Ainsi prononcé en présence des accusés, à Bédouin l'infâme, sur la place publique où a été arraché l'arbre de la liberté, le 9 prairial, etc. Et ont signé; *Fouque*, président, etc.

Le jour même, le jugement fut exécuté; 16 des condamnés à mort, 2 nobles, 6 prêtres et 8 femmes montèrent sur l'échafaud, dressé sur la place même où le jugement avoit été prononcé, hors de la porte Saint-Jean; les 47 autres, tous hommes, et d'une condition moins relevée, furent fusillés par les soldats de Suchet (1), dans une prairie qui joint la place et la domine d'un mètre environ (2).

Restoit l'arrêté de Maignet, du 17 floréal, ordonnant que Bedoin seroit *livré aux flammes* et que ses habitants seroient *répartis* entre les communes environnantes reconnues patriotes. Cinq jours après l'exécution des 63 condamnés, et le 14 prairial, l'exécution des habitations eut lieu; à en juger par les résultats, elle dut être effroyable. Voici la peinture qu'en a faite un historien du Comtat, M. l'abbé André (3).

Tandis que le sol de Bedouin étoit encore rouge du sang de ses habitants, l'agent national banqueroutier Lego, les juges, les commissaires municipaux (tous étrangers), les officiers s'avancent en tête du bataillon de l'Ardèche; tous mettent le feu aux quatre coins du village avec des torches résineuses trempées dans du bitume... Rien ne fut épargné, pas même les édifices publics et nationaux; l'hôpital, dont le linge et les trésors furent pillés, la maison commune rebâtie à neuf; celle où se tenoit le comité de

(1) Mémoire de M. l'abbé Sauve, cité plus bas.
(2) J'ai vu les lieux, en septembre 1864, conduit par le maire de Bedoin, M. Eymard; la prairie appartenait alors à M. Châlon.
(3) *Histoire de la révolution Avignonaise*, 1844, 2 vol. in-8, t. II, p. 281, 284.

surveillance; les moulins à huile, les fabriques de soie, tout fut dévoré par les flammes...

La *répartition* des habitants entre des communes voisines eût lieu immédiatement (1) et ne dut pas rencontrer de résistance; ces malheureux, dans leur pays, n'avoient plus d'asile !

Telle fut l'affaire de Bédoin, l'une des grandes atrocités de la Terreur. Des historiens de nos jours ont travaillé à l'amoindrir le plus possible; le nombre des victimes, l'exil de la population ne pouvant être contestés, c'est à l'incendie, moins nettement établi, que l'on s'est surtout attaché. Je cite les ouvrages où l'on est allé le plus loin à cet égard.

D'après MM. Buchez et Roux (2), suivis par M. Louis Blanc (3) :

Lorsque l'incendie fut allumé, toutes les maisons étoient déménagées, et par les soins de Suchet et de Maignet, qui vouloient un châtiment exemplaire et non pas une dévastation, *six* habitations seulement (et c'était déjà trop, dit M. Louis Blanc) furent brûlées. C'est ce qu'on appela l'incendie de Bedouin.

Michaud jeune (4), dit à son tour :

Le village est livré à l'incendie. *Sept* ou *huit* maisons sont la proie des flammes, le reste est *préservé par le chef militaire* (Suchet) qui commande l'expédition.

Je me suis demandé où MM. Buchez, Louis Blanc et Michaud avoient pris ces chiffres imperceptibles. Si l'on ouvre le *Moniteur* (5), l'on y trouve, d'abord, une lettre du repré-

(1) Lettre de Mourreau (de Vaucluse), du 16 prairial an II; *Histoire parlementaire*, t. xxxv, p. 185.
(2) *Histoire parlementaire de la révolution*, t. XXXV, p. 173.
(3) *Histoire de la révolution*, t. X, p. 470.
(4) *Biographie universelle*, 2e édit., t. XXVI, p. 115, article Maignet. Là sont d'autres erreurs grossières; on y fait juger Bedoin par la commission d'Orange qui ne fonctionna que trois semaines plus tard..
(5) *Moniteur* du 5 frimaire an III, p. 276.

sentant Goupilleau, lue à la Convention, le 3 frimaire an III. Dans cette lettre, très-étendue, datée *des ruines de Bedouin*, le 18 brumaire, Goupilleau atteste :

Que les 500 maisons qui composoient la commune de Bedouin (laquelle avoit 260 *volontaires* aux armées), n'existent plus; que rien n'a été épargné, édifices publics, fabriques, magasins... que des habitants, chassés de leur pays, les uns errent dans les montagnes, les autres, y compris treize femmes rendues à la liberté par le comité de sûreté générale (celles qui avoient été condamnées à la réclusion), n'ont d'autres demeures que des cavernes qu'ils ont creusées dans la terre et qu'ils tournoient leurs regards vers la Convention dont ils réclamoient, à grands cris, la justice.

Goupilleau ajoutoit qu'il avoit destitué l'agent national Lego et lui avoit appliqué la loi des suspects, mais qu'il n'avoit pas cru pouvoir rapporter les arrêtés de Maignet, parce qu'un décret de la Convention les avoit confirmés, et n'avoit pu prendre que des mesures provisoires.

Ensuite une adresse, présentée à la Convention, le 15 frimaire an III, par onze habitants de Bedoin, et qui commence ainsi (1) :

Citoyens représentants, les habitants de la commune de Bedouin à qui ses ruines ont fait donner le nom de *Bedouin l'anéanti*, se présentent à vous maintenant que la plainte est permise et que l'humanité n'est plus un crime...

Suit le tableau des malheurs de Bedouin... « cinq cents maisons sont livrées aux flammes, etc... »

Dira-t-on que ces documents étoient postérieurs au 9 thermidor, fournis par des réactionnaires, et qu'ainsi ils ont dû exciter la défiance de MM. Buchez et Louis Blanc ? Soit. Mais le témoignage d'un *pur*, de Mourreau (de Vaucluse), l'ami de Payan, que MM. Buchez et Roux ont recueilli, eux-mêmes (2), dans deux lettres imprimées, quelques pages

---

(1) *Moniteur* du 17 frimaire an III, p. 323.
(2) *Histoire parlementaire*, t. XXXV, p. 185 et 197.

seulement après l'incendie de Bedoin ? Voici, en effet, ce qu'on lit dans ces lettres ; la première, datée d'*Avignon*, le 16 prairial an II :

Je suis arrivé hier ici, après quatre jours de courses... J'ai vu hier, de quatre lieues, les *flammes* révolutionnaires qui consumoient l'infâme Bedouin... Il y a eu 63 guillotinés ; le reste des habitants a été *partagé* entre quatre communes environnantes...

La seconde, datée de la même ville, le 18 prairial :

. . . .

« Bedouin n'est plus... »

. . . .

Ce n'est pas tout. Cette sentence de Mourreau étoit bientôt reproduite par un autre *pur*, le citoyen Ducros, greffier du Tribunal ; on a de lui une brochure imprimée, à Avignon, sous ce titre (1) :

Tableau de la situation politique de la commune de Bedoin, département de Vaucluse, district de Carpentras, *dévorée par les flammes*, le 14 prairial..., in-4° de 8 pp.

A la fin on lit :

Les ignorants... furent mis en liberté, le tribunal réserva *aux flammes* le droit de les punir... 62 furent de ce nombre... cette nouvelle *Sodome* a été *dévorée par les flammes*, le quatorze prairial.
Vive la République ! périssent les tyrans !

Puis, le 24 frimaire an III, la Convention accorda à Bedoin un secours de 300,000 fr. pour l'*aider* à reconstruire ses habitations, et, le 18 floréal (j'y reviens plus bas), le représentant Jean Debry *réhabilita* solennellement cette commune ; tout cela pour *six* maisons !

(1) Bibliothèque impériale, Lb⁴¹ 1699, in-4.

Il y a, enfin, le silence de Maignet sur les *six* maisons.

A la Convention, il avoit dû s'expliquer sur Bedoin. Plusieurs fois dénoncé, après le 9 thermidor, Maignet eut une grande place dans le fameux rapport de Courtois, présenté, le 16 nivôse an III, et là encore l'incendie de Bedoin ne lui fut pas épargné. Le lendemain, 17, Maignet monta à la tribune pour se défendre. Si, grâce à sa modération, *six* habitations seulement de Bedoin eussent été brûlées, on croira qu'il n'eût pas manqué d'en parler ; il n'en dit pas un mot. Sa défense se concentra sur deux points : la nécessité de faire un exemple à Bedoin ; l'approbation qu'il avait reçue de la Convention par lui consultée (1).

On le voit, sur l'incendie de Bedoin, MM. Buchez et Roux ont voulu fermer les yeux à la lumière. Devant, à mon tour, retracer ce grave incident de la Terreur, j'étois, suivant ma coutume, remonté à la source. Par les soins des magistrats de Carpentras, j'avois obtenu un mémoire extrait des archives municipales de Bedoin, par M. l'abbé Sauve, vicaire, et d'après lequel, dans mon essai de 1861 (2), j'avois porté les 6 maisons de MM. Buchez et Roux à 433, détruites ou du du moins atteintes par l'incendie du 14 prairial. Une telle différence ne pouvoit échapper à M. Louis Blanc. En me critiquant, c'étoit son droit, et dans les termes d'une courtoisie parfaite, cet historien (3) a exprimé le « regret que je n'eusse « pas fait, moi-même, le travail reçu de Bedoin, ou donné « la copie textuelle des documents compulsés par l'auteur du « mémoire cité. Cela eût tranché la question d'une manière « tout à fait décisive. »

Ces observations m'ont conduit à vérifier, sur place, le

---

(1) Convention, 17 nivôse an III; *Moniteur* du 20, p. 454.

(2) In-18, p. 204-206.

(3) *Histoire de la révolution*, t. XII, p. 619 et 620.

mémoire de M. l'abbé Sauve, malgré toute la confiance que le caractère de son auteur devoit m'inspirer. Durant mon second voyage historique, au mois de septembre 1864, j'ai été de Carpentras à Bedoin; là, j'ai examiné le pays, la place des exécutions et l'église, conduit par le maire de la commune, M. Eymard; j'ai compulsé les archives municipales, et rapproché de leurs registres, en présence de M. l'abbé Sauve, le mémoire en question; et maintenant l'on devra considérer comme la vérité même mon récit de 1861, auquel je n'ai dû faire qu'un petit nombre d'additions.

Il y eut, à Bedoin, non pas *cinq cents*, comme le dit Goupilleau, mais *quatre cent trente-trois* maisons ou édifices, rendus tous inhabitables par l'incendie. Sur ce nombre, quelques-uns furent peu endommagés, grâce à l'adresse des propriétaires, qui simulèrent, eux-mêmes, un commencement de feu bientôt éteint (1).

Les toits et les planchers de ces 433 édifices croulèrent, en général, sous l'action du feu, mais les murs restèrent debout; les exécuteurs de Maignet n'allèrent pas jusqu'à la démolition, si l'on excepte trois édifices communaux, entre autres, l'église (2), où l'on fit sauter une partie de la voûte de la nef avec des barils de poudre. En 1821, il fallut dépenser 20,000 fr. pour rendre cet édifice au culte (3).

Ce chiffre de 433 bâtiments atteints par le feu n'est point approximatif.

Après l'incendie, Bedoin, comme village, n'étoit guère plus qu'une agglomération déserte de carcasses de maisons, aux murs noircis et lézardés (4). La population, répartie entre quelques communes voisines, vivoit misérable, travaillant

(1, 3, 4) Mémoire manuscrit de M. l'abbé Sauve, vicaire à Bedoin.
(2) En septembre 1864, M. Eymard, maire de Bedoin, m'a montré les quatre voussures de la nef où Suchet fit appliquer les barils de poudre.

furtivement aux champs situés près du bourg (1). L'ère de la résurrection, le 9 thermidor, arriva ; les malheureux Bedoinais exilés purent envoyer à la Convention la députation dont j'ai parlé. Elle obtint, le 21 frimaire an III, un décret (2) aux termes duquel :

Un secours provisoire de 300,000 fr. étoit mis à la disposition du district de Carpentras pour être employé, soit à secourir les habitants indigents qui avoient été forcés de quitter la commune de Bedoin, soit à reconstruire leurs bâtiments ;
Les habitants étoient autorisés à réintégrer leur domicile, nonobstant tout jugement ou arrêté contraire;
Une somme de 11,000 fr. étoit, en outre, allouée, comme indemnité de voyage et de retour, aux onze membres de la députation.

En conséquence fut dressé, à Bedoin, par les gens de l'art, un procès-verbal estimatif des travaux à faire, pour opérer ces reconstructions ; la dépense totale fut évaluée à 1,237,305 fr. Cet état servit à répartir le secours accordé par la Convention. 205,225 fr. furent d'abord alloués à 232 propriétaires indigents ou malaisés, pour un nombre égal de maisons; 30,775 fr. furent réservés aux 18 édifices communaux à réparer. Restèrent en dehors du secours 183 maisons déjà relevées ou possédées par des personnes dans l'aisance. Total, 433 maisons. Le surplus du secours, ou 35,000 fr., avoit été dépensé en secours alimentaires distribués, par sommes de 100 à 400 fr., à 223 habitants plus ou moins nécessiteux (3).

(1) Mémoire manuscrit de M. l'abbé Sauve, vicaire de Bedoin.

(2) *Collection générale des décrets rendus par la Convention*, in-8, t. LXI, p. 203.—Bibliothèque du Louvre.—Ce décret important n'est ni au *Moniteur*, ni au *Bulletin des Lois*. M. Duvergier, *Lois*, à sa date, en donne seulement le titre.

(3) Mémoire de M. l'abbé Sauve. — Ce travail a été extrait du registre de la mairie de Bedoin qui porte le numéro 20, et qui est intitulé : 1789 à 1796, *Grains, Achats, Secours de 300 mille livres et distribution*. Les

Quelques mois après, le 15 floréal an III, lorsque Bedoin commençoit à renoître, la municipalité et la justice de paix y furent officiellement réinstallées par Jean Debry, représentant en mission dans le département, et la commune fut réhabilitée. Cette cérémonie touchante eut lieu avec appareil, au milieu d'un concours immense de spectateurs, venus de loin. Des discours furent prononcés; enfin, une colonne, portant une inscription commémorative, fut élevée sur la place même où l'échafaud avoit été dressé (1).

L'affaire de Bedoin, me mène, sans transition, à la Commission d'Orange.

feuillets 46, 48, 50 à 109 renferment tous les détails imaginables sur les dégradations des bâtiments et la répartition du secours accordé.

(1) Procès-verbal de la réhabilitation de Bedoin, in-4 de 16 pp. Avignon, Imprimerie de Raphel. — Archives du tribunal de Carpentras, compulsées en septembre 1864.

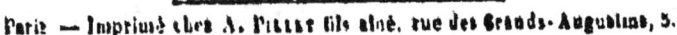

Paris — Imprimé chez A. Pillet fils aîné, rue des Grands-Augustins, 5.

LA JUSTICE RÉVOLUTIONNAIRE

A PARIS ET DANS LES DÉPARTEMENTS

D'APRÈS DES DOCUMENTS ORIGINAUX

LA PLUPART INÉDITS

(17 août 1792 — 12 prairial an III)

PAR M. CH. BERRIAT SAINT PRIX

Conseiller à la Cour impériale de Paris.

— N° XII —

(Extrait du Cabinet historique.[1])

La Commission populaire d'Orange.

Mon essai de 1861 (2) comprenoit la commission d'Orange : c'étoit un croquis insuffisant où j'ai commis des erreurs, trompé alors par des renseignements venus du pays et dont je ne soupçonnois pas l'inexactitude. Mon voyage de 1864, des communications (3), puisées aux sources, m'ont permis, cette fois, d'être complet et fidèle. On aura la commission d'Orange de l'histoire et non celle de la légende (4).

---

(1) *Voy.* t. 12, p. 244; t. x, p. 22, 118, 107, 208; t. xi, p. 137, 265; t. 211, p. 58, 120, 251.

(2) In-18; p. 194 et suiv.

(3) De M. Pinet de Menteyer, substitut à Carpentras; un de mes plus obligeants auxiliaires.

(4) Le nombre des victimes de cette commission fut de *trois cent trente*

1867

Cette Commission célèbre, on le sait, est due au mauvais génie de Maignet, trop bien secondé par le Comité de salut public; elle a achevé la réputation de ce représentant montagnard, qu'avoient au moins ébauchée le procès et, surtout, l'incendie de Bedoin. Ici abondent les documents originaux, véritables trésors; on a le registre des jugements; celui des exécutions; les notices officielles adressées par la Commission au Comité de salut public; la correspondance de ses auxiliaires, de ses amis (1); j'y ai puisé largement, les juges d'Orange n'ayant pas encore eu l'historien spécial qu'assurément ils méritent.

Envoyé en mission dans les Bouches-du-Rhône et Vaucluse, Maignet songeoit, dès le 20 germinal, à étendre au second de ces départements les bienfaits de la justice révolutionnaire du premier. Ce jour même, il écrivoit à Payan, en ce moment à Valence (2) :

.... Tu sais combien il est indispensable d'assurer enfin la vengeance du peuple. Mais tu connais *la disette de sujets* que l'on éprouve ici.... Indique-moi *une douzaine de francs républicains*, hommes de mœurs et de probité... Je voudrois que les uns fussent *propres à entrer dans un tribunal révolutionnaire....*

La réponse de Payan ne se fit pas attendre; le 22 germinal, il envoyoit à Maignet les *douze* républicains demandés (3), y compris *Meilleret*, *Viot* et *Benet*, que nous retrouverons, plus bas, juge, accusateur public et greffier dans la Commission d'Orange.

---

et une. — La biographie Michaud (t. LXXIII, p. 359), le porte à TROIS MILLE. — Un grave magistrat (*Les Parlements de France*, 1857, t. II, p. 683), va bien plus loin encore, attribuant à un « on dit » son chiffre vraiment fabuleux.

(1) Compulsés, en septembre 1864, au greffe du tribunal de Carpentras
(2) *Papiers trouvés chez Robespierre...*, Payan, etc., t. II, p. 340.
(3) *Dits papiers*, t. II, p. 354.

Mais le projet de Maignet fut traversé par le décret du 27 germinal an II qui réservoit, au tribunal de Paris, le jugement des conspirateurs de tous les points de la République; il fallut s'adresser au Comité de salut public. Maignet envoya à Paris le citoyen Lavigne, son auxiliaire, et, le 4 floréal, d'Avignon, il écrivoit à Couthon (1) :

Tu verras, mon bon ami, notre brave compatriote (2), le cit. *Lavigne :* il va vous exposer la situation du département de Vaucluse : tu liras le tableau que j'en fais.... Il n'y a plus qu'une chose que je vous demande, c'est de m'autoriser à former un *tribunal révolutionnaire*.... S'il falloit exécuter, dans ces contrées, votre décret qui ordonne la translation à Paris de tous les conspirateurs, il faudroit une armée pour les conduire.... car, dans ces deux départements je porte à DOUZE à QUINZE MILLE *hommes ceux qui ont été arrêtés*.... Tu vois l'impossibilité d'un tel voyage... d'ailleurs il FAUT ÉPOUVANTER.

Ton sucre, ton café, ton huile d'olive sont en route....
Une embrassade à ton petit Hippolyte.

Signé : MAIGNET.

Arrivé à Paris, le citoyen Lavigne ne perdit pas de temps; assisté des frères Payan, il aborda le Comité de salut public, Robespierre et Couthon.

Le 13 floréal, il écrivoit à Robespierre (3) :

Avant-hier, citoyen représentant, le Comité de salut public a pris connaissance des demandes du représentant Maignet.... dont le principal objet est l'*établissement* momentané d'*un tribunal révolutionnaire à Avignon* ou dans quelque lieu voisin. Les cit. Payan (de la Drôme) se rendront ce soir, à dix heures, au Comité qui doit les entendre à cause de leurs connaissances locales. Ils désirent y voir *Robespierre*.... (Suivent des compliments pour l'incorruptible.)

---

(1) *Dits papiers,* t. II, p. 338.
(2) Couthon et Maignet étoient Auvergnats.
(3) *Dits papiers,* t. II, p. 411.

Le 15 floréal, Lavigne écrivoit au *bon* et *brave* Couthon (1) :

(Il rappeloit d'abord les motifs exposés par Maignet, le 4 floréal, puis il ajoutoit) : Les Comités de salut public et de sûreté générale, dans la séance du 11 soir, ont paru déterminés en faveur de l'*établissement*. Il a été seulement trouvé quelque inconvénient à faire siéger le tribunal à *Avignon*, à cause du mauvais esprit des habitants....

L'affaire n'a pu être traitée le 13 soir.... Les Payan... pensent que l'*établissement* doit être fait à *Orange*, commune qui ne participe pas à la corruption d'Avignon...

Salut et amitié au *bon* Couthon.

Des notes (2), destinées par Maignet et Lavigne au Comité, ont été conservées ; elles reproduisent des détails mentionnés dans les lettres précédentes. Payan (agent national à la commune de Paris) les communiqua à Robespierre (3).

Ainsi éclairé, le Comité de salut public prit l'arrêté suivant (4) :

Extrait des registres du Comité de salut public, etc., du 21 floréal, l'an II, etc.

Le Comité de salut public arrête qu'il sera établi à Orange une commission populaire, composée de cinq membres, pour juger les ennemis de la révolution qui seroient trouvés dans les pays environnants, et particulièrement dans les départements de Vaucluse et des Bouches-du-Rhône.

Les membres de cette commission seront les citoyens :

Fauvetty, juré au tribunal révolutionnaire ;
Meilleret, du département de la Drôme ;
Roman-Funtrosa, président du district de Die ;
Fernex, juge du tribunal de district de Commune affranchie ;
Ragot, menuisier, rue d'Auvergne, même commune.

Le cit. Maignet, représentant du peuple, est chargé d'installer cette commision sans délai.

(1) *Dits papiers*, t. II, p. 412.
(2, 3) *Dits papiers*, t. II, p. 352.
(4) *Dits papiers*, t. II, p. 69.

Le commissaire des administrations civiles fera exécuter le présent arrêté.

Signé au registre, *Robespierre, Collot Dherbois, Barère, Billaud-Varenne, Carnot, Prieur, Lindet, Couthon.*

Par cette création, les Comités avoient outrepassé leurs pouvoirs; M. Michelet (1) le déclare nettement. La Convention, d'après un décret du 10 floréal, avoit seule, désormais, le droit d'établir de nouveaux tribunaux révolutionnaires. Aussi, le 17 nivôse an III, et c'étoit un peu tard, Merlin (de Douai) disoit à la Convention au nom des Comités : « que la création de l'atroce Commission d'Orange étoit un crime (2). »

Suivant M. Louis Blanc (3), au contraire, « l'arrêté du 21 floréal étoit parfaitement légal, et c'est à tort qu'on le reprocha depuis aux Comités comme un acte qui excédoit leurs pouvoirs. Un décret du 20 ventôse (du 23) avoit chargé les Comités réunis de former six commissions populaires pour juger promptement les ennemis du peuple; ces Commissions, et tel étoit le Tribunal d'Orange, avoient un caractère à part et le décret du 10 floréal qui supprimoit les Tribunaux révolutionnaires des départements ne les concernoit pas. C'est ce que répondirent Billaud-Varenne, Collot d'Herbois et Barère aux accusations de la Commission des 21. »

A mon tour, je n'hésite pas à dire que ce raisonnement n'est que spécieux et qu'il tombe devant le caractère véritable de la Commission d'Orange, devant les termes absolus du décret 10 floréal, postérieur à celui de ventôse.

D'abord, est-ce que cette Commission n'étoit pas un véritable tribunal révolutionnaire? Personne ne s'avisera de le contester. Le nom de *populaire*, sous lequel le Comité de

---

(1) *Histoire de la Révolution,* t. VII, p. 334.
(2) *Moniteur* du 20 nivôse an III, p. 453.
(3) *Histoire de la Révolution,* t. X, p. 471.

salut public avoit, peut-être, essayé de la déguiser, ne touchoit ni à son organisation ni à ses pouvoirs. En effet, ce nom n'étoit pas nouveau ; il avoit appartenu à la première commission de Feurs (1), présidée par Bonarme, en brumaire an II ; à la deuxième Commission de Lyon, présidée par Dorfeuille (2), à la même époque ; toutes les deux appelées *populaires*, ces Commissions n'en avoient pas moins été des tribunaux révolutionnaires au premier chef.

Maintenant, par ses termes, le décret du 10 floréal souffroit-il quelque exception ? Transcrivons son texte que M. Louis Blanc n'a fait qu'indiquer.

Art. 1er. (Attribue au tribunal de Paris tous les crimes contre-révolutionnnaires, en quelque partie de la République qu'ils aient été commis, sauf les exceptions ci-après.)

Art. 2. En conséquence, les *tribunaux* et *commissions* révolutionnaires établis dans quelques départements, par les arrêtés des représentants du peuple sont supprimés, et il ne *pourra* en être établi AUCUN *à l'avenir*, si ce n'est en vertu de décrets de la Convention nationale.

Art. 3. Pourra néanmoins le Comité de salut public CONSERVER les tribunaux ou commissions révolutionnaires qu'il jugera utiles, et *autoriser*.... tels tribunaux criminels.... à juger dans un arrondissement déterminé...., l'universalité ou partie des crimes réservés au tribunal révolutionnaire.

Donc, plus de Tribunaux ou Commissions établis par des représentants ; AUCUN, si ce n'est par la Convention, ne pouvoit être créé à l'avenir ; le Comité de salut public ne pouvoit que *conserver* les Tribunaux ou Commissions qu'il jugeroit utiles, et *autoriser* les Tribunaux criminels à juger, dans un arrondissement déterminé...., les crimes de contre-révolution.

Ainsi, à Orange, le Comité auroit pu *autoriser* le Tribunal

(1) *Cabinet historique*, 1861, p. 23.
(2) Voy. ma *Justice révolutionnaire*, 1861, p. 171.

criminel d'Avignon à juger : quant à y établir une Commission *nouvelle*, c'étoit un manifeste excès de pouvoir.

Quoiqu'il en soit, la Commission ne tarda pas à se réunir. Fauvelty quitta Paris avec une indemnité de 1800 fr. allouée, le 30 floréal (1), par le Comité de salut public à titre d'avances et de frais de voyage. Fauvelty emportoit, probablement avec lui, l'instruction rédigée (2) par le Comité pour les membres de la Commission; la voici tout entière; Couthon, qui étoit l'un des signataires, dut en être le rédacteur; c'étoit Robespierre, lui-même, suivant M. Louis Blanc (3) :

Paris, le 29 floréal, l'an II, etc. Le Comité de salut public (4) *au citoyen Maignet, représentant du peuple à Avignon.*

Cher collègue,

Nous te faisons passer une expédition de l'instruction qui va régler la conduite et les devoirs des membres de la commission populaire établie à Orange et dont tu es chargé de l'installation par notre arrêté du 21 floréal.

Salut et fraternité. Les membres du Comité de salut public. *Signé à l'original,*

ROBESPIERRE, CARNOT, BILLAUD-VARENNE.

Instruction des membres de la commission populaire établie à Orange (5) *etc.*

Les membres de la commission établie à Orange sont nommés pour juger les ennemis de la révolution.

Les ennemis de la révolution sont tous ceux qui, par *quelques moyens que ce soit* et de quelques dehors qu'ils se soient couverts, ont cherché à *contrarier* la marche de la révolution et à empêcher l'affermissement de la république.

La peine due à ce crime est la mort.

La preuve requise pour la condamnation sont tous *les renseigne-*

(1) *Papiers du Comité de salut public;* Archives de l'empire.
(2) Registre des jugements de la Commission.
(3) *Histoire de la Révolution,* t. x, p. 472.
(4, 5) Registre des jugements de la commission d'Orange.

ments, de quelque nature qu'ils soient, qui peuvent convaincre un homme raisonnable et un ami de la liberté.

La règle des jugements est la conscience des juges éclairée par l'amour de la justice et de la patrie.

Leur but est le salut public et la ruine des ennemis de la patrie.

Les membres de la commission auront sans cesse les yeux fixés sur ce grand intérêt; ils lui sacrifieront toutes les considérations particulières.

Ils vivront dans cet isolement salutaire qui est le plus sûr garant de l'intégrité des juges et qui, par cela même, leur concilie la confiance et le respect. Ils repousseront toutes sollicitations dangereuses. Ils fuiront toutes les sociétés et toutes les liaisons particulières qui peuvent affaiblir l'énergie des défenseurs de la liberté et influencer la conscience des juges.

Ils n'oublieront pas qu'ils exercent le plus utile et le plus respectable ministère et que la récompense de leurs vertus sera le triomphe de la république, le bonheur de la patrie et l'estime de leurs concitoyens.

Les membres du Comité de salut public.

Signé à l'original :

CARNOT, BILLAUD-VARENNE, COUTHON.

On a dit (1), avec raison, que de cette instruction, la fameuse loi du 22 prairial étoit sortie; on y trouve, en effet, la même pensée, presque les mêmes termes et l'on y aperçoit aussi la guillotine.

Voyez la définition des crimes que la Commission d'Orange devoit punir; les éléments de preuve soumis à sa conscience!

« *Contrarier* la marche de la révolution par *quelques moyens que ce soit*, est un crime capital !

« La *preuve* de ce crime est les *renseignements de quelque nature qu'ils soient !* »

Avec de telles instructions et devant de tels juges, quelle défense sera possible, je le demande; ce ne sont pas les

---

(1) M. Michelet, *Histoire de la Révolution*, t. VII, p. 335; M. Louis Blanc, *même Histoire*, t. x, p. 476.

condamnations, mais les acquittements qui devront nous étonner !

Le lendemain de l'incendie de Bedoin, et lorsque ce malheureux bourg brûloit encore, le 18 prairial, Maignet installa à Orange la Commission et prononça un long discours, puis, il nomma Viot, l'accusateur public, et lui adjoignit, à titre de *conseil*, le citoyen Barjavel (1), accusateur public à Avignon. Déjà Nappier, huissier au Tribunal révolutionnaire de Paris, avoit été attaché, en la même qualité (2), à la Commission, et Cottier-Julian étoit devenu le secrétaire de Viot (3).

Le personnel étoit complet; en même temps il étoit exquis.

Fauvetty, le président, d'abord *fabricant de bas* à Uzès, étoit l'un des jurés *solides* de Fouquier-Tinville ; dès le 26 septembre 1793, il figuroit sur les listes de Paris ; son nom est encore porté dans le décret du 22 prairial an II, quoique Fauvetty fût déjà à Orange.

Fernex, juge, avoit été membre de la grande Commission de Lyon, présidée par Parein, avec Corchand il y formoit le côté gauche, et condamnoit presque toujours (4).

Ragot, menuisier, à Lyon et le Pylade de Fernex, étoit en correspondance avec Robespierre ; on le verra plus bas.

Barjavel avoit été accusateur public dans l'affaire de Bedoin, c'est en dire assez.

Quant à *Viot*, l'accusateur public, et à *Benet*, le greffier, on lira, tout-à-l'heure, leurs lettres.

(1) Jugement du tribunal criminel d'Avignon, du 7 messidor an III; greffe de Carpentras.
(2) Arrêté du Comité de salut public du 1ᵉʳ prairial an II; registre de la Commission.
(3) Lettre de la Commission à Maignet, du 29 prairial.
(4) Voy. ma *Justice révolutionnaire*, 1861, p. 131.

Metlleret et *Roman-Fonrosa* seuls, n'étoient pas tout à fait à la *hauteur*.

Il n'y avoit plus qu'à amener les affaires devant ce tribunal. Maignet y pourvut. Par un arrêté (1) il enjoignit aux Comités de surveillance et aux autorités des Bouches-du-Rhône et de Vaucluse d'envoyer, à la Commission, les tableaux, pièces et renseignements sur tous les détenus. Cette circulaire dut activer et multiplier les arrestations. Le 21 prairial, Mourreau (de Vaucluse) écrivoit d'Avignon, à Payan (2) :

> La Commission d'Orange va commencer ses opérations…
> La visite domiciliaire qui a eu lieu ces jours derniers a produit une arrestation d'environ 500 personnes. Maignet a ordonné au Comité de surveillance de faire la *triaille*…
> Rappelle-moi au souvenir de Maximilien.

Les détenus d'Avignon dépassèrent largement ce chiffre, car le 15 thermidor an II, Rovère disoit à la Convention (3) : « Il n'y a point de vexations qui n'aient été commises dans les départements du midi ; à Avignon, il y a dans une église 2000 personnes incarcérées ; savez-vous pourquoi ? parce que leur fortune s'élève à plus de 15,000 livres. »

Pourtant la Commission n'étoit pas servie au gré de ses désirs ; elle trouvoit de la *tiédeur*, du *modérantisme* dans le pays ; elle s'en plaignit au Comité de salut public et elle lui écrivoit, le 28 prairial (4) :

> … Un seul Comité, celui d'Orange, s'est exécuté…, ce n'est pas notre faute si nous n'allons pas plus vite. Cependant… nous com-

---

(1) 15 prairial an II, correspondance de la Commission.
(2) Buchez et Roux, *Histoire parlementaire*, etc., t. xxxv, p. 185.
(3) *Moniteur* du 16 thermidor an II, p. 1206.
(4) Greffe du tribunal de Carpentras ; correspondance de la commission d'Orange, à cette date.

mencerons primidi (le 1ᵉʳ messidor) ayant préparé quelques affaires; nous tâcherons ensuite de *regagner le temps perdu*.

C'est, en effet, le 1ᵉʳ messidor an II que la Commission
rendit son premier jugement et, comme elle l'avoit dit, elle
regagna le temps perdu. Jusqu'au 17 thermidor, inclusive-
ment, elle siégea tous les jours, les décadis et le 26 messidor
seuls exceptés, et tint 42 séances. 591 accusés furent jugés;
trois cent trente et un (1) condamnés à mort, 287 hommes
et 44 femmes; 98 à la détention; 2 au bannissement; 2 à
l'amende; 150 furent acquittés (2).

Un jour (15 messidor), la Commission prononça dix-huit
condamnations à mort; un autre (27 messidor), quinze; les
séances de dix, onze, douze et même treize, n'étoient pas
rares; du 7 messidor au 12 thermidor, on peut compter
douze de ces *fournées*.

Quant aux défenseurs, aux témoins à *décharge*, il n'y en
avoit pas; les accusés étoient, en général, interrogés sommairement; Fauvetty avoit importé à Orange les méthodes
de Paris.

La rédaction des jugements, verbeuse, déclamatoire, am-
poulée, comme le style du temps, étoit l'œuvre spéciale de
Roman-Fonrosa (3).

Cette expéditive justice n'enleva point leur courage à
nombre de victimes; de simples cultivateurs bravèrent la
mort; on en vit DANSER *sur l'échafaud* (4).

A Orange, comme dans tant d'autres tribunaux révolu-

---

(1) Voir ma note 4, p. 1.

(2) Même greffe; registre des jugements de la Commission. — Ces chiffres, relevés avec soin sur ce registre, sont autres que ceux de mon *Essai*
de 1861, p. 195, fournis par un digne magistrat du pays, fort mal servi
lui-même.

(3) Lettre du 30 messidor à Payan; *Papiers de Robespierre*, etc.

(4) Lettre de la Commission du 14 messidor, p. 15.

tionnaires, leur caractère sacré, leurs sentiments religieux, attirèrent à des accusés l'insulte, le mépris, l'outrage de leurs juges; oubliant les devoirs de la modération la plus vulgaire, la Commission fit pressentir à des nobles, à des prêtres, dès l'ouverture des débats, le *sort* qui les attendoit; et, le croiroit-on, loin de rougir d'une telle conduite, Fernex (1) s'en fit gloire auprès de Robespierre !

Si des accusés furent injuriés, d'autres furent dépouillés ; pour s'être approprié une partie de leurs effets, bijoux et assignats, l'huissier de la Commission, Nappier, fut, plus tard, condamné, aux fers, à Avignon (2).

Les débats, les exécutions avoient, comme ailleurs, un public de Jacobins et de Sans-Culottes; les jugements de mort, les têtes abattues étoient salués du cri de : Vive la République !

Les nombreux conspirateurs et suspects à mettre en jugement occupoient à Orange au moins trois prisons; dans la maison d'arrêt du *Cirque* et la maison de réclusion des ci-devant *Cordeliers*, étoient les hommes; dans la maison de réclusion, dite la maison *Chiesse*, étoient les femmes (3). Et ces prisons furent si bien remplies, qu'au commencement de thermidor un convoi de prisonniers, à son arrivée de Marseille, dut être immédiatement réexpédié à Avignon, faute de place à Orange (4). Aussi des suspects effrayés vivoient dans les bois et s'y creusoient des abris (5).

Les exécutions avoient lieu, le jour même, à l'extrémité de la promenade actuelle de la ville, en face de la montagne

---

(1) Lettre du 1er thermidor, rapportée plus bas.
(2) Voir plus bas le jugement du 7 messidor an III.
(3) Ibidem.
(4) Lettre de la Commission à Maignet du 11 thermidor, rapportée plus bas.
(5) Autre lettre du 14 messidor.

de Saint-Eutrope. Le placement de l'échafaud, en cet endroit, que j'ai vérifié moi-même (1), confirme le passage suivant d'une lettre que le citoyen Benet, greffier de la Commission, adressoit à l'ami Payan :

Orange, 9 messidor an II (2).

...Neuf conspirateurs orangeois ont déjà subi la peine due à leur crime ; le peuple a applaudi avec transport à leur chute. — Tu connois la position d'Orange : la guillotine est placée *devant la montagne*. On diroit que toutes les têtes lui rendent, en tombant, l'*hommage* qu'elle mérite : *allégorie précieuse* pour de vrais amis de la liberté. Les deux *Chièze*, prêtres (condamnés à mort le 8 messidor), sont au nombre des conspirateurs punis ; cela va, et ça ira.
... Je t'embrasse.

Le greffier de la Commission,
BENET.

Depuis primidi, plus de soixante scélérats ont *courbé* la tête.

Mais ce n'est pas seulement par ses jugements que la Commission d'Orange doit être appréciée; suivant moi on la connoit mieux encore par sa correspondance (3); là, quotidiennement, se dessinent ces fanatiques abominables qui croyoient avoir fait une œuvre méritoire lors qu'ils avoient envoyé une victime de plus à l'échafaud!

Chaque jour, la Commission rendoit un compte détaillé de ses opérations au Comité de salut public. Elle obéissoit ainsi à l'arrêté de ce Comité (de la main de Robespierre), portant (4) :

---

(1) A Orange, le 23 septembre 1863, d'après d'irrécusables témoignages. Sur le terrain de l'échafaud, tournant le dos à la statue de M. de Gasparin, on est à moins de 100 mètres de la montagne de Saint-Eutrope, que couronne aujourd'hui une statue colossale de la Vierge.

(2) Buchez, *Histoire parlementaire*, t. xxxv, p. 191; *Papiers trouvés chez Robespierre*, t. 1, p. 185.

(3) Greffe du tribunal de Carpentras, 21 feuillets grand in-folio, paraphés et signés *Fauvetty*. C'est un des précieux monuments de la justice révolutionnaire.

(4) Archives de l'empire, papiers du Comité de salut public, A. p. 22.

25 floréal an II,

Les Tribunaux ou Commissions populaires, établis pour réprimer les ennemis de la République, enverront *chaque jour* au Comité de salut public la notice de tous les jugements qu'*elles* rendront; de manière qu'il puisse connoître les *personnes* jugées et la *nature* des affaires.

Jamais, pour le dire en passant, autorité ne fut informée de toutes choses à l'égal du Comité de salut public, où régnoit Robespierre; aussi la responsabilité de tant d'horreurs, tolérées quand elles n'étoient pas ordonnées, ne sauroit lui être épargnée.

Non-seulement la Commission, très-exactement, adressoit au Comité la notice prescrite, mais une copie en étoit envoyée à Maignet, à Marseille. Voici maintenant, sur les opérations de la Commission, les principaux monuments de cette précieuse correspondance.

La Commission écrivoit au Comité, le 2 messidor (1) :

Il est bien fâcheux pour la Commission qu'elle commence ses travaux par des gens qui, quoique coupables de différents assassinats, pillages et excès envers les bons citoyens, indépendamment de ce qu'ils étoient vraiment contre-révolutionnaires, ne sont pas les vrais chefs dont la tête devroit tomber avant celle des *artisans* qui n'auroient jamais été conspirateurs sans les manœuvres des nobles, des prêtres et de la *Robinaille*, qui ont eu la perfidie de se tenir derrière le rideau.

Et le 3 messidor (2) :

Lorsque la Commission sera dans sa pleine activité elle désire, elle compte, elle veut faire beaucoup plus; elle mettra en jugement tous les prêtres, gros négociants, ex-nobles; quant à présent elle fait, non pas ce qu'elle voudroit, mais ce qu'elle peut.

Cette lettre, on le verra plus bas, fut lue pendant le procès de la Commission, et le tribunal criminel d'Avignon ordonna

(1, 2) Greffe du tribunal de Carpentras, déjà cité.

qu'elle seroit affichée avec son jugement (7 messidor an III). De son côté, le cit. Juge, du comité de Valréas, écrivoit à Payan, le 2 messidor (1) :

. . . .

Maignet travaille nuit et jour pour améliorer ce département, et il emportera, en le quittant, les regrets de tous ceux qui le connoissent. Suivant les *apparences* il y tombera plus de *trois mille têtes*; les prisons regorgent de fédéralistes et de suspects, etc.

JUGE.

La Commission écrivoit au Comité de salut public, le 6 messidor (2) :

. . . .

Dans ce pays, peuplé sur tous les points, de contre-révolutionnaires, il est des municipalités, des comités de surveillance de communes d'une population de 1300 et de 3000 âmes qui ont déclaré *impudemment* n'avoir *personne de suspect.*

Puis le 13 messidor (3) :

Aujourd'hui, 14 personnes seront mises en jugement; demain, 17, et après-demain, 32; si nous avions tous les agents qu'il nous faudroit, et que le pays ne fournit point, nous *irions bien vite et nous remplirions les* VUES *du gouvernement.*

Et le 14 messidor (4) :

Hier, 13 personnes ont été mises en jugement; 2 ont été acquittées et néanmoins détenues pour un an, attendu que leur *conduite,* pendant la révolution, a été *comme équivoque.* Les 11 restants ont été condamnés à la peine de mort, étant demeurés convaincus d'avoir conspiré contre la République..... C'étoit une troupe de scélérats qui, quoique nés dans l'honorable classe du peuple étoient aussi fanatiques en aristocratie que le plus orgueilleux des cy-devant. *Quelques-uns* ont porté l'audace jusqu'à *danser sur l'échafaud* (5). L'un de ces misérables avoit été trouvé saisi d'une lettre écrite par soi-disant Jésus-Christ...

(1) *Papiers trouvés chez Robespierre,* t. II, p. 432.
(2, 3, 4) Greffe de Carpentras; correspondance citée à ces dates.
(5) Un trait semblable est cité par La Rochefoucauld (maxime 504), comme ayant eu lieu de son temps.

Le Père éternel l'avoit, dit-on, envoyée à Pie VI; elle avoit été remise en présence de tous les cardinaux; ce *coquin* avoit encore les sept Béatitudes; ce devoit être quelque initié de don Gerle et de la bienheureuse Pagode, sa camarade.

Les montagnes qui nous avoisinent sont peuplées d'une grande partie des scélérats échappés à la justice du peuple; favorisés par certaines municipalités, ils vivent *dans les bois*; ils font des *trous en terre*...

On nous rapporte que parmi des scélérats encore arrêtés ce jour dernier, se trouvent des personnes nanties d'immunités du représentant Rovère ou Poultier. *Oh bon Dieu, bon Dieu!*

De son côté, Agricol Mourreau président de la Société populaire d'Avignon, envoyoit, le 9 messidor, à Payan et pour être soumise à Robespierre, une adresse à la Convention *approuvant* hautement le décret du 22 prairial sur le tribunal révolutionnaire; la lettre étoit terminée par ce post-scriptum (1) :

P. S. La Commission populaire marche bien; hier, sur douze accusés, neuf ont été condamnés à mort, deux à la déportation, un à six mois de détention.

Je croyois que, d'après le décret du 22 prairial, il n'y avoit plus d'autre peine que la mort contre les coupables de délits contre la révolution.

Puis, Fauvety, président de la Commission, écrivoit au même Payan, le 10 messidor (2) :

Quoiqu'il nous manque au moins dix personnes pour que la Commission puisse *aller, selon mes désirs*, nous allons pourtant et nous avons *plus fait dans les six premiers jours*, que n'a fait dans *six mois* le Tribunal révolutionnaire de Nîmes; la Commission a pourtant rendu cent quatre-vingt-dix-sept jugements dans dix-huit jours...

Enfin la Commission, au Comité de salut public, le 20 messidor (3) :

(1) *Histoire parlementaire de la Révolution*, t. xxxv, p. 196.
(2) *Papiers trouvés chez Robespierre*, t. 1, p. 189.
(3) Greffe de Carpentras, correspondance citée à ces dates.

Un ami nous a écrit de Paris qu'une assassin a encore attenté à la vie de Robespierre. Le sang des Républicains bouillonne; gare les nobles, les prêtres et leurs amis; nous allons redoubler de vigueur. Si nous avions tous les agents qu'il nous faut, si les Comités de surveillance et les autres autorités nous aidoient, ça iroit *mieux* et plus *vite*.

Ces actes, ces sentiments de la Commission, ce parfait accord entre elle et Maignet contentèrent le Comité de salut public et son illustre chef. Là-dessus, une heureuse réponse de Robespierre nous a été conservée par Rovère. Un matin, dit-il, à la Convention, le 15 frimaire an III, il alla se plaindre au Comité du salut public des horreurs que l'on commettoit dans son département, et de Maignet; Robespierre lui répondit : « Nous en sommes fort contents; il fait beaucoup guillotiner (1)! »

Du 21 messidor au 1er thermidor, 23 religieuses et plusieurs prêtres parurent devant la Commission; tous furent condamnés à mort. Tous avoient refusé le serment civique; en outre, plusieurs des religieuses déclarèrent, à l'audience, avec une héroïque fermeté, qu'elles n'étaient point *ex*-religieuses, mais toujours religieuses; qu'elles préféroient le Roi à la Convention, etc. La plupart de ces accusés portoient des reliques et des chapelets. Quantité de ces objets pieux furent saisis et brûlés. Voici en quels termes la Commission rendoit compte de ces incidents au Comité de salut public :

Le 22 messidor (2) :

En fouillant les religieuses (sœurs *Guillermier* et *Rocher*, condamnées à mort), nous avons trouvé les signes des brigands de la Vendée, des morceaux d'étoffe de robe du saint corps de Jésus, des chapelets, un morceau de la verge du père Adam ou de tout autre béat et, encore, une lettre de la mère de Dieu qui préserve

---

(1) *Moniteur* du 17 frimaire an III, p. 326.
(2) Greffe de Carpentras, correspondance citée à ces dates.

de la peste, de la guerre, de la *mort subite* et de la famine... Malgré la sainte lettre, les religieuses *ont trépassé*.

Le 24 messidor (1) :

Les 4 religieuses (sœurs Bez, Pellissier, Dalbarède, Blanc, condamnées à mort) ont répondu, à l'observation que la loi avoit aboli toutes les corporations, qu'elles étoient nonobstant religieuses; que le serment étoit contraire à leur conscience; les deux premières ont dit qu'elles auroient prêté serment de fidélité au roy; qu'elles préféroient l'ancien régime; après des réponses aussi *claires* que *touchantes*, il a bien fallu fermer les débats...

Les condamnations prononcées, le prêtre (Marcel) qui avoit joué le patriotisme et contre lequel même il y avoit *peu de charges*, a demandé pardon du scandale qu'il avoit causé, en prêtant le serment et l'a de suite publiquement rétracté à la grande satisfaction des béates; il en a fait autant *sur l'échafaud*.

Le noble Augier a également dit publiquement qu'il étoit bien fâché d'avoir fait le tartuffe pendant la révolution et qu'il mouroit noble et martyr.

Le 25 messidor (2) :

Le prêtre Louis Gonnet qui savoit bien se rendre justice et se doutoit bien encore du résultat des débats, s'est, aux premières interpellations, publiquement rétracté...

Le 26 messidor (3) :

Les 6 béates (sœurs Lambert, Vachière, Minute, Faurie, Peyre, Rocard) ont déclaré qu'il n'étoit pas au pouvoir des hommes de les empêcher d'être religieuses; que le serment étoit contre leur conscience et leurs vœux; à l'observation que parmi ces vœux se trouvoit celui de l'obéissance; que saint Paul, lui-même, avoit dit, en rapportant ces paroles du Christ, qu'on devoit l'obéissance au souverain, même injuste, et qu'ainsi leur refus de serment pourroit bien être considéré comme une révolte envers le peuple souverain, elles ont répondu qu'il n'y avoit plus de souverain, qu'on l'avoit tué, et que c'étoit affreux de voir 600 rois à la Convention, et mille *insultes pareilles*; la Commission et l'auditoire étoient déjà justement indignés.

(1, 2, 3) Dit greffier, dite correspondance à ces dates.

Le 29 messidor (1) :

Les 7 religieuses.... ont publiquement dit que la souveraineté du peuple n'étoit pas légitime et cent horreurs pareilles. Elles ont bravé le peuple et la justice, mais elles ont *trépassé* et pourront être en esclavage dans l'autre monde tant qu'il leur plaira....

J'oubliois de vous dire, C. R^{ts}, que lorsque Bon fils, l'un des condamnés, fut au supplice, il eut bonne et grande compagnie; chacun auroit voulu être son bourreau; à mesure qu'il montoit à l'échafaud la multitude l'honoroit de ses huées, et dès que sa tête eut tombé, les citoyens de crier, vive la République et les *chapeaux de voler* pendant près d'un quart d'heure.

Le 2 thermidor (2) :

On a trouvé dans les effets des 4 frères Jacques (3), un plein sac de reliques, d'os de saints, des portraits de Pie VI, du tyran d'Angleterre, des médailles d'autres tyrans, des chapelets, des cœurs de la Vendée, etc. Le tout a été consumé par les flammes. Quoique ces *monstres*, qui faisoient tous les soirs parler une vierge, fussent déjà jugés dans l'opinion des juges, la Commission a fait durer les débats longtemps pour avoir celui de jeter sur les prêtres et leurs saintes reliques tout le ridicule que ces objets méritent. Cette manière d'éclairer le peuple est des meilleures; elle produit de très-bons effets. A mesure qu'on interrogeoit ces *caffards* sur les mérites de ces reliquaires, et surtout d'un mouchoir qui avoit frotté l'occiput d'un très-grand saint, l'auditoire rioit de bien bon cœur, tandis que les *prêtres scélérats* levant les yeux au ciel sembloient appeler la sainte mère à leur aide, heureusement que ces grimaces ne leur ont attiré que le mépris et ensuite l'exécration des assistants. A peine le jugement de mort a-t-il été prononcé sur ces demi-saints que les cris de vive la République ont retenti de toutes parts.

Le 8 thermidor (4) :

Marie Durand, sœur hospitalière, a été condamnée à la détention comme insermentée... le président lui a expliqué ce que c'étoit que ce serment... Il a saisi cette occasion pour faire ressortir les *tares* des prêtres; il s'est adressé aux trois qui étoient présents; il

(1, 2) Dit greffe, dite correspondance, à ces dates.
(3) Voy. sur les frères Jacques, la lettre du citoyen Liély, qui est plus bas
(4) Dite correspondance.

a parlé des *abus*, des *brigandages*, des *crimes* dont les ecclésiastiques avoient *couvert la terre* ou nom d'un Dieu qui est tout vertu ; il a provoqué l'exécration publique sur tout ce qui tient à cette classe d'hommes ; son discours a été honoré de l'assentiment de l'auditoire....

Avec la correspondance personnelle de la Commission on a celle des agents nationaux du Comtat mis à contribution par le tribunal modèle. Plusieurs furent d'utiles auxiliaires, entre autres le cit. Dulac, agent national d'Avignon, qui, du 30 prairial au 3 thermidor, en six convois, envoya plus de 140 détenus à Orange. Ce Dulac étoit à la *hauteur*, dans ses expressions comme dans ses actes ; le 8 messidor, il terminoit ainsi sa lettre à l'accusateur public de la Commission :

Tu trouveras ici les noms des dix-neuf individus formant le *petit convoi* qui va partir dans deux ou trois heures.
Salut et fraternité.

Les agents de Carpentras et d'Arles n'étoient pas, à ce qu'il paroît, pourvus du même zèle ou de la même abondance de prisonniers ; pourtant Viot recevoit, du premier, 69 détenus, en trois convois, et, du second, 61 en un seul.

Dans cette correspondance sont des lettres qui nous révèlent l'éducation des autorités révolutionnaires du pays ; leur instruction étoit celle des juges de Bordeaux que j'ai, plus haut, rappelée. Ainsi le Comité de la Tour-d'Aigues écrivoit le 6 messidor :

Au citoyen Viot acusateur public près la comission *Daurange*, à Aurange :
Nous te faison passer sous *cest plit* le procès-verbal de tout les gens suspét.... Le manbre du comité de surveillance,.... et a signé qui a sut.
N.... (illisible), secraitaire ; Lombard, secraitaire.

Avec son personnel, ses auxiliaires et dirigée qu'elle étoit par le Comité de salut public, la Commission devoit rendre des décisions à remarquer ; j'en citerai quelques-unes.

Le 1ᵉʳ messidor, à la première séance, devoit être jugé l'accusé Rosty *fils*; les témoins assignés, les notes du dossier ne concernoient que lui seul (1). Louis-Agricol Rosty *père* fut amené à la barre et condamné à mort; Fauvetty eut à rayer dans le jugement le mot *fils* (2) qui s'y trouvoit; ainsi devoit faire, à Paris, le président Coffinhal, pour Loizerolles père !

Le 7 messidor paraissoit la veuve de Latour-Vidau, plus qu'octogénaire, en démence depuis plusieurs années; elle fut condamnée à mort et exécutée avec son fils. Il est de tradition à Orange que cette infortunée, conduite à l'échafaud, croyoit *être mise en carosse* et qu'elle le dit à son fils (3).

Deux personnes, que l'accusateur public n'avoit pas désignées, furent condamnées à mort. Viot demandant, à Carpentras, plusieurs détenus, entre autres, un *seul* Antoine Durand, et *trois* frères Jacques (c'étoient trois *ex-prêtres*): le 30 messidor le cit. Liély, administrateur de ce district, lui répond de la sorte (4):

. . . .
(Tu ne demande qu'*un* Antoine Durand, et cependant il s'en trouve *deux*, dont l'un est l'oncle et l'autre le neveu; comme je ne sçais celui des deux que tu désire, je te les envoie *tous les deux* pour ne pas retarder tes *opérations*, tu auras soin de renvoyer l'autre dans le cas où tu n'en aurois rien à *faire*) ....

Il se trouve une erreur parmi les noms des Jacques frères, ne sachant les deviner tu en recevras *un* de plus que ce que tu demandes (en effet *quatre* Jacques figurent sur la liste du cit. Liély); tu voudras bien faire attention à ces différences de nom.

(1) Greffe de Carpentras; jugement des membres de la Commission, 7 messidor an III.
(2) Dit greffe; registre des jugements de la Commission, 1ᵉʳ messidor an II.
(3) Cabinet de M. de Crozet, à Marseille; Acte d'accusation contre la commission d'Orange (imprimé).
(4) Greffe de Carpentras.

Viot ne renvoya ni un *Jacques*, ni un *Durand*; les Jacques furent condamnés à mort tous les *quatre*, le lendemain, 1er thermidor (1); l'un des Durand fut condamné le 3, l'autre le 4 thermidor (2).

Parfois Viot, ayant à mettre, d'urgence, des accusés en jugement, les réclamoit par une estafette de gendarmerie; c'est ce que nous apprend la lettre suivante du cit. Dulac :

Avignon, 11 thermidor, l'an II, etc.

L'agent national près le district d'Avignon à l'accusateur public près la commission populaire à Orange.

Un gendarme est arrivé à onze heures avant midy, apportant une lettre par laquelle tu demandes que je fasse partir de suite Louis Biscarat et Gaudibert notaire de Vaquayras residant à Camaret.

J'ay de suite pris les mesures nécessaires pour leur départ. Mais ces deux individus ne pouvant aller à pied, la difficulté de trouver une voiture retardera nécessairement leur arrivée. Quelque *empressement* que j'aye de seconder tes vues, il ne me parait guère possible qu'ils puissent *ce soir* être mis en jugement. Je ne negligeray cependant rien pour qu'ils arrivent encore à Orange aujourdhuy.

Salut et fraternité.

Malgré l'empressement du cit. Dulac ces deux accusés ne furent pas jugés le jour même; mais ils attendirent *peu*; lendemain 12 thermidor, Gaudibert étoit condamné à mort et Biscarat le 13.

Voici maintenant des témoignages précieux sur les travaux du tribunal. Deux membres de la Commission, plus un frere et ami, s'en expliquoient sans ambages, et, d'abord, Fernex, l'ancien juge révolutionnaire de Lyon, écrivoit à Robespierre l'aîné (3) :

(1, 2) Dit greffe; registre des jugements.
(3) *Papiers trouvés chez Robespierre*, etc., t. 1, p. 193. Cette lettre y est datée du 1er fructidor ; c'est évidemment 1er thermidor qu'il faut lire.

Orange, ce 1ᵉʳ thermidor (1), an II.

Brave sans culotte, si j'ai différé si longtemps à te remercier d'avoir bien voulu te charger de mon affaire, c'est que tu me témoignes *un vif désir de connoître ceux qui cherchent leur tête*, et que j'attendois pour cela de pouvoir t'en faire passer la liste dans laquelle malgré que la majorité de la commission soit animée des *mêmes sentiments* et guidée par les mêmes principes que toi, tu verras encore une quantité de ceux que tu crois n'avoir été que les mannequins et qui le sont affectivement selon moi. Malgré la répugnance que l'on éprouve à les condamner, néanmoins on ne peut s'en dispenser tant ils se sont compromis, mais aussi quand nous trouvons l'occasion de *nous en venger* sur ceux qui ont cru se tenir derrière le rideau, tels que messieurs les gens d'affaires, les prêtres, les nobles et ce qu'on appelait, ci-devant, ces messieurs de la première volée, nous ne les manquons guère, comme tu verras, et nous tâchons de les *punir* de leur perfidie, en leur faisant *pressentir dès l'ouverture* des débats, quel en sera pour eux le *résultat....*

Je ne te parle pas de Ragot, parce que je sais qu'il t'écrit. Fauvetty me charge de te faire ses amitiés.....

Ton ami,

FERNEX.

Puis Juge, du Comité de Valréas, écrivoit à Payan :

1ᵉʳˢ jours de thermidor (2), an II.

Ami, la *sainte guillotine* va tous les jours. Ces jours derniers, le frère de *Maury*, l'ex-constituant, monta le premier en lâche, puis *Pialat des Isles*, notre ancien procureur de la commune; le marquis d'*Autane* (Fournier), cousin de Rovère, notre ancien maire; un autre mauvais sujet de Valréas; *sept* de Grillon, et notre général *Grelly*, qui monta le dernier, furent ensemble guillotinés.

Valréas en *fournira* plusieurs.

. . . .

Salut et fraternité.

JUGE.

(1) *Papiers trouvés chez Robespierre*, etc., t. I, p. 193.
(2) *Dits papiers*, etc., t. II, p. 427. Cette lettre y est sans date; mais elle dut être écrite dans les premiers jours de thermidor; la fournée des *sept* de Grillon est du 29 messidor.

Enfin Viot, à son ami Payan, achevoit le tableau (1) :

> Nos opérations, mon cher ami, continuent avec activité... nos *travaux* nous mériteront la reconnaissance des bons citoyens et des représentants qui siègent à la Montagne; nos vœux alors seront remplis et notre ambition satisfaite, parce que nous ne sommes jaloux que de l'estime publique.....
> Déjà *plus de trois cents contre-révolutionnaire* ont payé de leurs têtes les crimes qu'il ont commis; *bientôt ils seront suivis d'un* BIEN PLUS GRAND NOMBRE.
> . . . .

En écrivant de la sorte, Viot n'étoit pas au-dessous de la réalité. Tout en expédiant les accusés qui lui étoient livrés la Commission ne laissoit pas chômer les arrestations dans le Comtat, et le *vertueux* (2) Maignet la secondoit de son mieux à Marseille. En effet la Commission écrivoit à ce représentant, le 3 thermidor (3) :

> P. S. Il nous arrive de toute part des dénonciations contre le Comité de surveillance de Bedarrides. Il est prouvé que ses membres ou partie de ses membres vendent impudemment la justice. Ils ont fait contribuer plusieurs individus... ils font trembler tous les bons citoyens. Il faudrait un exemple terrible. Nous voudrions *arrêter tout le Comité dans une nuit et les tuer le lendemain*. Approuverois-tu cette mesure? Voudrois-tu en prendre (une) préalablement ? C'est sur quoi la commission t'invite à répondre... L'audace de ces coquins est au comble, la mort seule peut les corriger.....

La réponse de Maignet n'a pas été conservée, mais elle étoit favorable, car l'exécution de cet admirable projet fut commencée; voici ce que la Commission écrivoit au représentant, le 13 thermidor (4) :

> Sur ce que tu répondis à la commission relativement aux me-

(1) *Ibidem*, t. II, p. 425.
(2) Lettre de Roman-Fontrosa à Payan, du 30 messidor.
(3) Greffe de Carpentras; correspondance déjà citée.
(4) *Ibidem*.

sures de rigueur à prendre contre les authorités qui trafiquent de leurs pouvoirs et vexent les citoyens, nous avons fait partir, cette nuit, pour Bedarrides, un de nos huissiers escorté de 12 gendarmes, autant de dragons et 80 à 100 hommes d'infanterie pour mettre en état d'arrestation et traduire dans nos prisons pour être jugés, les citoyens (suivent douze noms), tous membres du Comité de surveillance de cette commune........

P. S. Nous t'annonçons que tous les membres du Comité de Bedarrides sont dans les prisons de cette commune.

Quant à Maignet, les 400 victimes de Maillet et de Brutus à Marseille ne l'avoient pas contenté ; ses soins préparèrent à Orange de nouvelles exécutions à l'époque même du 9 thermidor ; on le voit par ce P.-S. que la Commission lui adressoit le 11 thermidor (1) :

(Après la liste quotidienne des accusés jugés la veille.)
P. S. Nous apprenons qu'il nous arrive à l'instant CENT prisonniers de Marseille qui vont repartir de suite pour Avignon, attendu que les *prisons sont pleines*, et que nous ne pouvons les loger. Nous t'invitons à donner des ordres aux autorités de Marseille pour qu'elles ne nous en envoient pas ici mais bien à Avignon ou autre lieu où on pourra les *loger*.

Comme Fouquier, à Paris, Viot, à Orange, avoit ses *fournées ;* un jour passoient en masse les accusés de telle localité, le lendemain ceux de telle autre (2). Du 1er au 4 thermidor (3) furent jugés 31 habitants de Caromb, petite

(1) *Ibidem.*
(2, 3) 1er, 2, 3, 4 messidor, 27 condamnés d'Avignon ;
          7 — 3 — de Velleron ;
         11 — 9 — de Sorgues ;
         13 — 10 — de Marnas ;
         14 — 9 — de Caderousse ;
         15 — 17 — de Venasque ;
         16 — 7 — de Lisle ;
         18 — 6 — de Cabrières ;
         19 — 7 — d'Apt ;
         27 — 13 — de Carpentras ;
         29 — 7 — de Grillon ;
1, 2, 3, 4 thermid., 31 — de Caromb ;
12, 13, 14 — 9 — de Canaret.

ville située non loin de Carpentras; cette affaire donna lieu à quatre jugements (1er, 2, 3 et 4 thermidor); elle mérite, on va le voir, une mention particulière. Ces 31 accusés furent condamnés à mort pour

> Avoir *égorgé* inhumainement une *foule* de patriotes qui venoient de combattre la rébellion du Comtat, après les avoir fait *creuser à eux-mêmes*, en *présence* de leurs pères, mères, femmes et enfants, la *fosse* dans laquelle ils furent bientôt enterrés.

Tels sont les motifs des jugements; la Commission y enchérit dans ses rapports au Comité de salut public. On y lit ce qui suit, à la date du 3 thermidor (1) :

> Il fut affreux cet assassinat (celui de Caromb), il n'y avait que des *prêtres* qui pussent *concevoir* ce raffinement de cruauté.... Les patriotes venoient de combattre les rebelles de Carpentras, on les met en état d'arrestation... on les conduit dans un champ, on y fait venir leurs pères, mères, femmes et enfants, on leur fait (aux accusés) creuser une large fosse, on fusille ces pauvres malheureux, et on les enterre *moitié vivants*, moitié morts.

Il faut ici, comme pour Bedoin, rétablir la vérité. A Caromb, au mois de juillet 1792, il y avoit eu, en effet, une exécution populaire. Neuf habitants de cette commune étoient allés se joindre à la troupe de Jourdan, *coupe-tête*, qui faisoit le siège de Carpentras. A leur retour à Caromb, ces patriotes furent l'objet d'un soulèvement du parti contre-révolutionnaire; ils furent emprisonnés, puis fusillés hors de la ville; sept, le premier jour, près du torrent la *Malagrome*; deux, le lendemain, au lieu dit le *Graveron*. Telle fut cette coupable exécution; mais la *foule* des victimes; la *présence* obligée de leurs familles; la *fosse* creusée; les *mourants* ensevelis, tous ces incidents horribles sont autant d'inventions des juges d'Orange (2).

(1) *Ibidem*, correspondance déjà citée.
(2) Enquête faite à Caromb, en février 1865, par M. Pinet de Manteyer.

Après, cela se conçoit, Caromb fut dans le deuil et la misère. Le 5 pluviôse an III, Jean Debry écrivoit de Carpentras à la Convention (1) :

On vous en impose si l'on vous dit que les satellites des triumvirs n'ont porté, dans Vaucluse, leurs coups que sur des aristocrates. Quels aristocrates! 60 femmes de Caromb, à peine vêtues, pauvres et portant les empreintes d'un travail journalier et pénible, sont venues me demander des secours; leurs maris avoient été exécutés par le tribunal d'Orange.

Cependant les condamnations de la Commission n'étoient pas toujours prononcées sans débats; deux juges, Meilleret et Fontrosa, vouloient des preuves dont les trois autres, Fauvetty, Fernex et Ragot, n'avoient nul besoin. Les lettres suivantes, déjà connues, en même temps qu'elles nous font, pour ainsi dire, assister à ces luttes intérieures, confirment, sur la justice politique du temps, les doctrines de la sainte-Montagne et du vertueux Robespierre.

A ce sujet, Agricol Mourreau, le premier, écrivoit à Payan, huit jours après l'ouverture des séances de la Commission :

Avignon, 9 messidor an II (2).

Je suis arrivé hier au soir d'Orange, mon cher Payan, où j'avois passé deux jours; *les choses y vont assez bien*; voici ce qui en est. Meilleret et Roman-Fontrosa sont excellens citoyens; mais pour juger révolutionnairement, ils ne *valent pas* Fauvetty et les deux autres juges de Commune affranchie (Fernex et Ragot). Le *bien public* demanderoit donc qu'à leur place on mît deux hommes de la trempe des trois autres. Si Fauvetty étoit malade.... il échapperoit bien des coupables et *alors le* BUT *du gouvernement seroit manqué.....* Meilleret et Fontrosa sont esclaves des formes; les trois autres ne

Déclarations — de Maurice Chave, 88 ans; — Liberat Eydoux, 79 ans, fils d'un des fusillés de 1791 ; — Jeanne Cornu, 82 ans, et autres *anciens* de la commune.

(1) *Moniteur* du 20 pluviôse an III, p. 576.
(2) Buchez, *Histoire parlementaire*, t. XXXV, p. 193.

veulent d'autres formes que la conviction de leur conscience. —
Les deux juges de Commune affranchie sont excellens, et CELUI (1)
qui les a choisis se connoit en hommes..... Les renseignemens que
je te donne, je les tiens de Viot, Fauvetty, Barjavel, Benet, et je
ne leur ai pas laissé ignorer que je t'écrirois les craintes qu'ils me
témoignoient.....

Puis, c'étoit le tour de Fauvetty, qui écrivoit à Payan (2):

Orange, le 19 messidor an II.

. . . .

Ragot, Fernex et moi sommes *au pas;* Roman-Fontrosa est un
excellent sujet, mais *formaliste enragé* et un peu loin du *point révolutionnaire* où il le faudroit; Meilleret, mon quatrième collègue ne vaut rien, absolument rien au poste qu'il occupe; il est quelquefois d'avis de *saucer des prêtres contre-révolutionnaires;* il lui faut des *preuves,* comme aux tribunaux ordinaires de l'ancien régime. Il inculque cette manière de voir et d'agir à Roman; il le tourmente, et tous les deux réunis nous tourmentent à leur tour. *Nous avons quelquefois des scènes très-fortes.* Meilleret, enfin, est patriote, mais il n'est pas à sa place. *Dieu veuille* que Ragot, Fernex ou moi ne soyons jamais malades ! Si *ce malheur* arrivoit, la Commission ne feroit plus que de l'*eau claire;* elle seroit, tout au plus, au niveau des tribunaux ordinaires de département.

Déjà Payan, averti par Agricol Mourreau, avait songé à
éclairer Roman-Fontrosa sur ses *erreurs* et ses *faiblesses;* le
20 messidor (3) il lui adressoit une lettre de doctrine que je
regrette de ne pouvoir reproduire tout entière (4):

J'ai été longtems, mon cher ami, membre du tribunal révolutionnaire (5), et je crois, à ce titre, te devoir quelques observations sur la conduite des juges ou des jurés. Il est bon de t'observer d'abord que les commissions chargées de punir les conspirateurs, n'ont absolument aucun rapport avec les tribunaux de l'ancien régime, ni même avec ceux du nouveau. Il ne doit y exister au-

(1) Robespierre.
(2) *Papiers trouvés chez Robespierre,* etc., t. I, p. 189.
(3) *Dits papiers,* t. II, p. 405.
(4) *Dits papiers, Ibid.,* p. 376.
(5) Celui de Paris.

cunes formes; la *conscience du juge* est là, et *les remplace.* Il ne s'agit point de savoir si l'accusé a été interrogé de telle ou telle manière; s'il a été entendu *paisiblement* et longtemps lors de sa justification; il s'agit de *savoir s'il est coupable.* En un mot, ces commissions sont des commissions révolutionnaires, c'est-à-dire des tribunaux qui doivent *aller au fait,* et frapper sans pitié les conspirateurs; elles doivent être aussi des *tribunaux* POLITIQUES; elles doivent se rappeler que tous les hommes qui n'ont pas été pour la révolution ont été pour cela même contre elle, puisqu'ils n'ont rien fait pour la patrie. Dans une place de ce genre, la sensibilité individuelle doit cesser, elle doit prendre un caractère plus grand, plus auguste, elle doit s'étendre à la République. Tout homme qui *échappe à la justice nationale est un scélérat* qui fera un jour périr des républicains que vous devez sauver. On répète sans cesse aux juges : prenez garde, sauvez l'innocence; et moi, je leur dis, au nom de la patrie ; *tremblez de sauver un coupable!*

Cette belle théorie n'était que la paraphrase de la déclaration de Robespierre aux Jacobins le 19 frimaire (1) : « Qu'en « politique on jugeoit avec ses *soupçons* d'un patriotisme « éclairé »; elle fit impression sur Roman-Fontrosa, qui, pour se justifier, adressa à Payan une réponse encore plus étendue (2); je ne puis en citer que quelques passages :

Orange, le 30 messidor.

J'ai reçu, citoyen et ami, ta lettre du 20 du courant; je te remercie bien sincèrement *des avis* que ton attachement pour moi t'inspire, bien que je croie être, à cet égard, à l'abri de tout reproche.....
Honoré de la confiance du Comité de salut public..... conformément à son *instruction,* je me suis bien pénétré que, pour acquérir en mon âme la conviction des délits des prévenus mis en jugement, je n'avois besoin d'aucunes instructions préparatoires auxquelles les autres tribunaux sont asservis. Mais, comme le *vertueux Maignet,* j'ai cru qu'il falloit faire une différence entre les coupables : distinguer *les coupables,* c'est-à-dire tous les ci-devant nobles et prêtres ; tous les riches, les hommes d'affaires, et autres

(1) *Moniteur* du 23 frimaire an II, p. 333.
(2) *Dits papiers,* t. II, p. 405-410.

gens instruits, de ceux de la classe des artisans, manouvriers ou journaliers......

J'ose le dire, lorsque dans mon âme j'ai acquis la conviction que le prévenu de cette dernière classe avoit été égaré ou trompé, j'ai voté de moindres peines ou l'absolution..... j'avoue que pour arriver au but la tâche est d'autant plus pénible... qu'il nous faut *être sans cesse en garde* sur la nature des charges que présentent les témoins qu'on nous produit, souvent et trop souvent *dictées* par des *animosités particulières*, un *esprit de parti* ; quelquefois inspirées par *un intérêt particulier*...

On a vu que la Commission, outre de simples condamnations à la détention (98), avoit prononcé d'assez nombreux acquittements (159). Sous ce dernier rapport elle demeura bien loin des Commissions de Marseille, que M. Louis Blanc(1) dit « avoir été organisées d'après des principes beaucoup plus » rigoureux. » Là, 519 acquittements contre 409 victimes; à Orange 159 acquittements contre 331 victimes. Et il semble, dans ses notices pour le Comité de salut public, que la Commission, après des condamnations indulgentes ou des acquittements inattendus, éprouvât le besoin de se justifier. Ce n'est pas là une des parties les moins curieuses de cette correspondance ; en voici quelques passages :

Le 22 messidor, après n'avoir condamné quatre cultivateurs qu'à la détention, la Commission ajoute (2) :

Si la *calomnie* nous présentoit comme des juges *peu révolutionnaires*, c'est dans nos cœurs que nous trouverions notre réponse... nous sommes jurés et républicains ; notre *conscience* nous dit que nous avons fait le bien.

Le 7 thermidor Fauvetty acquitte, sur la question intentionnelle, 5 autres agriculteurs, qui, « après une année de détention, serviroient encore la patrie, » puis il essaie de pallier cette décision (3) :

---

(1) *Histoire de la Révolution*, t. x, p. 471, note 4.
(2, 3) Greffe de Carpentras, correspondance de la Commission à ces dates.

C'est de quoi, si nous avons bien jugé, *nous ne craindrions pas de répondre*. Nous avons cru devoir entrer dans quelques détails sur les motifs de notre jugement, voulant que la représentation nationale connaisse non-seulement le résultat de nos opérations, mais encore qu'elle puisse lire dans nos ames.

Enfin le 9 thermidor étoit arrivé ; le 17, la Commission prononçoit encore cinq condamnations à mort : ce furent les dernières. Le soir ou dans la nuit elle dut recevoir le courrier extraordinaire expédié de Paris, le 13, par les *infâmes* thermidoriens du Comité de salut public (1) et qui vint arrêter l'effusion du sang à Orange et à Nîmes.

Leurs exécutions terminées, les membres de la Commission d'Orange ne furent pas, comme Fouquier-Tinville, à Paris, et Lacombe à Bordeaux, immédiatement livrés à la justice ; on arrêta, à Paris, Fauvetty et Bero dans les premiers jours de vendémiaire an III; Barjavel et Fontrosa un peu plus tard (2). Vinrent la condamnation (17 floréal) de Fouquier et ses complices, et la réhabilitation (15 floréal) de Bedoin; la Convention, par un décret du 6 prairial, ordonna que les membres de la ci-devant Commission d'Orange seroient renvoyés devant le tribunal criminel de Vaucluse, chargé de les juger.

Dès le 9 prairial, en vertu d'un ordre du Comité de sûreté générale, onze détenus, anciens membres de cette commission ou leurs auxiliaires, compris le cit. Texier, inculpés d'avoir fait incendier Bedoin, furent transférés de Paris à Avignon (3). Là suivit bientôt leur procès ; je le crois peu connu.

L'affaire, portée devant le tribunal criminel de Vaucluse,

---

(1) Archives de l'empire, *Papiers du Comité de salut public* déjà cités.

(2, 3) Archives de la préfecture de police, *Répertoire des arrestations, transférements et mises en liberté* à Paris, du 6 octobre 1789 au 5 complémentaire an v; 3 vol. mss. petit in-fol. qui contiennent 19,685 noms.

Cet utile et remarquable travail est dû aux soins de M. Labat, archiviste.

assisté d'un jury, et présidée par le cit. Raphel, occupa cinq audiences, du 3 au 7 messidor an III. Pendant le procès l'émotion populaire étoit à son comble; pour protéger les accusés durant le trajet des prisons au tribunal, l'on dut employer une force armée considérable (1). Les accusés présents étoient au nombre de *dix* (le seul Fernex avoit échappé) (2) :

1° *Viot*, de Charleville, 28 ans, *ex*-accusateur public;
2° *Faurelly*, d'Uzès, 32 ans, *ex*-président;
3° *Roman-Fontrosa*, de Die, 63 ans, *ex*-juge;
4° *Meilleret*, de l'Etoile (Drôme), 33 ans, *ex*-juge;
5° *Ragot*, de Lyon, 42 ans, *ex*-juge;
6° *Barjavel*, de Carpentras, 31 ans, *ex*-conseil de Viot;
7° *Benet*, d'Orange, 31 ans, *ex*-greffier;
8° *Nappier*, de Montreuil (Calvados), *ex*-huissier;
9° *Du Bousquet*, *ex*-huissier;
10° *Cottier-Jullian*, secrétaire de Viot.

Toutes les formalités alors prescrites furent remplies; les témoins à charge et à *décharge* entendus; mais les accusés durent se défendre eux-mêmes, aucun défenseur n'ayant voulu les assister, après avoir été présent à l'information et quoique mis en réquisition par le tribunal. Ce qu'il y a de singulier, dit le président Raphel, c'est que ces mêmes hommes, qui donnoient à peine une heure de temps pour juger 15 et 20 personnes, se plaignirent de la précipitation de leur jugement, lequel, pourtant, avoit occupé cinq audiences (3).

(1) Rapport du président Raphel, cité plus bas.
(2) Greffe du tribunal de Carpentras; jugement du 7 messidor an III, tribunal criminel de Vaucluse.
(3) Rapport du président Raphel sur le procès des membres de la commission d'Orange; 9 thermidor an III. Communication de M. Achard, archiviste du département, à Avignon.

Entre autres faits, les suivants furent déclarés constants par le jury (1).

Les membres de la Commission avoient eu une existence illégale;
Les jugements qu'ils avoient rendus avoient été l'effet et la suite du système de terreur et d'attentat à la sûreté publique;
Les accusés que l'on traduisoit devant eux n'avoient pas eu la liberté de se défendre;
Les juges avoient refusé d'entendre les témoins à *décharge*;
Ils avoient refusé de donner aux accusés des défenseurs officieux;
Les juges avoient attenté à l'autorité de la Convention en faisant traduire devant eux des individus qui avoient été envoyés à la Convention par le tribunal *criminel*, pour être statué sur leur sort;
Les jugements rendus contre ces individus étoient autant d'assassinats;
Ils avoient prononcé arbitrairement la peine de mort contre un grand nombre d'individus sans qu'il y eut aucune loi qui prononçât cette peine contre le genre de délit qui leur étoit imputé;
Barjavel avoit participé directement à tous ces jugements en influençant les juges et il avoit été leur complice;
Benet, greffier, avoit participé directement à ces délits et s'étoit rendu complice des juges;
Les détenus à Orange avoient été dépouillés avec barbarie de leurs effets, bijoux et assignats par Viot et Nappier, officier ministériel près ladite Commission;
Il n'étoit pas constant que tous ces bijoux et assignats eussent été tous déposés au greffe de la Commission et ensuite rendus aux détenus acquittés ou remis dans la caisse du receveur du district d'Orange. Il est constant que Nappier s'étoit approprié partie de ces effets, bijoux, assignats et qu'il les avoit par conséquent volés.

Viot, Fauvetty, Roman-Fontrosa, Meilleret, Ragot, Barjavel et Benet furent condamnés à la peine de mort; Nappier à 12 années de fers et à 6 heures d'exposition; Du Bousquet fut seul acquitté (on ajourna l'accusation de Cottier-Julian). Le jugement dut être imprimé à 1500 ex. et affiché dans toutes les communes des Bouches-du-Rhône et de Vaucluse (2).

(1) Dit jugement du 7 messidor.
(2) Dit jugement.

ainsi que la lettre de la Commission du 3 messidor an II, dont lecture avoit été donnée à l'audience (1).

Le lendemain 8 messidor, à 3 h. 1/2, l'exécution eut lieu sur la place du Palais. La foule, où les femmes étoient en majorité, se livra aux plus condamnables excès et mit à mort l'ex-huissier Nappier. Le 10 thermidor suivant un représentant faisoit ainsi connaître ce meurtre à la Convention (2).

Goupilleau de Montaigu. La Commission populaire d'Orange avoit été condamnée à Avignon ; un huissier de ce tribunal avoit paru moins coupable et étoit condamné à six ans de fers ; il est arraché du poteau et inhumainement assassiné.

Voici comment les faits se passèrent d'après un historien du pays (3) et des documents (4) conservés aux archives de Vaucluse.

« Les cadavres des suppliciés furent insultés, et lorsque Nappier eut été exposé sur l'échafaud, ayant eu l'imprudence de répondre aux huées, il fut arraché du poteau ; on lui tira un coup de pistolet ; on lui porta mille coups et bientôt son cadavre, réuni à ceux des exécutés, fut aussi jeté dans le Rhône. »

En flétrissant, comme on le doit, de tels actes, on se les explique. A Avignon, seulement, la Commission d'Orange avoit fait au moins 27 victimes (5) ; plus d'une de ses veuves, plus d'un de ses orphelins en deuil, dut grossir la multitude irritée qui l'accompagna à l'échafaud !

(1) Voir plus haut, p. 14.
(2) *Moniteur* du 24 thermidor an III, p. 1305.
(3) Charles Soullier, *Histoire de la révolution d'Avignon*, t. II, p. 287.
(4) Adresse du 30 messidor an III, des administrateurs de Vaucluse à la Convention ; communication de M. Achard.
(5) Voir plus haut, p. 25, note 2.

Quant à Cottier-Julian, il fut condamné, le 22 messidor an III, à 20 ans de fers et 6 heures d'exposition. Le jury le déclara coupable « d'avoir, étant secrétaire de Viot, « participé directement, sans dessein prémédité, aux dé- « lits et assassinats commis par les juges de la Commission (1). »

(1) Archives du tribunal de Carpentras; communication de M. Pinet de Menteyer.

LA
JUSTICE RÉVOLUTIONNAIRE

A PARIS ET DANS LES DÉPARTEMENTS

D'APRÈS DES DOCUMENTS ORIGINAUX

LA PLUPART INÉDITS

(17 août 1792 — 12 prairial an III)

PAR M. CH. BERRIAT SAINT PRIX

Conseiller à la Cour Impériale de Paris.

— Nos XIII & XIV —

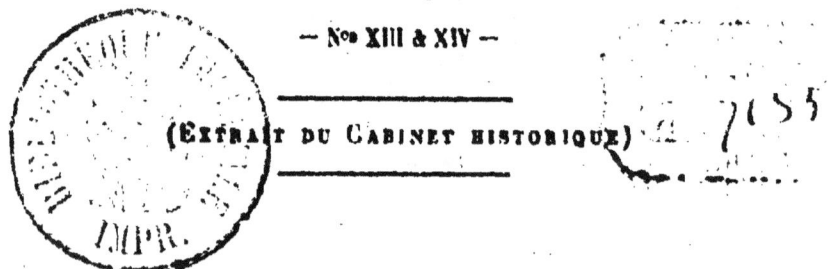

(Extrait du Cabinet historique)

Commissions de Lyon (1).

La justice révolutionnaire fut, partout, assez étroitement liée aux événements politiques et militaires, aux décrets de la Convention, aux actes des représentants en mission, à la pression des Jacobins de Paris. C'est dans ce milieu que cette justice achève d'être comprise ; c'est là que son histoire, pour Lyon surtout, doit se compléter.

A peine la Convention apprenoit-elle la conquête de cette ville rebelle, qu'elle lançoit, pour achever, son fameux

---

(1) Déjà et trop succinctement, dans mon *Essai* de 1861, p. 173 et suiv., j'ai parlé des commissions de Lyon ; alors je n'avois pas vu les précieux documents originaux conservés dans les archives du Rhône et mis à ma disposition par l'archiviste, M. Gauthier, avec une obligeance infatigable. Là, comme à Carpentras, pour Orange, j'ai puisé à pleines mains !

1867

décret du 12 octobre 1793 (1), rapporteur, Barère, au nom du Comité de salut public, décret qu'il faut transcrire.

Art. I*er*. Il sera nommé par la Convention nationale, sur la présentation du Comité de salut public, une commission extraordinaire, composée de cinq membres, pour faire punir militairement et sans délai les contre-révolutionnaires de Lyon.

II. Tous les habitants de Lyon seront désarmés. Leurs armes seront distribuées sur-le-champ aux défenseurs de la République.

Une partie sera remise aux patriotes de Lyon qui ont été opprimés par les riches et les contre-révolutionnaires.

III. La ville de Lyon sera *détruite*; tout ce qui fut habité par les *riches* sera *démoli*; il ne restera que la maison du pauvre, les habitations des patriotes égorgés ou proscrits, les édifices spécialement employés à l'industrie, et les monuments consacrés à l'humanité et à l'instruction publique.

IV. Le nom de Lyon sera effacé du tableau des villes de la République.

La réunion des maisons conservées portera désormais le nom de Ville (Commune) Affranchie.

V. Il sera élevé sur les ruines de Lyon une colonne qui attestera à la postérité les crimes et la punition des royalistes de cette ville avec cette inscription :

« Lyon fit la guerre à la liberté. Lyon n'est plus. »

VI. Les représentants du peuple nommeront sur-le-champ des commissaires pour faire le tableau de toutes les propriétés qui ont appartenu aux *riches* et aux contre-révolutionnaires de Lyon, pour être statué incessamment, par la Convention nationale, sur les moyens d'exécution du décret du....., qui a affecté ces biens à l'indemnité des patriotes.

Ce décret arrive à Lyon, où les représentants ne tarderont pas à leur tour à féliciter le Comité de salut public; Couthon, Maignet, Chateauneuf-Randon et Delaporte lui écrivaient le 16 octobre, de Ville-Affranchie (2) :

Citoyens collègues, la lecture du décret de la Convention nationale et de votre lettre du 21 vendémiaire nous a *pénétrés d'admi-*

(1) *Moniteur* du 22 vendémiaire, p. 90.
(2) Séance de la Convention du 1*er* brumaire, *Moniteur* du 3, p. 129.

ration. Oui, il faut que la ville de Lyon perde son nom…, il faut que cette ville soit détruite, et qu'elle serve d'un grand exemple… De toutes les mesures *grandes* et vigoureuses que la Convention nationale vient de prendre, une seule nous avoit échappé, c'est celle de sa *destruction totale*…..

Cet acte, ces sentiments que je n'ai pas besoin de qualifier, furent le point de départ des promoteurs, des membres, des auxiliaires des tribunaux révolutionnaires qui vont nous occuper.

A Lyon la justice fut rendue extraordinairement de 1793 à 1794, d'abord par la commission militaire *des assiégés*; puis par trois commissions révolutionnaires établies par les représentants pendant ou après le siège, savoir :

La commission de justice *militaire*, présidée par Massol, et celle de justice *populaire*, présidée par Dorfeuille, et qui siégèrent simultanément;

Toutes les deux remplacées par la commission *révolutionnaire* que présida Parein. Le nombre des condamnations, la rapidité des décisions, l'absence des formes ont élevé ce dernier tribunal au rang de ceux de *Bignon* à Nantes (1), de *Lacombe* à Bordeaux (2), de *Brutus* à Marseille (3), dont j'ai déjà entretenu mes lecteurs.

Commission militaire des ASSIÉGÉS.

Les corps administratifs qui gouvernoient Lyon rebelle avoient formé une commission militaire pour juger en dernier ressort tous les délits concernant la sûreté publique pendant le siège. Elle étoit composée de six personnes dont l'humanité étoit aussi connue que la probité: un président,

(1, 2, 3) Voyez mes VIe, VIIIe et X^e articles.

quatre juges, un secrétaire-greffier. Suivant l'abbé Guillon (1), lorsque Reverchon écrivoit à la Convention, le 11 septembre 1793 (2), que dans Lyon on fusilloit tous les jours des patriotes pour avoir demandé la paix, cette commission ne condamna à mort que quatre personnes, savoir : une femme, pour avoir mis le feu à l'arsenal (qui sauta et écrasa nombre de maisons voisines), et trois individus qui avoient mis du poison dans les aliments du général de Précy. Il y eut quelques autres condamnations mais peu sévères; et l'on ne poursuivit même pas un moine défroqué des Augustins de la Croix-Rousse, qui, par ses signaux, attiroit, la nuit, le feu des assiégeants sur un hôpital établi dans son ancien cloître (3).

COMMISSIONS DES REPRÉSENTANTS.

I. *La commission de justice* MILITAIRE *présidée par* MASSOL.

Pendant le siège de Lyon, une commission militaire avoit été instituée au quartier général de l'armée assiégeante par les représentants; elle devoit juger les Lyonnois pris les armes à la main. Après la reddition de la ville (9 octobre 1793), cette commission, autorisée par Couthon, vint siéger dans la grande salle du Palais, en vertu des ordres de Doppet, général en chef de l'armée des Alpes (4). Elle étoit ainsi composée :

Massol, chef de bataillon;
Grandmaison, capitaine de hussards;
Vivés, lieutenant;

(1) *Mémoires pour servir à l'histoire de la ville de Lyon pendant la Révolution*, 1824, t. II, p. 13.
(2) *Moniteur* du 17 septembre 1793, p. 1103.
(3) L'abbé Guillon, *ibid.*, p. 5, 14, 15.
(4) Archives du Rhône, carton et jugements de la commission Massol.

Delande, adjoint à l'état-major ;
Favre, sous-lieutenant ;
Giroud, maréchal des logis ;
Falcon, secrétaire (1).

Cette commission eut surtout à s'occuper des prisonniers faits lors de la dernière sortie de Précy. Du 12 octobre au 28 novembre (8 frimaire), elle tint 31 séances et jugea 176 personnes, dont 106 furent condamnées à mort. Les jugements s'exécutoient, par la fusillade, sur la place Bellecour (2). Quelques-unes de ces exécutions s'effectuèrent *la nuit*; c'est ce que nous apprend la lettre suivante que je crois peu connue (3) :

La Commission temporaire de surveillance républicaine, établie à Ville-Affranchie, par les représentants du peuple,

A la commission militaire séante à Ville-Affranchie.

Il est essentiel, citoyens, de donner la plus grande publicité à la liste des hommes que vous avez condamnés à mort. Les citoyens doivent connaître ceux que la vengeance nationale a atteints pour s'assurer mieux de ceux qu'elle a encore à atteindre. Cette mesure est d'autant plus indispensable que, par un abus qui n'a pas d'exemple et qui, nous l'espérons, ne renaîtra plus, un grand nombre ont été exécutés *la nuit*, sans qu'il fût possible de les reconnaître.

Nous vous requérons donc de faire imprimer, dans le jour, les noms, prénoms, surnoms et ci-devant professions ou métiers des condamnés.

Salut et fraternité,

GAILLARD, *président* ;
VIED, *secrétaire*.

Ville-Affranchie, 24 brumaire, an II, etc.

On verra plus bas ce que c'étoit que cette commission de surveillance républicaine.

(1) Archives du Rhône, carton et jugements de la commission Massol.
(2) *Ibidem.*
(3) Dites archives. Dossiers de la commission Parein, 2ᵉ cart., 57ᵉ aᵉ.

Des condamnés allèrent au supplice portant des écriteaux.

Le 18 octobre, le général de Clermont-Tonnerre en avoit deux, un devant, l'autre derrière : *Clermont-Tonnerre, chef des révoltés de Lyon.*

Le 8 brumaire, sur l'écriteau d'*Ité : Ité, mauvais citoyen, provocateur au pillage* (1).

Le capitaine Grandmaison présida la commission les 3, 6, et 8 frimaire. Au modèle suivant d'orthographe, on pourra apprécier le degré d'instruction de ce juge révolutionnaire (2).

Le 5 frimaire le président requiert, en ces termes, l'élargissement de Jean-Louis Roux, acquitté la veille :

En verdu du présent jujements Le consierje des prison et Requi de metre en Libertée Le citoyen Jean Roux aquitté par notre jujements du jour dhier et approuvée par la Commision temporaire. Le président de la Comtsion militaire.

GRANDMAISON (3).

II. *La commission de justice* POPULAIRE *présidée par* DORFEUILLE.

Concuremment avec la précédente, une seconde commission de justice étoit instituée à Lyon sous le nom de *justice populaire* pour juger « les Lyonnais qui n'avoient pas été pris les armes à la main. » Un arrêté des représentants Couthon, Maignet, etc., du 11 octobre 1793 (4) porte :

Art. 1ᵉʳ. Il sera formé une commission de justice populaire, chargée de juger tous les individus prévenus d'avoir pris part à la contre-révolution qui s'est manifestée dans la ville de Lyon, autres que ceux qui ont été pris les armes à la main.

(1, 2, 3) *Ibid.*, carton et dossiers de la commission Massol.
(4) L'abbé Guillon, t, II, p. 267.

II. Elle sera divisée en deux sections : une siégera dans cette ville, l'autre à Feurs (1).

III. Chaque section sera composée de cinq juges, d'un accusateur public et d'un greffier.

IV. Cette Commission jugera révolutionnairement, sans appel ni recours en cassation.

V. La section de Lyon sera ainsi composée :

Dorfeuille, commissaire des représentants, *président*;
Rouillon, instituteur à Clermont-Ferrand ; ⎫
Cousin, administrateur de l'Ardèche ; ⎬ juges.
Baigue, ⎬
Daumale, secrétaire des représentants ; ⎭
Merle, accusateur public à Bourg, *accusateur*;
Galtier, *greffier*.

Un article X, qui prescrivoit la nomination de jurés par la municipalité de Lyon, demeura sans exécution.— Le 1ᵉʳ frimaire la section de Lyon reçut le nom de tribunal *révolutionnaire*.

Sur son personnel, les documents qui suivent nous éclairent, je crois, suffisamment à l'égard du président Dorfeuille (ancien comédien, comme Collot) et du juge Baigue.

Dorfeuille avoit pris une part active au siège de Lyon; au commencement de septembre 1793, il avoit poursuivi les Montbrisonnais entre Roanne et Boën, avec une levée en masse et du canon (2); excellente préparation à l'office de juge, surtout à l'égard des accusés qu'il avoit eu à combattre.

Avant d'entrer en fonctions, Dorfeuille prononça sur la place des Terreaux l'éloge de Châlier. Ce morceau (3) fut lu le 7 brumaire aux Jacobins et inséré au *Moniteur*; on y trouve les passages suivants :

---

(1) J'ai esquissé l'histoire de la section de Feurs, dans le *Cabinet historique*, 1865, p. 23.

(2) Lettre de Reverchon à la Convention, 11 sept. 1793, *Moniteur* du 17, p. 1103.

(3) *Moniteur* du 10 brumaire, p. 161.

Il est mort assassiné celui que nous pleurons; il est mort assassiné judiciairement.

Ville impure, Sodome nouvelle! ce n'était donc pas assez pour toi.... d'avoir empoisonné de ton luxe et de tes vices la France, l'Europe, le monde entier! Il te fallait.... travestir les bourreaux en juges, violer la justice sur les marches de son temple, égorger la vertu au nom de la patrie!....

La lettre d'envoi aux Jacobins se terminoit ainsi :

Adieu, frères, adieu; je voudrais mourir comme Châlier, pour avoir mon tombeau dans vos cœurs, et pour me relever immortel comme lui.

DORFEUILLE (1),
Président de la Commission de justice populaire.

Baigue, juge à la même commission, écrivoit aux Jacobins, le 22 brumaire, de Commune Affranchie (2) :

Le tribunal révolutionnaire est dans toute sa vigueur, rien n'échappe à sa surveillance; chaque jour la terre de la liberté se purge de brigands; *dix* membres de la municipalité ont eu la tête tranchée sur la place où devaient reposer les cendres du vertueux Châlier. On a célébré avant-hier une fête en son honneur; la cérémonie fut auguste et le fanatisme terrassé; le plus beau personnage était un *âne* décoré de tous les harnais pontificaux; il portait mitre sur la tête. Si M. Lamourette l'eût vu dans cet attirail, il n'aurait pu se refuser à dire que le nouvel évêque imitait, on ne peut mieux, la majesté épiscopale... Depuis trois jours nous avons fait tomber *vingt et une* têtes par la guillotine, *sans compter les fusillades journalières* (3), tous officiers municipaux et administrateurs du département; bientôt il ne restera plus de traces de cette engeance perfide.

Après de tels documents les réflexions sont inutiles; je crois que le personnel du tribunal de Dorfeuille est jugé; et, cependant, il fut trouvé insuffisant !

---

(1) Dorfeuille se nommoit réellement *Gobel*; il étoit d'une bonne famille de la bourgeoisie de Sézanne (Marne).

(2) Séance du 28 brumaire, *Moniteur* du 3 frimaire, p. 354.

(3) Celles de la commission Massol.

Cette commission siégea dans l'auditoire de Roanne, elle y fut installée par Couthon et Laporte. Lors de cette solennité Couthon, Dorfeuille et Merle prononcèrent des discours (1). Du 10 brumaire au 10 frimaire, la commission ne tint pas moins de 27 séances; 147 personnes furent jugées; 114 condamnées à mort; il y eut, en outre, 2 jugements de sursis (2).

Les condamnations s'exécutoient par la guillotine sur la place Bellecour; le greffier de la commission en dressoit procès-verbal (3).

Les jugements n'étoient pas improvisés; précédés d'un acte d'accusation, ils étoient motivés avec étendue, surtout les premiers (4). Avant leur comparution devant le tribunal, les accusés étoient interrogés par le président (5). Ce préliminaire, les détails du jugement étoient pour les *purs* de l'époque autant de regrettables lenteurs. Suivant l'abbé Guillon (6), Dorfeuille disoit : « Les tribunaux *s'embarrassent dans les formes*, et ne savent pas se *passer de preuves* pour condamner; il faut pouvoir se contenter de celles que *les fronts* indiquent, afin de donner à la justice nationale un *mouvement* plus rapide. » Comme en tant d'autres lieux, cette belle maxime fut, à Lyon, largement appliquée; la commission Parein en fait foi.

Pourtant dans l'espace de six semaines et sans compter la 1re session de Feurs (15 condamnés), les commissions Massol et Dorfeuille avoient envoyé à la mort 220 personnes; au-delà de 5 par jour, les décades exceptées. Mais, comme l'écrivoit, de Lyon, le sans-culotte Pilot au sans-culotte Gravier, à Paris (7) : « Cet expédient était trop long. » On

---

(1) Archives du Rhône, registre de la commission Dorfeuille.
(2, 3, 4) Dit registre.
(5) Cartons de la commission Parein, interrogatoires de Dorfeuille.
(6) *Mémoires*, t. II, p. 351.
(7) La lettre est plus bas, p. 33.

songea à des expéditions par centaines et par le *feu de la foudre* : la commission Dorfeuille, dans la lettre suivante, annonçoit à la Convention une de ces exécutions prochaines qu'elle ne craignoit pas d'appeler une *fête de la vertu !*

Commune-Affranchie, 14 frimaire an II (1).

Citoyen président, je vous envoie la seconde liste des guillotinés de Commune-Affranchie. Le nombre total est jusqu'à ce jour de cent treize. La Convention nationale verra sans doute avec *plaisir* l'activité que le tribunal a mise à venger les mânes des patriotes égorgés dans cette nouvelle Sodome. Un plus grand acte de justice se prépare encore : *quatre* ou *cinq cents* contre-révolutionnaires dont les prisons sont remplies vont expier un de ces jours-ci tous leurs crimes; le *feu de la foudre* en purgera la terre d'un *seul coup*. Puissent tous leurs semblables, foudroyés bientôt comme eux, donner un grand exemple à l'Univers ! Puisse ce mouvement électrique se communiquer partout ! Puisse cette FÊTE imprimer partout la terreur dans l'âme des scélérats et la confiance dans le cœur des Républicains !

Je dis *fête*, citoyen président; oui, *fête* est le mot propre; quand le crime descend au tombeau, l'humanité respire, et c'est la FÊTE DE LA VERTU. Vive la République ! vive la Convention !

Signé, les juges du tribunal révolutionnaire.

Quel acte de justice y avoit-il donc à accomplir à Lyon, où la République eût été bien mieux servie par la clémence que par la terreur ? S'y trouvoit-il encore des promoteurs, des chefs, des complices dangereux de la rébellion ? Un bien petit nombre; les plus ardents, les plus compromis avoient quitté la ville avec de Précy, le 8 octobre, lorsque celui-ci essaya de se faire jour à travers les assiégeants. De cette colonne désespérée, forte d'environ 1800 personnes, y compris les non-combattants, il ne resta que de Précy et quelques braves assez heureux pour se dérober et atteindre la Suisse, et un nombre de prisonniers qui furent pour la plupart condamnés par Massol, en même temps que Dorfeuille s'occupoit des

(1) Séance de la Convention du 18 brumaire, *Moniteur* du 19, p. 320.

conspirateurs découverts dans Lyon ; justice étoit donc faite, excepté pour la Montagne, pour les Jacobins, pour le Comité de salut public, pour Collot d'Herbois et Fouché, qui vouloient tuer encore, tuer toujours ! A tous ces *purs* il falloit des instruments impitoyables et aveugles; à Lyon ces instruments furent une commission de surveillance républicaine pour découvrir les contre-révolutionnaires, et une commission révolutionnaire pour les juger.

III. LA COMMISSION *révolutionnaire* PROPREMENT DITE présidée par PAREIN.

— LES JUGES —

Le véritable tribunal extraordinaire à Lyon fut la commission Parein ; en comparaison, les deux précédentes n'avoient été que des simulacres. Pour le nombre des victimes cette commission occupe le troisième rang dans l'histoire de la justice révolutionnaire; elle vient après la commission du Mans, présidée par Bignon, et après le tribunal de Paris (1); pour la soudaineté des décisions c'est le second qui lui appartient; le seul Bignon, à Savenay et à Nantes, eut la gloire d'être plus expéditif.

La commission Parein fut établie par Collot d'Herbois et Fouché, que fortifioient une députation des jacobins de Paris et un détachement de l'armée révolutionnaire.

L'idée d'amener à Lyon des Jacobins de Paris appartient à Couthon. Dès le 13 octobre il écrivoit à cette société (2) :

L'esprit public est perdu dans cette malheureuse cité, les patriotes y sont dans une minorité si effrayante que nous désespérions de pouvoir les vivifier, si votre société ne nous présentait

---

(1) Condamnations à mort : Commission du Mans, 2917; Tribunal de Paris, 2738.
(2) *Moniteur* du 30 vendémiaire, p. 117.

pas des ressources consolatrices ; il nous faut une colonie de patriotes qui, transportés sur cette terre étrangère... y transplantent les principes révolutionnaires... Citoyens, nous vous demandons quarante hommes républicains, probes, sages..., nous leur confierons les fonctions administratives et judiciaires...

Le 16 octobre (25 vendémiaire), sur cette lettre, les Jacobins arrêtèrent que 60 commissaires seroient envoyés, 40 à Lyon, 20 à Bordeaux, pour coopérer avec les représentants à former l'esprit public de ces villes (1).

Le 29 octobre (8 brumaire), Collot d'Herbois, membre du Comité de salut public, annonçoit à la Société son départ pour Lyon. « Je reviendrai vous dire, ajouta-t-il, que le Midi est purifié et qu'il n'y reste que des patriotes ou je mourrai à Lyon. » Collot obtint sans peine l'envoi dans cette ville de 24 jacobins de son choix (2). Montaut et Fouché (de Nantes), alors dans la Nièvre, devoient le rejoindre à Lyon, sans compter un fort détachement de l'armée révolutionnaire (3).

Les Jacobins, on le sait, avoient choisi l'état-major de cette armée ; un des généraux étoit *Parein*, dont l'humeur et les services vont être connus.

Le 8 octobre, aux Jacobins, Boulanger, autre général de cette armée, s'exprimoit ainsi (4) :

Dans trois jours, Ronsin et moi promènerons l'armée révolutionnaire (On applaudit).

Il faut enfin punir les scélérats ; je demande que, pour notre promenade, on nous donne une guillotine.

Le lendemain, Parein venait dire à son tour (5) :

J'arrive de la Vendée..., vous m'avez nommé général de brigade à

---

(1) *Moniteur* du 30 vendémiaire, p. 117.
(2) *Idem* du 11 brumaire, p. 166.
(3) *Idem* du 12 brumaire, p. 171.
(4) *Idem* du 20 vendémiaire, p. 80.
(5) *Idem* du 22 vendémiaire, p. 87.

l'armée révolutionnaire..., je justifierai votre confiance. Boulanger, mon collègue, vous a demandé une guillotine; je vous en demande une *seconde*, et je vous promets que les aristocrates et les accapareurs rentreront bientôt dans le néant. (Applaudi.)

Immédiatement Momoro, lui succédant à la tribune (1),

Déclarait que le citoyen Parein, qui avait demandé une seconde guillotine, avait fait lui-même guillotiner un très-grand nombre d'aristocrates dans la Vendée (Applaudi).

En effet, Parein, on l'a vu dans mon 5e article (2), avoit, de juillet à septembre 1793, présidé la grande commission militaire d'Angers qui s'étoit transportée à Chinon et à Saumur; c'est lui que Collot et Fouché placèrent à la tête de la commission révolutionnaire de Lyon.

Cependant Collot ayant été rejoint par Fouché, tous les deux se mirent à l'œuvre. Le 20 brumaire, rendant compte à la Convention d'une fête célébrée à Lyon, en mémoire de Châlier, ils disoient (3) :

L'ombre de Châlier est satisfaite; ceux qui dictèrent l'arrêt atroce de son supplice sont frappés de la foudre... Nous le jurons, le peuple sera vengé; notre courage sévère répondra à sa juste impatience; le sol qui fut rougi du sang des patriotes sera bouleversé; tout ce que le vice et le crime avaient élevé sera anéanti...

Le 26 brumaire, ils écrivoient encore à la Convention (4) :

. . . .
Convaincus qu'il n'y a d'innocent dans cette infâme cité que celui qui fut opprimé ou chargé de fers par les assassins du peuple, nous sommes en défiance contre les larmes du repentir; rien ne peut désarmer notre sévérité...

L'indulgence est une faiblesse dangereuse...

Les démolitions sont trop lentes, il faut des moyens plus rapides

---

(1) *Moniteur* du 22 vendémiaire, p. 87.
(2) *Cabinet historique*, 1864, p. 311 et suiv.
(3) Séance du 25 brumaire, *Moniteur* du 27, p. 232.
(4) Séance du 2 frimaire, *Moniteur* du 4, p. 258.

à l'impatience républicaine. L'explosion de la *mine* et l'activité dévorante de la *flamme* peuvent seules exprimer la toute-puissance du peuple; sa volonté ne peut être arrêtée comme celle des *tyrans*; elle doit avoir les effets du *tonnerre*.

Le 3 frimaire, Collot écrivoit à son cher Robespierre (1) :

Plusieurs fois *vingt* coupables ont subi la peine due à leurs forfaits, le même jour; cela est encore *lent* pour la justice d'un peuple entier qui doit *foudroyer* ses ennemis à la fois; nous nous occupons à *forger la foudre*.

Déjà le 20 brumaire, par un arrêté, Collot et Fouché avoient institué cette célèbre commission *temporaire*, dont l'esprit et le bras furent tels, que la commission Parein elle-même eut à s'en plaindre sérieusement (2). Voici les principaux traits de cet arrêté (3) :

Les représentants, considérant que dans les circonstances où se trouvent les départements de *Rhône* et de *Loire*, il faut un secours puissant, un *ressort* fort et nouveau, pour que toutes les autorités constituées, la plupart nouvellement composées..., puissent aussi marcher d'un pas ferme et hardi dans la route révolutionnaire...

Arrêtent :

Art. 1ᵉʳ. — Il sera établi une Commission *temporaire* composée de vingt membres, sous le nom de *Commission de surveillance républicaine*; cette Commission sera divisée en deux sections égales; l'une sera permanente à Ville-Affranchie; l'autre sera ambulante dans les deux départements du Rhône et de la Loire.

D'après d'autres articles, le Commission déléguée, *spéciale et directé*, des représentants devoit,

(1) Rapport de Courtois, pièces justificatives, n° LXXXVII *bis*.
(2) Dès le 22 frimaire elle écrivoit aux représentants : « Qu'elle était prête à se soumettre à leurs observations, mais que si elle était obligée d'être sous la férule de la commission temporaire, elle ne pourrait conserver ses places plus longtemps.
Que la commission temporaire ne vint pas la traverser dans ses fonctions. » (Archives du Rhône, registre des réquisitions et copies de lettres de la Commission Parein.)
(3) L'abbé Guillon, *Mémoires*, t. II, p. 352.

Former un *supplément révolutionnaire* à toutes les autorités constituées;

Fixer son attention sur les listes des contre-révolutionnaires... sur les détenus et les moyens d'arrêter ceux qui ont échappé au glaive de la loi;

Diriger, *animer* les différents comités révolutionnaires... Etablir une *taxe révolutionnaire* sur tous ceux qui ont de la fortune, destinée au soulagement des pauvres et à l'utilité publique...

Suivant Delandine (1), le président de la commission étoit le citoyen « Marino, parisien, peintre de porcelaines, homme « dur, farouche, et mêlant le lourd sarcasme à l'atrocité. »

Suivant l'abbé Guillon (2), le procureur général étoit un ancien commis des gabelles, concussionnaire destitué, nommé Verd.

A peine installée, cette Commission adressa à toutes les municipalités et à tous les comités révolutionnaires une instruction (3) très-développée et dont on peut se faire une idée à ce passage du début :

Tout ce que la république a droit d'attendre (des comités révolutionnaires, des sociétés populaires, etc.), de leur civisme, de ce profond sentiment d'indignation, de ce généreux désir de vengeance qu'ont imprimé dans leurs cœurs les crimes et la rébellion dont leur pays a été le théâtre....

Le 5 frimaire (25 novembre), Ronsin, avec un détachement de sa glorieuse armée, fit son entrée à Lyon. Dès le surlendemain la Commission révolutionnaire étoit instituée par un arrêté signé Collot d'Herbois, Fouché, Albitte et Delaporte, et dont voici les principaux considérants et le texte (4) :

Considérant que la justice est le plus fort lien de l'*humanité*;

---

(1) *Tableau des prisons de Lyon*, 1797, in-8, p. 189.
(2) *Mémoires*, t. II, p. 343.
(3) *Idem*, t. II, p. 357 et suiv.
(4) Morin, *Histoire de Lyon*, t. II, p. 456.

que son bras terrible doit venger *subitement* tous les attentats commis contre la souveraineté du peuple; que chaque *moment de délai* est un outrage à sa toute-puissance ;

Considérant que l'exercice de la justice n'a besoin d'autres *formes* que l'expression de la volonté du peuple; que cette *volonté*, énergiquement manifestée, *doit être la conscience* des juges ;

Considérant que presque tous ceux qui remplissent les prisons de cette commune ont conspiré l'anéantissement de la République, médité le malheur des patriotes, et que par conséquent ils sont *hors la loi;* que leur *arrêt de mort est prononcé*...

Les représentants du peuple arrêtent :

Art. 1er. Il sera établi *dans le jour* une Commission révolutionnaire composée de sept membres.

II. Les membres sont...

III. Cette Commission fera traduire successivement devant elle tous les prisonniers pour subir un dernier interrogatoire.

IV. L'innocent reconnu sera sur-le-champ mis en liberté et les coupables envoyés au supplice.

V et dernier. Tous les condamnés seront conduits en plein jour, en face du lieu même où les patriotes furent assassinés, pour y expier, sous *le feu de la foudre*, une vie trop longtemps criminelle.

En lisant cette prose, où l'absurdité et la fureur se disputent la place, un magistrat se contenteroit de hausser les épaules, si cet acte n'avoit amené le supplice de près de *dix-sept cents* personnes !

La Commission qui devoit être composée de *sept* membres ne le fut que de cinq, par suite de divers refus. C'étoit, du reste, le nombre d'abord fixé par le décret de la Convention du 12 octobre.

Ces juges étoient : Parein, *président*; Andrieu, Lafaye, Brunière et Fernex, *juges*. Le 21 frimaire, Andrieu fut remplacé par Corchand (1). Il n'y avoit ni accusateur public, ni greffier assistant; un secrétaire étoit présent, mais ne signoit pas les jugements.

(1) Archives du Rhône, jugements de la Commission Parein.

Un écrivain lyonnois, longtemps détenu, heureusement acquitté, Delandine, nous a laissé le portrait (1) de ces juges trop justement célèbres.

Parein, général, sous Ronsin, de l'armée révolutionnaire, était petit, et sa figure, sans caractère, était ombragée d'un chapeau mis de travers et d'une foule de panaches. Après ses fonctions, il passait la plus grande partie de son temps à apprendre le maniement du sabre. C'était, dit-on, un cruel ennemi des prêtres. (J'ai déjà rappelé ses *services* à Angers et son goût pour la guillotine).

Corchand, parisien, comme Parein, était vif, ombrageux, sévère, et condamnait presque toujours.

Fernex, d'abord ouvrier en soie, puis juge au district, opinait de même. Il disait souvent : « Je donne ma vie pour que la révolution triomphe. » — (En prairial, Robespierre l'envoya à la Commission d'Orange, on l'a vu dans mon précédent article).

Lafaye, des environs de Saint-Etienne, était accessible ; quoique il eût sur son lit des pistolets, il accueillait les solliciteurs sans rudesse. Son suffrage était souvent pour la détention, rarement plus sévère.

Brunière, son intime, d'un aspect redoutable, passait pour le plus doux des juges ; il n'opinait presque jamais pour la mort.

Ainsi composée, ainsi assistée, la Commission ne tarda pas à se mettre à l'œuvre ; ses jugements, ses exécutions répondirent à son personnel.

— LES JUGEMENTS. —

C'est à l'Hôtel-de-Ville, dit alors Hôtel Commun, aujourd'hui celui de la Préfecture, que Parein tint séance. Les accusés, désignés par la Commission *temporaire*, y étoient transférés, toutes les décades, des autres prisons (2).

La multitude prodigieuse des arrestations avoit amené la création, à Lyon, de plusieurs maisons de dépôt ; outre la

(1) *Prisons de Lyon*, p. 192 et suiv.
(2) Delandine, *Tableau*, etc., p. 250.

prison ordinaire, dite *de Roanne*, les détenus furent mis aux *Récluses*, à *Saint-Joseph*, à la prison du *Canton*, aux *Carmélites*, à la *Manécanterie* et peut-être encore ailleurs (1).

Déposés d'abord dans diverses salles de l'Hôtel, après le jugement, les détenus descendoient dans les *caves*; ceux qui devoient être renvoyés, dans la *bonne* cave; ceux qui étoient réservés au supplice, dans la *mauvaise* (2).

Le 14 frimaire an II (4 décembre 1793) commencèrent les jugements. Delandine nous fait assister, pour ainsi dire, à ces saturnales judiciaires.

Extraits de la salle dite chambre *du commerce*, les prisonniers attendoient leur tour, deux ou trois ensemble, dans le vestibule de la salle d'audience; de là on les introduisoit individuellement, environ SEPT au QUART D'HEURE (3), devant la Commission, et voici comment il étoit procédé à leur jugement, on pourroit dire à leur envoi au supplice.

La commission siégeoit dans la salle dite *du Consulat* (4), dont le plafond représentoit des *grâces*, des *amours* et des *jeux*. Derrière une longue table, qui supportoit huit flambeaux, étoient les juges en uniformes; épaulettes, chapeaux montés à panaches rouges, sabres à poignées brillantes; une petite hache luisante sur la poitrine, suspendue à un ruban tricolore en sautoir (5). Devant eux, l'accusé étoit placé sur une sellette, entre deux gendarmes, ayant derrière lui le guichetier qui l'avoit introduit (6).

Pour toute information, les juges avoient des notes sur les prisonniers envoyés par la commission temporaire (7), et quelquefois un interrogatoire préliminaire où les réponses étoient recueillies en trois ou quatre mots au plus (8).

L'interrogatoire final étoit précis et court, souvent borné à trois

---

(1) Archives du Rhône, dossiers de la commission Parein. — Suivant Delandine, p. 29, 135, il y eut aux *Récluses* jusqu'à 1200 détenus, et la prison de *Saint-Joseph* étoit plus vaste encore.

(2) Delandine, *Tableau*, etc., p. 250.

(3, 4) *Idem*, p. 224, 153.

(5, 6, 7) *Idem*, p. 225, 226, 240.

(8) Archives du Rhône; dossiers de la commission Parein, 2ᵉ cart., n° 80.

questions : « — Quel est ton nom, ta profession ? — Qu'as-tu fait pendant le siége ? — Es-tu dénoncé (1) ? »

La décision ne se faisoit pas attendre. Un signe, connu du guichetier, indiquoit la cave, la *bonne* ou la *mauvaise*, qui devoit recevoir l'accusé, dont le nom, en même temps, étoit porté sur l'une des feuilles de jugements, à la suite des *motifs*, écrits d'avance; l'une devant *Corchand*, pour les condamnés, l'autre devant *Parein*, pour les acquittés (2).

La preuve de tout cela ressort, en relief, du premier jugement de la Commission que je vais transcrire, celui du 14 frimaire, celui des SOIXANTE, avec son orthographe, pris sur l'original (3) :

(1re page.) La Commission révolutionnaire établie à Ville Affranchie par les représentants du peuple;
Considérant
Qu'il est instant de purger la France des rebe*l*s à la volonté nationale;
De ces hommes qui convoquèrent et protégèrent à main armée le congrès départemental de Rhône-et-Loire;
De ces hommes qui portèrent les armes contre leur patrie, égorgèrent ses défenseurs;
De ces hommes qui, complices des tyrans, fédéralisaient la République pour, à l'exemple de Toulon, la livre*r* à ses ennemis et lui donner des fers;
Vu les interrogatoires subis par les c'y après nommés, et attendu que la commission révolutionnaire est convaincue qu'ils ont tous porté les armes contre leur patrie, ou conspiré contre le peuple et la liberté;
La commission révolutionnaire condamne à mort :

Antoine Marietan,   Jacques Rivérieux,   Camille Meunier,
 et 15 autres.   et 16 autres.   et 17 autres.

(2e page.) 9 noms sur une seule colonne; total : 60.
En conséquence, la Commission révolutionnaire charge de l'exécution du présent jugement le commandant de place de Commune-Affranchie.
Ainsi prononcé, d'après les opinions des sieurs Mathieu *Parein*,

---

(1, 2) Delandine, p. 240, 227.
(3) Archives du Rhône, jugements de la Commission Parein.

président, d'Antoine *Lafuye* aîné, Pierre-Aimé *Brunière*, Nicolas *Andrieu* et Joseph *Fernex*, tous membres de la Commission.

Le 14 frimaire, etc. *Signé :* PARREIN, etc.

En marge, on lit : Le présent jugement sera imprimé et affiché partout où besoin sera.

Au-dessous est, en cire rouge, l'empreinte d'un sceau représentant la Liberté, une main sur un faisceau, l'autre à une lance surmontée d'un bonnet, avec cet exergue : *Commission révolutionnaire, mort aux rebels*.

C'est par une telle formule, le type de presque tous les jugements qui suivirent, que, sans défenseurs, sans appui, sans répit, en deux minutes au plus, les accusés recevoient leur sentence de mort. Le 14 frimaire, la fournée fut bornée à *soixante*, quoique, ce jour-là, pour leurs débuts, les juges comptassent faire beaucoup plus; l'état de la feuille homicide le prouve.

Les motifs du jugement écrits d'avance, il y avoit encore trois pages et demie, de quoi mettre, sur une colonne, au moins cent quarante noms. Que font les juges ? Pour bien employer le papier, dès la première page, ils rangent les condamnés sur *trois colonnes* et en inscrivent là cinquante et un; trois pages restoient, de la place pour trois cents autres accusés; mais l'attente de la Commission expéditive fut trompée; il ne lui en vint plus que *neuf*, portés en haut de la seconde page, de sorte que le surplus du papier fut perdu (1)!

Le lendemain, 15 frimaire, il est vrai, fut meilleur; ce jour-là, 248 accusés vinrent devant le tribunal (41 de moins que le 13 nivôse, devant Bignon, à Nantes); 211 furent condamnés à mort, et 37 acquittés. Les 211 condamnés se réduisirent à 208, par la rature inopinée de trois noms : *La-*

(1) Archives du Rhône, jugement du 14 frimaire.

barte à la deuxième page, *Georges* dit Gabriel, à la troisième, *Paillet* à la quatrième (1).

Cette séance confirme, et au delà, l'assertion de Delandine sur la durée moyenne de l'examen des accusés par la Commission : « Sept au quart d'heure, » dit-il. Le 15 frimaire, la rapidité fut plus grande. La Commission entroit en séance à neuf heures du matin. Ce jour-là, pour donner *deux minutes* à chaque accusé, elle eût dû siéger jusqu'à cinq heures et demie sans désemparer. Or, avant la nuit, le 15 frimaire (5 décembre), un des jours les plus courts de l'année, on avoit 208 condamnés à lier, à escorter, à conduire de la prison de Roanne, au delà du Rhône, à plus de deux kilomètres (2), dans la plaine des Brotteaux, au chemin de la *Part-Dieu*, où ils furent massacrés. A deux heures, au plus tard, Parein dut lever la séance. C'étoit 300 minutes pour 218 accusés : UNE *minute et un cinquième*, soixante-douze secondes pour chacun ! Voudra-t-on croire que Fouché et deux autres représentants eurent l'audace, en écrivant à la Convention (3), de vanter la *religieuse méditation* de la Commission ?

De remarquables exécutions suivirent incontinent ces jugements remarquables ; je ne les oublie point ; le moment d'en parler n'est pas venu encore.

Pour acquitter, la Commission s'étoit fait aussi une formule banale ; la voici (4) :

La Commission, etc.
Considérant

(1) Archives du Rhône, jugement de condamnation du 15 frimaire.
(2) De la prison de Roanne, rive droite de la Saône, au chemin de *La Part-Dieu*, rive gauche du Rhône, il y a, par le pont de la Guillotière, plus de 2,300 mètres, et par le pont Morand, plus de 2,000 mètres. *Plan de Lyon*, par Darmet, 1830, Bibliothèque impériale.
(3) Leur lettre est plus bas, p. 50.
(4) Archives du Rhône, jugement d'acquittement du 15 frimaire.

Qu'autant la justice du peuple doit s'appesantir sur les traîtres qui conspirent contre la liberté et son bonheur,

Autant elle doit rechercher l'innocence, la faire paroître au grand jour et rendre la liberté à ceux que la misère ou la séduction auroient contraint à porter les armes, ceux que la haine ou des vengeances auroient conduits dans les cachots, les patriotes enfin qu'un raffinement de scélératesse auroient chargés de fers.

D'après ces considérations et les interrogatoires subis par....
(suivaient les noms),

La Commission, etc., les renvoie, etc., et ordonne qu'ils seront mis sur-le-champ en liberté, pour rentrer dans la société et y remplir leurs devoirs de Républicain.

Avant la séance, les formules étoient écrites, de sorte que les juges n'avoient plus qu'à mettre, à la suite, les noms des accusés qui devoient ou mourir ou continuer de vivre.

Au bout d'un mois, cette méthode, déjà si ingénieuse, reçut un notable perfectionnement. Le greffier, se lassant probablement d'écrire toujours la même chose, les formules furent IMPRIMÉES (1), et, à partir du 20 nivôse, ces types servirent jusqu'à la fin, excepté pour deux ou trois affaires qui présentoient un caractère particulier. J'appuierois sur ces jugements *imprimés d'avance* si, en étudiant la Terreur, je n'avois appris à ne m'étonner jamais !

Non-seulement les jugements de Parein étoient affichés, mais, d'abord, ils recevoient une publicité que je n'ai trouvée qu'à Marseille, pour le tribunal de Brutus; celle de Lyon étoit plus brillante. On prononçoit les sentences du haut du balcon de l'hôtel de ville, sur la place des Terreaux (2), au bruit du canon; la musique s'y joignoit lors des élargissements, comme on le verra plus bas.

Du 14 frimaire au 17 germinal, en quatre mois, ce tribunal expéditif tint 74 séances et jugea, — si l'on veut, — en-

---

(1) Archives du R[hô]ne, jugements des 20 et 21 nivôse et jours suivants.
(2) Archives de l'empire, BB. 72, carton de Lyon, placards des jugements Par[ein].

viron 3,840 personnes : — 1,680 furent condamnées à mort (sur quoi 11 contumaces non repris); — 101 à la détention; — 1,692 furent acquittées ou mises en liberté (1).

Toutes les catégories sociales figurent parmi les condamnés; les ouvriers y sont en grande majorité; les prêtres ou religieux n'y manquent pas; on peut en compter au moins une centaine.

Voilà pour les principaux résultats; quant à la manière de juger, à l'effrayante soudaineté des décisions, voici des traits frappants, recueillis par Delandine :

Trop souvent la décision appartint au président seul. A sa *gauche* siégeoient Fernex et Corchaud qui étoient impitoyables; à sa *droite*, La Faye et Brunière qui étoient humains. Entre ces quatre juges, d'un avis opposé, Parein flottoit irrésolu : la vie et la mort, tenant à un fil fragile, dépendoient de lui seul : de sa bonne ou mauvaise humeur, de son état de santé, des nouvelles publiques qu'il avoit reçues (2).

Lorsque Delandine parut devant la Commission, il entendit Parein dire, à voix basse : « Deux contre deux, que faire! — Ton devoir, lui répliqua La Faye; » Corchand tenoit déjà la plume homicide, mais Parein sauva Delandine en se réunissant au côté droit (3).

Un prêtre crut échapper en se faisant athée. « Crois-tu en Dieu ? lui demanda-t-on. — Peu, répondit-il. » Et le président prononça aussitôt : « Meurs, infâme, et vas le reconnoître (4)! »

Un autre prêtre, à qui on demandoit ce qu'il pensoit de Jésus, répondit qu'il le soupçonnoit d'avoir trompé les hommes. « Cours au supplice, scélérat, lui cria-t-on; Jésus tromper les hommes! lui qui leur prêcha l'égalité; lui qui fut le premier et le meilleur sans-culotte de la Judée (5)! »

Un accusé se nomma *Calas*. « Es-tu parent, lui demandèrent les juges, de ce Calas que les parlementaires ont fait rouer? » Sur sa réponse affirmative : « Sois libre, lui dit-on, ton parent te sauve (6). »

---

(1) Archives du Rhône, Jugements de la commission Parein.
(2, 3) Delandine, *Tableau*, p. 229, 230.
(4, 5) *Idem*, p. 247.
(6) *Idem*, p. 248.

Une jeune fille éplorée, au désespoir, entra dans la salle en s'écriant : « Mes frères sont fusillés; mon père vient de périr; je n'ai plus de famille; que faire seule au monde; je m'y déteste; faites-moi mourir! » Et elle se jeta aux pieds de ses juges pour les supplier. Corchand et Fernex eux-mêmes parurent émus. « Relevez-vous, jeune fille, lui dit l'un d'eux; vous avez beau demander la mort; nous voudrions vous accorder votre demande, mais nous ne le pouvons pas (1) ! »

Quelque étranges qu'ils paroissent au premier aspect, ces incidents, que garantit, du reste, le caractère de l'historien, ne sont pas controuvés; entre autres celui de Delandine lui-même (2) et celui de Calas (3) ont leur preuve dans les jugements ou les papiers de la Commission. D'ailleurs l'imprévu dans les jugements de Parein se comprend de reste, lorsque l'on parcourt les notes de la Commission *temporaire* sur les accusés. En voici quelques-unes prises au hasard (4); plusieurs furent suivies d'une condamnation à mort.

1ᵉʳ carton. 12ᵉ dossier. — Antoine *Camel*, marchand de fer. Deux certificats favorables. Rien autre au dossier. Condamné à mort, le 5 nivôse an II.

Id. 14ᵉ dossier. — Gaspard *Revol*, 60 ans, ex-juge de paix. Plusieurs bons certificats. Condamné à mort le 26 pluviôse.

Id. 40ᵉ dossier. — *Flechet*. Condamné à mort le 23 nivôse.
Procès-verbal du 14 octobre 1793, contre Flechet, cheffe contre-révolutionnaire. Note sur son domicile, chemin *nof*.
Dans la sime de la maison, un pigonié sunt pigon; eune volière d'oisof; eun bois de lis; eune glase; eune aveloppe à la draise de

(1) Delandine, *Tableau*, p. 244.
(2) Le 16 germinal, jour de la comparution de Delandine devant la Commission, il y eut 16 condamnés à mort et 39 acquittés; Delandine fut le 37ᵉ parmi ces derniers.
(3) Calas fut jugé et acquitté le 30 nivôse an II. Il figure dans les dossiers de la commission, 3ᵉ carton, n° 159. Il étoit « recommandé à la Commission par le comité révolutionnaire de Châlier (saint Laurent de Chamousset) » « comme l: neveu de cette infortunée famille que le fanatisme « de Toulouse a fait périr sur l'échafaud. » (Pétition du 10 frimaire.)
(4) Archives du Rhône, dossiers déjà cités.

Flechet; pièce d'étoffe. Au Ré de chose, Éun poille..... dersé le presant, etc.

Suivent quatre signatures de membres du Comité de la section gémappe.

2ᵉ carton. 80ᵉ dossier. — Tableau divisé en colonnes, renfermant les prétendus interrogatoires de 173 prisonniers de la Grande-Salle (maison commune). Plusieurs ne sont désignés que par un seul mot. Ils furent condamnés à mort.

Id. 110ᵉ dossier. — *Leaubréaud*, potier. Chien de chasse des contre-révolutionnaires tupinistes (de la rue Tupin), caporal pendant le siége. Condamné à mort le 1ᵉʳ nivôse.

Ibid. — Fille *Lauthier* et Vᵉ *Morel*. Suspectes de propos inciviques et bigotes.

Id. 115ᵉ dossier. — *Merle*, facteur d'instruments. Traite les sans-qulote de coquins.

3ᵉ carton. 144ᵉ dossier. — *Langlade*, dénoncé au comité de surveillance de Ville-Affranchy pour ses opignons contre-révolutionnaires.

La Commission, je l'ai dit, ne se borna pas aux jugements de forme; elle en rendit plusieurs qui méritent d'être signalés.

Le 23 germinal, la femme Cochet, dénoncée comme s'étant habillée en *muscadin* et ayant proféré des menaces contre Dubois-Crancé (1), fut condamnée à mort.

Considérant, porte le jugement, qu'il est instant de purger la République de ces *monstres femelles* qui déshonorent leur sexe et se servent de l'ascendant que la nature leur a donné sur les hommes foibles pour les égarer et les conduire à des forfaits en leur donnant l'exemple (2).

Le 3 nivôse, acquittement de 29 Suisses, dont quelques-uns avoient *porté les armes* pendant le siége.

Considérant, dit la Commission, que les Suisses et les Genevois, ces descendants de Guillaume Tell..., n'ont pu vouloir rétablir en

---

(1) Dites archives; dits dossiers, 2ᵉ carton, n° 91.
(2) *Ibid.*, jugement du 23 germinal.

France, le despotisme, puisqu'ils sont nés libres et élevés dans les principes de la souveraineté des peuples et la haine des rois (1).

Le jugement, dit des 32 *de Moulins*, mérite aussi quelques détails. Le comité révolutionnaire central de l'Allier, qui n'avoit pas sous sa main de tribunal révolutionnaire, avoit fait emprisonner nombre de suspects de Moulins et du département. L'idée lui vint d'en expédier un *choix* à Lyon. C'est ce qui eut lieu le 15 frimaire. Le convoi étoit annoncé à Verd (procureur général de la Commission temporaire), par une lettre du comité, où se lisent les passages suivants (2) :

Fais-les donc participer (les 32) à l'honneur de la grande fusillade, dont la conception fait l'éloge de ton imagination, si tu en es l'inventeur...
Ne te jette point dans le labyrinthe des *formes* pour faire juger *nos brigands*....
Le Comité central de l'*Allier* déclare que ces monstres doivent disparoître de la terre des vivants, et tous leurs biens être confisqués... Il ne faut pas de *preuves* matérielles pour une Commission à qui la *conviction morale* doit suffire...

Le 11 nivôse, le jour de leur arrivée à Lyon, suivant l'abbé Guillon (3), les 32 de Moulins, gens honorables, fonctionnaires ou militaires, pour la plupart, furent envoyés à l'échafaud ; voici les motifs du jugement de Parein (4) :

Considérant qu'il est instant de purger la France des rebelles, etc.
De ces hommes qui, habitant les départements voisins de la ci-devant infâme ville de Lyon, ont protégé sa révolte en approuvant hautement sa conduite contre-révolutionnaire ;
De ces hommes qui ont fait les plus grands efforts pour établir dans le département de l'Allier le système fédéraliste et sectionnaire, destructeur de la République une et indivisible, etc.

(1) Dites Archives, jugement du 3 nivôse.
(2, 3) *Mémoires* de l'abbé Guillon, t. III, p. 64.
(4) Dites archives, jugements Parein.

Ce jugement, fut de la part de la Commission, un énorme excès de pouvoir. Ce tribunal n'avoit été institué que pour juger les révoltés de Lyon et leurs complices; les *prisonniers* de cette ville, non ceux du dehors. C'est ce que la Convention décida par un décret du 28 pluviôse an II, rendu (1), concernant des administrateurs du département de l'Ain, que l'on vouloit de Bourg traduire à Lyon. Ils furent plus heureux que les habitants de Moulins; on pressent quel auroit été leur sort s'ils avoient paru devant le tribunal sommaire de Parein.

Enfin les prisons se désemplirent. Le 17 germinal fut l'avant-dernière séance de la Commission. Ce jour-là, elle condamna... SES EXÉCUTEURS! Jean Ripet et son aide, Jean Bernard, tous les deux envoyés à l'échafaud « pour avoir, le 16 juillet 1793, exécuté le patriote et vertueux Châlier et Riard, deux martyrs, et porté à Châlier cinq ou six coups de hache sur le cou (2). » Ripet et Bernard, dont le *crime* étoit antérieur au siège, ne furent cependant jugés que les derniers. Ils avoient été si utiles à Parein! Plus de *sept cents* têtes abattues, et si lestement (3)! Parein avoit dû réserver sa justice. Toutefois, la peine de ces condamnés ne fut subie que le 27 germinal, il avoit fallu mander, *ad hoc*, l'exécuteur de Clermont-Ferrand (4).

Le 17 germinal, avant de clore son registre, Parein condamna à la réclusion 161 personnes (5), tout ce qui lui restoit, pour avoir

Par leurs actions, leurs discours et leurs écrits, *agité le sol* de la liberté,

(1) Au rapport de Voulland; *Moniteur* du 30 pluviôse, p. 607.
(2) Archives du Rhône, jugements de la Commission Parein.
(3) *Voy.* p. 31, note 5.
(4) *Ibid.*, procès-verbal de l'exécution de Ripet.
(5) *Ibid.*, jugements de Parein.

Troublé la tranquillité publique en manifestant des opinions contraires au régime républicain,

Des parents qui avoient abandonné leur patrie pour aller lui susiter des ennemis,

Ou pour être enfin suspects.

Le 24 germinal, la Commission siégea une dernière fois; ce fut pour constater l'identité de Neples (1), un des quinze *scélérats* évadés des caves de l'Hôtel-de-Ville et que l'on n'osa pas faire exécuter, comme Olivier et Vincent, en vertu d'un simple jugement de contumace.

Tels étoient les jugements de ce tribunal célèbre; ses exécutions ne les déparent pas; il faut y venir, quoique il m'en coûte, pour achever mon affreuse chronique.

— LES EXÉCUTIONS. —

Des nombreuses exécutions de la Commission Parein, les plus horribles, les deux premières, seules, sont bien connues. Dans leur arrêté du 7 frimaire, Collot et Fouché ordonnoient que « les condamnés expieroient, sous le *feu de la foudre*, une vie trop longtemps criminelle. » Le feu de la foudre, c'étoit le canon. Tout en instituant le tribunal, les proconsuls vouloient perfectionner le supplice; à cet égard, ils secondoient les vues des *purs* de l'époque; voici, pour la première *fournée* de Parein, quel fut l'emploi du *feu de la foudre*:

Le 14 frimaire, dit M. Louis Blanc (2), dans la plaine des *Brotteaux*, sur une levée d'environ trois pieds de large, entre deux fossés parallèles, propres à servir de sépulture, et que bordoit en dehors le sabre à la main, une double haie de soldats, vous eussiez vu, garrottés deux à deux et à la suite les uns des autres,

(1) Archives du Rhône, jugements de Parein.
(2) *Histoire*, t. x, p. 178.

soixante jeunes gens qu'on venoit d'extraire de la prison de Roanne : derrière eux, dans la direction du plan horizontal qu'ils couvroient, des canons chargés à boulets.....

Au moment de mourir, les soixante condamnés avoient entonné le champ girondin : le bruit du canon les interrompit... Les uns tombent pour ne plus se relever ; les autres, blessés, tombent et se relèvent à demi ; quelques-uns sont restés debout. O spectacle sans nom ! Les soldats franchissent les fossés et réparent, à coups de sabre, les erreurs commises par le canon. Ces soldats étoient des novices, l'égorgement dura...

Pour consommer cet épouvantable massacre, fallut-il plus de deux heures, comme l'assure Delandine (1) ? Je l'ignore ; un fait certain, c'est la prolongation de la boucherie. Collot, lui-même, fut obligé de l'avouer en pleine Convention (2) : « Ces dispositions terribles, dit-il, ne furent pas assez rapides, et leur mort a duré trop longtemps. »

Pendant ce temps, une autre scène se passoit dans la ville.

Une nombreuse et gémissante armée de femmes en deuil, dit M. Louis Blanc (3), se dirigeoit vers la demeure des proconsuls, que gardoient des artilleurs, la mèche fumante à la main. Repoussées et menacées, elles se retirèrent. Deux d'entre elles étoient soupçonnées d'avoir provoqué l'attroupement. On les distingua facilement, dit Collot, à leur parure très-recherchée et à leur audace. Elles furent arrêtées, et le tribunal municipal les condamna par forme correctionnelle à être *exposées* pendant deux heures sur l'*échafaud* (4).

Cette exposition, sur l'échafaud de la guillotine, de deux femmes *suppliantes*, est un des actes les plus monstrueux de la Terreur. Avec la canonnade des soixante, il a « marqué le nom de Collot pour toujours (5). » J'aurois voulu qu'au lieu

(1) *Tableau*, etc., p. 145.
(2) *Moniteur* du 24 nivôse, p. 457.
(3) *Histoire de la Révolution*, t. 2, p. 180.
(4) *Moniteur* du 24 nivôse, p. 457.
(5) Expressions de M. Michelet, *Histoire de la Révolution*, t. VII, p. 113.

d'écouter en silence, le 1ᵉʳ nivôse, les aveux de Collot sur ces faits, Robespierre, « ce grand homme de bien (1), » eût prononcé un mot ou fait au moins un signe de blâme; cela eût mieux servi sa mémoire que cette attente de plus de trois mois avant de faire rappeler Fouché de Lyon (V. plus bas), avant de lui « reprocher énergiquement sa conduite, lorsqu'il vint lui demander la main de sa sœur Charlotte (2)! »

Mais les horreurs n'étoient pas à leur apogée.

La canonnade du 14 frimaire n'avoit refroidi Collot ni Fouché, ni les *purs* de leur entourage. Le lendemain 15, ils poursuivoient l'exécution de leur arrêté du 7, et ce n'étoit plus sur 60 condamnés, c'étoit sur 209.

Cette fois, dit encore M. Louis Blanc (3), les condamnés furent conduits dans une prairie longeant le chemin de la grange de *la Part-Dieu* (4). Ils avoient les mains liées derrière le dos : les cordes sont attachées à un long câble, fixé, de distance en distance, à chaque arbre d'une rangée de saules ; un piquet est placé à quatre pas de chacun des condamnés et l'on donne le signal. Ce fut une horrible boucherie. Les uns ont le bras emporté, les autres la mâchoire fracassée ; les plus heureux furent les morts. Les agonisants crioient d'une voix lamentable qui retentit longtemps jusque sur la rive opposée du Rhône : « Achevez-moi, mes amis, ne m'épargnez pas ! » Une balle, emportant le poignet à Merle, ex-constituant l'avoit débarrassé de ses liens et il fuyoit : un détachement de la cavalerie de Ronsin l'atteignit et le tua. Le nombre de ceux qui imploroient le dernier coup prolongea cette affreuse exécution..... En comptant les corps l'on s'étonna d'en trouver deux cent neuf, au lieu de deux cent sept, car (sur 208) un des prisonniers s'étoit échappé. On se souvint alors que, dans la cour de la prison de Roanne, deux malheureux, prétendant n'être que les *commissionnaires* des prisonniers, on avoit refusé de les croire !

(1) M. Hamel, *Histoire de Robespierre*, conclusion, t. III, p. 807.

(2) *Mémoires* de Charlotte Robespierre, cités par M. Louis Blanc, *Histoire*, t. X, p. 186; et par M. Hamel, *Histoire*, etc., t. III, p. 573.

(3) *Ibid.*, p. 181.

(4) Entre les Brotteaux et la Guillotière.

Voilà pour les deux exécutions le plus connues; restent les *inédites*, que je ne puis omettre; moins riches; isolément, en victimes, il y en eut jusqu'à *soixante et quatorze* de collectives (M. Louis Blanc (1) ne paroît en avoir connu que quatre), depuis 2 jusqu'à 67 condamnés; savoir : cinquante-cinq exécutions par la guillotine, dix-neuf par la fusillade (2).

Après le 15 frimaire, on fusilla sur la place des Terreaux, devant l'Hôtel-de-Ville, et plus d'un prisonnier des *caves* fut blessé par les balles qui ricochoient des soupiraux. Au bout de quelques jours, un guichetier ayant eu ainsi le bras cassé (3), on recommença à fusiller aux Brotteaux; les condamnés y étoient conduits par de l'infanterie, de la cavalerie et de l'artillerie (4).

La guillotine étoit réservée à certains personnages et aux femmes; tous fréquemment expédiés en moins de minutes qu'il n'y avoit de têtes; les procès-verbaux du secrétaire-greffier de la Commission en font foi (5). Des salles, des caves de l'Hôtel-de-Ville, remplies de prisonniers, on pouvoit nombrer les coups (6)! L'échafaud étoit dressé à l'extrémité de la place des Terreaux, vis-à-vis de la rue Saint-Pierre; le sang couloit dans cette rue, jusqu'à l'église du même nom (7), sur une étendue de plus de cent pas : on

(1) *Histoire*, t. x, p. 182.
(2) Archives du Rhône, jugements de la Commission Parein.
(3) Delandine, *Tableau*, p. 267.
(4) Archives du Rhône, registre de correspondance de la Commission Parein.
(5) *Ibid.*, procès verbaux constatant les exécutions par la guillotine :
Le 27 frimaire, 13 condamnés exécutés en 10 minutes;
Le 11 nivôse, 32 (ceux de Moulins), en 25 minutes;
Le 18 nivôse, 12 en 5 minutes, etc.
(6) Delandine, *Tableau*, p. 180, 239.
(7) Je tiens ce détail de M. Lacolonge, garçon de bureau aux archives du Rhône, alors âgé de 9 ans, et dont les souvenirs sont parfaitement présents.

peut les compter ! Et, nonobstant, s'il faut en croire Delandine (1), « la plupart des condamnés alloient à la mort en chantant ! »

Restoit la sépulture de tous ces cadavres. Comme ils se multiplioient au point de lasser les fossoyeurs, et que, d'ailleurs, les tombes à ouvrir auroient été une dépense, on en jeta dans le Rhône, et beaucoup, les fusillés de la rive gauche, les décapités de la rive droite (2). Là-dessus, on trouve, dans les registres de la Commission, la lettre suivante :

Du 1er nivôse an II (3).

La Commission révolutionnaire invite le procureur de la Commune de prendre les mesures nécessaires pour que les cadavres soit précipités dans le Rhône et de prendre les voitures nécessaires à cet égard.

Ces noyés furent très-nombreux. Au commencement de pluviôse il y avoit, aux graviers d'Ivours, petite île à quelques kilomètres au-dessous de Lyon, cent trente à cent quarante cadavres que le fleuve avoit roulés sur le gravier et qu'il fallut ensevelir profondément (4). Ces détails ne doivent pas nous surprendre ; à Nantes, Carrier noyoit les vivants ; à Lyon, Parein pouvait bien noyer les morts.

La dernière fusillade eut lieu le 23 pluviôse ; après et jusqu'au dernier jugement de la Commission, qui est du 24 germinal, pendant deux mois, la guillotine fut seule employée. Deux contumaces repris furent exécutés sans avoir été jugés

(1) Delandine, Tableau, etc., p. 180, 230.
(2) L'abbé Guillon, t. III, p. 67.
(3) Archives du Rhône, registre de correspondance de la Commission Parein, à cette date.
(4) Rapport des commissaires aux inhumations, 9 pluviôse an II; l'abbé Guillon, t. III, p. 326.

de nouveau : *Olivier*, le 8 nivôse; *Vincent*, le 25 nivôse (1); deux des quinze *scélérats* qui s'étaient évadés le 21 frimaire des caves de l'Hôtel-de-Ville et que Parein, le jour même, avoit condamnés à mort (2).

— IMPRESSIONS DES MONTAGNARDS. —

Ces jugements du « tribunal de sans-culottes, » ainsi nommé par Collot-d'Herbois (3), ces exécutions que je ne qualifie pas, comment étoient-ils alors accueillis ou appréciés par les *purs*? comme à Orange, à Marseille, à Bordeaux, à Angers, à Arras, comme partout, avec faveur, avec joie, avec enthousiasme! je ne dois pas omettre ces nouveaux traits de l'abominable fanatisme politique de cette époque.

Le 13 frimaire, Pilot, directeur des postes à Lyon, écrivoit à Gravier, juré du tribunal révolutionnaire, à Paris (4):

J'avais été saisi tellement par les douleurs aux cuisses et aux jambes qu'il m'étoit impossible de marcher sans béquilles. Tout cela n'est rien; et ma *santé se rétablit* chaque jour par l'effet de *la destruction* des ennemis de notre commune patrie. Mon ami, je t'assure que cela va on ne peut mieux; tous les jours, il s'en expédie une douzaine : l'on vient même de trouver *cet expédient trop long*. Tu apprendras, sous peu de jours, des expéditions de deux ou trois cents à la fois. Les maisons se démolissent à force.

Le 15 frimaire, Collot-d'Herbois écrivoit à Duplay, l'hôte de Robespierre (5) :

Nous avons créé une Commission aussi prompte que peut l'être la conscience de vrais républicains qui jugent des traîtres. 64 de ces conspirateurs ont été fusillés hier.

(1, 2) Jugements de la commission Parein, procès-verbaux des exécutions à ces dates.
(3) En pleine Convention; *Moniteur* du 24 nivôse, p. 457.
(4) *Papiers inédits trouvés chez Robespierre, Saint-Just*, etc., 1828, t. II, p. 209.
(5) Dits *Papiers de Robespierre*, t. I, p. 312.

C'est *canonnés* qu'il falloit dire; Collot n'osa pas écrire le mot. Le même jour, Collot, Fouché, Albitte, Laporte, faisoient afficher dans Lyon une proclamation, où se lisent ces passages (1) :

. . . .
On effraye votre imagination de quelques décombres, de *quelques cadavres* qui n'étoient plus dans l'ordre de la nature et qui vont y rentrer...
Les représentants du peuple resteront impassibles dans l'accomplissement de la mission qui leur a été confiée. Le peuple leur a mis entre les mains le *tonnerre* de ses vengeances; ils ne le quitteront que lorsque tous ses ennemis seront *foudroyés*.....

Le 17, Achard, membre du club des Jacobins, à Lyon, écrivoit au même Gravier (2) :

Frère et ami, encore des *têtes* et chaque jour des têtes tombent ! Quelles *délices* tu aurois goûtées, si tu eusses vu, avant-hier cette justice nationale de 209 scélérats ! Quelle majesté ! Quel ton imposant ! Tout édifioit ! Combien de grands coquins ont, ce jour-là, mordu la poussière dans l'arène des Brotteaux ! Quel *ciment* pour la République ! Hier et aujourd'hui de pauvres diables seront innocentés publiquement, on les embrassera, on les élèvera aux nues. Quel sentiment pour un peuple qui nous croit encore des brigands, amants du sang !
P. S. Bonjour à Robespierre, Duplay et Nicolas (3).

Le 26 frimaire étoit lue à la Convention une lettre où se trouvent les passages suivants (4) :

Les représentants du peuple envoyés à Commune-Affranchie pour y assurer le bonheur du peuple, avec le triomphe de la République, etc.

. . . .
Ah! si une *sensibilité* aussi mal conçue que dénaturée n'égaroit

(1) L'abbé Guillon, t. II, p. 418.
(2) Dits *Papiers de Robespierre*, t. II, p. 235.
(3) Nicolas, imprimeur du tribunal révolutionnaire de Paris, où il étoit juré, avant et après la loi du 22 prairial.
(4) *Moniteur* du 27 frimaire, p. 352.

pas la raison publique... ne paralysoit quelquefois le bras nerveux qui est chargé de lancer la foudre populaire...

La Terreur, la salutaire Terreur, est vraiment ici à l'ordre du jour...

Le 22, Pelletier, commissaire national à Lyon, écrivoit à la Commune de Paris (1) :

. . . .
En punissant les coupables, en abattant toutes les maisons habitées par des riches, nous voudrions aussi régénérer l'esprit des habitants...

Il faudra disséminer tous ces Lyonnais... réduire cette cité, aujourd'hui de cent quarante mille âmes, à vingt-cinq mille au plus.

Les représentants ont substitué aux deux tribunaux révolutionnaires qu'ils avoient créé, un comité de sept juges... Les deux tribunaux, sans cesse embarrassés par les *formes*, ne remplissoient pas les vœux du peuple..... Les exécutions partielles ne faisoient plus que peu d'effet sur le peuple; le comité des sept juge sommairement et leur justice est *aussi éclairée* qu'elle est *prompte*.

Le 14 frimaire, 60 de ces scélérats ont subi la peine due à leurs crimes par la fusillade.

Le 15 frimaire, 208 ont subi le même sort.

Le 17, on a acquitté 60 innocents avec autant d'éclat qu'on en donne à la punition des coupables.

Le 18, 68 rebelles ont été fusillés et 8 guillotinés.

Le 19, 13 ont été guillotinés.

Le 20, 60 innocents ont été mis en liberté.

Le 21, la fusillade en a détruit en masse 53...

« La Commune *applaudit* aux *détails* contenus dans cette lettre et en arrêta la mention au procès-verbal (2). »

Le 24 frimaire, Pilot, déjà nommé, écrivoit au même Gravier (3) :

La guillotine, la fusillade ne va pas mal; 60, 80, 200 à la fois sont fusillés, et tous les jours on a le plus grand soin d'en mettre

(1) *Moniteur* du 30 frimaire, p. 361.
(2) *Moniteur*, *ibid*.
(3) Dits *Papiers de Robespierre*, t. II, p. 208, 211, 203.

de suite en état d'arrestation, pour ne pas laisser de *vide* aux prisons.

Le 28 frimaire, il lui écrivoit encore (1) :

P. S. Tu diras à ma femme que le citoyen Pelon, de la rue Buisson, a été guillotiné hier; je crois que son vieux aristocrate d'oncle ne tardera pas... Enfin, tous les jours, il en passe, tant fusillés que guillotinés, au moins une cinquantaine...

Et le 10 nivôse (2) :

Grâces soient rendues au tribunal révolutionnaire de Commune-Affranchie. Qu'il est grand ! Qu'il est sublime !..... P. S. Embrasse bien ta femme et la mienne, et dis-lui qu'il n'y a rien de nouveau pour son *oncle*, sauf qu'il est transféré de Saint-Joseph à la Cave; cela sent mauvais.

Le 28 nivôse, Achard écrivoit à Gravier (3) :

Le tribunal poursuit avantageusement sa carrière; il auroit certainement besoin de bons renseignements; mais il ne se donne pas la peine de les rechercher ou demander à ceux à qui il peut se confier : néanmoins, hier, 17 ont mis la tête à la *chatière*, et aujourd'hui 8 y passent et 21 reçoivent le *feu de la foudre*.

Le 30 pluviôse, les représentants écrivoient à la Convention pour défendre le tribunal attaqué; plus bas figure cette fameuse lettre.

Enfin le 21 ventôse, *les représentants* (Meaulle, Laporte, Fouché), *envoyés dans Commune-Affranchie pour y assurer le bonheur du peuple*, écrivoient à l'Assemblée (4) :

La justice a bientôt achevé son cours terrible dans cette cité rebelle. Il existe encore quelques complices de la révolte lyonnaise, nous allons les lancer *sous la foudre*.

. . . .

Dans la fête qui a eu lieu hier, nous avons observé tous les

(1, 2) Dits *Papiers*, etc., t. II, p. 211, 203.
(3) Dits *Papiers de Robespierre*, t. II, p. 231.
(4) Séance du 25 ventôse, *Moniteur* du 26, p. 711.

mouvements; nous avons vu le peuple applaudir à tout ce qui portoit un caractère de sévérité; à tout ce qui pouvoit réveiller des idées fortes, terribles ou touchantes. Le tableau qu'offroit la Commission révolutionnaire suivie de *deux exécuteurs* de la justice nationale tenant en main *la hache de la mort*, a excité les *cris* de sa sensibilité et de sa *reconnoissance*...

(Suivoit la demande à la Convention d'ordonner promptement la répartition aux sans-culottes des biens immenses des riches conspirateurs lyonnois.)

Cette lettre, suivant M. Hamel, détermina le rappel de Fouché. « Le 7 germinal (1), c'est-à-dire moins de quinze jours après la réception de la lettre où Fouché parloit de « lancer sous la foudre » les derniers complices de la révolte lyonnaise, Robespierre le faisoit brusquement rappeler par un ordre du Comité de salut public (2). » Quelques chiffres, quelques dates permettent, je crois, d'apprécier l'opportunité de ce *brusque* rappel. Lorsqu'il fut ordonné, la Commission Parein, établie à Lyon par Fouché et Collot, y fonctionnoit depuis trois mois et vingt-quatre jours. Avec Massol et Dorfeuille, Parein, au 7 germinal, avoit condamné à mort 1,887 personnes; Fouché parti, il n'y eut plus que 17 victimes, et le 16 germinal, eut lieu la dernière séance de la Commission. Et pourquoi ? Parce que, la Commission le déclara elle-même (3), « dans les prisons de Commune-Affranchie, il ne restoit plus ni coupable qui appelât sur sa tête le glaive de la loi, ni victimes innocentes à rendre à la liberté. » Le *brusque* rappel de Fouché paroîtra de la même famille que celui de Carrier, rappelé de Nantes, par Robespierre, *après* les noyades, *après* la plupart des fusillades.

(1) *Histoire de Robespierre*, t. III, p. 573.
(2) Arrêté signé : Robespierre, Carnot, etc. Il est tout entier de la main de Robespierre. *Archives*, A, F, 11, 58. Note de M. Hamel, *ibid*.
(3) Rapport à la Convention, le 21 germinal an III ; *Moniteur* du 26, p. 831.

— PLAINTE INUTILE DES LYONNAIS. —

Est-ce donc que sur Lyon, sur ses victimes, la vérité n'avoit pu arriver plus tôt jusqu'à la Convention ? Trois mois auparavant elle y étoit parvenue, mais pour y être promptement étouffée.

Après les deux grandes boucheries de frimaire, les malheureux Lyonnois songèrent à informer l'Assemblée de l'état des choses. De Fontanes, qui se trouvoit à Lyon, écrivit leur supplique (1), et il y mit son beau style en évitant de heurter les idées du temps. Cette pétition fut apportée à la barre de la Convention, le 30 frimaire, par trois députés, Matrat, Dutel et Changeux ; ce dernier lut la supplique d'une voix ferme (2) :

L'orateur (3) : Citoyens représentants, une grande commune a mérité l'indignation nationale ; mais qu'avec l'aveu de ses égarements vous parvienne aussi l'expression de ses douleurs et de son repentir.

Ce repentir est vrai, profond, unanime. Il a devancé le moment de la chute des traîtres qui nous ont égarés. Si le fond de leurs âmes nous eût été plus connu, jamais nous n'eussions été les instruments de leurs attentats.

Quand nos remparts sont tombés devant les armées de la République, nous avons respiré, et les vaincus ont applaudi aux vainqueurs. Nous avons dit : le règne du despotisme est passé, celui de la liberté commence. Les mesures arbitraires vont faire place à celles de la justice ; les dénonciations dictées par la haine ne seront plus accueillies. Tels étoient nos vœux ; telles étoient les pensées des représentants..., telles étoient les dispositions de l'armée...

(Après quelques développements semblables, l'orateur citoit les actes des représentants qui avoient remplacé Couthon :

La création, malgré 400 têtes abattues, d'une Commission *dispensée des formes...*

---

(1) M. Villemain : *Discours de réception à l'Académie françoise.*
(2) L'abbé Guillon, *Mémoires*, t. III.
(3) *Moniteur* du 2 nivôse, p. 371.

Les exécutions en masse par le canon,
L'exposition au carcan de *deux femmes* qui demandoient grâce,
4,000 têtes encore dévouées en supplice).

« La douleur, continuoit l'orateur, n'exagère point ici l'excès de ses maux : ils sont attestés par les proclamations (celle du 18 frimaire, page 34) de ceux qui nous frappent. Des supplians ne deviendront point accusateurs : leur désespoir est au comble; mais le respect en retient les éclats. Ils n'apportent dans ce sanctuaire que des gémissemens et non des murmures.....

Pères de la patrie, écoutez une section du peuple humiliée et repentante, qui courbée devant la majesté du peuple, lui demande grâce : non pas pour le crime, car ses auteurs et ses agents ne sont plus; mais grâce pour le repentir sincère, pour la foiblesse égarée; grâce même, nous l'osons dire, pour l'innocence reconnue, pour le patriotisme impatient de réparer ses erreurs.

Cette pétition si éloquente, si mesurée tout ensemble, fut écoutée avec faveur et renvoyée aux Comités de salut public et de sûreté générale réunis; le *Moniteur* en inséra même une notable partie (1).

Mais Collot-d'Herbois, accouru de Lyon, fut entendu à la séance du soir du 1ᵉʳ nivôse, et les dispositions de l'assemblée changèrent subitement.

Il présenta sous un nouveau jour, dit le *Moniteur* (2), les faits *défigurés* dans la pétition des soi-disant citoyens de Commune-Affranchie.. Il falloit un appareil formidable, capable d'imposer... une sévérité inexorable et prompte, prescrite d'ailleurs par les décrets. Le canon n'avoit été tiré qu'une fois sur soixante des plus coupables... La Commission apportoit autant de zèle à faire triompher l'innocence que d'impartialité dans le discernement des scélérats ..

La Convention ordonna l'impression du rapport... (publié seulement dans le *Moniteur* des 23 et 24 nivôse). Elle approuva les mesures prises par les représentans du peuple de Commune-Affranchie...

Le même soir, aux Jacobins, reproduisant une partie de

---

(1) *Moniteur*, loc. cit.
(2) *Moniteur* du 4 nivôse, p. 378.

sa justification, Collot ne dissimula pas l'embarras où il s'étoit trouvé à la Convention.

> Je dois (1) vous dire ici la vérité toute entière; dans mon rapport à la Convention j'ai été obligé d'employer toutes les *ressources de l'art*, toutes les *circonlocutions* pour justifier ma conduite, lorsque ce sont les faits qui doivent toujours parler... On affecte de répandre que les contre-révolutionnaires de Lyon ne sont pas morts du premier coup... Eh Jacobins, Châlier est-il mort du premier coup?...

Collot trouva, bien entendu, de l'écho chez les sans-culottes de Paris et de Lyon. La Convention reçut plusieurs adresses où l'on combattoit violemment la pétition des trois députés.

A la fin de l'une de ces adresses, on demandoit que l'Assemblée se fît faire un rapport sur le mode de *partage* des biens des rebelles aux sans-culottes (2).

Suivant une autre, il falloit mettre *hors la loi* les pétitionnaires de Lyon, ces *agents* et *complices* de Pitt et de Cobourg (3)!

Quant aux représentants restés à Lyon, Fouché, Laporte et Meaulle, ils ne craignirent pas d'écrire à la Convention, le 30 pluviôse (4) :

> Qu'ils étoient attristés de l'excessive indulgence avec laquelle l'Assemblée souffroit qu'on vînt impunément à sa barre couvrir d'*accusations impures* la Commission révolutionnaire de Commune-Affranchie... qui, avec une *religieuse méditation*, examinoit les accusés...
>
> Qu'à tort l'on pensoit faire aux représentants les honneurs d'un *sursis*; ils n'en avoient point accordé; leur confiance étoit sans borne et sans réserve dans l'austère probité du tribunal.

Cette lettre, il faut l'avouer, est un modèle de fausseté et

---

(1) *Moniteur* dudit jour, p. 577.
(2) *Moniteur* du 13 nivôse, an II, p. 413.
(3) *Moniteur* du 10 pluviôse, p. 523.
(4) *Moniteur* du 7 ventôse, p. 635.

d'impudence; la *religieuse méditation* de Parein qui condamnoit à mort *sept* (1) personnes et plus au *quart d'heure!* Voilà, pourtant, comment les *purs* de l'époque défendoient cette Commission et ses actes, assurés qu'ils étoient de voir accueillir par la sainte Montagne leurs violences et leurs impostures. Certes, les malheureux Bédoinais firent sagement d'attendre un temps meilleur pour présenter à la Convention le tableau poignant de leurs douleurs.

— LES ÉLARGISSEMENTS. —

« Mais, dit M. Louis Blanc (2), ce que l'on a toujours omis systématiquement, dans le récit de cette horrible tragédie, c'est que la *Commission révolutionnaire* prononça de très-nombreux acquittements... Le chiffre des rebelles que l'on mit en jugement fut de 3,500 environ, parmi lesquels plus de 1,800 furent acquittés. »

Il est vrai, et, fuyant tout système, je l'avois dit dans mon *Essai* de 1861 (3), il est vrai qu'il y eut environ 1,690 acquittements prononcés par la Commission Parein, mais j'ajoute que c'étoit là de simples élargissements, pour la plupart accompagnés d'un appareil de théâtre. En effet, qu'est-ce qu'un acquittement? Un acte de loyale et humaine justice. Un accusé est conduit devant le juge sur des *présomptions graves* de culpabilité; la preuve ne se fait pas, l'acquittement est prononcé, bien que des doutes puissent subsister.

Or, pour les Lyonnais acquittés, dénoncés par des fanatiques, emprisonnés en masse, où donc étoient les présomptions graves? Contre la plupart de ces pauvres gens il n'y avoit que du caprice, de l'aveuglement ou de la colère, et

---

(1) *Douze*, le 15 frimaire, voy. p. 21.
(2) *Histoire*, etc., t. 2, p. 182.
(3) Page 177.

quand, mis en jugement, ils paraissoient devant la Commission, elle ne pouvoit absolument que les rendre à la liberté.

Veut-on, là-dessus, des exemples et des preuves?

Parmi les acquittés de la Commission, on compte au moins 80 femmes; 30 jeunes gens de 17 ans; 15 de 16 ans; un de 15 ans; un de 13 ans, et deux jeunes filles de 14 et de 12 ans, les sœurs Sophie et Julie Brochet (1). Soyons de bonne foi; est-ce que toutes ces femmes, tous ces enfants auroient dû être *mis en jugement*, et, à leur égard, la Commission avoit-elle autre chose à faire que de les relâcher?

Je ne puis donc, en son entier, accepter l'observation de M. Louis Blanc, et, tenir compte à la Commission Parein de tous ses acquittements; cette conclusion, avec la même force, s'applique à la plupart des autres commissions révolutionnaires.

Je viens de parler d'un appareil de théâtre. On a vu, dans mon V⁰ article (2), l'élargissement grotesque opéré, le 25 pluviôse, à Angers, par Vacheron et les autres *juges par F*, qui « suspendirent, cette matinée-là, leur *besogne* pour promener 36 acquittés, au son de la musique, par les rues de la ville! » A Lyon, Parein fit plus et fit mieux.

Les élargissements furent effectués par séries très-nombreuses: jusqu'à 248 détenus à la fois (le 10 pluviôse); au bruit du canon, au son des *instruments*, sur la place des Terreaux, vis-à-vis de l'échafaud! Dix de ces cérémonies se firent un jour d'affluence, un jour de décade (3), et, afin de procéder avec plus d'apparat, dès la veille, avant que le

---

(1) Archives de l'empire, *Placards* imprimés de la Commission Parein.
(2) *Cabinet historique*, 1864, p. 331.
(3) Les 30 frimaire; 10, 20, 30 nivôse; 10, 20, 30 pluviôse; 10, 30 ventôse; 10 germinal; jugements de la Commission Parein.

jugement d'acquittement fût rédigé, Parein (1) écrivoit au commandant de la place pour avoir infanterie, cavalerie, artillerie, *musique!* Les accusés acquittés, durant les neuf premiers jours de la décade, attendoient dans la *bonne cave* (2), le jour férié qui attiroit sur la place des Terreaux, les parents des prisonniers, venus là le cœur rempli d'angoisse; puis, quand les portes de l'Hôtel-de-Ville s'ouvroient, leur rendant leurs proches, quelle joie, quels transports! On étoit tenté de bénir la justice du « tribunal de sans-culottes ; » mais le lendemain, la guillotine et la fusillade reprenoient leur œuvre. Que dire d'un tel amalgame : de cette clémence d'histrion, mêlée à de la justice de boucher ?

Telle fut, à Lyon, la justice révolutionnaire; que mes lecteurs, malgré leurs dégoûts, veuillent bien ne me pas quitter; je vais les ramener à Nantes et les entretenir de Carrier.

(1) Archives du Rhône, registre de correspondance de la même Commission.
(2) Delandine, p. 253.

Paris. — Imprimé chez A. PILLET fils aîné, rue des Grands-Augustins, 5.

LA
JUSTICE RÉVOLUTIONNAIRE
A PARIS ET DANS LES DÉPARTEMENTS

RÈS DES DOCUMENTS ORIGINAUX
LA PLUPART INÉDITS

(17 août 1793 — 13 prairial an III)

P R M. CH. BERRIAT SAINT PRIX

Conseiller à la Cour impériale de Paris.

— Nos XV & XVI —

(EXTRAIT DU CABINET HISTORIQUE)

Ici, à vrai dire, je continue mon N° VI (1) : les *Commissions de Nantes*. Le lecteur pourra s'y reporter avant de commencer le présent article.

CARRIER A NANTES.

Il semble, depuis longtemps, que l'on soit fixé sur Carrier. Les historiens de toutes les opinions ont, à l'envi, flétri sa mémoire et personne n'a contesté leurs jugements. Cependant, l'étude que je poursuis m'a, parfois, à son égard, écarté des traditions le plus accréditées. Carrier, je me hâte de le dire, ne gagne rien à cette divergence, et sa renommée lui demeure entière; seulement, je crois, sur lui, avoir respecté la vérité plus que mes devanciers. Quand on écrit, il faut avoir le courage d'être juste envers ceux que l'on

(1) *Cabinet historique*, 1865, p. 137.

déteste, et sévère, au besoin, avec ceux que l'on aime ; ce n'est qu'au prix de ce double et pénible effort que l'on peut être un véridique historien. Pour moi, Carrier n'a pas fait ou laissé commettre toutes les atrocités qu'on lui impute (1); mais celles qui lui appartiennent l'élèvent encore bien au-dessus des proconsuls montagnards qui ont marqué le plus pendant la Terreur. Francastel, à Angers; Lebon, à Arras et Cambrai ; Fouché et Collot, à Lyon ; Lecarpentier, à Saint-Malo ; Maignet, à Bedoin ; Fréron, à Toulon, ont aussi marché dans le sang ; • Carrier, à Nantes, est celui qui s'y est le plus enfoncé.

Quoique les massacres proprement dits de la Terreur fussent hors de mon plan, je me suis occupé de cet homme, à Nantes, parce qu'il y a été l'auxiliaire des premières commissions, à son gré trop lentes et trop indulgentes. Là, pour être complet, le tableau de la justice révolutionnaire devoit comprendre les exécutions ordonnées ou tolérées par Carrier. Et ces exécutions appartiennent non-seulement à l'histoire de cette justice, mais à celle du Comité de salut public et de Robespierre. On en demeurera convaincu, comme je le suis moi-même, ce comité et son chef n'ont point ignoré les horreurs de Nantes, et ils n'ont rien fait, que je sache, pour les arrêter. Le rappel de Carrier, dont on les a glorifiés, n'eut lieu qu'après l'achèvement de ces œuvres de cannibale.

Cet épisode a été la partie la plus difficile de mon travail.

Je n'avois pas, comme pour la plupart des commissions

---

(1) M. Louis Blanc (*Hist. de la révolution*, t. x, p. 193), dit, non sans raison :

« Une fois Carrier mis en jugement, toutes les haines, toutes les passions, toutes les terreurs, prirent à la fois la parole pour l'accabler ; et on le calomnia, comme si cela eût été nécessaire ! Contre lui, ce qui est certain suffit, et au delà ! »

révolutionnaires, une abondance de documents originaux. Carrier n'écrivoit pas beaucoup plus que Robespierre. Il m'a fallu un labeur considérable pour tirer du procès du proconsul, des imprimés, des débats de la Convention qui l'avoient précédé, et enfin des autres sources contemporaines, ses actes réellement avérés, moins nombreux, mais plus visibles, plus en relief, sous ma plume, que dans les croquis insuffisants ou hasardés qui en ont été tracés jusqu'à ce jour.

Lorsque, le 17 vendémiaire an II (8 octobre 1793) (1), Carrier arriva à Nantes, il ne venoit pas directement de la Convention. Depuis le mois de juin précédent, soit seul, soit avec son collègue Pocholle, il avoit rempli différentes missions dans la Normandie et la Bretagne : à Évreux, Rouen, Caen, Saint-Malo et Rennes (2). Il ne s'arrêta point d'abord à Nantes; il fit une espèce de tournée dans les environs jusqu'à Chollet. Le 28 vendémiaire (19 octobre), il revenoit à Nantes, et le 29 (3), il y commençoit ses opérations révolutionnaires, pour ne les interrompre que le 16 pluviôse (4 février 1794), après un séjour d'un peu moins de quatre mois, qui a tenu une plus grande place dans l'histoire.

Nombre d'écrivains ont tracé le portrait de Carrier; je peindrai mieux cet homme, en rappelant, comme annexes à ses actes officiels, ses discours et sa conduite, marqués par le cynisme, la brutalité et la débauche. Quand on envisage Carrier, seulement sous ce rapport, on demeure confondu devant sa personnalité, et l'on comprend son affinité

(1, 3) M. Lallié, *Notes sur le Bouffay de Nantes*, 1865, p. 67 et 46. — Discours de Carrier à la Convention, le 3 frimaire, an III, p. 7.
(2) Même discours, p. 9. Biblioth. du Louvre, *Pièces sur la révolution*, tome 524.

étroite avec ces auxiliaires de sang et de boue, par lui investis de « pouvoirs sans bornes, » et dont fut fait un si exécrable usage.

On sait la position des représentants en mission : ils étoient tout, absolument tout. Nul, de près ou de loin, n'eût essayé de se dérober à leur autorité effrayante. Surmontant leurs craintes et leur dégoût, des citoyens, des fonctionnaires, dans des circonstances impérieuses, se résignèrent à aborder Carrier. Ils n'en obtinrent souvent que des injures ou des menaces, que des refus cyniques ou brutaux ; lui-même, plus d'une fois, tint publiquement des propos révoltants.

« Carrier, disoit un gendarme qui lui portoit ses lettres, étoit un lion rugissant plutôt qu'un mandataire du peuple (1). »

« Il avoit l'air à la fois d'un charlatan et d'un tigre (2). »

On ne pouvoit l'aborder sans être traité de « brigand, » de « contre-révolutionnaire » ; sans essuyer les plus graves invectives, sans s'exposer aux accès de sa fureur (3).

Un officier de santé, obligé d'aller, chez lui, prendre ses ordres, ne reçut pour réponse que des paroles ordurières (4).

Carrier mit un jour à la porte un maire en proférant les mêmes paroles (5).

Après la prise de Noirmoutier, un capitaine qui avoit des papiers à lui communiquer, insistant, malgré ses refus,

(1) Bulletin du trib. révolutionnaire de Paris; Biblioth. Impériale; collection La Bédoyère. (C'est l'exemplaire le plus complet que j'aie vu). Déposition du gend. Desquer, 6e partie, n° 9.
(2) Idem, déposit. de Villemain ; 7e partie, n° 17, p. 4.
(3) Idem, déposit. de Champenois, 6e partie, n° 83, p. 4.
(4) Idem, déposit. de Thomas, 7e partie, n° 10, p. 1.
(5) Idem, déposit. de Bodiau, 7e partie, n° 18, p. 2.

Carrier le traita de gueux, de scélérat et le fit conduire au Bouffay (1).

C'est là, qu'après l'avoir frappé, il fit aussi mener le général Moulin qui s'étoit hasardé à délivrer quelques sauf-conduits à des rebelles qui se rendoient (2).

Le marinier Colas, portant au proconsul une pétition de ses camarades, relative à un *embargo* mis sur les navires, à Nantes, trouva Carrier en compagnie de deux femmes suspectes, et il dut fuir, pour se dérober au sabre du représentant (3).

Deux médecins de la prison l'*Entrepôt*, encombrée de morts et de mourants, adressèrent à Carrier des observations à ce sujet; il se répandit en imprécations, et, le sabre nu, menaça l'un d'eux de le faire arrêter (4).

A la Société populaire, le sabre nu, il menaçoit de la guillotine le premier qui s'apitoieroit sur le sort des prisonniers voués à la noyade (5). Un jour, on l'y vit interrompre son discours et se mettre à couper des chandelles avec son sabre (6).

Le 28 brumaire, une députation envoyée par le Directoire du département, au sujet de l'*embargo* mis, à Saumur, sur des bateaux de grains à la destination de Nantes, fut reçue par Carrier avec des jurements, avec des comparaisons ignobles.

Bonami, agent national, chargé des approvisionnements,

---

(1) *Idem*, déposit. de Jourdan, gendarme; 7ᵉ part. n° 9, p. 3.
(2) *Idem*, déposit. de Joye, brigadier, et de Thomas, 7ᵉ part. n° 18, p. 2; n° 10, p. 2.
(3) *Commission des 21*, pièces reçues des Comités réunis, p. 90. Biblioth. du Louvre, *Pièces sur la révolution*, t. 524.
(4) Bulletin, déposit. de Loubry, 6ᵉ part., n° 69, p. 2.
(5) *Idem*, déposit. de Proust, 6ᵉ part., n° 86, p. 2.
(6) Déposit. de Monneron, citée par M. Louis Blanc, *Histoire*, t. x, p. 193.

dut se rendre chez Carrier, qu'il trouva au lit. Il lui exposa le sujet de sa visite, insistant sur les détails nécessaires, mais il n'obtint que cette réponse : « Le premier qui me parle de subsistances, je lui f.... la tête à bas; j'ai bien à faire de toutes vos sottises. » Bonami retourna à la Commune, où l'on arrêta qu'une députation seroit envoyée à Carrier, mais on ne trouva personne pour la composer (1).

Renard, maire de Nantes, présentant au proconsul des observations sur le manque de subsistances, en fut menacé d'être sabré ou guillotiné, s'il persistoit. L'impression reçue fut telle que, rentré chez lui, il se mit au lit et fit une longue maladie (2).

Gonchon, le président de la Commission du Mans, on le verra plus bas, injurié et menacé par Carrier, se mit au lit également, mais pour ne plus s'en relever (3).

Carrier appelait les noyades, les *déportations verticales* (4), et la Loire, la *baignoire nationale* (5)!

A Richard, adjudant des *Marat*, et qui venoit de déposer 50 prêtres à l'*Entrepôt*, il répondit : « Pas tant de mystère ; il faut f... tous ces b... à l'eau (6). »

A qui vouloit l'entendre, Carrier disoit : « Nous ferons un cimetière de la France plutôt que de ne pas la régénérer à notre manière, et de manquer le but que nous nous sommes proposé » (7) !

(1) *Bulletin*, déposit. de Bonami, 6ᵉ pa t., nº 75, p. 2. — 7ᵉ pa.t., nº 18, p. 3.
(2) Idem, déposit. de Renard, 7ᵉ part , nº 2, p. 1.
(3) Idem, déposit. de Gonchon, 7ᵉ part., nº 6, p. 2.—de Bignon, 6ᵉ part., nº 59, p. 2.
(4) Idem, déposit. de Thomas, 6ᵉ part., nº 66, p. 2.
(5) Idem, déposit. de Naudille, 6ᵉ part., nº 79, p. 4.
(6) Idem, déposit. de Richard, 7ᵉ part., nº 8, p. 1.
(7) Idem, déposit. de Lamarie, 7ᵉ part., nº 18, p. 4.

A un dîner, aux Champs-Élysées, en assez nombreuse compagnie, il disoit : « Dans les départements où j'ai donné la chasse aux prêtres, jamais je n'ai tant ri, ni éprouvé tant de plaisir qu'en leur voyant faire leur grimace pour mourir (1). »

Réponse à Vaugeois, v. plus bas aux *Prisons*.

A la Société populaire de Nantes, il disoit : « Tous les riches, tous les marchands sont des contre-révolutionnaires; dénoncez-les-moi, et je ferai rouler leurs têtes sous le *rasoir national*!... Il est des fanatiques qui ferment leurs boutiques le dimanche; dénoncez-moi cette espèce de contre-révolutionnaires et je la ferai guillotiner (2).

Puis à la Société populaire d'Ancenis : « Je vois partout des gueux en guenilles; vous êtes ici aussi bêtes qu'à Nantes; l'abondance est près de vous et vous manquez de tout; ignorez-vous donc que les richesses de ces gros négociants vous appartiennent, et la rivière n'est-elle pas là ! » — Le peuple fut révolté de l'entendre prêcher une telle morale (3).

Voilà pour les injures, les menaces, les actes de brutalité; le tableau se complète des actes de débauche.

Pendant que Carrier répandoit la terreur à Nantes, il faisoit des orgies à l'hôtel de *Henri IV*, avec ses flatteurs et des filles (4).

Un honnête citoyen, nommé Ducros, dut lui céder sa maison et son jardin; Carrier y établit son sérail (5); c'est là, probablement qu'étoient les *sultanes* dont il est question

---

(1) *Idem*, déposit. de Monneron, 7ᵉ part., nº 14, p. 2. — De Villemain, *ibid.*, nº 18, p. 1.

(2) *Idem*, déposit. de Corneret, 7ᵉ part , nº 18, p. 2.

(3) *Idem*, déposit. d'Arnaudau, 7ᵉ part., nº 19, p. 1.

(4) *Idem*, déposit. de Villemain, 7ᵉ part., nº 18, p. 1 ; 2ᵉ d'Orieux, Commission des 21, p. 14.

(5) *Idem*, déposit. de Fourrier, 6ᵉ part., nº 67, p. 2.

dans la lettre de Julien fils, du 16 pluviôse, laquelle, dit-on, motiva le rappel du représentant.

Auparavant, le proconsul fréquentoit assidûment la maison du citoyen Normand, directeur de l'hôpital ; souvent il s'y enfermoit avec la citoyenne Normand, et le mari complaisant se gardoit de troubler ces tête-à-tête. Les soins de cette femme, pour le représentant, alloient jusqu'à lui envoyer secrètement des petits pains au lait fabriqués avec la farine destinée à l'hôpital. Dans les rues on montroit cette femme, comme la p... de Carrier.

Un matin, le proconsul vint la chercher en voiture ; elle descendit à demi vêtue, tenant à la main le portrait de son amant, et ils partirent pour le château d'Aux, où ils passèrent deux ou trois jours (1).

Ces traits, ce me semble, peignent l'homme ; arrivons maintenant aux actes du représentant, dès lors plus faciles à comprendre et à admettre.

Les auxiliaires de Carrier.

Lorsque Carrier se fut établi à Nantes, il y trouva bientôt les auxiliaires les plus détestables, préparés à toutes les cruautés, à toutes les infamies ; agissant sur lui en même temps qu'il agissoit sur eux. Ces auxiliaires, ces séides, étoient le Comité révolutionnaire et surtout la Compagnie révolutionnaire, dite Compagnie *Marat* ; enfin, les célèbres Fouquet et Lamberty et Lebatteux.

Le Comité révolutionnaire.

Ce Comité, dont l'existence étoit antérieure à la venue de Carrier, fut reconstitué, le 11 octobre, en vertu d'un arrêté

(1) Déclaration de Louise Courand, 8me ; commission des 21, p. 90.

des représentants Gillet et Ruelle (1). De ses membres primitifs, Bachelier et Lévêque furent seuls conservés. Les nouveaux étoient des hommes sans mœurs, tels que Chaux et Goullin. Le 1er novembre, on leur adjoignit Grandmaison (2), qui fut, plus tard, le *sabreur* des noyés! Un tel choix permet d'apprécier les autres.

C'est avec un pareil entourage que Carrier occupoit la tribune de la Société populaire, le sabre nu à la main ; excitant les passions haineuses d'un auditoire trop docile à ses leçons (3). Aussi les incarcérations arbitraires ne tardèrent pas: d'abord celles des riches négociants, puis celles de tous les *gens d'esprit*, à ce titre désignés comme suspects (4).

Arrestations si multipliées, si aveugles, qu'un jour le médecin Laënnec fut arrêté chez un malade, et que ce malade fut emmené lui-même; or, ces deux suspects n'étoient pas ceux qui étoient recherchés (5) !

La Compagnie Marat.

A peine reconstitué et rajeuni, le Comité ne trouvant pas des agents assez nombreux ni assez sûrs dans les commissaires de police et leurs auxiliaires. appelés les commissaires *bienveillants*, députa (14 octobre), Chaux et Goullin au représentant pour obtenir la création d'une compagnie *ad hoc* (6). Cette compagnie fut promptement formée; elle reçut d'abord le nom de *Compagnie révolutionnaire*, changé, aux

---

(1) Extraits des *Registres du Comité*, communiqués par M. Lallié. Séance du 20 vendémiaire an 2.
(2) *Idem*, Comité, séance du 11 brumaire.
(3) Bulletin, déposit. de Laënnec, 6e part., no 56, p. 3.
(4) Extraits, Comité, séance du 15 brumaire.
(5) Bulletin, déposit. de Laënnec, 6e part., no 56, p. 3.
(6) Extraits, Comité, séance du 23 vendémiaire.

applaudissements de ses membres, en celui de *Compagnie Marat*.

A la fin d'octobre, elle existoit, composée de 60 individus qu'un mot de Goullin fera connaître, indépendamment de leurs actes. Opinant hautement pour « que les plus scélérats y fussent admis, » Goullin ajoutoit : « Il nous faut des hommes de cette espèce pour mettre les aristocrates à la raison (1). »

Ces braves gens se réunirent dans la ci-devant église de Saint-Pierre, et, là, pour chefs, ils nommèrent (2).

Fleury, *capitaine*;
Richard, *adjudant*;
René Naud, *quartier-maître*;
Durassier, *secrétaire*.

Nous les retrouverons dans les *expéditions nocturnes* de Fouquet et Lamberty.

Tous prêtoient et signoient le serment suivant, rédigé par le Comité révolutionnaire, et que je n'omets pas, bien qu'il soit connu (3) :

Le Comité révolutionnaire, etc., arrête :
Nul ne sera reçu dans la compagnie Marat, sans prêter et signer le serment ci-après :
Je jure que Marat, tant calomnié, tant avili par le parti feuillantin, par les crapauds du Marais, etc., ne vécut que pour le peuple;
Je jure que ses principes furent, sont et seront toujours les miens...
Je jure mort aux royalistes, aux fanatiques, aux muscadins, aux feuillants, aux modérés, de quelque masque qu'ils se revêtissent ;
Nantes, 11 brumaire an II,

BACHELIER, GRANDMAISON et GOULLIN.

(1) Bulletin, déposit. de Phelippes, 6ᵉ part., nº 59, p. 3.
(2) *Idem*, déposit. de Séguinel, *ibid.*, nº 88, p. 1.
(3) *Idem*, déposit. de Bouvier, 6ᵉ part., nº 92, p. 1.

Déjà la formation de la compagnie avoit été confirmée par l'arrêté suivant de Francastel et Carrier (1) :

Les représentants du peuple françois près de l'armée de l'Ouest, approuvent et confirment la formation de la compagnie révolutionnaire, telle qu'elle est organisée, et donnent au citoyen Joseph Padioleau, de ladite compagnie, le droit de surveillance sur tous les citoyens suspects de Nantes ; sur les étrangers qui y entrent et résident ; sur ceux qui s'y réfugient ; sur les accapareurs de toute espèce ; sur tous ceux qui cherchent à soustraire, à recéler frauduleusement les subsistances, marchandises et denrées de première nécessité.

En outre,

(Ledit Padioleau étoit investi à Nantes et dans toute l'étendue du département, — du droit *d'arrêter* ou faire arrêter tout individu, à charge de le conduire au Comité de surveillance ; — de la surveillance de tous les conciliabules des ennemis de la République ; — du droit de faire des *visites domiciliaires* partout où il le jugeroit convenable, — même *d'enfoncer* les portes.

La force publique devoit obéir aux réquisitions adressées, soit au nom de la compagnie, soit au nom individuel de ses membres, soit au nom de Padioleau lui-même.)

Nantes, le 7 brumaire an II.

Francastel et Carrier.

Cet arrêté, à l'égard de Padioleau, étoit une préparation aux « pouvoirs sans bornes, » qui furent ensuite donnés à Fouquet et Lamberty et à Lebatteux, par Carrier.

Le salaire des *Marat* fut fixé par l'arrêté suivant (2) :

Le représentant du peuple, après avoir reconnu l'exactitude que la compagnie révolutionnaire dite *Marat* a mise à exécuter les ordres à *lui* donnés, accorde à chaque individu, membre de ladite compagnie, dix livres par jour pour favoriser les besoins de chaque individu. Le quartier-maître sera tenu de faire le payement à l'expiration de chaque décade.

Nantes, 30 brumaire an II.

Carrier.

(1) Commission des 21, p. 50.
(2) Commission des 21, p. 51.

C'est principalement aux arrestations et aux perquisitio[ns]
que les *Marat* étoient employés. Ils s'acquittèrent de ce d[e]
voir avec zèle. Les mandats délivrés par le Comité de su[r]
veillance étoient ainsi mentionnés (1) :

Mandats à nos frères les *Marat*, pour procéder à des arrestation[s]
à des perquisitions, etc.

Ces dignes citoyens n'attendoient pas toujours de tels or[-]
dres pour agir ; le 22 brumaire, surtout, ils se signalèrent
on le verra plus bas. Leur *patriotisme* arriva à un tel déve[-]
loppement, que Carrier, lui-même, fut obligé de prendre u[n]
arrêté pour le régulariser (2) :

Nantes, le 8 frimaire l'an II, etc.
Carrier, représentant du peuple près l'armée de l'Ouest,
Arrête que les opérations de la compagnie révolutionnaire, portant la dénomination de *Marat*, sont entièrement subordonnées à
la surveillance du Comité de surveillance. Il est expressément
enjoint à tous les membres de ladite compagnie de ne faire aucune
arrestation, aucune descente, sans en avoir prévenu le Comité de
surveillance, et sans en avoir obtenu un réquisitoire signé de trois
membres au moins dudit Comité.
CARRIER.

Les *Marat* ne furent pas seulement employés aux arrestations et aux perquisitions ; ils remplirent, comme on le
verra plus loin, le rôle le plus actif dans les noyades ; dès
le 8 frimaire, ils se vantoient d'avoir les bras *fatigués*, de
s'être épuisés à donner des coups de plat de sabre aux malheureux que leur compagnie avoit été chargée de conduire
à la noyade (3).

C'est à Nantes même, que les *Marat* opéroient. Pour la

(1) Extraits, Comité, séance du 24 brumaire.
(2) Commission des 21, p. 51.
(3) Bulletin, déposit. de Phelippes, 6ᵉ part., n° 60, p. 1.

banlieue, ils avoient un corps auxiliaire, dit *les Hussards américains*, composé de nègres et d'hommes de couleur, recrutés par le citoyen Hellot, et placé sous l'autorité du commandant militaire (1). Le 24 brumaire, le Comité demandoit à ce commandant de fournir à Pinard (*l'égorgeur*), six de ces hussards pour une expédition secrète à Carquefou (2).

La Compagnie Marat ne fut pas de longue durée; elle dut cesser d'exister vers le milieu de nivôse an II; le 8 de ce mois, le Comité nommoit, au scrutin, huit citoyens pour aider à la remplacer (3).

Fouquet et Lamberty; Lebatteux.

En dehors de ces forces révolutionnaires, Carrier avoit trois agents spéciaux dont la renommée s'est confondue avec la sienne propre:

Fouquet et Lamberty, qui noyoient à Nantes;

Lebatteux, qui fusilloit, pilloit et brûloit dans le Morbihan.

Je parlerai de tous les trois quand le moment sera venu, et avec les détails nécessaires.

La Terreur à Nantes.

Cependant, dès que Carrier se fût fixé à Nantes, la terreur accabla cette malheureuse ville, où le Comité avoit déjà pris l'initiative (4).

L'oppression, l'effroi y vinrent à ce point, qu'au dépar-

---

(1) *Notes sur le Bouffay*, p. 69 et 70.
(2) Extraits, Comité, séance du 24 frimaire.
(3) *Ibid.*, Comité, séance du 18 nivôse.
(4) Bulletin, déposit. de Monneron, 7e part., no 13, p. 2.

tement, on n'osa plus faire mention, sur les registres, de rapports que le Directoire avoit avec le proconsul (1).

Le commerce maritime, par suite de l'arrestation de presque tous ceux qui l'exerçoient, fut détruit; les capitaines de navire, qui arrivoient à Nantes, voyant les magasins fermés apprenant que les négociants étoient incarcérés, remettoien à la voile (2).

« On peut comparer, disoit un témoin (3), la venue de Carrier à Nantes, à ces vents brûlants du Sahara, qui parcourent l'Afrique et détruisent des caravanes entières. »

Situation de la République.

Avant de toucher aux actes de Carrier, je dois brièvement rappeler la situation des affaires de la République, à l'intérieur, dans l'Ouest surtout. Cet homme, à la Convention, et devant le tribunal de Paris, voulut excuser les mesures qu'il avoit prises, par les nécessités du moment et le cruautés des Vendéens (4). Ici les rapprochements sont bien essentiels. J'ai dit, ailleurs, que la grande terreur fut d'autant plus exécrable qu'elle ne s'établit que lorsque la Convention, grâce aux armées, et non à la guillotine, eut surmonté les immenses périls de l'été de 1793. A Nantes, la situation de Carrier fut semblable.

Certes, envoyé dans la Loire-Inférieure, quelques mois plus tôt, il auroit pu citer les horreurs commises, en avril 1793, à Machecoul, par les Vendéens; peindre les effrayants progrès de l'insurrection vendéenne, qui, le 9 juin, entrée à

(1) *Idem*, déposit. de Mincé, 6e part., n° 82, p. 3.
(2) *Idem*, déposit. de Villemain, 7e part., n° 17, p. 4.
(3) *Idem*, déposit. de Monneron, *ibid.*, n° 13, p. 2.
(4) Carrier. Discours à la Convention, le 3 frimaire, an III. Biblioth. du Louvre, *Pièces sur la révolution*, t. 624, n° 10.

Saumur; le 24, à Angers; le 26, assiégeoit Nantes. Il auroit pu mentionner encore la révolte fédéraliste, maîtresse de Caen, de Bordeaux, de Lyon, de Marseille. Mais, lorsque, le 20 octobre, Carrier s'établit à Nantes, déjà :

Le 29 juillet, Caen s'étoit soumis à la Convention;
Le 25 août, Carteaux étoit entré à Marseille;
Le 9 octobre, Lyon avoit ouvert ses portes à Couthon;
Le 16, Carnot écrasoit les Autrichiens à Wattignies;
Le même jour, Tallien reprenoit Bordeaux;
Le 17, la grande armée vendéenne, battue à Chollet, abandonnoit son pays, marchant sur Granville.

Au midi de la Loire, il n'y avoit plus que Charette (1).

Carrier songe et commence à noyer.

C'est donc à une époque de soulagement, que Carrier médita et exécuta ses actes exécrables plus de vengeance que de répression, et que ne put arrêter la destruction de la grande armée vendéenne à Savenay. Aidé, peut-être inspiré par les misérables, si dignes de lui, qui l'entouroient, il substitua aux jugements révolutionnaires de Nantes ces vastes exécutions fluviales, qui ont marqué, pour toujours, son temps et son nom. A quelques faits et quelques dates, on verra quand et pourquoi il se mit à noyer.

C'est le 7 brumaire, que la compagnie Marat avoit reçu de lui et de Francastel, ce digne collègue, son organisation définitive.

---

(1) « La guerre de la Vendée étoit finie, disoit Tronson-Ducoudray, dans son plaidoyer pour Proust; qu'est-ce qui l'a rallumée? » (Carrier) p. 43 à 48. Biblioth. du Louvre. *Pièces sur la révolution*, t. 524, n° 9.

Le même jour, Viaud, exécutant un ordre du comité en date du 4, faisoit transférer 80 prêtres des *Petits Capucins* sur le navire *La Gloire*, l'une des galiotes, qui servoient de maisons d'arrêt (1).

Le 11 brumaire, Grandmaison entroit au comité.

Le 13, des arrestations étoient opérées par les *Marat*.

Le 15, elles continuoient et comprenoient, on l'a vu, les négociants riches et les *gens d'esprit*.

Le 17, avoit lieu la première noyade : celle des 90 prêtres.

Comme Francastel à Angers (2), Carrier dut songer aussi à *dégorger* les prisons; l'état de ces établissements, l'encombrement, les maladies des prisonniers rendent cette conjecture très plausible.

Ainsi qu'à Angers, les prisons furent multipliées à Nantes; outre le *Bouffay*, il y eut l'*Entrepôt*, le *Sanitat* (hôpital), les *Saintes-Claires*, les *Petits Capucins*, plus spécialement affectés aux hommes; le *Bon pasteur*, l'*Éperonnière*, la *Marilière*, où l'on mettoit les femmes et les enfants; enfin, comme supplément à tous ces établissements, devenus insuffisants, des *Galiotes* (3), navires marchands, amarés près de la Sécherie et puis convertis en maisons d'arrêt, longtemps avant les noyades (4); c'est là surtout, qu'étoient mis les prêtres, dits *réfractaires*; Lamberty commanda l'une de ces galiotes.

Comme à Angers, les prisonniers manquoient de tout; de plus ils étoient décimés par les maladies et le typhus; des

---

(1) Extraits de M. Lallié : Comité révolutionnaire de Nantes, 25 et 28 octobre 1793.

(2) V. mon n° V, *Cabinet*, 1864, p. 325.

(3) Extraits Lallié ; Comité, 16 oct. 1793.

(4) Chaux : *La voix dans le désert*, p. 20; Biblioth. du Louvre, *Pièces sur la révolution*, t. 521.

détenus avoient l'odeur de cadavres ; même en plein air, ils infectoient à distance (1).

A l'*Éperonnière*, à la *Martilière*, où se trouvoient, en nombre immense, des femmes et des enfants, il n'y avoit ni lits, ni paille, ni vaisselle; les médecins Rollin et Thomas y virent périr cinq enfants en moins de cinq minutes. Ils demandèrent aux femmes du voisinage, si elles ne pourroient pas secourir ces créatures infortunées. « Que voulez vous « que nous fassions, répondirent-elles: Grandmaison fait incarcérer ceux qui portent des aliments à ces femmes et à ces enfants ! (2) »

Au *Bon pasteur*, qui auroit pu contenir 200 femmes, on en mit jusqu'à 700 (3). Faute de local spécial, on mouroit dans les chambres. Le médecin Thomas fut longtemps, sans pouvoir faire établir une infirmerie.

C'est au *Bon pasteur*, qu'un soir Durassier, un *Marat*, ivre-mort, vint dresser la liste des femmes à noyer. Thomas alla revêtir son uniforme et prendre son sabre et ses pistolets, pour empêcher l'enlèvement des prisonnières portées sur la liste fatale (4).

A l'*Entrepôt*, vastes magasins, qui pouvoient contenir plusieurs milliers de personnes, le mal fut encore plus grand. C'est là qu'étoient spécialement enfermés les vendéens ou les *brigands* (5). Le mauvais air, la misère, le typhus y firent d'effrayants ravages. Les témoins, durant le procès de Carrier, furent unanimes sur ce séjour empoisonné (6). Des

---

(1) Bulletin de Clément, déposit. de Laënnec, n° 57, p. 3.
(2) *Idem*, déposit. de Thomas, n° 66, p. 2.
(3) *Idem*, déposit. de la veuve Mallet, n° 70, p. 2.
(4) *Idem*, déposit. de Thomas, n° 70, p. 3.
(5) *Idem*, déposit. de Gaulier, n° 90, p. 3.
(6) *Idem*, déposit. de Vaugeois, n° 90, p. 3; de Phelippes, n° 41, p. 3; de Fontaine, n° 92, p. 2.

précautions hygiéniques étoient nécessaires pour s'y introduire. C'étoit un tombeau, où les détenus étoient ensevelis tout vivants (1). Un très-grand nombre de femmes et d'enfants, 2000, peut-être, y périrent (2). Après la bataille de Savenay, on y avoit amené 300 enfants de 16 ans et au-dessous (3). C'est parmi les enfants, que la mortalité fut grande. On en trouvoit de noyés dans les *baquets*, où ils étoient tombés pendant la nuit (4). Une femme Hérau raconta au tribunal de Paris (5), qu'entrée à l'Entrepôt, elle y aperçut une multitude incalculable d'enfants; dans une salle, plusieurs centaines étoient mourants. Demeurée à l'entrée, à cause du méphitisme, elle les invita à s'approcher, leur promettant des secours; il n'en vint que *six*, qui pouvoient à peine marcher. Peu de temps après, cette femme retourna à l'Entrepôt; il n'y avoit plus d'enfants : ils avoient tous été noyés.

Un autre jour, Bignon (6), président de la commission du Mans, en sauva un parmi un tas de cadavres. Saisi de compassion, Vaugeois, accusateur public, se rendit auprès de Carrier pour obtenir la remise de ces malheureuses créatures : « Tu es un contre-révolutionnaire, lui répondit le « proconsul; point de pitié; ce sont des vipères qu'il faut « étouffer ! (7) » La commission s'adressa à Prieur de la Marne, puis au Comité de sûreté générale; elle n'en obtint aucun secours (8).

(1) *Idem*, n° 61, p. 3.
(2) *Idem*, déposit. de Vaugeois, n° 74, p. 3.
(3) *Idem*, déclarat. de Chaux, n° 91, p. 2; de Trotereau, 7e partie, n° 10, p. 1.
(4) *Idem*, déposit. de Thomas, n° 66, p. 1.
(5) *Idem*, déposit. de la femme Hérau, n° 77, p. 2.
(6) *Idem*, déposit. de Bignon, n° 66, p. 1.
(7) *Idem*, déposit. de Vaugeois, n° 56, p. 1.
(8) *Idem*, déposit. de Bignon, n° 91, p. 2.

Un jour, Fonbonne, directeur des hôpitaux et un jeune Delille entrèrent à l'Entrepôt, où devoit être une famille Jourdan : la mère et ses deux filles, une âgée de 13 ans. On leur indiqua un cachot affreux de puanteur et d'obscurité. Avec de la lumière, ils cherchèrent dans la paille, où les femmes se serroient à cause du froid. Il y en avoit de mortes ; la jeune Jourdan, effrayée et glacée, étoit cachée dans les vêtements de sa mère. Celle-ci refusa les secours qui lui étaient offerts : « Non, disoit-elle, ma fille mourra avec moi ; « nous mourrons toutes ensemble. » Il fallut employer la force pour emmener cette jeune fille. Confiée à une personne honorable, elle ne survécut que quelques mois (1).

Au lieu de travailler à soulager les prisonniers, Carrier s'employa à les faire disparoître par les noyades !

L'immolation des prêtres de la *Gloire*, le 17 brumaire, ouvrit la série de ces exécutions. Le proconsul et ses sicaires laissèrent dédaigneusement de côté la justice révolutionnaire de Nantes, qui, à leurs yeux, n'étoit qu'un méprisable instrument.

En effet, cette justice qui avoit elle, à ce moment, pour organes (2) ?

Au tribunal criminel, la 2ᵉ section, présidée d'abord par Gandon, ensuite par Phelippes, et qui, depuis le mois d'avril précédent, n'avoit prononcé que 7 condamnations à mort par mois ; 60, en tout, contre 331 acquittements ;

La 1ʳᵉ section, envoyée à Guérande, au mois de septembre, et qui, en six semaines, n'avoit su y prononcer que 4 condamnations capitales ;

Enfin la commission Lenoir, dite de l'Hôtel-Pépin, établie

---

(1) Bulletin, déposit. de Fonbonne, n° 85, p. 1.
(2) V. mon n° VI, *Cabinet*, 1865, p. 141 à 145.

par Carrier, le 9 brumaire, et qui, le 23, n'avoit encore fait tomber aucune tête !

Quelle misère révolutionnaire que de tels tribunaux !

Carrier n'avoit pas caché son opinion à cet égard. Un soir, soupant chez la femme Lavigne, il disoit à Phelippes : « Vous êtes un tas de b.... de juges, un tas de j.... f.... à qui il faut cent preuves, cent témoins pour faire guillotiner un homme; f.... les moi à l'eau, c'est bien plutôt fait (1). »

A l'*engorgement* des prisons, à la *mollesse* des juges, vinrent joindre leur mobile, les arrestations du comité et la résistance du commandant Boivin, à la fusillade en masse des prisonniers.

Carrier et le comité, pour multiplier les arrestations, répandirent le bruit d'une conspiration contre les autorités et près d'éclater. Le 22 brumaire, la générale fut battue; la garde nationale rassemblée; des canons furent braqués sur plusieurs places; un grand nombre d'arrestations eurent lieu. Un témoin (2) dut en opérer, sans motifs, à l'égard de parents et d'amis.

Le jour même, cette expédition étoit ainsi racontée dans une lettre insérée au *Moniteur* (3) :

Nantes, le 22 brumaire.

Ce matin on a battu la générale pour prévenir un complot qu'on a découvert; il ne s'agissait rien moins que d'égorger les représentants du peuple qui sont ici et toutes les autorités constituées; mais, grâce aux bons patriotes qui dominent toujours dans notre ville, ce complot a été déjoué. On a braqué du canon sur plusieurs places, et arrêté beaucoup d'individus soupçonnés d'avoir conspiré contre la ville.

(1) Bulletin, déposit. de la femme Lavigne, n° 76, p. 2; de Phelippes, 7° part., n° 11, p. 3.

(2) *Idem*, déposit. de Saradin, n° 78, p. 3.

(3) *Moniteur*, 1er trim. à t. h, p. 213.

Néanmoins ces arrestations brutales ne satisfirent pas le comité; deux jours après il en ordonna de nouvelles et prescrivit, en même temps, d'abord le dépôt à l'Éperonnière, ensuite l'envoi des conspirateurs à Paris, à la disposition du comité de sûreté générale. Voici l'arrêté du comité (1) :

Liberté, Indivisibilité, Egalité.

Le comité révolutionnaire, instruit par divers rapports unanimes, qu'un grand complot se tramoit dans le sein de cette ville; que les jours des administrateurs, des représentants du peuple, de *tous les républicains* même étoient menacés; convaincu par des écrits saisis sur les brigands, que plusieurs ennemis intérieurs et opulents avoient alimenté et alimentoient encore de leur or et de leur correspondance la rébellion de la Vendée;

Considérant que pour couper le fil de communications aussi funestes, et faire avorter les projets liberticides, il étoit indispensable de frapper des coups prompts et *révolutionnaires*;...

Considérant qu'il ne suffisoit pas de se saisir des conspirateurs... que leur *présence* plus longue dans cette cité pourroit entretenir l'espoir des malveillants, etc.

Arrête :

Art. Ier. Il sera dressé une liste exacte de toutes les personnes suspectées d'avoir trempé dans ce complot.

II, III. (Arrestation de ces personnes par les *Marat*, etc.; scellés sur leurs appartements).

IV, V, VI (Dépôt à l'Eperonnière et puis translation à Paris, à l'Abbaye, des personnes arrêtées, sous la conduite de deux commissaires civils).

VII. Il sera déclaré aux personnes arrêtées que si elles font le moindre mouvement pour s'enfuir, elles seront *fusillées* et leurs biens confisqués. Cet ordre sera exécuté *irrémissiblement*; à cet effet, l'appel sera fait deux fois par jour.

VIII. Ceux qui se seront soustraits à l'arrestation et ne se constitueront pas prisonniers dans les trois jours, seront réputés *émigrés* et traités comme tels.

IX. (Relatif à la sanction du représentant du peuple).

Nantes, 24 brumaire an II.

M. GRANDMAISON, GOULLIN, RICHELOT.

(1) Commission des 21, p. 53 à 55.

Nous, représentant du peuple près l'armée de l'ouest, sanctionnons les mesures ci-dessus. Nantes, 6 frimaire an II.

CARRIER, et plus bas GOULLIN.

Le 6 frimaire, par deux autres arrêtés, le comité nomma, pour commissaires *civils* près le convoi, Bologniel, un de ses membres et Naux, un des *Marat* (1), et, comme inspecteur général, avec les pouvoirs les plus étendus, Étienne Dardaro (2).

C'est ainsi que fut formé le convoi célèbre dit des *cent-trente-deux*; parti de Nantes le 7 frimaire, sans, bien entendu qu'aucun mandat eut été notifié aux prévenus (3) ; arrivé à Paris, le 16 nivôse, réduit à 110 personnes, par suite de misères et de souffrances inouïes, au cours d'un voyage de 40 jours dont le récit douloureux (4) a été plusieurs fois publié ; j'y reviendrai en parlant du tribunal de Paris. Là, 94 accusés, reste des 110, y parurent, après le 9 thermidor, heureusement, car tous furent acquittés (5).

Cependant l'impulsion étoit donnée; et bientôt Fouquet et Lamberty, les deux grands exécuteurs de Carrier, devoient, sous sa direction, répandre à Nantes par les noyades, non pas la terreur, mais l'horreur.

Quand furent continuées ces exécutions ouvertes, le 17 brumaire, par le sacrifice des 90 prêtres? Probablement dans les premiers jours de frimaire. C'est du moins ce qui, au procès de Carrier, sembla résulter de la déclaration de plusieurs témoins innommés et des *ranteries* des Marat, qui,

(1) Commission des 21, p. 55.
(2) *Idem*, p. 8.
(3) *Moniteur* du 5 vendém. an III, p. 24.
(4) 1ᵉʳ messidor an II, Archives de l'empire, collection Rondonneau. On en trouve un extrait au *Moniteur*, 1ʳᵉ sans-culottide an II, p. 1484.
(5) *Moniteur*, 5 vendém. an III, p. 26.

on l'a vu, s'étoient plaints, dès le 5 frimaire, d'avoir été fatigués à donner des coups de plat de sabre aux prisonniers conduits à la noyade (1). Mais, je dois le dire, comme sur les exécutions de ce moment, je n'ai rien trouvé même de plausible, je m'abstiens, suivant ma méthode constante de ne jamais parler qu'avec une entière certitude et je passe au 16 frimaire, date des premiers ordres donnés au charpentier Affilé, pour préparer une noyade. Mais, d'abord, je m'occupe du projet de fusiller les prisonniers en masse. Il est reconnu que l'*avortement* de ce beau projet de Carrier fut une des causes occasionnelles des noyades; il me faut donc raconter cet incident avant d'aller plus loin; j'ajourne celui du célèbre Lebatteux, de Redon, qui fut investi de pouvoirs illimités, par Carrier. Des pièces fixent, au commencement de frimaire, la sanglante tournée de cet auxiliaire dans le Morbihan.

C'est dans la nuit du 14 au 15 frimaire, durant une séance tenue par les trois corps administratifs de Nantes (2) et à laquelle assistoient Carrier et divers membres du comité, Goullin entre autres, que fut faite la proposition d'expédier les prisonniers en masse (3). On étoit alarmé à Nantes : la veille, le 13 frimaire, la grande armée vendéenne, revenue de Granville, avoit attaqué Angers; une conspiration de prison étoit signalée; Forget, le concierge des *Saintes-Claires* déclaroit que, depuis quelques jours, il avoit remarqué parmi les prisonniers des indices très-graves: du *riz jeté* par eux; une insolence inaccoutumée (4).

(1) Bulletin, déposit. de Phelippes, n° 60, p. 1.
(2) Le conseil général de la commune, le district, le directoire du département.
(3) *Idem*, déposit. de Minée, n° 52, p. 1.
(4) *Idem*, même déposition.

La séance fut très-orageuse. Minée, ancien évêque de Nantes, présidoit. Avec Phelippes il s'opposa de toutes ses forces à la mesure proposée (1), que soutinrent obstinément Goullin et des individus de sa trempe; que Carrier appuya de tout son pouvoir (2). L'opposition de Minée et de Phelippes n'arrêta pas les sans-culottes du comité. Dès le 15, ils dressèrent une liste homicide et voici comment.

Sur les listes générales des détenus, très-nombreux, des *Saintes-Claires* et du *Bouffay*, les noms étoient appelés et désignés pour la fusillade; n'étoient exceptés que ceux qui réunissoient trois voix favorables. La moralité des détenus de l'*Éperonnière* ne fut pas discutée. Réduits à 50 ou 60, depuis le départ des *cent-trente-deux* pour Paris, ils devoient être fusillés en masse (3), ainsi que l'indiquoit l'ordre du comité que je vais transcrire.

Le lendemain, 16 frimaire, vers 6 heures du matin, Boivin, commandant temporaire de la place de Nantes, vit arriver Gauthier, *courreur*, et Robin jeune, aide-de-camp de Lamberty (4), qui lui remirent l'ordre suivant (5) :

Au nom du comité révolutionnaire de Nantes.

Le commandant temporaire de Nantes est tenu de fournir de suite 300 hommes de troupes soldées, pour une moitié se transporter à la maison du *Bouffay*, se saisir des prisonniers désignés dans la liste ci-jointe, leur lier les mains deux à deux et se transporter au poste de l'*Éperonnière*; l'autre moitié se transportera aux *Saintes-Claires*, et conduira de cette maison à celle de l'Éperonnière, tous les individus indiqués dans la liste également ci-jointe; enfin pour le tout, arriver à l'Éperonnière, prendre en outre ceux des détenus de cette maison d'arrêt, et les fusiller tous

---

(1) *Idem*, déposit. de Petit, n° 83, p. 1; de Lamarie, n° 84, p. 1.
(2) *Idem*, déposit. de Phelippes, n° 15, p. 4.
(3) *Idem*, déclarations de Bacheller, n° 100, p. 2; de Goullin, ib., p. 1.
(4) *Idem*, déposit. de Boivin, n° 99, p. 3.
(5) *Idem*, n° 82, p. 1.

indistinctement de la manière que le commandant le jugera convenable. Nantes, le 15 frimaire, l'an deuxième.

Signé : GRANDMAISON, GOULLIN et MAINGUET.

Boivin dit à Robin que cet ordre n'étoit pas légal, qu'il ne pouvoit pas l'exécuter (1) : « Tant mieux, répondit celui-« ci, il en fera plus d'effet. » Un adjudant, chargé par Boivin, de copier cette liste, fit remarquer que l'un des détenus n'y étoit porté que parcequ'il étoit *ivrogne* de profession. Boivin se rendit chez Goullin, pour lui faire des représentation et prétexta qu'il n'avoit pas de troupes. Goullin, insistant, lui dit de prendre de la garde nationale : « Crois-« tu, répliqua Boivin, qu'un père tuera son fils, un fils « son père, un frère sa sœur. » — N'importe, dit Goullin, il « faut que cela s'exécute. » Boivin alla prendre ses pistolets pour se soustraire, lui-même, à la noyade ou à la fusillade (2).

Cependant Minée apprenoit qu'il y avait un ordre de fusiller les prisonniers. Il courut au département, envoya chercher le général Vimeux et Boivin, et fit inviter Carrier à venir lui-même. Bientôt arriva Boivin qui lui dit : « Tu t'y prendrais « trop tard, si j'avois voulu exécuter cet ordre barbare, mais « j'ai refusé. » (3) Minée, Kermen, Renault, membres du directoire, l'embrassèrent en pleurant, et lui remirent l'ordre suivant (4) :

Département de la Loire-Inférieure.

Nous, membres du directoire de la Loire-Inférieure, requérons, en vertu de la loi, le commandant temporaire de la ville de Nantes, de suspendre l'exécution de tout ordre qu'il aurait pu recevoir du comité révolutionnaire, relatif aux détenus dans les maisons d'ar-

(1, 2) Bulletin, déposit. de Boivin, n° 99, p. 3.
(3) *Idem*, déposit. de Minée, n° 82, p. 2.
(4) *Idem*, même déposit. n° 82, p. 4.

rêt, jusqu'à ce qu'il en ait été délibéré par les corps constitués réunis, qui vont s'assembler incessamment.

Fait en directoire, à Nantes, le 15 frimaire, l'an deuxième.

Signé : MINÉE, KERMEN, RENAULT.

Carrier arriva après Boivin. On l'instruisit de la situation ; il connaissoit parfaitement l'ordre du comité (1) ; il s'emporta ; traita les membres du Directoire de contre-révolutionnaires et de modérés, ce qui n'empêcha pas ces derniers, d'écrire aux concierges des maisons d'arrêt, pour leur défendre de laisser extraire aucuns détenus (2). Malheureusement ces défenses furent presque immédiatement transgressées.

En effet, la résistance héroïque de Boivin ; celle du Directoire, envers le comité et le proconsul, retardèrent bien peu les sacrifices humains ; le supplice seul fut changé ; à la fusillade on substitua la noyade. C'est après cet échec, disoit Bachelier (3), que Carrier vint au comité avec Colas, le batelier et Affilé, le charpentier, donner des ordres pour faire noyer les détenus.

Les grandes noyades.

Dans la nuit du 15 au 16 frimaire, Affilé reçut par Richard, sergent aux *Marat*, les ordres du comité renouvelés et *écrits* le 16. Il dut préparer une gabare pour une *baignade*, qui ne se fit guère attendre.

L'ordre fameux de Carrier à « Lamberty » pour une expédition secrète, est aussi du 16 frimaire.

L'ordre du comité à Colas (Fréteau), est du 17.

Les noyades suivent de près. Celles des 58 prêtres, envoyés

---

(1) *Idem,* déposit. de Phelippes, n° 15, p. 4.
(2) *Idem,* déposit. de Minée, n° 82, p. 3.
(3) *Idem,* déclaration de Bachelier, n° 106, p. 2.

d'Angers, est du 20 frimaire; celle des 120 prisonniers du Bouffay, est du 24; on en a compté quatre autres, dont la date n'a pu être fixée.

A qui appartint l'idée mère des noyades et des fameux bateaux à *soupapes*; fut-elle inspirée par le souvenir du vaisseau, qu'Anicétus fit disposer pour l'assassinat d'Aggripine (1), ou bien suggérée par les capitaines *négriers* (2) accoutumés, en cas de péril ou de typhus, à jeter à la mer des cargaisons d'esclaves? On ne l'a jamais bien su. Ce qui est certain, c'est que, malgré ses dénégations effrontées, Carrier eut une grande part à ces sacrifices humains; part d'action, surtout de direction. Ce que l'on connaît, c'est l'aménagement des bateaux et l'exécution des noyades; ce qu'on ignore, c'est le nombre exact des *expéditions* et celui des victimes; ce qui est plus que douteux, c'est le raffinement horrible reproché aux noyeurs et qu'on a appelé le *mariage républicain*.

Extraits des *Galiotes* ou de l'*Entrepôt*, une fois du Bouffay, les prisonniers, les mains liées, étoient entassés sous le pont d'un bâtiment d'un ordre inférieur : gabare, sapine, chaland, où les charpentiers avoient, un peu au-dessous de la ligne de flottaison, pratiqué des sabords fermés provisoirement avec des planches, dites *soupapes*, que l'on pouvoit enlever avec quelques coups de hache. Il falloit un chaland pour chaque noyade (3). Suivoient des batelets ou des toues, destinés aux noyeurs. Le convoi funèbre arrivé au-dessous de Nantes en pleine Loire, les charpentiers, les bateliers, avec les noyeurs: Fouquet, Lamberty, Grandmaison, Robin jeune et autres, sautoient dans les batelets ou les toues;

(1) Tacite, *Annales*, liv. XIV, n° 3.
(2) M. D-M., un des hommes de l'Ouest, qui connaissent le mieux l'histoire de la révolution à Nantes et dans la Vendée, m'exposait, un jour, cette conjecture, qui est aussi celle de M. Michelet, *Histoire*, t. VII, p. 89.
(3) Bulletin, déposit. de la femme Pichot, n° 71, p. 3.

les soupapes étoient enlevées; le bâtiment s'enfonçoit avec sa cargaison humaine et les noyeurs s'éloignoient. Plus d'une fois, les victimes, passant leurs bras ou leurs doigts par les sabords ou même s'accrochant aux batelets, reçurent des coups de sabre de Fouquet (1), de Lamberty (2), de Grandmaison (3), qui leur firent lâcher prise ; une fois Grandmaison, poussant son arme à l'intérieur de la gabare, un prisonnier reçut le coup dans la poitrine (3).

D'abord, les noyades se firent la nuit. Puis, le comité s'étant familiarisé avec le crime, elles eurent lieu en plein jour (4).

Les noyeurs procédoient à leurs enlèvements avec une brutalité aveugle. Une fois, ils lièrent le fils de Dumey, concierge à l'*Entrepôt*. Les cris de cet enfant, âgé de 14 ans, signalèrent cette méprise abominable (5). Une autre fois, ils conduisoient au bateau deux soldats de Westermann ; un *Marat*, Gauthier, demanda leur grâce à Fouquet et il eut de la peine à l'obtenir (6).

Les victimes, au commencement, étoient noyées avec leurs habits; plus tard, Lamberty et des *Marat*, cédant à la cupidité, elles en furent dépouillées (7). C'étoit un moyen de s'emparer des bourses et des montres, sans fouiller dans les poches, comme font les voleurs. Une fois, des femmes furent mises à nu et il fallut les réclamations énergiques des mariniers pour qu'on leur rendit seulement leurs chemises (8).

(1) *Idem*, déposit. de Templé, n° 93, p. 4.
(2) *Idem*, déposit. de Sandroc, n° 56, p. 3.
(3) *Idem*, déposit. de Tabouret, n° 79, p. 2; de Darbefeuille, n° 100, p. 4.
(3) *Idem*, déclaration de Crespin, n° 85, p. 3.
(4) *Idem*, déposit. de Laënnec, n° 56, p. 4.
(5) *Idem*, déposit. de la veuve Dumey, n° 63, p. 4.
(6) *Idem*, déposit. de Gauthier, n° 94, p. 2.
(7) *Idem*, déposit. de Laënnec, n° 56, p. 1.
(8) Commission des 21, déclaration de Colas, p. 89.

Mais la Loire ne pouvoit pas à Carrier garder le secret. A l'horreur des exécutions devoit bientôt se joindre l'horreur des révélations. On vit dans des gabares submergées des cadavres encore liés, surnager à moitié (1). Puis, les cadavres flottèrent sur la rivière et furent rejetés sur ses bords (2); les chiens et les oiseaux de proie les attaquèrent; les municipalités riveraines durent les faire enterrer (3).

Les choses en vinrent au point que la municipalité de Nantes fit, dit-on, placarder un arrêté, qui défendoit de boire de l'eau de la Loire et de manger de son poisson (4)!

Comment Carrier et ses sicaires, ne durent-ils pas prévoir ces incidents horribles et comment l'événement ne les fit-il pas reculer? Les noyades continuèrent et il fallut la résistance de Vaugeois pour y mettre fin. Carrier songea un instant à masquer l'illégalité de ces exécutions; il eut, suivant l'accusé Chaux, l'intention de faire insérer les noms des noyés dans les jugements de la commission Bignon (5).

Nombre des noyades et des noyés.

Voilà le tableau du supplice et de ses résultats; j'y ajouterai quelques traits en racontant la noyade du Bouffay, de toutes la mieux connue, la seule bien connue peut-être.

Quant au nombre des noyades et des noyés, on n'a jamais eu, on n'aura jamais que des probabilités en écartant, bien entendu, les traditions qui ne reposent que sur la fantaisie ou la légèreté des historiens.

Suivant Prud'homme (6), l'un des premiers dans l'ordre

---

(1) Bulletin, déposit. de N..., n° 77, p. 3.
(2) *Idem*, déposit. de Pimparay, n° 96, p. 4.
(3) *Idem*, déposit. de Baudet, n° 96, p. 2.
(4) *Idem*, déposit. de Lacour, dit Labigne, 7° part., n° 3, p. 3.
(5) *Idem*, déclar. de Chaux, n° 92, p. 8; déposit. de Vaugeois, n° 93, p. 4.
(6) *Histoire des crimes de la révolution*, 1797, t. II, p. 337.

des temps, différents renseignements (qu'il ne rapporte point) firent monter le nombre des noyades à Nantes à 25, parmi lesquelles une de 600 enfants. Une foule d'historiens ont reproduit cette assertion.

La déclaration de Phelippes Tronjolly dans le procès de Carrier, s'en rapproche : « Il y eut, dit ce témoin (1), 23 noyades, dont 2 de prêtres, dirigées par Foucault, commandant à Paimbœuf. » Là-dessus, Phelippes n'entre dans aucun détail, ne cite aucun document, malgré toute la gravité du sujet.

Suivant M. Michelet (2), on ne peut *dater* que 7 noyades; lesquelles ? L'illustre historien ne le dit pas. Pour moi, également, ce nombre est le plus voisin de la vérité *accessible*. Voici, en effet, ce que l'on trouve de plus acceptable, à cet égard, dans les seules sources contemporaines : le procès du comité de Nantes et les pièces réunies par la commission des 21, qui provoqua la mise en accusation de Carrier.

Le président (Dobsent) interpellant le charpentier Affilé, dit : (3)

Il paraît constant qu'il y a eu quatre noyades :
Une de 58 personnes (les prêtres venus d'Angers);
La deuxième de 800 personnes, de tout sexe et de tout âge, sur deux bateaux;
La 3ᵉ de 400) également de tout sexe et de tout âge.
La 4ᵉ de 300)

Affilé prétendit n'avoir assisté qu'à trois.

Dans ces quatre noyades, le président ne comprenoit pas celle des 90 prêtres, ni celle des 129 prisonniers du Bouffay, l'une et l'autre certaines, total six.

L'énoncé du président repose sur la déclaration de l'un

(1) Bulletin, déposit. de Phelippes, n° 59, p. 4.
(2) *Histoire de la révolution*, t. VII, p. 111.
(3) Bulletin, n° 80, p. 1.

des auxiliaires d'Afflé, le batelier Robert (1); en voici l'analyse :

1re noyade. — Afflé, au nom de Carrier, requiert Robert de tenir sa gabare pontée vis-à-vis de la calle Chaurand. A 10 heures, Afflé, accompagné, amène 58 personnes liées deux à deux. La gabare, ainsi chargée, fut conduite jusqu'auprès d'Indret. Là, elle fut coulée par l'ouverture de deux panneaux ; Robert, Afflé et autres se sauvèrent sur deux toues.

2e noyade. — Huit jours après, Robert fut sommé par Fouquet et Robin, de tenir prêts deux grands bateaux. Le même soir, vers 10 heures, Fouquet, Robin et autres chargèrent sur ces deux bateaux environ 800 individus de tout sexe et de tout âge. Conduits vis-à-vis de Chantenai (2), ils y furent noyés.

3e noyade. — Huit à dix jours après, même sommation de Fouquet et Robin. Un bateau, par Robert et d'autres mariniers, est conduit près de la Sécherie où, sur deux navires hollandais qui s'y trouvaient mouillés, sont pris environ 400 individus de tout sexe et de tout âge, liés deux à deux, et noyés vis-à-vis de Chantenai.

4e noyade. — Dix jours environ après la troisième, ordre de Fouquet et Robin pour conduire un bateau plat aux deux navires hollandais; 300 individus de tout sexe et de tout âge y furent pris, conduits et noyés encore vis-à-vis de Chantenai.

Colas Fréteau (3), batelier requis par le comité, a mentionné *quatre* noyades : la 1re de 800 ; la 2e de 300 ; la 3e de 200 ; la 4e de 300 individus, outre celles des 90, des 58, des 120, ce qui porterait le total de ces exécutions à *sept*. — Suivant lui, à la seconde, laquelle fut de 300 femmes et enfants, Fouquet tua d'un coup de sabre à la tête, une femme enceinte, que Colas proposait de sauver. — Lors de la quatrième, Fouquet et ses aides firent descendre de la galiote sur le bateau une trentaine de femmes toutes nues à qui,

---

(1) Commission des 21, p. 100.
(2) Chantenai est un village au-dessous de Nantes, sur la rive droite de la Loire, un peu avant l'île Cheviré.
(3) Commission des 21, p. 89.

sur les fortes observations des mariniers, on donna ensuite des chemises.

Une déclaration de Joachim Marie (1), marchand de bateaux, confirmerait par le nombre des bateaux fournis, de l'ordre de Carrier, à Lamberty et Fouquet, le chiffre des noyades rappelées par Colas. — Marie leur livra, dit-il, une fois *deux* grands bateaux, qu'il conduisit, assisté d'Affilé, vis-à-vis le *Sanitat*. — Plus tard, à différentes reprises, il leur livra *six* autres bateaux pour le même objet. Un septième ne fut pas employé et finit par lui rester.

Les deux grands bateaux, si je ne me trompe, durent servir à la noyade des 800. — Les six autres peuvent représenter autant d'exécutions moins considérables : total *sept* ; c'est le chiffre de Colas Fréteau.

Reste le nombre des victimes, bien autrement incertain. Sur ce point on a cinq déclarations : celles de Robert et de Colas ; et puis celles de Naudille, régisseur des fourrages ; du forgeron Moutier ; de Coron, ex-procureur et *Marat* ; toutes en discord.

Les chiffres de Robert et de Colas ne sont pas très-différents : 1687 victimes de six noyades, suivant le premier ; 1887 victimes de sept noyades, suivant le second. Les chiffres des autres témoins sont autrement élevés et distants ; c'est plus de 2800 pour l'un d'eux ; c'est 4000 pour un autre ; c'est au moins 0000 pour le dernier.

En effet, Naudille (2) raconta qu'étant un jour chez Carrier, Lamberty dit à plusieurs généraux, en leur montrant la rivière : « Il en a déjà passé 2800.... Eh bien, oui, reprit Carrier, 2800 dans la baignoire nationale. »

(1) *Idem*, p. 77.
(2) Bulletin, déposit. de Naudille, n° 79.

Coron (1) dit avoir eu connaissance, qu'il y avoit eu 4000 brigands de noyés.

Enfin Moutier (2), répondant à une question du président Dobsent, sur le total des victimes noyées, disoit : « On peut en compter au moins 9000. »

Entre ces allégations diverses, où est la vérité ? Je crois qu'elle est plutôt dans les chiffres de Robert ou de Colas; ces témoins ont fourni des détails, pouvant donner créance à leurs évaluations. Pour les historiens de la révolution, ils n'y ont pas regardé de si près; certains ont porté le nombre des noyés à plusieurs milliers (3), sans s'appuyer, bien entendu, sur le moindre document.

Les Preuves.

Si, pour les détails, pour les chiffres, la démonstration fait faute, elle est écrasante pour l'ensemble des faits, en dehors même de la tradition locale, celle-ci erronée ou exagérée, il faut le reconnaître, sur plus d'un point important.

Les auteurs ou complices des noyades, Carrier en tête, durent songer, cela n'est pas douteux, à laisser de telles horreurs le moins possible de traces écrites. On en a recueilli pourtant et de quoi satisfaire les esprits les plus difficiles ; rapportons les par ordre de dates.

Le jour, le lendemain au plus tard de la première noyade, celle des 90 prêtres, Carrier adressoit à la Convention la lettre suivante, lue à la séance du 8 frimaire (4) :

---

(1) *Idem*, déposit. de Coron, n° 73, p. 4.
(2) *Idem*, déposit. de Moutier, n° 80, p. 3.
(3) M. Thiers, *Histoire de la révolut.*, 1828, t. VI, p. 373, quatre à cinq mille ; — M. Michelet, même *Histoire*, 1853, t. VII, p. 211, note, deux mille à deux mille huit cents; — M. J. Janin, *La révolution française*, 1865, t. II, p. 66, cinq mille.
(4) *Moniteur* du 10 frim. an II, p. 280.

Nantes, le 17 brumaire an II.

. . . .

Les commissaires révolutionnaires exercent la vigilance la plus active et la justice la plus prompte contre tous les ennemis de la République.

. . . .

Miné, naguère évêque, aujourd'hui président du département, a attaqué dans un discours très-éloquent, les erreurs et les crimes du sacerdoce, et a abjuré sa qualité de prêtre : cinq curés ont suivi son exemple, et ont rendu hommage à la raison.

Un événement d'un autre genre semble avoir voulu diminuer le nombre des prêtres; quatre-vingt-dix de ceux que nous désignons sous le nom de réfractaires, étaient enfermés dans un bateau sur la Loire; j'apprends à l'instant, et la nouvelle en est très-sûre, qu'ils ont tous péri dans la rivière.

Signé : CARRIER.

Trois de ces prêtres, qui étoient parvenus à se sauver, furent recueillis à bord d'un navire-marchand, puis, au bout de quelques jours (1), réclamés au nom du comité révolutionnaire par l'arrêté suivant :

Au nom du comité révolutionnaire.

Le citoyen Lafloury, capitaine de l'*Imposant*, stationné au port Lavigne, est requis de faire transférer de suite de son bord sur la galiotte hollandaise, n° 2, ancrée vis-à-vis de la Sécherie et servant de maison d'arrêt, les trois prêtres qu'il remettra aux concierges de cette galiotte, avec injonction de les retenir sous sûre garde.

Nantes, 29 brumaire an II de la République indivisible.

GOULLIN,
p. *le président* (2).

Livrés le jour même, Lamberty délivre un reçu de ces trois prêtres :

Je reçu du citoyen capt. du nav. l'*Imposant*, en station au port Lavigne les trois prestres mentionnés sur l'expédition donner par

---

(1) Bulletin, déposit. de Laënnec, n° 56, p. 4.
(2) Les originaux de ces deux pièces, que je crois inédites, sont aux Archives de l'empire W, 493 ; procès de Carrier, 3e part., nos 4 et 5.

le Comité révolutionnaire pour servir de décharge au porteur du présent. A Nantes, ce 29 de brumaire l'an II de la republique une et indivisible (ère vulgaire 9 9bre 1793).

LAMBERTY,
Com^t à bord de la galiotte n° 2 (1).

Le 13 frimaire, le cité Bouquet, de la Société populaire de Nantes, adressoit à ses frères de la Société populaire de Reims sur les événements les plus récents survenus à Nantes, une longue lettre (2), où se trouve ce passage :

Nantes, ce 13 frimaire l'an 1er de la mort du tyran et compagnie.

. . . .

La société m'a chargé d'une mercuriale anti-fanatique que je vous envoie, et, le lendemain, presque tous les prêtres de Nantes ayant l'évêque à leur tête, vinrent au club déposer leurs lettres de prêtrise dont on fit un feu de joie.....

Les prêtres qui ont osé résister au vœu général ont été mis à bord d'un navire avec des prêtres réfractaires qui s'y trouvaient déjà. Mais ne voilà-t-il pas que, par l'opération du génie républicain, une planche pourrie du navire se détache, le navire fit sur-le-champ eau de tous côtés et s'enfonça avec toute sa mauvaise garnison sacerdotale ; et par la vertu du Saint-Suaire, 80 prêtres furent en un instant noyés...

Votre frère, BOUQUET.

Il s'agit dans cette lettre de la noyade des 90, mais le récit de Bouquet est moins voilé que celui de Carrier.

Le 16 frimaire, le proconsul donnoit à Lamberty l'ordre suivant, à jamais célèbre (3) :

LIBERTÉ, ÉGALITÉ.
Au nom de la République une et indivisible.

A Nantes, le 16 frimaire an II, etc.

Carrier, représentant du peuple près l'armée de l'Ouest, invite et requiert le nombre de citoyens que Guillaume Lamberty vou-

(1) Voir la note 2, page précédente.
(2) Archives de la ville de Reims ; communication de M. Louis Paris.
(3) Commission des 21, p. 8.

dra choisir, à obéir à tous les ordres qu'il leur donnera pour une expédition que nous lui avons confiée; requiert les commandants des postes de Nantes de laisser, soit de nuit, soit de jour, ledit Lamberty et les citoyens qu'il conduira avec lui; défend à qui que ce soit d'apporter la moindre entrave aux opérations que pourront nécessiter leurs expéditions.

Le représentant du peuple français, *signé* : CARRIER.

Certifié véritable, *signé* : DAVID VAUGEOIS.

La pièce originale fut annexée aux pièces du procès de Fouquet et Lamberty (1).

C'est au moyen de cet ordre que la plupart des noyades furent exécutées par Fouquet et Lamberty. L'accusateur public Vaugeois, on le verra plus bas, le reçut à l'Entrepôt, un jour que Fouquet y vint chercher des prisonniers pour les noyades.

Le 16 et le 17 frimaire, Afflé et Colas recevoient du comité révolutionnaire les trois ordres suivants, remis par le premier au tribunal de Paris (2) :

Au nom de la République française.

Le Comité révolutionnaire autorise le citoyen Afflé jeune, charpentier, demeurant à Chésine, de requérir le nombre de charpentiers qu'il jugera nécessaire à l'exécution de la mission qui lui est confiée.

Ce citoyen est requis d'y apporter la plus grande célérité et de payer généreusement les ouvriers qu'il y emploiera; si toutefois ils apportent dans leurs travaux tout le zèle et toute l'activité qu'ils méritent.

Le comité révolutionnaire, Nantes, 16 frimaire an II de la Rép. indiv.

BACHELIER, *pdt*, BACHELOT, GOULLIN, GUILLET, PROUT aîné, LOUIS NAUX (3).

(1) Commission des 21, p. 8.
(2) Bulletin, déposit. d'Afflé, n° 71, p. 4.
(3) L'original est aux Archives de l'empire, W, 493; procès de Carrier, 3° part., 17° pièce.

II

Le Comité révolutionnaire autorise le citoyen Colas de prendre autant de barges ou autres embarquations qu'il jugera convenables pour l'opération dont il est chargé par le Comité, à Nantes, 17 frimaire an II de la Rép. franç., etc.

GRANDMAISON, GOULLIN, PROUT aîné, GUILLET, LOUIS NAUX (1).

III

Le citoyen Affilé est requis de faire exécuter l'ordre donné par le Comité au citoyen Colas, et enjoint à tous bargers d'obéir à la réquisition dudit Affilé sous peine d'être déclarés mauvais citoyens. Nantes, 17 frimaire an II°.

GOULLIN, LOUIS NAUD, BOLOGNIEL (2).

Le lendemain de la noyade des 58 prêtres, Carrier écrivoit aussi à la Convention et sa lettre étoit lue à la séance du 25 frimaire (3) :

Nantes, le 20 frimaire an II.

Citoyens, mes collègues, voici la huitième victoire que les troupes de la République viennent de remporter sur la rive gauche de la Loire, contre la bande des brigands commandée par Charette.....

Mais pourquoi faut-il que cet événement ait été accompagné d'un autre qui n'est plus d'un genre nouveau! Cinquante-huit individus désignés sous le nom de prêtres réfractaires, sont arrivés d'Angers à Nantes; aussitôt ils ont été enfermés dans un bateau sur la Loire; la nuit dernière ils ont tous été engloutis dans cette rivière. Quel torrent révolutionnaire que la Loire!

Salut et fraternité.

CARRIER.

Ces deux lettres se complètent d'une troisième, écrite de Nantes, lue par Minier à la commune de Paris, le 11 ni-

---

(1) L'original, de la main de Grandmaison, est aux Archives; *loc. cit.*, 16° pièce.
(2) L'original, de la main de Goullin, est au dos du n° II.
(3) *Moniteur* du 26 frim. an II, p. 347.

vôse, insérée au moniteur (1) et dans laquelle les noyades sont décrites avec amour; je transcris plus loin cette pièce capitale, en examinant la question : « Le comité de salut « public et Robespierre avoient-ils connu à temps les exécu- « tions de Carrier? »

A ces documents se joignent les déclarations de Prieur de la Marne et de Laignelot, recueillies, le 3 frimaire an III, lors de la mise en accusation du proconsul. Le premier dit qu'à Nantes, après la bataille de Savenay, il avoit invité Carrier à céder, hors du champ de bataille, toute mesure extraordinaire et à attendre la commission militaire (celle du Mans) qui étoit à Savenay, et qui, seule, avoit le droit de prononcer sur les prisonniers (2). A son tour, Laignelot raconta que, passant à Nantes, pour se rendre à Brest, Carrier lui parla de ses noyades et lui dit : « Tu es plus heureux que « moi, tu as un plus grand bassin et des bâtiments à ton ser- « vice » (3).

En voilà assez, je pense, sur l'ensemble des noyades; restent les détails que je vais rappeler en parlant des exécutions le mieux connues : celle des 90 prêtres, puis celle des 58 et enfin la noyade du 24 frimaire, ou celle des 120 prisonniers du Bouffay.

La noyade des 90 prêtres et le dîner sur leur galiote.

L'initiative de cette noyade appartint à Carrier. Un jour il vint au comité et, là, il s'emporta, demandant si des moyens révolutionnaires avaient été pris pour cette *expédition*. Les prêtres furent noyés le lendemain (4).

Des charpentiers pratiquèrent au fond d'une *sapine*, une

(1) *Moniteur* du 13 nivôse an II, p. 413.
(2, 3) *Moniteur* du 3 frim. an III, p. 277, 278.
(4) Bulletin, déclaration de Foucault, n° 72, p. 1.

soupape *ad hoc* (1); le fait fut reconnu par Grandmaison qui prétendit n'y avoir pris aucune part (2).

Foucault, d'abord tonnelier, puis soldat et marchand de vin, enfin (messidor an II, après les noyades) nommé par le comité de salut public, commandant de la place de Paimbœuf, fut accusé d'avoir été le principal acteur dans les noyades des prêtres; il en convint, mais il dit en même temps : « Il falloit obéir, ou mourir! » (3). On l'accusa aussi d'avoir fait parade de sa chaussure : les souliers de l'un des prêtres noyés (4)! et il en convint également (5).

Les prêtres avoient été d'abord, conduits à l'hôpital; de là ils furent menés aux *Saintes-Claires*, puis placés sur une galiotte et enfin noyés (6). Trois de ces malheureux, recueillis par un capitaine de navire furent, le 29 brumaire, on l'a vu, rendus à Lamberty; suivant un témoin (7) ces infortunés furent noyés le lendemain.

L'expédition consommée on avoit à déposer quelque part les effets des prêtres laissés à bord de la galiote la Gloire. Les *Marat* songèrent à un magasin donnant sur la rivière, et ils en demandèrent la clef au gardien; et celui-ci les gênant par sa présence fut consigné au poste central, durant le transport des effets, après quoi ses arrêts furent levés. Quelques jours après, Foucault fit amener des futailles qu'il emplit des dépouilles des prêtres, puis il invita le gardien à oublier l'incident et à nettoyer la galiote à bord de laquelle un dîner devoit être donné à Carrier et à ses agents (8).

(1) *Idem*, déposit. de la femme Pichot, n° 71, p. 3.
(2) *Idem*, n° 58, p. 3.
(3) *Idem*, déposit. de Fonteneau; déclarat. de Foucault, n° 87, p. 2.
(4) *Idem*, déposit. de Fournier, n° 71, p. 1.
(5) *Idem*, n° 98, p. 2.
(6) *Idem*, déposit. de Trogolf, n° 80, p. 1.
(7) *Idem*, déposit. de Fournier, n° 71, p. 1.
(8) *Idem*, déposit. de Sqarisseau, n° 93, p. 3.

Parlons de cette orgie avant de passer à la noyade des 58.

Sandroc, chef de division des convois militaires, ayant un ami incarcéré, s'adressa au citoyen Lalouet, juge, qui l'invita à dîner et le conduisit à une galiote hollandaise. Voyant, dans la cale, une table de 15 à 20 couverts, Sandroc demanda ce que c'était que cette galiote : « C'est la grande « tasse des prêtres, lui répondirent Lalouet et d'autres assis- « tants; Lamberty a fait cette expédition; Carrier pour le « récompenser, lui a donné la galiote (1). »

Le proconsul arrivé, on se mit à table. A sa droite étoit Lamberty, à sa gauche Lalouet. Au nombre des convives, outre Sandroc, étoient Fouquet, un général Hector (Legros), Robin le jeune, Foucault, Sullivan. Le dîner fut très-gai (2). Carrier, entouré de ses adulateurs, lut une lettre qu'il dit adresser à la Convention et où il mentionnoit une catastrophe qui avoit précipité des prêtres dans la Loire (3). Lamberty fit le récit de l'expédition, à laquelle il avoit présidé, et s'étendit sur les coups de sabre qu'il avoit portés aux victimes qui s'efforçoient de se sauver à la nage. Carrier l'embrassa plusieurs fois et dit qu'il étoit le meilleur des révolutionnaires (4)!

Il y eut aussi des chansons patriotiques. Carrier s'adressant à Robin, lui dit : « Petit B.... petit révolutionnaire, « chante *la Gamelle* et *la Montagne*, » et Robin chanta ces chansons (5).

En voici deux couplets :

(1, 2) *Idem*, déposit. de Sandroc, n° 85, p. 3; 7e part., n° 9, p. 3.

(3) *Idem*, déposit. de Gauthier, n° 94, p. 2; de Souriseau, n° 96, p. 3.

(4) Bulletin, déposit. de Sandroc, 7e part., n° 9, p. 3; de Foucault, n° 7, p. 3; de Gauthier, n° 94, p. 2.

(5) *Idem*, déclarat. de Robin, 7e part., n°s 12, p. 3; 18, p. 3.

LA MONTAGNE (de Cadet-Gassicourt).

Air : de *la Croisée.*

(6ᵉ et dernier couplet.)

Quand Dieu fit entendre sa voix,
A l'Hébreu rebelle et volage ;
Quand l'Éternel dicta des lois,
Qui devoient le rendre plus sage ;
Pour prononcer de tels arrêts,
Il ne s'est pas mis en campagne,
Mais il a donné ses décrets
Du haut de la montagne (*bis*).

—

LA GAMELLE. — 10 couplets.

Air : de *la Carmagnole.*

(8ᵉ couplet.)

Les Carthaginois, si lurons,
A Capoue ont fait les capons (*bis*) ;
S'ils ont été vaincus,
C'est qu'ils ne daignoient plus
Manger à la gamelle,
Vive le son, vive le son,
Manger à la gamelle,
Vive le son du chaudron !

Ainsi, très-peu de jours après la première noyade, sur le bâtiment qui avoit servi de prison aux victimes, un représentant du peuple, un juge, un général prenoient part à un banquet où étoit exhaltée cette exécution exécrable, où des chansons égayoient les convives !

M. de Lamartine qui, dans ses Girondins (1), a donné place à cette orgie de Carrier, n'a pas dû la raconter simplement ; sa riche imagination lui a fourni un tableau où rien ne manque, excepté la vérité et le bon sens.

(1) *Histoire des Girondins*, 1847, t. VII, p. 323.

Carrier acheta un *navire de luxe* dont il fit présent à Lambertye, son complice, sous prétexte de surveiller les rives du fleuve. Ce navire, orné de toutes les délicatesses de meubles, pourvu de tous les vins et de tous les mets nécessaires aux festins, devint le théâtre le plus habituel de ces exécutions (navales). Carrier s'y embarquait quelquefois lui-même avec ses exécuteurs et des courtisanes pour faire *des promenades* sur l'eau. Tandis qu'il se livrait sur le *pont,* aux joies du vin et de l'amour, des victimes enfouies dans la cale, voyaient, à un signal donné, s'ouvrir les *soupapes* et les *flots de la Loire les ensevelir.* Un gémissement étouffé annonçait à l'équipage que des centaines de vies venaient de s'exhaler sous ses pieds. Ils continuaient leur orgie sur ce sépulcre *flottant.*

Rarement l'auteur a été aussi puissant. Un esprit vulgaire, à propos de cette orgie, n'auroit pas su inventer ces promenades, ce navire de *luxe,* ces festins sur le *pont,* en décembre; et, surtout, il eut laissé *sombrer* un bâtiment ouvert dans ses flancs ! M. de Lamartine, toujours poëte, a mis le printemps en hiver et soutenu, sur le fleuve, un navire envahi par les flots ! Quelques lignes plus haut, on lit, sans doute, que les barques à *soupapes* étoient submergées avec leurs cargaisons vivantes ; qu'importe?

La noyade des 58 prêtres.

Cependant, avant l'attaque d'Angers (13 frimaire) par la grande armée vendéenne, au retour de Granville, le représentant Francastel avoit envoyé des prêtres, dits réfractaires, à Nantes (1) où ils furent mis à l'Entrepôt.

Trappe et Richard demandèrent à Carrier ses ordres concernant ces prêtres et leurs effets. « Embarquez-moi, leur « dit-il, tous ces b.... là; pas tant de mystère ; il faut les f.... « à l'eau et que je n'en entende plus parler ! » (2).

(1) M. Poitou, *Les représentants du peuple dans Maine-et-Loire*, 1852, p. 33.

(2) Bulletin, déposition de Trappe. n° 79. p. 3; de Richard, 7e partie, n° 8, p. 1.

Richard et Lamberty se disputèrent cette expédition. Ils [all]èrent chez Carrier, qui se prononça pour le second. Mais [R]ichard, qui comptoit sur cette noyade, avoit dépouillé les [p]rêtres de leurs effets, argent et bijoux et tout préparé dès [la] veille (1).

Pendant la nuit, Lamberty et Fouquet amenèrent les [p]rêtres à la gabare fatale. Les charpentiers firent leur de[v]oir, puis, avec les autres noyeurs présents, ils s'éloignè[r]ent sur des batelets, et les prêtres furent engloutis (2). [C]'étoit près de l'île d'Indret, d'après le récit de Robert, [c]onfirmé, sur ce point, par le cit. Favereau, commandant de [la] fonderie de cette île (3).

Comme pour la noyade des 90 prêtres, Carrier a authen[t]iqué celle des 58, et en a fixé la date : « nuit du 19 fri[m]aire, » par la lettre du 20, à la Convention, déjà trans[cr]ite.

A son tour, Affilé a fait connaître la part que prit le pro[c]onsul à cette expédition. Carrier vint au comité donner les [o]rdres nécessaires; notamment à Affilé de faire les sabords. [C]elui-ci demandant un ordre écrit, Carrier lui répondit : [«] Je suis représentant, tu dois avoir confiance en moi [pour] les travaux que je te commande. » Affilé sollicita [lo]ngtemps son payement : on le renvoyoit toujours à ceux [q]ui avaient emporté les effets des prêtres. Enfin, il eut re[c]ours à Carrier : « Comment tu n'es pas encore payé ? donne-moi ton mémoire. » Affilé remit son mémoire et fut [pa]yé quelques jours après (4).

(1) *Idem*, déposit. de Gauthier, n° 97, p. 2.
(2) *Idem*, déposit. d'Affilé, n° 80, p. 1.
(3) Commission des 21, déclarat. de Robert, p. 101; Bulletin, déposit.
  Favereau, n° 96, p. 2.
(4) Bulletin, déposit. d'Affilé, 7ᵉ part., n° 8, p. 1.

La noyade des 129 ou du Bouffay (1).

J'ai dit que la noyade qui eut lieu dans la nuit du 24 au 25 frimaire, étoit la mieux connue, peut-être la seule bien connue de ces expéditions; cela s'explique.

La plupart des autres noyades comprirent des prisonniers détenus sur des galiotes amarrées, en dehors de Nantes, près des moulins de la Sécherie, ou bien détenus à l'Entrepôt et, de là, conduits directement aux gabares ou sapines. Il n'y eut de témoins de ces exécutions que leurs auteurs, peu nombreux et intéressés au silence. Sur la noyade des prisonniers du Bouffay, centre de la ville, les témoignages abondent : le concierge Laquèze (2) et sa femme ; des serviteurs de la maison; trois prisonniers joints, d'abord, aux victimes, et qui eurent le bonheur d'échapper ; des militaires de l'escorte; des ouvriers, etc., on n'a que l'embarras du choix; et, en outre, ce qui n'existe que pour cette expédition, aux témoignages se joignent les écrits. — Ainsi, sur le registre d'écrou du Bouffay, on lit, en regard des noms de plusieurs détenus :

Déporté au bateau, le 25 frimaire (3).

Sur les registres du Comité révolutionnaire on lit, à la date du 25 frimaire (4) :

Liste des prisonniers transférés du Bouffay à une embarcation pour être conduits à Belle-Ile (5).

(1) Le nom de *Bouffay*, à Nantes, a désigné jusqu'en 1848, un double édifice, démoli à cette époque, et une place, tous les deux contigus : le *palais* de justice, la *prison* et la *place* des exécutions. Aussi l'on pouvait, avec ce seul nom, annoncer une arrestation, une condamnation, une exécution : « Un tel emprisonné au Bouffay, jugé au Bouffay, exécuté au Bouffay. » — M. Lallié, *Notes concernant l'histoire du Bouffay de Nantes*, 1865, p. 22.

(2) Nommé, à tort, *Lacuille*, dans le Bulletin.

(3) M. Lallié, *Notes*, p. 58.

(4) Extraits de M. Lallié, déjà cités.

(5) Belle-Ile-en-Mer, probablement, où est un port.

Et à la date du 25 pluviôse (1) :

Envoyé au Bouffay Alexis Garnier, évadé le... lors de la translation des détenus de cette prison sur une barque pour aller à Belle-Ile (2).

On a fait souvent le récit de la noyade du Bouffay ; Louis Blanc l'a esquissé avec des traits poignants (3) ; si le produis, à mon tour, c'est que, sur cet affreux épisode de la Terreur, je crois être plus complétement et plus exactement instruit que mes devanciers.

Carrier et le Comité ne pouvoient se consoler d'avoir dû renoncer à la fusillade en masse des prisonniers ; ils se dédommagèrent de cet échec, d'abord par la noyade des 58 prêtres et, bientôt après, par celle du Bouffay.

Le 23 frimaire, Carrier vint au Comité dont tous les membres étoient présents ; il y renouvela ses ordres et témoigna son mécontentement du retard apporté à leur exécution (4).

Il mit son visa à l'ordre de transférement des prisonniers du Bouffay à Belle-Ile (il en convint au tribunal de Paris (5). Ce transférement c'était la noyade. Déjà Goullin avoit été chargé de se procurer une gabare (6), qu'Affilé et ses ouvriers avoient dû munir de *soupapes*.

Quant à la liste des victimes, elle comprenoit 155 noms, parmi lesquels ceux de 15 femmes. Cette pièce, signée de Goullin, existoit encore lors du procès du Comité, et elle fut

(1) Extraits de M. Lallié, déjà cités.
(2) Voir la note 5, page précédente.
(3) *Histoire de la révolution*, t. X, p. 197 ; il y a quelques inexactitudes.
(4) Bulletin, déclarations de Bologniel, n° 79, p. 3 ; de Grandmaison, n° 58, p. 2.
(5) *Idem*, 7e part., n° 7, p. 2.
(6) *Idem*, déclarat. de Goullin, n° 79, p. 2.

représentée à cet accusé qui n'osa pas contester sa signature (1).

Le 24 frimaire, au soir, un certain nombre de *Marat* (plus de trente) arrivèrent au Bouffay avec des cordes et, d'abord, ils commencèrent par souper (2). On remit au concierge Laquèze l'ordre suivant :

Au nom du Comité révolutionnaire.

Le concierge des prisons du Bouffay délivrera aux mains des camarades de la Compagnie Marat les cent cinquante-cinq prisonniers dénommés dans la liste qu'ils présenteront. Nantes, le 24 frimaire, l'an II de la République française, etc. *Signé* : GUILLET, GOULLIN, LÉVÊQUE et plus bas :

Cette liste est arrêtée et signée des membres du Comité révolutionnaire : GOULLIN, LOUIS NAUD, CHEVALIER, LÉVÊQUE (3).

On remit en effet à Laquèze la liste des 155 ; cette liste lui fut, plus tard, retirée avec promesse de la lui rendre, ce qui n'eut pas lieu (4).

Survinrent Goullin, Grandmaison, Mainguet, du Comité, qui firent sortir de leurs chambres les détenus dont l'appel étoit fait au moyen de la liste fatale (5).

Quelle étoit la situation judiciaire de ces malheureux ?

Ils étoient condamnés à quelques mois ou quelques années de prison correctionnelle ;

Ou détenus comme suspects jusqu'à la paix, *ou* jusqu'à ce que la Convention eut prononcé sur leur sort ;

Ou condamnés à la déportation ;

Un certain nombre n'étoient pas encore jugés ;

Ou n'étoient pas même interrogés (6).

(1) *Idem*, n° 53, p. 3.
(2) Déclaration de la femme Laquèze, devant Phelippes, le 18 prairial an II ; communiquée par M. Lallié.
(3, 4) Déclaration de Laquèze, du même jour.
(5) Bulletin, déposit. de Gervais Poupon, n° 87, p. 4.
(6) Déclarat. de la femme Laquèze, déjà citée.

Quelques autres membres du Comité : Joly, Ducoux, Chartier, concoururent à l'expédition (1).

Un *Marat*, Durassier, tenoit la liste; un autre *Marat*, Janson, le sabre nu, faisoit ouvrir les chambres et les cachots (2);

Ducoux et Joly lioient les prisonniers (3);

Goullin et Grandmaison les frappoient en leur disant : « Allons, S... gueux, marchez donc; n'êtes-vous pas bien heureux que nous vous fassions changer d'air ! » (4);

Chartier railloit : « Sont-ils joliment c....ionnés, » disoit-il (5);

Grandmaison et des *Marat* répétoient : « Allons, dépêchons-nous! la marée baisse! (6); »

« C'est à Belle-Ile, disoit-on, que les prisonniers vont être conduits (7). »

La femme Laquèze, concierge, parvint à faire délier un de ces malheureux, nommé Poignon, comme étant un père de famille (8). — Un autre, Teinglin fut oublié, la porte de son cachot n'ayant pas été ouverte (9). Un troisième, Garnier, détenu pour avoir manqué à un officier de garde, s'échappa en route, favorisé par un officier de l'escorte. Repris, au bout de quelque temps, il fut réintégré au Bouffay (10).

Cependant 114 prisonniers seulement avoient été liés : ce n'étoit pas le compte de Goullin qui en réclamoit 155 (11).

(1, 2, 3) Bulletin, déposit. de Gervais Poupon.
(4) *Idem*, déposit. d'Olivier, n° 87, p. 4.
(5) *Idem*, déposit. de la fille Laillet, n° 72, p. 2.
(6) *Idem*, déposit. de Gervais Poupon, n° 87, p. 4; de Teinglin, n° 66, p. 1.
(7) Déclarat. de Ducoux, n° 63, p. 4.
(8) Déclarat. de la femme Laquèze.
(9) Déposit. de Gervais Poupon.
(10) Bulletin, déposit. de Garnier, 7° part., n° 14, p. 3; extraits du comité de M. Lallié, 21 pluv. an II.
(11) Bulletin, déclarat. de Ducoux, n° 6 p. 4.

On sut alors que, le jour même, avoient été envoyés au Bouffay, par le Comité (1), quinze prisonniers non encore interrogés. On les fit aussitôt descendre et Richard prit leurs noms (2). Ces malheureux, désignés par leurs *grandes culottes* (3), rejoignirent les derniers la colonne, ainsi portée à 129 (4); ils étoient de Brains, et provenoient d'une capture faite par le commandant d'Indret (5).

Le poste du Bouffay, renforcé, cette nuit-là, d'une douzaine d'hommes empruntés à celui du Port-au-Vin, aida les *Marat* à conduire les victimes à la gabare. Deux de ces gardes nationaux, le négociant Lechantre et le voilier Tabouret, furent des témoins précieux lors du procès de Carrier. Lechantre escorta les prisonniers à *grandes culottes*, jusqu'à la gabare où un grand nombre de victimes se trouvoient déjà (6). Tabouret fut mis à bord du navire, sous prétexte d'une révolte des prisonniers, et il assista à l'exécution (7).

L'entrée de la gabare fut fermée avec des planches qui furent clouées; on cloua de même les panneaux ou sabords. Tabouret (8) voulut sortir; il pria Affilé, conducteur du navire, de le débarquer; Affilé lui répondit qu'il feroit ce qu'il pourroit. La gabare démarrée, on la fit marcher. On disoit tout bas : *A l'île Cheviré* (9). Avant d'y arriver, les détenus poussèrent des cris épouvantables; « Sauvez-nous; il en est encore temps! » Ils s'étoient détachés et passoient leurs bras et leurs mains entre les planches, en criant misé-

---

(1, 5) M. Lallié, *Notes sur le Bouffay*, p. 58.
(2, 3) Bulletin, déclarat. de Dubreuil, n° 85, p. 2.
(4) M. Louis Blanc, par erreur, dit « cent cinquante neuf » *Histoire*, t. X, p. 198.
(6) Bulletin, déposit. de Lechantre, n° 79, p. 2.
(7) *Idem*, déposit. de Tabouret, n° 79, p. 2.
(8) Déposit. de Tabouret.
(9) C'est une île de la Loire, au-dessous de Nantes, vis-à-vis de Bouguenais, au delà de Trentemoult et de Chantenai, bien avant Indret.

ricorde (1). Alors Grandmaison, — « la plume, dit, parfaitement, M. Louis Blanc, hésite à retracer tant d'horreurs, » — Grandmaison *abattoit à coups de sabre, les mains suppliantes qui se tendoient vers lui!* — « J'avois envie, ajoutoit Tabouret, de me jeter dans la Loire! » Quelques minutes après, les charpentiers, placés dans des batelets, frappèrent la gabare à grands coups de hache; c'étoit deux petits sabords que l'on déclouoit pour faire couler le navire. La gabare s'enfonça, mais Tabouret put sauter dans un batelet qui le mit à terre (2).

Des malheureux enfermés dans la gabare, un seul parvint à surnager, au moyen d'une planche, à l'instant où le navire chavira; c'étoit Julien Leroy, cocassier, depuis deux ans au Bouffay, pour complicité de vol d'un cheval. Repris presque nu, il fut réintégré au Bouffay par ordre de Bachelier (3). Le concierge Laquèze déclara devant le tribunal de Paris, que le Comité l'avoit recommandé à toute sa sévérité. La détention de Leroy fut longue; celle de Garnier également. Le 27 floréal et le 2 messidor celui-ci réclamoit de nouveau sa mise en liberté (4).

Telle fut la noyade du Bouffay; telles durent être les autres; c'est parce que cette conclusion m'a paru certaine que j'ai présenté cette exécution avec ses moindres détails; elle seule suffirait à la renommée de Carrier : à l'exécration vouée au régime de la Terreur!

Incidents divers.

Voilà, je crois, le plus essentiel sur les noyades; d'autres incidents ont été recueillis durant le procès du Comité et de

(1, 2) Déposit. de Tabouret.
(3) Bulletin, déposit. de Leroi, n° 63, p. 1.
(4) M. Lallié, *Notes sur le Bouffay*, p. 63.

Carrier, que je ne puis, faute d'indication, rattacher à l'une des exécutions connues ; j'en rappellerai quelques-uns, qui, tous, pour moi ne sont pas prouvés.

Ce qui n'est pas douteux, c'est qu'avec les hommes et les femmes, des enfants furent noyés (1).

Il y eut des enfants de 14 à 15 ans liés avec leurs pères(2).

Il y eut des enfants si jeunes que leurs mères les portoient dans leurs bras, allant au bateau. Un témoin raconta qu'un jour, il vit, sur le quai, passer un *convoi*; une des femmes qui s'y trouvoient jeta un enfant qui paraissoit lui appartenir, à une femme spectatrice qui le reçut fort adroitement dans ses bras (3).

Il y auroit même eu une noyade spéciale d'enfants, très-considérable; composée de 100, suivant un témoin (4); de 4 à 500, suivant un autre (5); de 600, suivant un troisième (6). Je ne puis ajouter foi à une telle horreur, et il me semble que ces déclarations, de simple ouï-dire, se peuvent expliquer. Un très-grand nombre d'enfants, on l'a vu, avoient péri à l'Entrepôt; un jour, disoit la femme Hérau, les salles en étoient remplies et ils étoient mourants; peu de temps après, il n'y en avoit plus (7). Je crois qu'au lieu d'enterrer leurs cadavres on les jeta à la Loire, et que c'est dans ce fait que la tradition a recueilli la prétendue noyade des 600 enfants.

On raconta aussi que les filles publiques de Nantes arrê-

(1) Bulletin, déposit. de Biguon, n 58, p. 3; de Dumey, n° 80, p. 4; de Griault, n° 86, p. 1.
(2) Commission des 21, déclarat. de Charpentier, p. 106.
(3) Bulletin, déposit. de Dreux, n° 98, p. 3.
(4) *Idem*, déposit. de Moutier, n° 80, p. 3.
(5) *Idem*, déposit. de Thomas, n° 65, p. 4.
(6) *Idem*, déposit. de Phelippes, n° 59, p. 4.
(7) *Idem*, déposit. de la femme Hérau, n° 77, p. 2.

tées par ordre de Carrier, puis conduites à la salle du cours du peuple à Mirabeau, au nombre de plus de 80, furent noyées le lendemain (1).

Je n'aurais plus qu'à dire comment les noyades de Carrier prirent fin, grâce à la résistance de l'accusateur public Vaugeois, n'étoit le monstrueux incident jusqu'à présent admis sous le nom de *mariage républicain* et qui, assurément, est digne d'un examen particulier.

(1) *Idem*, déposit. de Dreux, n° 98, p. 3.

LA JUSTICE RÉVOLUTIONNAIRE

A PARIS ET DANS LES DÉPARTEMENTS

D'APRÈS DES DOCUMENTS ORIGINAUX

LA PLUPART INÉDITS

(17 août 1793 — 12 prairial an III)

PAR M. CH. BERRIAT SAINT PRIX

Conseiller à la Cour Impériale de Paris.

— N° XVII —

(Extrait du Cabinet historique)

Carrier a Nantes (*suite*).

Les mariages républicains.

Parmi les monstruosités reprochées à la Terreur, celle qui a constamment tenu la première place et qu'il faut oublier désormais, c'est assurément l'obscène et horrible raffinement attribué à Carrier et à ses noyeurs, et appelé le *mariage républicain*: « Un homme et une femme, mis à nu, liés ensemble et puis, au bout de quelques instants, noyés dans la Loire ! »

Dans mon essai de 1861, sur *la justice révolutionnaire* (1), je me proposois d'en parler. Surpris de voir que si une multitude d'historiens et de biographes affirmoient ces *mariages*, quelques-uns des principaux les passoient sous silence, ou

---

(1) 1 vol. in-18, Cosse.

les démentoient, j'eus recours, voulant m'éclairer, à un magistrat haut placé à Nantes. M. Dubois, procureur impérial, voulut bien, à ma prière, consulter les personnes de cette ville qui connaissoient le mieux son histoire, et même qui l'avoient écrite : MM. Ramet (1), Grolleau (2), Guéraud (3), Mellinet, Guépin, Dugast-Matifeux. — Pour les quatre premiers, les mariages républicains n'étoient pas douteux ; de leur temps il existoit encore à Nantes quelques vieillards contemporains des faits ; trois de ces vieillards les avoient attestés (4) à M. Mellinet (5) lors de la publication de son livre : *La commune et la milice de Nantes ;* toutefois aucun document n'étoit cité à ce sujet.

M. Guépin, auteur d'une *Histoire de la ville de Nantes,* ne se prononçoit pas. « Les documents authentiques, — « écrivoit-il (6), que l'on peut consulter depuis 1848, éta- « blissent que j'ai *exagéré,* d'après les récits des contempo- « rains, les horreurs de 1793 à Nantes. »

M. Dugast-Matifeux, n'hésitoit pas à nier les *mariages républicains.*

« Il n'existe, écrivoit-il (7), à son tour, aucun document authentique pour certifier les *mariages républicains,* entendus dans le sens de lier ensemble un homme et une femme pour les noyer. Je n'ai jamais rencontré rien de sérieux concernant ce fait obscènement atroce. Des *on dit* postérieurs, voilà tout. Aussi je le regarde comme controuvé ; c'est à mes yeux une calomnie thermidorienne...

« Je me fonde, en cela, sur le procès fait presque aussitôt aux deux agents de noyades, Fouquet et Lamberty ; procès dans lequel

---

(1) Lettres des 31 déc. 1860 et 7 janv. 1861.
(2) Lettre du 27 décembre 1860.
(3) Lettre du 9 janvier 1861.
(4) Comment ? *de visu* ou *de auditu* ?
(5) Lettre de M. Ramet.
(6) Lettre du 13 janvier 1861.
(7) Lettre du 4 janvier 1861.

il fut bien question de noyades, mais non de mariages républicains... J'ajoute que m'étant informé de leur réalité à Bachelier, dernier membre survivant du comité révolutionnaire de Nantes, que j'ai connu, il me les a démentis, tout en déplorant beaucoup les noyades et autres excès commis, etc. »

Ces réponses contradictoires me laissant dans l'incertitude, je dus, en 1861, faute de temps, me contenter de citer les *mariages républicains* (1), sans entrer dans aucun détail. Plus tard je me suis livré, sur cette horrible tradition, aux recherches nécessaires; je suis, surtout, remonté aux sources, et me suis ainsi formé une opinion très-ferme, contraire à celle qui est généralement adoptée. Avant d'exposer le résultat de ces recherches et mon sentiment personnel, je ne crois pas inutile de rappeler l'état de l'histoire sur les mariages républicains.

C'est dans le rapport de Romme, sur Carrier, fait à la Convention, le 21 brumaire an III (2), que, pour la première fois, il en fut officiellement question. Ce rapport a été le point de départ des historiens, très-nombreux, qui ont admis les *mariages*, sans daigner porter plus loin leur examen.

Suivit le procès de Carrier, recueilli par Clément (3); on y trouve les mariages, mais non la preuve que l'on auroit pu attendre; on le verra plus bas.

Après ce procès, les mariages sont affirmés dans un petit volume imprimé, en l'an III : *La Loire vengée, recueil des crimes de Carrier* (4).

Vient ensuite un livre très-connu, où trop souvent, l'erreur tient la place de la vérité : l'*Histoire des crimes de la*

(1) V. ma *Justice révolutionnaire*, 1861, p. 143.
(2) *Moniteur* du 23 brumaire, p. 229.
(3) *Bulletin du tribunal révolution.*, 6e partie, nos 55 à 100; 7e partie, nos 1 à 20.
(4) 2e partie, p. 29.

révolution, par Prudhomme, qui est de l'an v. L'auteur y a décrit complaisamment les mariages (1), et puis, en tête de son *Dictionnaire des victimes,* qui est de la même année, il a pris soin de les *illustrer.* En effet, au centre d'une planche, où sont figurées quelques scènes hideuses de la Terreur, on voit représentés une noyade au milieu de la Loire, et, sur le rivage, plusieurs mariages républicains; là, des victimes, nues, sont déjà liées par couples; d'autres attendent le même sort.

La plupart des historiens et des biographes ont suivi Prudhomme, ou, plus exactement, se sont copiés les uns les autres, savoir, par ordre de dates :

Les deux Amis de la liberté (2), Fantin des Odoards (3), Beaulieu (4), Bertrand de Molleville (5), Michaud (6), de Feller (7), Chaudon (8), Lacretelle (9), Montgaillard (10), Boisjoslin (11), M. de Norvins (12), Pitre-Chevalier (13), M. de Lamartine (14), M. de Barante (15), Lavallée (16), M. Bouillet (17), M. J. Janin (18); et, ce qui est plus grave, des

---

(1) Tome II, p. 333.
(2) *Histoire de la révolution,* an 7, t. XII, p. 275.
(3) *Histoire philosophique de la révolution,* 1801, t. V, p. 226.
(4) *Essais sur la révolution,* 1803, t. VI, p. 100.
(5) *Histoire de la révolution,* 1803, t. XII, p. 255.
(6) *Biographie universelle,* 1813, t. VII, p. 217; 1844, t. VII, p. 62.
(7) *Dictionnaire historique,* 1821, t. VI, p. 314.
(8) Semblable *Dictionnaire,* 1826, t. VI, p. 43.
(9) *Histoire de la Convention,* 1825, t. III, p. 165.
(10) *Histoire de France depuis 1789,* 1826, t. IV, p. 502.
(11) *Biographie portative des contemporains,* 1828, t. I, p. 801.
(12) *Histoire de la révolution,* 1832, t. I, p. 224.
(13) *Bretagne et Vendée,* 1848, p. 517.
(14) *Histoire des Girondins,* 1847, t. VII, p. 324.
(15) *Histoire de la Convention,* 1851, t. III, p. 527.
(16) *Histoire des Français,* 9ᵉ édit., 1852, t. IV, p. 100.
(17) *Dictionnaire d'histoire et de géographie,* 9ᵉ éd., 1854, p. 319, 1248.
(18) *La révolution française,* 1865, t. II, p. 72.

écrivains Nantais : MM. Lescadieu et Laurant (1), M. Guépin (2), M. Mellinet (3), M. Étiennez (4).

Tous ont reproduit la légende sur les mariages républicains, et, comme si la version primitive n'eut pas été assez affreuse, certains ont enchéri sur les détails; surtout M. de Lamartine, qui, avec son imagination créatrice, *peint* ainsi les mariages :

« Quelquefois Carrier, Lamberty et leurs complices se donnoient les cruelles voluptés du spectacle de l'agonie. Ils faisoient monter sur le pont des couples de victimes de sexe différent. Dépouillés de leurs vêtements, on les attachoit face à face, l'un à l'autre, *un prêtre avec une religieuse*, un jeune homme avec une jeune fille, on les *suspendoit* ainsi nus et entrelacés *par une corde* passée sous l'aisselle à la *poulie* du bâtiment ; on jouissoit, avec d'*horribles sarcasmes*, de cette parodie de l'hymen dans la mort; on les précipitoit enfin dans le fleuve. On appeloit ce jeu de cannibales les *mariages républicains!* »

D'autres historiens, en petit nombre, ont semblé protester par leur silence : Toulongeon (5), M. Thiers (6), M. Mignet (7), M. Michelet (8).

En 1858, M. Louis Blanc (9), le premier, je crois, a nié les mariages républicains :

« Que Carrier ait autorisé ou ordonné les *mariages républicains*, supplice qui auroit consisté à lier un jeune homme nu sur une jeune fille et à les précipiter ainsi dans les flots, c'est ce qu'on

(1) *Histoire de la ville de Nantes*, 1836, t. II, p. 123.
(2) *Histoire de Nantes*, 1839, p. 464.
(3) *La commune et la milice de Nantes*, 1840, t. VIII, p. 333.
(4) *Guide du voyageur à Nantes*, 1861, p. 80.
(5) *Histoire de la révolution*, 1803, t. IV, p. 276.
(6) *Même histoire*, 1828, t. VI, p. 373.
(7) *Même histoire*, 1833, t. II, p. 115.
(8) *Même histoire*, 1853, t. VII, p. 76-119.
(9) *Même histoire*, 1858, t. X, p. 193.

lit dans un rapport de Romme, mais ce qui ne fut nullement établi au procès...

« Romme dit dans son rapport qu'une foule de lettres parlent de ce qu'on appeloit, à Nantes, *le mariage républicain*. Mais il ne dit pas par qui ces lettres étoient écrites; si ces lettres venoient d'une source royaliste, etc. Le fait est que, dans le procès, nous ne les voyons ni reproduites ni appuyées par aucun témoignage. »

Voilà la controverse nettement établie; essayons d'y porter la lumière.

C'est le 21 brumaire an III, on l'a vu, qu'au nom de la Commission des 21, chargée, par un décret du 8, d'examiner la conduite de Carrier, Romme fit son rapport à la Convention. Le *Moniteur* (1) ne contient qu'un extrait de ce rapport; j'y prends, textuellement, le passage essentiel :

« Une foule de lettres parlent aussi de ce qu'on appeloit à Nantes le *mariage républicain*; il consistoit à lier un jeune homme nu sur une fille, et à les précipiter ainsi dans les flots. »

Quantité de pièces avoient été remises à la Commission des 21 par les comités réunis; elles furent imprimées ainsi que le rapport sur Carrier, par ordre de la Convention (2). Voici ce qu'on trouve dans l'analyse, qui suit le rapport, p. 39.

Vingtième liasse. — Première pièce.

FAITS.	PREUVES.
C'est par ses ordres (de Carrier) que Lamberty et Fouquet ont fait plusieurs mariages républicains; ils appeloient ainsi l'action de mettre nus un jeune garçon et une jeune fille, de les attacher ensemble, de les jeter à l'eau.	Lettre de l'accusateur public près le tribunal révolutionnaire au comité de sûreté générale, le 25 vendémiaire, l'an III, signée Leblois, contenant la déposition de deux témoins, dont l'un a vu, et l'autre *oui dire*; elle contient aussi la déclaration de quelques accusés.

(1) Du 23 brumaire an III, p. 229.
(2) Pièces sur la révolution, t. 524, nos 1 et 2 *bis*. Biblioth. du Louvre.

Cette lettre de Leblois fait partie des Pièces de la Commission des 21 ; or, p. 66 et 67, dans cette lettre le témoin qui auroit *vu* et celui qui auroit *ouï dire*, innommés l'un et l'autre, par Leblois, ne parlent absolument que de la noyade des 90 prêtres. Sur les *mariages* il n'y a que l'alinéa suivant :

« Chaux, accusé, a dit que les nommés Lamberty et Fouquet étoient les exécuteurs de Carrier, et qu'ils avoient fait par ses ordres plusieurs mariages républicains. Ils appeloient ainsi l'action de mettre nus un jeune homme et une jeune fille, de les attacher ensemble et de les jeter à l'eau. »

A l'audience Chaux fit-il réellement cette déclaration : cela est probable, puisque l'accusateur public, Leblois, l'a écrit, mais il faut remarquer à cet égard,

Que le compte rendu de Clément ne contient pas cette déclaration, laquelle, d'ailleurs, n'est qu'un ouï-dire;

Que Fouquet et Lamberty avoient été condamnés à mort, sept mois auparavant, le 25 germinal an II, par la Commission du Mans, en séance à Nantes (1). Ces noyeurs, dès lors, pouvoient, impunément, être chargés par les co-accusés de Carrier, et c'est ce qui eut lieu, plus d'une fois, au tribunal de Paris.

Quoi qu'il en soit, Carrier étoit accusé, par la Convention, entre autres crimes (2):

7° D'avoir donné des pouvoirs illimités au nommé Lamberty, qui s'en est servi pour des noyades de prêtres et autres personnes, et pour des mariages qu'il appelait *républicains*, etc.

Voyons, maintenant, ce que les débats produisirent pour établir ce chef d'accusation.

(1) J'ai rapporté ce jugement dans le *Cabinet*, 1865, p. 154.
(2) Acte d'accusation dressé contre Carrier, *Moniteur* du 8 frimaire an III, p. 286.

Un nombre prodigieux de témoins (1), on le sait, déposèrent d'abord contre le comité de Nantes, ensuite contre Carrier. Pour la plupart, ces témoins étoient hostiles à l'ex-proconsul et fort empressés à déclarer tout ce qu'ils savoient à sa charge. On croira que ceux qui auroient eu une connaissance personnelle des *mariages*, ne se seroient pas abstenus d'en parler. Or, dès les premières audiences, il fut question des *mariages républicains*, et l'on y revint, lorsque Carrier eut été réuni aux autres accusés. Voici ce que le compte rendu de Clément, peu favorable à Carrier, présente de plus saillant à cet égard.

Le premier témoin entendu fut le médecin Laënnec (2). A la fin de sa déposition il décrivit un mariage républicain; alors le président lui adressa la question suivante :

Demande. — As-tu été le témoin de cette scène révoltante ?
Laënnec. — Je n'ai point eu cet affreux spectacle sous les yeux; mais si l'on veut appeler le citoyen *Fratel*, sa famille, ses voisins, ils attesteront la vérité d'un commun accord.

Vient Phelippes Tronjolly, le dénonciateur de Carrier, et qui dépose à plusieurs reprises :

Il a entendu parler des mariages républicains (3).

Après, c'est Fournier, le directeur de l'hospice révolutionnaire :

Il a ouï parler des mariages républicains (4).

Boutel, capitaine de navire, ne dit pas autre chose (5).

---

(1) *Cent quatre-vingt quinze*; certains entendus plusieurs fois ; Procès de Carrier, 3ᵉ partie, *procès-verbal* des débats; Archives de l'empire, W, carton 493. — Plus de *deux cent vingt*, d'après le Bulletin de Clément.

(2) Bulletin, déposit. de Laënnec, n° 56, p. 4; il est nommé *Lahennette*, dans ce Bulletin et dans le *Moniteur*.

(3) *Idem*, déposit. de Phelippes, n° 59, p. 4; 7ᵉ partie, n° 11, p. 3.

(4) *Idem*, déposit. de Fournier, n° 67, p. 3.

(5) *Idem*, déposit. de Boutel, 7ᵉ part., n° 3, p. 3.

Fratel, marchand voilier, indiqué par Laënnec, se présente, à son tour :

Il parle des noyades et des fusillades ; il ajoute que, malgré la défense barbare du Comité, il a aussi soustrait un enfant à la mort ; il ne dit rien sur les mariages (1).

Vient le chirurgien Nicolon :

Celui-là a vu, sur le bord de la Loire, les cadavres nus d'un homme et d'une femme, attachés ensemble, parmi les cadavres épars sur le bord du fleuve (2).

Si Nicolon avoit bien vu ; si ces deux victimes avoient été intentionnellement liées, il y auroit eu, en effet, un mariage républicain.

Mais cette déclaration capitale est demeurée isolée, tandis que les témoignages abondent sur d'autres détails des noyades : femmes noyées avec leurs enfants ; nombreuses victimes presque dépouillées de leurs vêtements et puis noyées, etc. Outre ces cruautés *générales* et certaines, on a recueilli une précaution *spéciale* des noyeurs et une *appellation* sortie de la bouche d'un batelier ivrogne ; ces divers détails vont nous conduire à la légende sur les mariages.

Deux prisonniers s'étant sauvés, lors des premières noyades, à la troisième, les victimes furent liées deux à deux, par les poignets, sans distinction de sexe (3).

A l'officier de santé Thomas (4), un batelier nommé Perdreau, qui se trouvoit en état d'ivresse, raconta comment il s'y prenoit pour expédier beaucoup de monde, en peu de temps : « Pour faire une *baignade*, on dépouilloit les hommes

(1) *Idem*, déposit. de Fratel, n° 81, p. 3.
(2) *Idem*, déposit. de Nicolon, n° 81, p. 1.
(3) Commission des 21, déclaration de Vailly, p. 25.
(4) Bulletin, déposit. de Thomas, n° 66, p. 2.

« et les femmes; on les attachoit deux à deux, par les bras
« et les poignets; ils étoient ainsi précipités dans l'eau. Ceux
« qui surnageoient recevoient des coups de bâton. » Perdreau appeloit ces exécutions : des *mariages ciriques*.

C'est sur ces divers détails, ou je me trompe, que la tradition des *mariages républicains* s'est formée. Les hommes et les femmes *dépouillés*, liés *deux à deux*, noyés ainsi, c'étoit horrible, mais enfin, ce n'étoit pas le *mariage républicain*. A ces faits, l'émotion, l'imagination, ont ajouté la nudité complète, la différence des sexes, et transformé en *républicain* le nom de *cirique* prononcé par Perdreau. Là, je crois, est la vérité; la fin du procès de Carrier achève la démonstration : après les débats, l'accusateur public et le président MIRENT DE CÔTÉ les mariages républicains!

Le 24 frimaire an III, les débats ayant été fermés, le citoyen Petit, un des substituts de l'accusateur public (1), prit la parole et présenta le résumé de l'affaire. Ce résumé, dont le *Moniteur* (2) n'a conservé que HUIT lignes banales, occupe SEPT colonnes dans le bulletin de Clément (3); c'est là, qu'on lit, sur le 7e chef d'accusation :

« Carrier, par le 7e chef, est prévenu d'avoir donné des pouvoirs illimités, à Fouquet et Lamberty, pour noyer et faire des mariages que l'on appelait républicains; ces pouvoirs illimités... sont consignés dans les ordres notifiés à la force armée de tolérer les expéditions nocturnes desdits Fouquet et Lamberty; les *mariages républicains* NE SONT POINT PROUVÉS (4). »

Après l'accusateur public, les défenseurs des accusés furent entendus. Tronson-Ducoudray parla pour Proust et

---

(1) L'accusateur public titulaire était le cit. Leblois.
(2) *Moniteur* du 8 nivôse an III, p. 406.
(3, 4) Bulletin, 7e partie, n° 19, supplément, p. 3. — Ce bulletin, comme on sait, est rare, et le supplément en question encore plus.

Vicq. Dans son plaidoyer, qui a été imprimé (1), on lit ce passage :

« Je ne parlerai pas de ces atrocités plus révoltantes encore appelées *mariages républicains*, et qui n'ont pas été suffisamment constatées dans les débats... »

Le président, dans ses questions au jury, suivit l'accusateur public. Il avoit, ainsi que cela est nécessaire, écrit d'avance ces questions, d'après l'acte d'accusation ; on y demandoit au jury à l'égard de Carrier :

Carrier est-il coupable... de manœuvres et intelligences contre la sûreté du peuple Français, etc.
1ᵉ, 2ᵉ, 3ᵉ, 4ᵉ, 5ᵉ, 6ᵉ, 7ᵉ, 8ᵉ, 9ᵉ, 10ᵉ. (*Dix* questions pour autant de moyens d'exécution, tous abominables.) — Le 7ᵉ moyen constituoit la 7ᵐᵉ question, par le président d'abord ainsi posée :
7ᵉ En donnant des pouvoirs illimités au nommé Lamberty,
hommes, femmes et enfants,
qui s'en servoit pour noyer *et pour faire des mariages républicains qui consistoient à lier et attacher ensemble un homme et une femme et à les jeter ainsi à l'eau* (2). »

Les plaidoiries terminées et avant de remettre la feuille du verdict au jury, le président, dans la 7ᵉ question, raya le passage que j'y imprime en *italiques*, et le remplaça en interligne, par les mots : « hommes, femmes et enfants. »

La réponse du jury fut affirmative sur cette question, ainsi modifiée, et sur toutes les autres, hors la 3ᵉ qui étoit relative à « l'établissement d'une commission militaire auto-
« risée par Carrier à faire fusiller les gens de la campagne,
« dont une partie n'avoit pas pris les armes, etc. »

On croira que, si les *mariages* étoient ressortis des débats, le ministère public les aurait affirmés dans son réquisitoire,

(1) In-8, an III. *Pièces sur la révolution*, t. 524, n° 9, p. 27. — Bibliothèque du Louvre.
(2) *Procès de Carrier*, 3ᵉ partie, feuille des questions au jury, 26ᵉ pièce; Archives de l'empire, W, carton 493.

et que le président ne les auroit pas effacés de la question qui leur étoit destinée. Une réponse négative, à cet égard, paroissant inévitable, cette question fut modifiée et réduite à la « noyade d'hommes, femmes et enfants; » vérité éclatante pour tous!

Voilà ce que j'ai trouvé sur les *mariages républicains*; voilà ce qui a déterminé ma conviction finale sur cette légende; je m'estimerai heureux, si je ne me suis pas trompé, d'avoir pu contribuer à en purger l'histoire de mon pays!

Fin des noyades de Carrier.

Les noyades, même en en réduisant le nombre au chiffre autour duquel les preuves se groupent, avoient de quoi satisfaire Carrier. La Commission du Mans, qui, après la bataille de Savenay, vint à Nantes, étoit sans doute un puissant instrument révolutionnaire; aussi expéditif, quoique moins secret que les bateaux à soupape; et, cependant, Carrier et ses sicaires continuèrent leurs exécutions fluviales, et ne rencontrèrent de résistance que de la part de Vaugeois, accusateur public près de cette Commission. Chose étrange, ce jeune homme impitoyable (1), qui, dans une seule séance, faisoit envoyer à la fusillade jusqu'à 289 prisonniers (2), sans tempérer cette boucherie par un seul acquittement, Vaugeois s'opposa aux noyades!

La Commission Bignon, à cause de l'épidémie régnante avoit (le 9 nivôse) commencé par les détenus de l'Entrepôt. Là, elle siégeoit depuis assez longtemps, lorsque, un jour, Fouquet et Lamberty (3) y vinrent enlever, pour la noyade,

(1) Vaugois n'était alors âgé que de 27 ans.
(2) V. mon numéro VI, *Cabinet*, 1863, p. 149.
(3) Commission des 21, p. 5.

des prisonniers, parmi lesquels, des femmes enceintes et des enfants de moins de 15 ans. Vaugeois, averti, se rendit sur les lieux, malgré son état de souffrance et s'opposa avec énergie à cet enlèvement. Les deux noyeurs s'emportèrent; le menacèrent de la guillotine, et puis firent venir la garde. Haranguée, par Vaugeois, qui se décora du ruban tricolore et de la médaille d'accusateur public, la garde refusa d'obéir à Fouquet et Lamberty. Alors ce dernier produisit l'ordre (1) de Carrier qui l'investissoit de pouvoirs illimités. Vaugeois répliqua que, malgré cet ordre, arbitraire et destructif de toutes les lois, il s'opposoit à l'enlèvement que l'on vouloit opérer; puis sur la demande des noyeurs, il leur donna son refus écrit. Ils se retirèrent, disant qu'ils alloient trouver Carrier et qu'on verroit (2).

Le lendemain Carrier envoya chercher la Commission. Elle étoit en séance; le président seul (Gonchon) put se rendre chez le proconsul qui, en fureur, lui dit : « C'est « donc toi, j... f... de président, qui t'opposes à mes ordres; « dès que tu veux juger, eh bien b... juge donc, et, dans « deux heures, si l'Entrepôt n'est pas vidé, je te fais fu- « siller (3) ! » Selon la tradition, à la suite de cette scène, Gonchon seroit mort de saisissement (4); peu de temps après, dit Vaugeois (5). Les registres de l'état civil de Nantes fixent cette mort au 17 pluviôse (6). Vaugeois ni Bignon n'ont indiqué la date de la fameuse scène de l'Entrepôt; elle dut avoir lieu à la fin de nivôse ; la dernière fournée de la Commission est du 30 nivôse an II.

(1) Cet ordre est celui qu'on a vu, p. 45. Il fut représenté à la commission du Mans par Lamberty, lors de son procès, et joint à la procédure.
(2) Dite commission, *ibid.*
(3) *Idem*, déclaration de Bignon, p. 7.
(4) Mémoire de Bachelier, cité par M. Louis Blanc, *Histoire*, t. X, p. 103.
(5) Bulletin, 7ᵉ partie, n° 6, p. 3.
(6) Lettre de M. le procureur impérial de Nantes, du 16 janvier 1866.

Ainsi auroient dû prendre fin les noyades; mais l'élan étoit donné, et, quelques jours après le départ de Carrier, il y eut, en vue de l'île de Noirmoutier, une *baignade*, ordonnée par Foucault, commandant à Paimbœuf, et le noyeur des prêtres. Une quarantaine de femmes et d'enfants, plus deux hommes, avoient été amenés au petit port de Bourgneuf, le 2 ventôse an II. Pour les conduire à Nantes, il auroit fallu traverser le district de Machecoul, souvent visité par les bandes de Charrette. On arrêta que ces prisonniers seroient transférés, par mer, sur le chasse-marée *le Destin*, capitaine Macé. Le 5 ventôse an II, Macé embarqua pour Nantes, ces 41 infortunés; savoir, 2 hommes, dont un de 78 ans, aveugle; 12 femmes, 12 filles, 15 enfants; 10 de 5 à 10 ans, et les autres à la mamelle. Macé avoit avec lui 4 fusiliers et un caporal volontaires, et il avoit reçu l'ordre suivant:

Bourgneuf, 5 ventôse, l'an II, etc.

Il est ordonné à Pierre Macé, capitaine du bâtiment *le Destin*, de faire remettre à terre la nommée Jeanne Biclet (1), femme Jean Piraud; et le surplus sera conduit par lui à la hauteur de Pierre-Moine; là il les fera jeter à la mer comme rebelles à la loi, et après cette opération il retournera à son poste.

Signé : LEFÈVRE, *adjudant général.*

De plus les quatre fusiliers et le caporal qui sont à son bord.

Signé : P. FOUCAUD (2).

Le lendemain, à la hauteur de Pierre-Moine, écueil entre Noirmoutier et Pornic (3), les fusiliers jetèrent les 41 prisonniers à la mer. Cet acte exécrable fut dénoncé à la Convention, le 22 brumaire an III, par Merlin (de Thionville). La

---

(1) Cette femme était réclamée par la commune de Bourgneuf; déclaration de Foucault, Bulletin, 7e partie, n° 4, p. 3.

(2) *Moniteur* du 24 vendémiaire an III, p. 112.

(3) Cartes de l'état-major, n° 117.

lecture des pièces (1) souleva l'assemblée d'indignation et l'accusation de Lefèvre et de Macé fut décrétée séance tenante (2). Au cours du procès de Carrier, lecture fut donnée à l'audience de l'ordre de noyer. Foucault avoua le fait, mais prétendit n'avoir agi que sous la pression de Lamberty (3). Foucault, Lefèvre, Macé furent déclarés coupables, mais « sans intention contre-révolutionnaire, » ce qui amena leur acquittement (4).

Revenons à Carrier.

Ordres d'exécuter sans jugement.

Si, dans l'histoire de la Terreur, dans la vie de Carrier, rien n'est comparable aux noyades, les ordres d'exécuter sans jugement ont aussi leur lustre. Les victimes des noyades furent bien autrement nombreuses, sans doute ; du moins les sacrifices s'accomplirent, le plus souvent, la nuit, et, toujours, hors de Nantes, loin du proconsul. Les ordres de guillotiner sans jugement, s'exécutèrent en plein jour, au milieu de la ville, malgré la protestation des magistrats, et lors du premier, Carrier vint le confirmer par sa présence jusque sous l'échafaud. Ces ordres, on le comprend, contribuèrent largement à la condamnation de cet homme.

Lorsqu'ils furent signalés à la Convention, par la Commission des 21, Carrier sentit qu'il étoit perdu, et il essaya de les contester. D'abord, comme on n'en avoit que des copies figurées, il demanda à ne s'expliquer que sur le vu des

(1) Délibération du conseil de Bourgneuf, 3 ventôse an III; déclaration de Bocquet, commissaire des guerres audit lieu, du capitaine Macé, le 17 fructidor an II, *Moniteur* du 24 vendémiaire an III, p. 112.

(2) Dit *Moniteur*.

(3) Bulletin de Clément, 7ᵉ partie, nᵒ 4, p. 3.

(4) Procès de Carrier, 3ᵉ partie, 26ᵉ et 27ᵉ pièces; Archives de l'Empire, W, carton 493.

originaux (1). En vertu d'un décret de l'Assemblée (2) un courrier extraordinaire les rapporta de Nantes. Produits, devant le tribunal révolutionnaire, Carrier (3), ne pouvant nier ses signatures, prétendit qu'elles lui avoient été *subtilisées*. Ce n'étoit qu'un mensonge de plus. Il dit ensuite qu'il n'avoit donné ces ordres que pour faire *juger* les détenus et qu'à cet effet il avoit convoqué le tribunal (4) de Nantes; mais un juré lui ferma la bouche en faisant observer qu'il ne falloit point d'ordres pour *juger*, mais bien pour guillotiner (5).

Quels qu'ils soient, ces ordres cessent de surprendre, quand on songe à l'homme qui les donna, aux horreurs par lui déjà accomplies, à la situation des choses à Nantes.

On étoit en pleines noyades; quelques jours auparavant Carrier avoit voulu faire fusiller les prisonniers en masse ; le 17 frimaire, il faisoit noyer les 58 prêtres d'Angers; le 24, les 129 prisonniers du Bouffay; le 26, Phelippes le déclare (6), il vouloit ordonner de guillotiner indistinctement les rebelles qui se rendoient, comme ceux qui étoient pris les armes à la main! A Phelippes, qui lui demandoit s'il signeroit de pareils ordres, il répondoit : « Cela ne fait pas la moindre difficulté (7); » et il disoit vrai.

Le 27 frimaire, le lendemain, 24 de ces rebelles, en vertu du premier ordre, étoient guillotinés sans jugement. Un témoin raconta qu'ils étoient venus se rendre au comité avec armes et bagages, demandant à servir dans les armées de la république et que le Comité feignit d'adhérer

---

(1) Convention, séance du 2 frimaire an III, *Moniteur* du 4, p. 273.
(2) Même séance, *Moniteur* du 5 frimaire, p. 275.
(3, 4) Bulletin, 7ᵉ partie, n° 16, p. 4.
(5) *Idem*, n° 17, p. 1.
(6, 7) *Idem*, déposit. de Phelippes, 6ᵉ partie, n° 60, p. 2.

à leur proposition; trois heures après ils étoient exécutés (1).

Ce qui est constant, c'est que Carrier donna et signa l'ordre au pied de la liste de ces 24 prisonniers, au nombre desquels, on le verra plus bas, étoient quatre enfants: *Peigné et *Bertaud, âgés de *quatorze* ans; *Charon et *Guillocheaud, de *treize* ans. Tous furent conduits à la place du Bouffay, où la guillotine étoit en permanence. Carrier y arriva ensuite dans un fiacre (2). Deux *Marat*, Crespin et René Naud, se trouvoient là; Crespin, s'approchant, lui offrit ses services. Carrier l'envoya avertir l'exécuteur public et les juges du tribunal révolutionnaire que présidoit Phelippes (3). Tous se réunirent au palais; leur concours étoit nécessaire pour prononcer, ce qui eut lieu, la confiscation des biens des victimes. Phelippes, ayant pris lecture de la liste fatale, se rendit près de Carrier et lui fit des représentations. Le proconsul auroit pu aisément retirer sa signature. Il renouvela ses ordres sans vouloir écouter le président; l'âge même de quatre jeunes victimes ne put l'émouvoir. On n'eut plus qu'à obéir (4); l'accusateur public intervint, en gémissant, et l'exécution eut lieu, marquée par un incident horrible. Un des prisonniers de *treize* ans ne dépassoit que du sommet de la tête la planche fatale. Comme on le lioit : « Me feras-tu bien du mal, » dit-il à l'exécuteur. On voit où la jeune victime fut frappée par le couteau (5)! Phelippes, j'y reviens plus bas, eut soin de constater, sur les registres du tribunal, sa démarche inutile auprès de Carrier,

(1) *Idem*, déposit. de Moutier, n° 80, p. 4.
(2) *Idem*, déposit. de Phelippes, 7e partie, n° 16, p. 4.
(3) *Idem*, déposit. de Crespin, n° 84, p. 3.
(4) *Idem*, déposit. de Phelippes, n° 16, p. 4.
(5) *Plaidoyer* de Tronson-Ducoudray pour Proust, an III, p. 27; Pièces sur la révolution, t. 574; Biblioth. du Louvre.

Deux jours après, le 20 frimaire, ordre et exécution semblables. Cette fois, il y avoit 27 victimes, parmi lesquelles les 4 sœurs La Métayrie, leur servante, et deux autres femmes (1). Ce convoi avoit été, la veille, amené à Nantes, de la commune de Nozay, où le comité local, avoit à ce qu'il paroît, prononcé sa sentence de mort. Les sept femmes, d'abord déposées au *Bon-Pasteur*, furent ensuite envoyées, au Bouffay par le comité de Nantes (2). Des agents de ce comité vinrent, sans ordres, demander ces prisonnières au concierge Laquèze qui les leur refusa (3). Le lendemain, 29, Carrier délivra l'ordre concernant toute la fournée. En le recevant, Laquèze (4) n'eut pas le courage de le faire connaître aux demoiselles La Métayrie; il chargea de cette mission funèbre, la fille Laillet, poissonnière, à Nantes, alors détenue et cuisinière au Bouffay. Cette fille prit à part les quatre sœurs et leur annonça le sort qui les attendoit. « Mais « nous n'avons été ni jugées ni entendues! s'écrièrent ces « infortunées. — C'est un ordre de Carrier, répliqua la fille « Laillet; à neuf heures, il sera exécuté. » Les quatre victimes se prosternèrent et firent leur prière. Au moment de partir pour l'échafaud, la plus jeune, Olympe, âgée de 17 ans, donna, comme souvenir, un anneau à la messagère de mort. Cette fille le portoit encore lors du procès de Carrier; elle le produisit au tribunal de Paris, où sa déposition fit pleurer tout le monde (5).

Il est de tradition à Nantes, que le bourreau (Sénéchal)

---

(1) Sur ce second ordre, il y a quelques inexactitudes dans M. Louis Blanc (*Histoire de la révolution*, t. X, p. 200); le nombre de 27 victimes est porté à 30, et les la Métayrie à 6, y compris leur mère qui n'y étoit pas.

(2) M. Lallié, *Notes sur le Bouffay*, p. 76; le même, Extraits sur *le Comité de Nantes*, séance du 28 frimaire an II.

(3) Bulletin, déposit. de Bernard Laquèze, dit *Lacaille*, 7ᵉ part., n° 15, p. 1.

(4, 5) *Idem*, déposit. de la fille Laillet, n° 77, p. 3.

mourut de chagrin trois jours après cette exécution (1). J'ai fait inutilement chercher la date de cette mort. Ce qui est certain, c'est que cet exécuteur fut remplacé par le citoyen Feray, bourreau de Pont-Audemer, nommé à Nantes, le 16 nivôse an II (2), 17 jours seulement après l'exécution des La Métayrie; la tradition peut être vraie, à quelques jours près.

Les ordres de Carrier existent encore, en original, conservés aux archives de l'Empire; en frémissant je les ai *vus* et *touchés*, la première fois, le 18 juin 1861! Les voici, en entier; j'y joins les procès-verbaux dressés à leur sujet par Phelippes Tronjolly, et par moi copiés sur les registres du tribunal de Nantes, lors de mon premier voyage historique, à la fin d'octobre 1803.

Premier ordre.

(Tribunal révolutionnaire de Phelippes, 3e registre, fol. 115 verso.)

Du 27 frimaire l'an II de la République françoise une et indivisible, après midi. *Moi, président du tribunal révolutionnaire ai rapporté le procès-verbal qui suit :*

Les membres du tribunal réunis, présent l'accusateur public. Le citoyen Phelippes, président du tribunal a fait part d'un ordre à lui adressé par le citoyen Carrier, Représentant du peuple, lequel ordre étant au pied d'une liste manuscrite contenant le nom, l'âge, la demeure et le lieu de domicile de vingt-quatre brigands qui viennent d'être conduits à Nantes par la force armée et qui sont détenus sur la place du Bouffay; en vertu duquel ordre, le président a rendu l'ordonnance qui suit. Après avoir verbalement reçu de nouveaux ordres du représentant du peuple, sur les représentations du président en exécution des loix des 19 mars, 10 mai et 15 juillet derniers,

Nous, président du tribunal criminel et révolutionnaire du département de la Loire-Inférieure séant à Nantes, ordonnons que la liste et l'ordre ci-dessus mentionnés seront de suite transcrits à

---

(1) *Plaidoyer* de Tronson-Ducoudray pour Proust, p. 28, déjà cité.
(2) M. Lallié, *Notes sur le Bouffay*, p. 23.

la suite de la présente, pour être exécutés suivant la volonté et l'exprès commandement du Représentant du peuple et que ladite pièce de nous chiffrée restera déposée au greffe, sauf au tribunal à prononcer la confiscation des biens des vingt-quatre dénommés dans ladite liste conformément aux articles 7 et 8 de la loi du 19 mars dernier, et à l'accusateur public à donner des ordres à l'exécuteur des jugements criminels, *suivant l'usage, deux lignes et trois mots pressés* Phelippes.

Liste des brigands condamnés à la peine de mort, le 27 frimaire, l'an 2ᵉ de la Reque fse (1).

1° Thomas Juchiome, 26 ans, batellier et pêcheur, natif et domicilié à la Chapelle-Bassemaire, garçon.
2° Pierre Bouyer, 21 ans, labʳ, natif et domicilié d'*idem*, garçon.
3° Guillaume Bouyer, 19 ans, labʳ, id.
4° François Renou, 26 ans, tonnellier, id.
5° Jean Hérie, 33 ans, labʳ, id. natif et marié, ayant quatre enfants.
6° Pierre Antier, 19 ans, labʳ, id. garçon.
7° Mathurin Therrien, 21 ans, labʳ, id. id.
8° René Martin, 32 ans, tisserant, natif de la commune de Chabrut, district de Malvrier, sur les confins d'Anjou, et domicilié de Saint-Jacques, marié, sans enfant.
9° Jean Vezin, 50 ans, labʳ, natif et domicilié de la Chapelle Bassemaire, marié, ayant 4 enfants.
10° Paul Joubert, 17 ans, labʳ, natif et domicilié d'*idem*, garçon.
11° Julien Peigné, âgé de *quatorze* ans, labʳ, natif et domicilié d'*idem*, id.
12° Jean Bonyer, 26 ans, labʳ, natif et domicilié d'*idem*, id.
13° Étienne Bitierre, 21 ans, forgeron, natif de Petit-Mars, et domicilié de la Chapelle-Bassemaire, garçon.
14° François Bertaud, 22 ans, pêcheur et marinier, natif et domicilié de la Chapelle-Bassemaire, garçon.
15° Pierre Luceau, 37 ans, labʳ, natif et domicilié d'*idem*, garçon.
16° Laurent Chantreau, 32 ans, marinier, natif et domicilié d'*idem*, garçon.
17° Jacques Martin, 22 ans, labʳ, natif et domicilié d'*idem*, garçon.

(1) Archives de l'empire. W, carton 493; Procès de Carrier, 2ᵉ partie, pièce 64. — Cette pièce et la suivante — 65 — ont été transcrites littéralement, y compris les fautes d'orthographe.

* 18° René Charon, âgé de *treize* ans, lab', natif et domicilié de la Chapelle-Bassemaire, garçon.

19° Mathurin Hérie, 28 ans, lab', natif et domicilié d'*idem*, garçon.

20° Charles Guillocheaud, 20 ans, lab', natif et domicilié d'*idem*, garçon.

21° Paul Gacien Bureau, 19 ans, jardinier, natif de Saint-Donatien et domicilié dudit lieu, garçon.

* 22° René Bertaud, *quatorze* ans, sans état, natif et domicilié de la Chapelle-Bassemaire, garçon.

* 23° Louis Guillocheaud, *treize* ans, sans état, natif et domicilié d'*idem*, id.

24° François Mainguet, 31 ans, natif, etc., de Saint-Julien, domicilié de la Rochelle, marié avec Perrine Mabillau, ayant un enfant.

« Pour ordre au citoyen Phelippes, présid' du tribunal cri-
« minel, de faire exécuter sur-le-champ, sans jugement, les
« vingt-quatre brigands ci-dessus et de l'autre part qui viennent
« d'être arrêtés les armes à la main.

« Nantes, 27 frimaire, l'an 2ᵈ de la République française une et
« indivisible et impérissable.

» Le Représentant du peuple,   CARRIER. »

(Au bas de l'ordre, d'une autre main.)
Agé de 13 ans, deux.
Agé de 14 — id.
Soussigné président du tribunal révolutionnaire ayant avec nous pour adjoint le commis juré soussigné, avons rapporté procès-verbal de ce que devant, pour servir à qu'il appartiendra et être présenté au tribunal, etc. L'accusateur public pour faire ce qu'ils jugeront convenable. Une ligne et quatre mots pressés trois mots en marge six mots rayés nuls ce 27 frimaire l'an 2ᵉ de la Rque fse.

PHELIPPES,   BOUVIER.

Le tribunal vu le procès-verbal inscrit sur le présent registre rapporté par le président et l'ordre déposé au Greffe à lui adressé par le Représentant du peuple. Ouï l'accusateur public dans ses conclusions a déclaré acquis et confisqués au profit de la République les biens des vingt-quatre particuliers arrêtés les armes à la main, nommés et désignés dans le susdit ordre inscrit sur le registre le tout conformément aux art. 7 et 8 de la loi du 19 mars, ordonne qu'une expédition du présent, sera à la diligence de l'accusateur public adressée au département.

Fait à l'audience publique où présidoit Phelippes et assistoient Lenormant, Lepeley, Le Coq et Daverst, juges du tribunal.

Présent, Goudet, accusateur public.

LENORMANT,
LEPELEY,   PHELIPPES,
DAVERST.

(N. B. Les mots soulignés sont de la main de Phelippes.)

Deuxième ordre.

(Même registre du tribunal, fol. 119 verso.)

On trouve d'abord un procès-verbal du tribunal, et une ordonnance de Phelippes à la date du 29 frimaire, dans les mêmes termes que ceux du 27, avec ces seules différences.

27 brigands au lieu de 24.

Conduits « le 28 frimaire », au lieu du 27 — détenus « aux prisons du Bouffay, » au lieu de place du Bouffay.

Et cette addition au procès-verbal :

« Qu'on livre ces brigands en jugement conformément aux lois. »

(Suit la liste des 27 brigands.)

Liste des brigands pris les armes à la main le 28 frimaire et condamnés à la peine de mort le 29 (1).

1° Jacques Paquier, 23, lab', natif et domicilié de la commune de Plessé, district de Blain, garçon.

2° Guillaume Philippe, âgé de 19 ans, lab', natif et domicilié de la commune de Saint-Niphard, district de Guérande, garçon.

3° Louis Drogneux, 22 ans, lab', natif et domicilié de la commune d'Ecoublat, district de Guérande, garçon.

4° Louis Gelin, 38 ans, lab', natif et domicilié de Chelun, district de Guérande, garçon.

(1) Archives de l'empire, *loc. cit.*, pièce 65.

5° Louis-F**ois** Gueneuf, 22 ans, maréchal et lab**r**, natif et domicilié de la commune de Crossac, district de Guérande, garçon.

6° Pierre Yvon, âgé de 23 ans, natif et domicilié de la commune de Blain, garçon.

7° Julien Treman, âgé de 23 ans, lab**r**, natif et domicilié de la commune de Nivillaque, district de Roche-Sauveur, garçon.

8° Louis Bertrand, 21 ans, lab**r**, natif et domicilié de la commune d'Escoublaque, district de Guérande, garçon.

9° Olivier Marchand, 18 ans, lab**r**, natif et domicilié de la commune de Guinrouet, district de Savenay, garçon.

10° Pierre Lecoux, 22 ans, natif et domicilié de la commune de Plessé, district de Blain, garçon.

11° Pierre Blandin, âgé de 42 ans, lab**r**, natif et domicilié de la commune de Blain, marié, ayant 2 enfants.

12° Jean Roussel, âgé de 22 ans, natif et domicilié de la commune d'Herbinaque, district de Guérande, garçon.

13° Pierre Demy, 36 ans, lab**r**, natif et domicilié de la commune de Severaque, district de Savenay, garçon.

14° Nicolas Bougane, âgé de 24 ans, lab**r**, natif et domicilié de la commune de Savenay, garçon.

15° Jean Potiron, âgé de 22 ans, natif et domicilié à commune de Bouvron, district de Savenay, garçon.

16° Jean Augé, 30 ans, natif et domicilié d'idem, garçon.

17° René Bonmalo, 42 ans, natif et domicilié de la commune de Savenay, marié, ayant un enfant.

18° Pierre Queuille, 23 ans, lab**r**, natif de la commune du Gavre, et domicilié de celle du Blain, garçon.

19° Jean Lalande, 26 ans, lab**r**, natif et domicilié de la commune de Saint-Étienne-de-Mont-Luc, district de Savenay, garçon.

20° Julien Ruelle, 24 ans, lab**r**, natif de la commune de Saint-André-des-Eaux, district de Guérande, et domestique avant le brigandage chez Philippes Aulay, fermier à la meterie de Bissan, commune de Guérande.

21° Gabrielle Métairie, 28 ans, native de la paroisse du Poiré, district de la Roche-sur-Yon, département de la Vendée.

22° Marguerite Métairie, 27 ans, *idem*.

23° Claire Métairie, 26 ans, *idem*.

24° Olympe Métairie, 17 ans, *idem*.

25° Jeanne Roy, native de Saint-Etienne-du-Bois, district de Chalans, même département, âgé de 22 ans, domestique des 4 d**elles** cydevant.

26° Michelle Hervouet, âgée de 29 ans, native de Vannes.

27° Mathurine Marchand, 25 ans, native de Lorient, fille de feu

Pour chiffrature Philippes.

d'Henry Marchand, cydevant écrivain dans la compagnie des Indes, et officier municipal de laditte commune de Lorient.

« Pour ordre au cen Phelippes présid¹ du tribunal criminel de faire exécuter sur le champ sans jugement les 27 brigands ci-dessus et de l'autre part qui ont été arrêtés les armes à la main.

« Nantes, 29 frimaire, l'an 2ᵐᵉ
« de la République 1ᵉ, une et indivisible.
« Le Représentant du
« peuple français,
CARRIER. »

Paris. — Imprimerie de PILLET fils aîné, rue des Grands-Augustins, 5.

LA JUSTICE RÉVOLUTIONNAIRE

A PARIS ET DANS LES DÉPARTEMENTS

D'APRÈS DES DOCUMENTS ORIGINAUX
LA PLUPART INÉDITS

(17 août 1792 — 12 prairial an III)

PAR M. CH. BERRIAT SAINT PRIX

Conseiller à la Cour impériale de Paris.

— N° XVIII —

(EXTRAIT DU CABINET HISTORIQUE)

CARRIER A NANTES (*suite et fin*).
Fusillades, sabrade, sans jugement.

Les ordres de guillotiner sans jugement n'achèvent par la série des crimes de Carrier ; il y a encore les *fusillades*, la *sabrade* sans jugement, la *tournée* de Le Batteux, porteur des « pouvoirs illimités » du proconsul et quelques *incidents* divers.

A la Convention, au tribunal de Paris, Carrier voulut aussi contester les fusillades, malgré une foule de témoignages, malgré la lettre suivante, qui étoit une démonstration. Le lendemain de l'exécution des sœurs La Métayrie, le proconsul écrivoit à la Convention, et sa lettre étoit lue à la séance du 6 nivôse (1) :

(1) *Moniteur* du 8 nivôse an II, p. 393.

1

Nantes, le 30 frimaire, l'an II°.

Citoyens, mes collègues, vous avez décrété qu'il n'existait plus de Vendée; vous décréterez bientôt qu'il n'existe plus un seul brigand....

Il n'y a ici que très-peu de brigands qui aient passé la Loire..., ils venaient à la nage, *sans armes*. Il n'en eût pas échappé un seul, sans les ordres du général Moulin, qui s'est avisé de donner à quelques-uns des passe-ports pour les autoriser à rentrer chez eux. Je viens de faire partir l'ordre d'arrêter ce général *vraiment coupable* (1); il est déjà remplacé....

La défaite des brigands est si complète, que nos postes les tuent, les prennent et amènent à Nantes par centaines: la *guillotine* ne peut suffire; j'ai pris le parti de les faire fusiller; ils *se rendent* ici et à Angers par centaines. J'assure à ceux-ci le même sort qu'aux autres. J'invite mon collègue Francastel à ne pas s'écarter de cette salutaire et expéditive méthode (2). C'est par principe d'*humanité* que je purge la terre de la liberté de ces monstres...

On lut ensuite une lettre de Carrier écrite, le 4 nivôse, après la bataille de Savenay; puis le porteur de cette dépêche fut entendu à la barre, et il ajouta, entre autres détails :

Le jour de mon départ, il est arrivé à Nantes cinq cents brigands que les habitants des campagnes avaient saisis *jetant leurs armes et demandant grâce*; mais la seule grâce qu'on puisse accorder à des rebelles est de leur donner une prompte mort (3).

Ces traits de l'*humanité* de Carrier, bien entendu, n'émurent ni la Montagne, ni le Comité de Salut public. Je n'ai pu me fixer sur le nombre de ces exécutions, moins encore sur celui des victimes; voici ce que le procès de Carrier fournit à cet égard.

Il y eut des fusillades :

(1) On a vu, dans mon XV° article, que Moulin fut emprisonné au Bouffay.
(2) On a vu, dans mon n° V, que Francastel déféra à l'*invitation* de Carrier.
(3) *Moniteur* du 8 nivôse, *j. cit.*

A l'*Entrepôt*, de plusieurs rebelles qui s'étoient rendus à discrétion (1);

Ailleurs, de jeunes brigands qui s'étoient également rendus et pour lesquels le Directoire du département intercéda auprès de Carrier (2);

A la prairie de Mauves, de brigands à pied, dans la même situation (3);

De 80 cavaliers vendéens amenés à Nantes, avec chevaux, armes et bagages, après la bataille de Savenay (4). Ils témoignoient les regrets les plus vifs (5); Naud (6) et Minée (7), entre autres, intercédèrent en leur faveur auprès de Carrier qui feignit de céder; on les fusilla sur la prairie de Mauves, par les ordres du général Hector (8) (Legros); avec eux étoient plusieurs enfants qui purent être sauvés (9).

Carrier (10) prétendit que ces cavaliers avoient été jugés par la Commission militaire; mais, quand l'exécution n'auroit pas eu lieu avant l'arrivée à Nantes de la Commission du Mans (11), la présence, parmi les victimes, d'enfants de 10 à 12 ans, démontroit suffisamment qu'aucun jugement n'avoit été rendu.

Sur cette fusillade, le président parut élever un doute (12); ce qui, probablement, a porté M. Michelet (13) à parler de

(1) Bulletin, déposit. de Fonteneau, n° 94, p. 3.
(2) *Idem*, déposit. de Gicqueau, 7ᵉ part., n° 16, p. 2.
(3) *Idem*, déposit. de Renaudot, n° 78, p. 2.
(4) *Idem*, déposit. de Delasalle, n° 72, p. 2.
(5) *Idem*, déposit. de Girault, n° 75, p. 4.
(6) *Idem*, déposit. de Naud, n° 76, p. 1.
(7) *Idem*, déposit. de Minée, n° 82, p. 3; 7ᵉ part., n° 15, p. 1.
(8) *Idem*, déposit. de Fonbonne, n° 85, p. 2; de Legros, n° 18, p. 3; de Sauvage, n° 95, p. 4; de Fournier, n° 11, p. 2.
(9) *Idem*, déposit. de Fonbonne et de Legros.
(10) *Idem*, déposit. de Leroux, n° 18, p. 3; de Joly, n° 13 p. 1.
(11, 12) *Idem*, n° 13, p. 1.
(13) *Histoire de la Révolution*, t. VII, p. 79.

« ces cavaliers qui s'étaient rendus, *qu'on avait fusillés*, et
« qu'on retrouva vivants! » Quelque chose de plus décisif,
c'est la réponse du jury aux deux questions qui concernoient
les fusillades et qui étoient ainsi posées (1) :

Carrier est-il coupable... de manœuvres et intelligences contre
la sûreté du peuple français, etc.
4° En faisant noyer ou *fusiller* un grand nombre de brigands
qui avaient déposé les armes en faveur d'une amnistie?
5° En faisant subir le même sort à 80 et quelques *cavaliers* qui
s'étaient volontairement rendus, et promettaient de livrer leurs
chefs si on leur accordait la vie?

La déclaration du jury fut affirmative sur ces deux questions (2).

Au *Moniteur* (3), est la mention de fusillades bien autrement considérables qui auroient eu lieu, à Nantes, avant l'arrivée de la Commission du Mans. Le 8 nivôse an II, des citoyens, qui apportoient des nouvelles de la Vendée, furent entendus à la barre de la Convention, et l'un d'eux, après avoir dit que « trois maux incurables poursuivoient les bri-
« gands : la Loire, la Guillotine et l'armée de Westermann
« et de Marceau, » ajoutoit : Nous ne faisons plus de prisonniers; «.... *neuf cents* brigands ont été fusillés à Nantes,
« et leurs corps jetés dans la Loire » (4). — Je n'ai rien trouvé, dans le procès de Carrier, sur ces 900 Vendéens ainsi expédiés, et je doute que les témoins eussent oublié une pareille exécution, si le fait eût été vrai.

La sabrade.

Ce nom de *sabrade* fut donné à une exécution à l'arme blanche opérée dans la ville même. Sept ou huit prison-

---

(1, 2) Procès de Carrier, 3ᵉ partie, 20ᵉ pièce : Archives de l'Empire, W, carton 493.

(3, 4) *Moniteur* du 10 nivôse an II, p 403.

niers sortoient, un soir, du Comité, pour aller à l'*Entrepôt*. Leurs conducteurs, trouvant qu'il étoit tard et que la course étoit longue, massacrèrent ces malheureux sous les fenêtres du Comité (1). Quelques instants après, deux des exécuteurs furent rencontrés; le lendemain il y avoit, sur la place, du sang, des cheveux et des chapeaux (2).

Je viens à Le Batteux.

Le Batteux.

Le Batteux, l'un des séides de Carrier, n'opéra que dans le Morbihan. Si j'en parle, c'est à raison des « pouvoirs illimités » qu'il avoit reçus du proconsul et qui étoient partis de Nantes. Ces pouvoirs se sont perdus, mais ils ont existé, cela est certain : Le Batteux les a mentionnés dans un arrêté qu'on lira plus bas.

C'est de Redon, dans les premiers jours de frimaire, que cet homme partit pour commencer ses opérations. Avec lui étoient le 5e bataillon du Bas-Rhin, quelques chasseurs et gendarmes à cheval; il y avoit du canon. Un général Avril commandoit cette colonne qualifiée « d'armée révolutionnaire (3). » L'expédition eut pour prétexte un attroupement qui s'étoit formé à Noyal-Muzillac, bientôt dissipé par des troupes envoyées de Vannes, où elles étoient rentrées immédiatement (4).

(1) Bulletin, déposit. de Thomas, n° 66, p. 2; de Coffirand, n° 95, p. 2.

(2) *Idem*, déposit. de Coffirand, déposit. de Benet, n° 98, p. 1.

(3) Délibération du conseil municipal de Questembert, 28 frimaire an III. — Cette pièce (n° 12), comme la plupart de celles qui vont suivre, est tirée d'un dossier conservé aux Archives de l'Empire, AF — 11 — 126 — et intitulé : *Pièces probantes de la conduite de Le Batteux au nombre de 13. Les pièces originales existent entre mes mains. Redon, le 6 nivôse an II, signé :* Bd. Tréhouard.

Je crois ces pièces inédites.

(4) Lettre de Mancel à la Convention, 13 vendémiaire an III. — *Pièces*

Le 9 frimaire, au soir, annoncée par deux courriers, la colonne de Le Batteux arriva à Questembert. Le lendemain, arrestation du maire et d'un municipal, relâchés au bout de quelques heures (1). Le 11, Le Batteux se rendit à Noyal-Muzillac.

Entré dans ce bourg, vers midi, il fit cerner l'église où s'étoient réunis les habitants. Puis la municipalité reçut l'ordre suivant (2) :

Moi, commissaire civil, je donne une *demie-heure* aux officiers municipaux de Noyal, de fournir et de donner les coupables qui ont pris les armes à Ambon, où sont les bariques de poudre; les . . . . et de fournir six mille livres pour les frais de la guerre. NOGUES, secrétaire ; à Noyal, le onze frimaire.

La municipalité ayant répondu qu'elle ignoroit où étoient les révoltés d'Ambon, Le Batteux menaça d'incendier l'église et il en fit sortir cinq personnes : François et Guillaume *Lescop*, Guillaume *Dréano*, Jean *Rival* et Jacques *Mary*, qui, à l'instant, furent fusillés dans le cimetière. Un sixième, Pierre *Le Metire*, qui s'étoit échappé de l'église, fut atteint et tué hors du bourg (3).

Puis des cavaliers se transportèrent au village de Brûlic, où la maison de François *Dréano* fut brûlée (4).

A Noyal, une douzaine d'habitations furent pillées, huit chevaux enlevés, et la municipalité reçut le 2e ordre suivant (5) :

Au nom de la République française.

Moi, Le Batteux, commissaire auprès du cinquième bataillon du Bas Rhin, dit Révolutionnaire, et « revêtu de pouvoirs illimités

de la Commission des 21, p. 59. Biblioth. du Louvre, *Pièces sur la Révolution*, t. 521.

(1) Voir la note 3, page précédente.
(2) Enquête à Noyal-Muzillac, dossier de Tréhouard, n° 5.
(3, 4, 5) Dite pièce 5.

par le représentant Carrier; » vu que la municipalité de Noyal m'a promis de fournir la somme de six mille livres pour les frais de la guerre et que toutes les armes qui seront dans la paroisse et les munitions me seront rendues sous vingt-quatre heures à Quinstambert, et que tous les jeunes gens de dix-huit à vingt-cinq ans, se rendront demain à La Roche Sauveur (1); je veux bien « accorder la grâce » aux autres coupables; le caractère du vrai patriote étant toujours porté à pardonner, quand le peuple veut rentrer dans le devoir et reconnaître les lois. LE BATTEUX, commissaire, NOGUES, secrétaire. Noyal, le onze frimaire.

De retour à Questembert, Le Batteux annonça que justice était faite (2).

Le 12 frimaire, il partit, avec un détachement, pour brûler le village de Lagrée, en Noyal, et il annonça qu'il ferait incendier toutes les chapelles (3).

Le même jour, les municipaux de Noyal ayant apporté les six mille livres exigées la veille, les chevaux furent rendus et Le Batteux donna un reçu des 6000 livres, autorisant la répartition de cet impôt forcé entre les habitants (4) :

Le commissaire auprès du cinquième bataillon du Bas-Rhin ayant imposé les habitants de Noyal à la somme de six mille livres, s'étant révoltés au mois de mars dernier, et depuis peu, je reconnais que les officiers municipaux de Noyal m'ont compté ladite somme de six mille livres, sauf à eux à imposer les habitants de leurs paroisses pour se faire rembourser ladite somme cy-dessus, à quoi je les autorize. LE BATTEUX, commissaire, NOGUES, secrétaire. Questambert, le 12 frimaire, l'an II de la R. F.

Le 13 frimaire, réunion des habitants de Questembert dans l'église. Le Batteux les harangua, les forma en compagnies de gardes nationales, nomma les principaux offi-

(1) Ce nom avait été donné à La Roche Bernard, à cause de son maire, Sauveur, massacré, par les insurgés, le 15 mars 1793, lors de la levée des 300,000 hommes. M. Ternaux, *Histoire de la Terreur*, t. VI, p. 271.

(2, 3) Même dossier, pièce 12.

(4) *Ibidem*, pièce 3.

ciers, etc. Pendant cette opération, on fusilla le nommé *Fauvielle*, amené de la prison de Malestroit, comme insurgé de mars 1793 (1).

Puis, avant de quitter Questembert, Le Batteux adressa aux habitants de Noyal, qui n'avoient pas livré leurs armes et munitions, la proclamation suivante (2) :

Liberté, Égalité.
Au nom de la République française.

Le commissaire auprès du cinquième bataillon du Bas-Rhin somme de rechef les habitants de Noyal de remettre sous huit jours toutes les armes et les munitions qu'ils ont en leur possession, sans quoi je serai encore forcé de retourner dans leur paroisse et de mettre tout à feu et à sang. Evités, je vous engage, un pareil désastre; c'est moi qui vous en prie. Si vous avez du mal, il ne faudra vous en prendre qu'à vous. Le Batteux, commissaire, Nogues, secrétaire. Questembert, le 3 (13) frimaire, l'an second, etc.

(Certifié conforme, Muzillac, 28 frimaire an III.)

A ce moment, le général Avril avoit dû recevoir de Carrier la lettre d'encouragement suivante, qui fut lue au tribunal de Paris (3) :

Carrier au général Avril.

Nantes, le 10 frimaire.

Continue de porter la terreur et la *mort* dans le Morbihan; incarcère les gens suspects et tous ceux qui figureront dans des rassemblements; *incendie* les propriétés des *révoltés* ; dénonce aux autorités constituées les individus absents qui seront présumés porter les armes chez les rebelles; désigne leurs propriétés aux corps administratifs pour faciliter leur *confiscation*; voilà les ordres que je te donne et que tu exécuteras avec le plus de zèle et d'activité qu'il te sera possible.

(1) *Ibidem*, pièce 12.
(2) *Ibidem*, pièce 5.
(3) Bulletin de Clément, 7e part., n° 12, p. 2.

Le 14 frimaire, l'armée révolutionnaire partit pour La Roche *Sauveur* (1). Le Batteux et Avril firent séjour dans le pays, jusqu'au 19 frimaire. Il y est de tradition qu'Avril profita de la situation pour contraindre une dame Lévêque à lui donner en mariage une de ses filles qu'il avoit déjà enlevée (2).

Le 20 frimaire, l'armée se rendit à Muzillac. Là, Le Batteux produisit, à la maison commune, sa commission signée Carrier, et demanda une liste des suspects : prêtres, nobles, religieuses. L'arrestation de ces dernières fut ordonnée, et la municipalité requise de faire creuser une *fosse* dans le cimetière. Il envoya ensuite chercher le sieur *d'Avaux*, ex-noble. Ce malheureux, conduit au cimetière, pour éviter le transport de son cadavre, y fut fusillé aux cris de : *Vive la République* (3) !

Le 21 frimaire, Le Batteux et Avril étoient à Vannes (4), où leur armée n'observa pas, d'abord, une discipline bien sévère, car, dès le 23, le citoyen Guillemet dénonçoit, à la municipalité, un vol commis par deux soldats (5).

Le Batteux demanda au Comité de surveillance de la ville et en reçut une liste de suspects. Des arrestations furent opérées, en des termes qui émurent ce Comité. Le 24, en séance extraordinaire, il envoya une députation à Le Batteux qui remit une liste de sept personnes, « toutes jugées « dignes de mort.:. à cause du mot *incivique* placé en re- « gard de leurs noms, par le Comité, » sur sa liste des suspects. Nouvelle députation envoyée au commissaire pour

(1) La Roche Bernard. V., sur ce nom, la note 1, p. 159.
(2) Lettre de M. Le Bret, juge de paix à La Roche-Bernard, 7 avril 1868.
(3) Délibération de la municipalité de Muzillac, du 27 frimaire an III. — Dossier déjà cité, pièce 9.
(4) Dit dossier, pièce 1.
(5) *Ibidem*, pièce 3.

obtenir que la peine de mort fût convertie en détention pour trois détenus : *Bernard, de Grénédan* et *de Harembert*; à l'égard des quatre autres, le Comité gardoit le silence. Toutefois, il ne paroît pas que la sentence de Le Batteux et d'Avril eût été suivie d'exécution (1).

Le séjour de ces deux hommes, à Vannes, fut encore marqué par deux pièces que je transcris :

I

Liberté, Égalité.

Au nom de la République, 24 frimaire an II,
Les commissaires Avril et Le Batteux prient le sans-culotte Jourdan de vouloir bien leur faire passer, aussitôt la présente reçue, les pièces concernant trois individus de Sazzeau suspectés de contre-révolution qui furent amenés hier dans la maison de justice de cette ville.

Salut et fraternité.
J.-J. Avril et Le Batteux (2).

Nous soussignés, commissaires du représentant du peuple Carrier, après avoir examiné les pièces qui, par mon réquisitoire, m'ont été servies par le C. Jourdan, commissaire national, à Vannes, invitons ce dernier à faire passer, de brigade en brigade, à Belle-Ile-en-Mer, le déserteur du 41ᵉ régiment, pour subir la punition qui lui a été infligée par son corps et de s'aboucher avec le Cᵗᵉ de surveillance pʳ prononcer de concert sur le sort des deux autres particuliers arrêtés coe suspects et traduits dans les prisons de cette ville. — Vannes, 26 frimaire l'an II.

Le Batteux (3).

Pourtant, le représentant Tréhouard mit fin à cette tournée sanglante. Le décret du 14 frimaire an II (4), qui sup-

(1) Délibérations du comité de surveillance de Vannes, du 24 frimaire an II. Dit dossier, pièce 11.
(2) Dit dossier, pièce 13.
(3) *Ibidem.*
(4) Sur le gouvernement révolutionnaire, 3ᵉ section, art. 18.

primait les armées révolutionnaires locales, étoit arrivé à Vannes. Le Batteux fut arrêté et mis en prison à Redon, en vertu d'un ordre de Tréhouard donné au général Tribout, le 2 nivôse (1).

Mais, dès le 4 nivôse, de Nantes, Carrier ordonnoit, avec emportement et en des termes injurieux pour Tréhouard, la mise en liberté de Le Batteux. Voici ses actes :

Au nom de la République française, une et indivisible.

A Nantes, le 4 nivos de l'an II, etc.

Carrier, représentant du peuple, près l'armée de l'Ouest, au procureur syndic du district de Rhedon.

Je te somme, citoyen, de faire mettre sur-le-champ à exécution l'arrêté ci-inclus, de concert avec le général Tribout à qui j'écris, ou avec le général Avril.

Le représentant du peuple,
CARRIER (2).

Au nom de la République, etc.

A Nantes, le 4 nivos de l'an deux de la République française, une et indivisible.

Carrier, représentant du peuple près l'armée de l'Ouest, met en liberté le citoyen Le Batteux, directeur des postes à Rhedon : déclare infâme l'arrestation prononcée contre lui ; ordonne qu'il sera élargi sur-le-champ, déclare ennemi de la République et traître à la Patrie, tout individu, de quelque grade qu'il soit, qui oserait attenter à la personne et à la liberté de ce brave républicain; fait défense au général Tribou, à tout autre chef de la force armée, aux autorités constituées et à la force publique, d'exécuter aucun ordre *attentotre* à la liberté dudit Le Batteux ; défend, surtout, à tout citoyen, dans quelque grade qu'il serve la République, d'obéir à Tréhouard, appelé depuis peu comme suppléant à la Convention nationale, et ayant on ne peut plus mal rempli la mission qui lui a été déléguée, s'étant constamment déclaré le partisan de tous les fédéralistes, royalistes, modérés et contre-ré-

---

(1) *Guerres des Vendéens et des Chouans*, etc. (par Savary), Baudouin, 1824, t. II, p. 504.

(2) L'original est aux Archives de l'Empire, W. 493. Procès de **Carrier**, 2ᵉ part., 58ᵉ pièce.

volutionnaires des pays qu'il a parcourus: conduite que le représentant du peuple Carrier va dénoncer au Comité de Salut public et à la Convention; met le citoyen Le Batteux sous la sauvegarde de tous les citoyens, ordonne au général Tribou de le conduire à Nantes, en liberté, avec une escorte auprès du représentant du peuple Carrier, lequel, le mettant sous la protection spéciale de la République, se rend garant dudit Le Batteux à toute la France; ordonne à tous les chefs de la force armée et particulièrement au général Tribou, aux autorités constituées et à tous les citoyens d'exécuter et faire exécuter le présent arrêté à peine de désobéissance à l'autorité légitime de la Convention, et d'être regardés comme persécuteurs des républicains, partisans des contre-révolutionnaires et traîtres à la République.

Le représentant du peuple français,
CARRIER (1).

J'ai rapporté, en entier, malgré son étendue, cet arrêté vraiment insensé, parce qu'il m'a semblé peindre Carrier et son époque. A lui seul, comme je le dirai plus bas, un tel acte eût dû motiver le rappel immédiat de cet homme, ce qui n'eut pas lieu. Cet arrêté avoit été envoyé, le 11 nivôse, au Comité de Salut public, par Jullien fils (2). Devant la Convention (3), Carrier avoua ses torts envers Tréhouard, mais il maintint et voulut justifier sa délégation à Le Batteux!

N'oublions pas, ici, que le Comité de Salut public et Robespierre furent, à deux reprises, instruits de la tournée de Le Batteux: par Tréhouard, d'abord, et ensuite par Jullien fils; on le verra plus loin.

Incidents.

Je termine cette affreuse et déjà trop longue chronique par des incidents qui ont aussi leur cachet: l'ordre au gé-

(1) L'original est aux mêmes Archives, *Ibid.*, pièce 62.
(2) Lettre de Jullien à Robespierre, du 10 pluviôse, plus bas transcrite. *Papiers trouvés chez Robespierre*, 1828, t. III, p. 47.
(3) Le 2 frimaire an III; *Moniteur* du 4, p. 271.

néral *Haxo*, sur la Vendée ; celui de ne pas faire de *prisonniers* ; le *sérail* de la femme Papin.

Pendant la tournée de Le Batteux, Carrier écrivit une lettre et envoya un ordre au général Haxo, lui prescrivant d'incendier les maisons de la Vendée et d'en massacrer tous les habitants. Voici d'abord la lettre (1) :

À Nantes, le 23 frimaire de l'an deux, etc.

Carrier, représentant du peuple près l'armée de l'Ouest,

Au général Haxo.

J'apprends à l'instant, mon brave général, que des commissaires du dép¹ de la Vendée veulent partager avec ceux du dép¹ de la Loire-Inférieure les subsistances et les fourrages qui se trouveront dans Bouin ou dans Noirmoutier. Il est bien étonnant que la Vendée ose réclamer des subsistances après avoir déchiré la patrie par la guerre la plus sanglante, la plus cruelle. Il entre dans nos projets, et ce sont les ordres de la Conv⁰ⁿ nˡᵉ, d'enlever toutes les subsistances, les denrées, les fourrages, tout, en un mot, de ce maudit pays ; de livrer aux flammes tous les bâtim... qui y existent encore, d'en exterminer les habitants, car je vais incessamment t'en faire passer l'ordre ; et ils voudraient encore affamer les patriotes après les avoir fait périr par milliers ! Oppose-toi de toutes tes forces à ce que la Vendée prenne ou garde un seul grain...

CARRIER.

Cette lettre, dit Carrier, à la Convention, le 1ᵉʳ frimaire an III, est conforme aux décrets de l'Assemblée qui portent de livrer aux flammes les bois et les maisons et d'exterminer les habitants de la Vendée, c'est-à-dire les brigands, avant le 1ᵉʳ octobre. Le nom de Haxo est honorablement inscrit au Panthéon (2).

Voici l'ordre :

---

(1) L'original est aux Archives de l'Empire, *Armoire de fer*. Une copie certifiée est au procès de Carrier, 2ᵉ partie, 43ᵉ pièce, W, 493.

(2) *Moniteur* du 3 frimaire an III, p. 269.

Carrier, représentant du peuple, au général Huxo.

Il vous est ordonné d'incendier toutes les *maisons* des rebelles, d'en *massacrer* tous les habitants, et d'en enlever toutes les subsistances (1).

Cet ordre fut lu au tribunal de Paris, ainsi que le décret *relatif aux mesures à prendre contre les rebelles de la Vendée* (2), les armes à la main; le président (3) fit observer que les dispositions de ce décret étoient absolument contraires à l'ordre de Carrier. En effet ce décret, comme répression, ne contenoit que les dispositions suivantes :

Art. 6. Il sera envoyé par le ministre de la guerre des matières combustibles pour incendier les bois, les taillis et les genêts.

Art. 7. Les forêts seront abattues; les repaires des rebelles seront détruits; les récoltes seront coupées par les compagnies d'ouvriers pour être portées sur les derrières de l'armée, et les bestiaux seront saisis.

Art. 8. Les femmes, les enfants et les vieillards seront conduits dans l'intérieur. Il sera pourvu à leur subsistance et à leur sûreté, avec tous les égards dus à l'humanité.

Ces mesures terribles ne suffisoient pas à Carrier; il y ajouta l'incendie des *maisons* des rebelles et le massacre de tous les habitants.

Son ordre fut l'objet de la Ve question posée au jury et résolue affirmativement (4).

Au tribunal de Paris, l'adjudant général Legros déclara que, par un autre ordre, qui s'étoit égaré, Carrier avoit défendu de faire des prisonniers. Carrier se contenta de ré-

(1, 3) Bulletin de Clément, 7e part., n° 10, p. 3.
(2) Décret du 1er août 1793, collection des lois, dite *du Louvre*, in-4°, t. XV, p. 322.
(4) Procès de Carrier, déjà cité, 3e partie, 26e pièce ; Archives de l'Empire.

pondre : « Il est possible que j'aie donné cet ordre ; je trouve
« ma justification dans les décrets de la Convention » (1).

Voici maintenant le *sérail*.

Rien, durant le séjour de Carrier, ne devoit être épargné aux prisonniers de Nantes : outre la mort sous toutes les formes, le froid, la faim, la maladie, enfin la prostitution.

De l'*Entrepôt*, envahi par le typhus, des personnes charitables avoient retiré des jeunes prisonniers des deux sexes. Une femme Papin intervint, à son tour, et peupla de jeunes Vendéennes, belles sans doute, sa maison, qui, du nom de sa directrice, fut appelée le *Sérail de la femme Papin!* (2). Le Comité révolutionnaire s'émut d'une telle infamie. Il ne permit de livrer des prisonniers sinon à l'ordonnateur de la marine, et encore de moins de 17 ans; et il prescrivit de ramener à l'Entrepôt tous ceux qui en avoient été retirés. Trois de ses arrêtés, pris à ce sujet, ont été conservés (3) :

I

Le Comité révolutionnaire enjoint aux commissaires bienveillants de la 17e section ainsi qu'au concierge et à tous autres préposés à la garde des prisonniers de l'*Entrepôt*, de ne livrer à personne d'ici à nouvel ordre, nul enfant ni individu quelconque, si ce n'est à l'agent qui doit se présenter au nom du commissaire ordonnateur de la marine, lequel encore, ne pourra faire choix que d'enfants au-dessous de l'âge de 17 ans. Nantes, ce 9 nivôse, *signé*, GOULLIN, GRANDMAISON t autres.

II

Comité révolutionnaire.

Le citoyen concierge de la maison d'arrêt de l'Entrepôt donnera la liste de ceux qui, obéissant à l'avis dudit Comité, ont ramené à

(1) Bulletin, déposit. de Legros, 7e part., n° 18, p. 2.
(2) Bulletin, déclaration de Chaux, n° 81, p. 3.
(3) *Idem*, n° 81, p. 3.

ladite maison d'arrêt les enfants qui leur avaient été délivrés. Nantes, ce 15 nivôse, *signé*, CHAUX et autres.

III

Le citoyen Dumey (1) voudra bien donner, au plus tôt, la liste des personnes qui ont ramené des brigands à l'Entrepôt, avec leurs noms, la rue et le numéro, principalement la demeure de Jeanne Papin, qui a eu l'infamie de réclamer, malgré l'arrêté du Comité, sept femmes dont la plus jeune a quinze ans. Nantes, ce 20 nivôse, *signé*, GRANDMAISON.

Ces arrêtés, au bas desquels on s'étonne de voir le nom de Grandmaison, amenèrent une sorte de conflit entre le Comité et Carrier. Le proconsul, sur les observations de l'adjudant général Savary, celui-ci inspiré par Kléber, avoit consenti, comme moyen d'apaisement, au renvoi dans leurs foyers de quelques-uns des Vendéens, vieillards, femmes, enfants, qui périssoient à l'Entrepôt. En apprenant, par Savary, que le Comité ordonnoit que ces enfants seroient reconduits à l'Entrepôt, Carrier entra en fureur, manda devant lui le Comité et le menaça de la guillotine.

En racontant cette scène, Savary ajoute : « Carrier me « sembla un grand enfant qui auroit eu besoin de bonnes « lisières ou d'une place à Charenton » (2).

Actes divers ; imputations hasardées.

Les pages que l'on vient de lire n'épuisent pas les actes tyranniques de Carrier, ni les reproches dont on a chargé sa mémoire. Jusqu'à présent, je ne me suis occupé que de l'essentiel et du certain. Ce qui reste, ou perd de son intérêt, ou ne se constitue que d'allégations plus ou moins controuvées.

(1) Concierge de l'Entrepôt.
(2) *Guerres des Vendéens et des Chouans*, etc. (par Savary), 1824, t III, p. 30.

Des incidents, avérés, du séjour de Carrier à Nantes manquent de relief après les énormités qui précèdent ; tels sont :

L'*embargo* mis sur les navires (1) ;

L'arrestation des *courtiers* et *revendeurs* (2) ;

La fermeture momentanée du *club* de Vincent-la-Montagne (3) ;

L'arrestation de Champenois, en vertu d'un ordre qualifié, par cet officier municipal, de *lettre de cachet* (4) ;

Je n'en parlerai donc pas.

Quant aux allégations controuvées, je dois rappeler les principales, et, très-brièvement, je dirai pourquoi les unes sont des suppositions, les autres des exagérations.

Outre les *mariages républicains*, on a reproché à Carrier :

D'avoir fait périr le mari d'une femme devenue sa maîtresse ;

D'avoir fait noyer trois belles femmes qu'il avoit possédées ;

D'avoir fait fusiller, sans jugement, 800 paysans de Bouguenais, près de Nantes ;

D'avoir fait *égorger*, dans les prisons, 10,000 Vendéens ;

D'avoir fait fusiller, à Gigant, près de 15,000 personnes.

Rien, dans le procès de Carrier, ne confirme, de près ni de loin, les deux premières imputations, simples « on-dit » recueillis par Phelippes Tronjolly (5), et que ne reproduit aucun autre témoignage.

(1) Commission des 21, p. 90. — Archives de l'Empire, A.F. 11, n° 7.
(2) Bulletin, déposit. de Lenoir, n° 97, p. 1.
(3) Commission des 21, p. 41 à 44.
(4) Bulletin, déposit. de Champenois, n° 76, p. 4. — L'ordre est à la Commission des 21, p. 42. — V. aussi la lettre du Comité de salut public à Prieur de la Marne au § *Rappel de Carrier*, et enfin le *Moniteur* du 3 frimaire an III, p. 168.
(5) Bulletin, déposit. de Phelippes, n° 60, p. 1 ; n° 62, p. 3.

La troisième, erronée sur plus d'un point, ne peut atteindre Carrier. C'est l'inexact et boursouflé Prudhomme (1) qui, le premier, a fait massacrer ces 800 habitants de Bouguenais, de l'ordre du proconsul. Des écrivains de notre tems, Pitre-Chevalier (2) et M. Biré (3), un peu légèrement, ont suivi Prudhomme. Remontant aux sources, tous les deux auroient vu, dans le procès de Carrier, que le proconsul avoit quitté le pays six semaines avant les fusillades en question (4); que les victimes avoient été jugées au château d'Aux et que leur nombre n'avoit été porté qu'à 360, au tribunal de Paris (5). Le registre de la Commission du Mans (6) leur eût appris qu'il n'y avoit eu que 209 habitants de Bouguenais condamnés, puis fusillés. Ces erreurs avoient été, avant moi, relevées par M. Dugast-Matifeux (7), dont le travail m'a fourni le récit de cet épisode de la Commission Bignon, inséré dans le *Cabinet*.

Les 10,000 prisonniers vendéens égorgés figurent ainsi dans *la Révolution française* de M. Jules Janin (8):

Carrier... avait rempli de Vendéens les prisons de Nantes; il les fit égorger dans leurs prisons au nombre de *dix mille*.

L'élégant écrivain ne dit pas où a été pris cet *égorgement* de 10,000 prisonniers. A cet égard, les documents de l'époque, les seuls à consulter, sont muets : il n'y a rien dans le recueil de la Commission des 21 qui, pourtant, n'épargna

(1) *Histoire des Crimes de la Révolution*, 1797, t. II, p. 273.
(2) *Bretagne et Vendée*, 1848, p. 520.
(3) *Revue de Bretagne et de Vendée*, 1857, p. 31.
(4) Ces fusillades sont du 13 et du 14 germinal; Carrier avait quitté Nantes le 26 pluviôse.
(5) Bulletin, déposit. de Benet, n° 97, p. 4.
(6) Greffe du tribunal de Nantes.
(7) *Le Château d'Aux en 1794*, etc., 1857, 8°.
(8) 1865, t. II, p. 66.

pas Carrier; rien au procès, que les fusillades à l'Entrepôt ou à la prairie de Mauves que j'ai déjà rappelées. Prudhomme (1), qui donne plus de 100,000 victimes à Nantes (ville de 70,000 âmes), dit qu'il y eut 10,000 *morts* dans les prisons; même avec le typhus, ce chiffre est bien considérable; mais s'il y eût eu 10,000 *égorgés*, à coup sûr une pareille énormité n'eût pas échappé à l'historien des *crimes de la Révolution*.

Reste les 15,000 fusillés, de la *Biographie portative des contemporains* (2).

Ces exécutions (les noyades) ne suffisaient pas à leur rage; ils (les bourreaux de Carrier) fusillaient encore chaque jour plus de 500 prisonniers dans les carrières du Gigan. Ces massacres, qui durèrent plus d'un mois, emportèrent près de 15,000 personnes.

J'ai parlé ailleurs (3) des fusillades aux *carrières* ou rochers de Gigant; exécutions, dans ce lieu, de la Commission du Mans; du 9 nivôse au 6 pluviôse, environ 2,000 personnes, en vertu de jugements, et non pas 15,000, sans jugement; la vérité vraie est encore assez affreuse!

Nous voici, enfin, au rappel de Carrier.

Rappel de Carrier.

Les tyrannies ont heureusement leur terme; celle de Carrier eut le sien: trop reculé par l'inertie coupable du Comité de salut public. Le proconsul ne fut rappelé que par un arrêté du 20 pluviôse an II, après des lettres de Jullien fils. Généralement, ces lettres ont été présentées comme une révélation inopinée des horreurs de Nantes, et ces horreurs comme la cause du rappel de Carrier. « Sur les dénoncia-

(1) *Histoire, etc., des crimes*, t. II, p. 339.
(2) Par Rabbe, Boisjoslin, etc., 1828-1836, t. 1ᵉʳ, p. 801.
(3) Dans mon n° VI, *Cabinet*, 1865, p. 150.

« tions de Julien, dit M. Louis Blanc (1), Robespierre indi-
« gné provoqua le rappel de Carrier. » — « Il fallut, dit
« M. Hamel (2), pour éveiller l'attention du Comité de salut
« public, l'arrivée de Jullien sur les lieux. »

Déjà indiquée, mon opinion est bien différente. Pour moi,
le Comité de salut public et Robespierre avoient connu, dès
le principe, les exécutions ordonnées ou tolérées à Nantes;
et pendant deux mois, à cet égard, leur prétendue indignation s'étoit contenue; il fallut des considérations politiques
pour amener le rappel de Carrier.

Voyons les faits; ouvrons le *Moniteur;* reproduisons, il le
faut, des passages déjà cités.

Le 8 frimaire an II, à la Convention, étoit lue une lettre
de Carrier, datée de Nantes, le 17 brumaire, où se trouve ce
passage (3) :

> Un événement d'un autre genre semble avoir voulu *diminuer*
> le nombre des prêtres; quatre-vingt-dix de ceux que nous dési-
> gnons sous le nom de *réfractaires* étaient enfermés dans un ba-
> teau sur la Loire; j'apprends, à l'instant, et la nouvelle est très-
> sûre, qu'ils ont tous péri dans la rivière.
>
> *Signé* CARRIER.

Au cours de sa défense, devant la Convention, le 2 frimaire an III, Carrier osa dire (4) que cette mort des 90 prêtres, il l'avoit crue accidentelle. Le 8 frimaire an II, l'Assemblée, écoutant la lecture de sa lettre, avoit-elle pu le
croire (5)? Passons.

Quelque temps après, semblable nouvelle dans une autre

---

(1) *Histoire de la Révolution*, t. X, p. 201.
(2) *Histoire de Robespierre*, t. III, p. 396.
(3) *Moniteur* du 10 frimaire an II, p. 286.
(4) *Moniteur* du 4 frimaire an III, p. 272.
(5) Un député obscur, Coren-Fustier, le déclara à la séance du 3 frimaire
an III; *Moniteur* du 5, p. 278.

lettre de Carrier, du 20 frimaire, lue à la Convention le 25 (1) :

Mais pourquoi faut-il que cet événement (une victoire sur Charette) ait été accompagné d'un autre qui n'est plus d'un *genre nouveau!* Cinquante-huit individus désignés sous le nom de prêtres *réfractaires*, sont arrivés d'Angers à Nantes; aussitôt ils ont été *enfermés* dans un *bateau* sur la Loire ; la nuit dernière ils ont tous été *engloutis* dans cette rivière. Quel torrent *révolutionnaire* que la Loire !

CARRIER.

A ce coup, l'Assemblée et le Comité durent ouvrir les yeux ; ces 58 prêtres *réfractaires*, comme les 90 ; — enfermés dans un *bateau* sur la Loire, comme eux ; *engloutis*, comme eux, la nuit *précédente*, et, cette fois, par un torrent *révolutionnaire!* Et dans cette exécution on n'auroit vu qu'un accident ? Passons encore, la lumière va éclater.

Le 11 nivôse, à la Commune de Paris, le citoyen Minier donna lecture d'une lettre, écrite après la bataille de Savenay (livrée le 3 nivôse); cette lettre lui étoit adressée par un de ses amis de Nantes; on l'inséra au *Moniteur* (2).

Rive droite de la Loire.

Mon ami, je t'annonce avec bien du plaisir que les brigands sont enfin détruits; les généraux, les représentants et l'armée qui étaient à leur poursuite doivent rentrer aujourd'hui en ville. Le nombre des brigands qu'on a amenés ici depuis huit jours est *incalculable*; il en arrive à tout moment.

La guillotine étant trop *lente* et comme en les fusillant c'est aussi trop *long*, et qu'on use de la poudre et des balles, on a pris le parti de les mettre en certain nombre dans de grands bateaux, de les conduire au milieu de la rivière, et, là, on *coule le bateau à fond*; cette *opération* se fait *continuellement*.

.... Tous les chefs sont presque tués; il ne restera pas un seul brigand, car on ne fait *grâce à aucun*.

(1) *Moniteur* du 30 frimaire an II, p. 347.
(2) *Moniteur* du 13 nivôse an II, p. 409.

.... Quelques détachements de nos troupes fouillent tous les villages aux environs de Savenay (1)... Il y a peu de brigands, car il n'en est peut-être pas échappé six cents qu'on reprendra à Angers.

Ancenis, Saint-Florent et autres endroits sont pleins de prisonniers; mais ils n'y resteront pas longtemps, car sans doute ils auront aussi le *baptême patriotique.*

Comment prétendre que les noyades furent ignorées de la Convention et du Comité, après une telle lettre? Sur ces exécutions, je n'ai rien dit qu'elle ne rappelle : la cause, le mode, le lieu du supplice, tout s'y trouve. Et l'on n'y voit pas moins, rétrospectivement, le sort véritable des 148 prêtres réfractaires, les premières victimes; voilà pour les *noyades.*

Les *fusillades* furent-elles dissimulées à l'Assemblée et au Comité? encore moins; et, sur ce point, au *Moniteur* est aussi la lumière.

D'abord, à la séance du 6 nivôse (2), étoit lue une lettre de Carrier du 30 frimaire, plus haut transcrite, et où l'on voit :

Que le général Moulin avait été emprisonné pour avoir donné des passe-ports à des Vendéens qui s'étaient rendus;

Que Carrier, la guillotine ne pouvant suffire, faisait, par principe d'*humanité,* fusiller les Vendéens qui étaient pris et ceux qui se *rendaient* par centaines;

Et qu'il recommandait cette salutaire et expéditive *méthode* à son collègue Francastel, à Angers.

A la même séance (3) étoit ouï, à la barre, un messager de Carrier, qui déclaroit :

Que le jour de son départ, le 4 nivôse, avaient été amenés à

---

(1) On a vu dans mon 6ᵉ article que la Commission du Mans, en séance à Savenay, avait, en 3 jours, envoyé 660 brigands à la fusillade.

(2, 3) *Moniteur* du 8 nivôse an II, p. 393.

Nantes 500 brigands jetant leurs armes et demandant *grâce*; mais que la seule grâce à leur accorder était une prompte mort.

Deux jours après, le 8 nivôse (1), autre messager de Carrier déclarant à l'Assemblée :

Qu'on ne faisait plus de prisonniers...., que 900 brigands avaient été fusillés à Nantes et leurs corps jetés dans la Loire.

Voilà pour les *fusillades*.

Les ordres de guillotiner *sans jugement* furent-ils connus à Paris, du Comité et de Robespierre? J'ai de la peine à ne pas le croire; cependant, comme la preuve (2) me manque, je m'abstiens.

Quant à la *tournée* de Le Batteux, le Comité de salut public, 40 jours avant le rappel de Carrier, en fut complètement instruit par Tréhouard qui, le 6 nivôse, de Redon, lui envoya les 13 pièces dont j'ai donné plus haut des extraits.

Peu de jours après, Robespierre et Barère en eurent personnellement connaissance par Jullien fils; le 13 nivôse, de Lorient, Jullien écrivait à Robespierre (3) :

Je t'envoie, ainsi qu'à *Barère*, les *quatre pièces* les plus importantes relatives à la conduite de Carrier, qui, après avoir donné sa confiance à des hommes patriotiquement contre-révolutionnaires, qui ont *pillé*, *tué* et *brûlé*, et que *Tréhouard* avait fait arrêter, les a déclarés *inviolables*, et a défendu de reconnaître son collègue

---

(1) *Moniteur* du 10, p. 403.

(2) Dans les papiers de Robespierre étaient en double copie (Commission des 21, p. 113 à 116) le procès-verbal de Phelippes et le 1er ordre de Carrier, celui du 27 frimaire qui comprend les 4 jeunes brigands de 14 et 13 ans. Mais je crois que ces deux pièces capitales n'étaient parvenues à Robespierre qu'après le rappel de Carrier; une note marginale semble l'indiquer; il y est question de Phelippes *lors* président, c'est-à-dire avant la rédaction de la note, et Phelippes avait été remplacé, en cette qualité, par Le Peley, le 26 pluviôse an II. (Phelippes : *Noyades et fusillades*, p. 30. Pièces sur la Révolution, t. 524. Biblioth. du Louvre.)

(3) *Papiers inédits trouvés chez Robespierre*, etc. 1828, t. III, p. 51.

pour représentant du peuple. Une pareille conduite est révoltante. Carrier a subdivisé ses agents en si grand nombre qu'on voit des hommes délégués par les commissaires des représentants faire arrêter des administrateurs *patriotes*, en convenant même dans le procès-verbal de l'arrestation qu'il n'existe *ni faits, ni papiers* contre eux. Les actes les plus tyranniques se commettent; une lutte indécente s'élève entre deux représentants, dont l'un (Carrier) menace d'arrêter l'autre. Tu verras les *détails* dans ma lettre à *Barère* et les *pièces* jointes. On attend une prompte décision.

Carrier fut laissé à Nantes. Le 26 nivôse, de Lorient, autre lettre de Jullien à Robespierre, où se lisent les passages suivants (1) :

Tu as sans doute reçu, par Hector Barère, mes dernières lettres où je t'exprimais, avec franchise, mon opinion puisée dans des faits sur *Bréard*, Tréhouard et *Carrier*. Les agents du premier et du dernier ont puissamment servi le fanatisme et l'aristocratie.... Je me rends à Nantes, La Rochelle et Bordeaux, pour continuer la tournée dont le Comité de Salut public m'a chargé....

Et là, ne se bornèrent pas, sur les crimes de Carrier, les notions parvenues à Robespierre.

Gonchon, président de la Commission du Mans, épouvanté des scènes d'horreur dont il étoit témoin à Nantes, les dénonça dans une lettre, communiquée à ses collègues e adressée à Couthon, qui se hâta de l'anéantir (2).

« Avant que Carrier fut dénoncé, disoit Laignelot, à la
« Convention (le 3 frimaire an III, en présence de Carrier),
« j'allai voir Robespierre, qui était incommodé; je lui pei-
« gnis *toutes les horreurs* qui s'étaient commises à Nantes; il
« me répondit : CARRIER EST UN PATRIOTE; IL FALLAIT CELA
« DANS NANTES (3). »

Trouvera-t-on, maintenant, que je me suis trop avancé en

(1) *Papiers inédits trouvés chez Robespierre*, etc., 1828, t. III, p. 53.
(2) *Moniteur du 23 frimaire an III*, p. 349.
(3) *Idem*, du 5 frimaire an III, p. 278.

disant (1) que « le Comité de salut public et Robespierre
« n'avaient point ignoré les horreurs de Nantes, et qu'ils
« n'avaient rien fait pour les arrêter? »

Cependant Jullien, poursuivant sa tournée, avoit quitté
Lorient. Il arriva à Nantes, au commencement de pluviôse,
et ne dut pas tarder à apprendre les horreurs qui s'y étoient
commises. S'en étant expliqué au club de Vincent-la-Montagne, il fut arrêté et conduit devant le proconsul (2). Là eut
lieu une scène à la fois violente et ridicule; Carrier menaça
Jullien de son sabre, mais ne put l'effrayer. L'adolescent (3),
qui se sentoit appuyé par Robespierre, lui tint tête avec
courage, et, se mettant prudemment à l'autre bout de la
chambre, il lui dit « que s'il le faisoit tuer, il iroit lui-
« même à la guillotine »; le proconsul s'adoucit et lui rendit la liberté (4).

Alors Jullien concerta, au club, une démarche finale auprès du Comité de Salut public, et ne tarda pas à quitter
Nantes, pour se rendre à La Rochelle, par Angers et Tours :
la route directe étoit interceptée par Charette et Stofflet. —
D'Angers, le 15 pluviôse, Jullien écrivoit à Robespierre (5) :

Je me rends à La Rochelle, mon bon ami, pour suivre ma mission, et j'ai été forcé de prendre par Tours, la route directe étant
interceptée. J'ai vu Nantes; il faut *sauver* cette ville; que le Comité de Salut public écoute avec l'attention la plus sérieuse les
sans culottes nantais qui lui sont adressés. *La Vendée recommence*;
Montaigu est pris et l'on trompe le Comité de Salut public; nos
généraux perdent leur tems à Nantes et ne dissimulent point
leur système de prolonger la guerre; Carrier, qui se fait dire malade et à la campagne, lorsqu'il est bien portant et dans Nantes,
vit loin des affaires au sein des plaisirs, entouré de femmes et

(1) Plus haut, n° xv, p. 2.
(2, 4) Bulletin, déposit. de Jullien fils, 7e part., n° 17, p. 2.
(3) Jullien avait à peine 19 ans.
(5) *Papiers trouvés chez Robespierre*, etc., t. III, p. 40.

d'*épauletiers* flagorneurs, qui lui forment un sérail et une cour; et Carrier est inaccessible aux *députations* de la Société populaire, qui viennent pour conférer avec lui sur les objets les plus importants; et Carrier fait incarcérer les *patriotes* qui se plaignent avec raison de sa conduite. L'esprit public est étouffé; *la liberté n'existe plus*; Nantes est dans une position qui ne peut durer sans péril.

Rappelez Carrier; envoyez à Nantes un représentant montagnard, ferme, laborieux et *populaire*. Prenez des mesures pour éteindre la *Vendée renaissante*....

Il n'y a pas un instant à perdre. J'enverrai de Tours quelques détails, mais il est superflu de les attendre. Il faut *sauver Nantes, éteindre la Vendée*, réprimer les élans despotiques de Carrier.

Le même jour, Jullien écrivoit à son père, membre de la Convention (1) :

Angers, 15 pluviôse.

Au reçu de la lettre, mon cher papa, vole, je t'en prie, chez Robespierre, avec les braves patriotes de Nantes que je t'adresse; il faut *sauver* leur commune et la *France*; il faut *étouffer la Vendée* qui renaît; il faut rappeler Carrier qui *tue la liberté*.... qu'on n'attende pas un jour....

Telles étoient les premières lettres de Jullien fils, sur Carrier; et, de cette plume juvénile, pas un mot sur les horreurs de Nantes; Robespierre avoit bien affaire de ces choses!

De Tours, le 16 pluviôse, Jullien envoya à son bon ami les détails annoncés la veille.

Après lui avoir dit, que trois fléaux, la peste, la famine, la guerre menaçoient Nantes, et s'être expliqué sur les deux premiers, il ajoutoit (2) :

On dit que la Vendée n'est plus, et *Charette*, à quatre lieues de Nantes, tient en échec les bataillons de la République qu'on lui envoie les uns après les autres, comme dans le dessein de les sacrifier....

Une armée est dans Nantes, sans discipline, sans ordre.... d'un côté l'on pille, de l'autre on tue la République. Un peuple de généraux fiers de leurs épaulettes et bordures en or... *éclaboussent*

(1) Dits papiers, *ibid.*, p. 52.
(2) Dits papiers, *ibid.*, p. 44 et suiv.

dans leurs voitures les sans-culottes à pied ; sont toujours auprès des femmes ou dans les fêtes et repas... et dédaignent, ainsi que Carrier, la société populaire. Celui-ci est invisible pour tous les patriotes.... il se fait dire malade, à la campagne, il est en ville bien portant, dans un *sérail*, entouré d'insolentes sultanes et d'épauletiers lui servant d'*eunuques*....

L'esprit *public* est mort, la liberté n'existe plus.

J'ai vu, dans Nantes, l'*ancien régime*.... la guerre civile semble couver... Une guerre manifeste éclate déjà entre les états-majors et la société populaire.

Carrier a dans un tems écrasé le *négociantisme*... mais, depuis, il a mis la terreur à l'ordre du jour contre les patriotes eux-mêmes.... Il s'est très-mal entouré... il a rebuté les républicains... Il a, par un acte inouï, fermé, pendant trois jours, les séances d'une société montagnarde (1). Il a chargé un secrétaire insolent de recevoir les députations de la société populaire. Il a fait arrêter.... il a maltraité de coups, menacé de mort ceux qui se plaignaient, ceux qui, dans un élan de franchise républicaine (2), demandaient qu'il fût rayé de la société s'il ne fraternisait plus avec elle. J'ai été témoin de ces faits. On lui en reproche d'autres; on assure qu'il a fait prendre indistinctement, puis conduire dans des bateaux et submerger dans la Loire tous ceux qui remplissaient les prisons de Nantes. Il m'a dit, à moi-même, qu'on ne révolutionnait que par de semblables mesures, et il a traité d'imbécile Prieur de la Marne, qui ne savait qu'enfermer les suspects, etc.... Ma conférence avec lui serait trop longue à détailler. C'est encore Carrier, qui par un acte public défendit de reconnaître un de ses collègues pour représentant du peuple; et cet arrêté que je t'ai envoyé était dans toute la force du terme contre-révolutionnaire. *Il faut sans délai rappeler Carrier, et envoyer à Nantes quelqu'un qui réveille l'énergie du peuple et le rende à lui-même....*

Ces lettres de Jullien n'avoient pas pour objet les horreurs de Nantes; les noyades, elles-mêmes, n'y étoient glissées qu'en passant; ce qui étoit signalé au Comité et qui dut le frapper, c'est l'état des esprits à l'intérieur de cette ville; c'est le mécontentement des patriotes; la guerre qui éclatoit déjà entre les états-majors et la société populaire; c'est la Vendée renaissante; c'est Charette, à quatre lieues de Nantes.

(1) Le club de Vincent la Montagne.
(2) Champenois; *Bulletin*, n° 76, p. 4.

Or sur l'état de la Vendée Jullien n'exagérait rien. Depuis une quinzaine de jours (fin nivôse an II) les colonnes, dites *infernales*, de Turreau, s'étoient mises en mouvement (1), et leurs ravages, on le sait, eurent pour résultat de grossir les bandes de Charrette et de Stofflet des malheureux Vendéens chassés de leurs demeures. « La guerre, dit Savary, recommença plus terrible peut-être que dans son origine (1). »

C'est donc l'état des choses à Nantes et dans la Vendée qui amena le rappel de Carrier, et encore ce rappel éprouvat-il quelque contradiction, si l'on en croit Métayer (3), l'un des patriotes nantais conduits au Comité de Salut public par Jullien père (4).

Mon opinion est confirmée, à souhait, par des documents authentiques : une lettre adressée, le 20 pluviôse, par le Comité, à Carrier, pour lui annoncer son rappel; une autre, du même jour, envoyée à Prieur de la Marne, alors à Lorient et choisi pour aller à Nantes, remplacer Carrier; toutes les deux conservées, en minute, aux Archives de l'Empire (5). Voici d'abord la lettre pour Carrier:

       Note pressante.
       Ecrire une lettre au représentant du peuple Carrier à Nantes.

(Ces trois lignes sont bâtonnées et puis on lit :)
       Le 20 pluviôse

Reg.   Le Comité du salut public
n° 175. A Carrier, représentant du peuple à Nantes.

       Citoyen représentant,

Tu as désiré d'être rappelé; tes *travaux* multipliés dans une ville peu patriote et voisine de la Vendée *méritent* que tu te reposes

---

(1, 2) *Guerres des Vendéens et des Chouans*, 1824, t. III, p. 41, 45, 48 et s.
(3) Bulletin, déposit. de Métayer, 7ᵉ part., n° 18, p. 2.
(4) *Moniteur* du 7 frimaire an III, p. 286.
(5) Archives, AF 11, 37 (2).

quelques instants et tous tes collègues te reverront avec plaisir dans le sein de la Convention nationale. Ta santé a été altérée par tes occupations constantes. L'intention du Comité est de te donner une autre mission, et il est nécessaire que tu viennes en conférer avec le Comité.

Salut et fraternité.

(Suivent les paraphes de Barère et de deux autres membres du Comité.)

Et puis la lettre pour Prieur de la Marne:

20 pluviôse.

Le Comité de salut public

Reg. n° 176.
A Prieur de la Marne, representant du peuple dans le Morbihan.

Citoyen collègue,

Quoique ta présence soit bien nécessaire à Lorient, elle l'est bien davantage à Nantes. Tu as fait tant de bien à l'armée chargée d'éteindre la Vendée, que nous réclamons encore ton zèle et ton courage; nous mettons ton patriotisme en réquisition. Pars dès notre lettre reçue, rends-toi à Nantes pour y établir le gouvernement révolutionnaire décrété le 14 frimaire et pour surveiller les *mouvements* dont on nous menace encore *dans la Vendée*.

Les mouvements correspondent à Nantes, ville *modérantisée* et pleine d'aristocrates, marchands, feuillans et royalistes. C'est une ville à surveiller, à électriser et non à accabler par une autorité sans mesure et par des *formes violentes*.

Carrier a été peut-être mal entouré; les intrigans sont le fléau des représentants; Carrier a eu des *formes dures*, il a employé des *moyens* qui ne font pas *aimer* l'autorité nationale; il a eu des discussions avec le Conseil G¹ de la commune et avec la Société populaire de Vincent La Montagne.

Le Comité a pensé que pour les intrigans tu sauras bien les déjouer et les traiter comme ils le méritent, tes formes patriotiques et énergiques feront un effet très-heureux dans cette ville pour laquelle Carrier *est usé*.

Le Conseil général de la commune a besoin d'être surveillé. Il a mis beaucoup de morgue dans sa manière de traiter, avec le représentant du peuple, l'affaire de l'officier municipal nommé Champenois. Il faut rendre justice à tous. Il faut protection aux patriotes, mais nul ne doit atténuer la Représentation nationale. La Société de Vincent la Montagne a pris une grande part à l'affaire du citoyen Champenois; elle a eu le tort d'appeler, avec aigreur, *lettre de cachet* l'ordre donné par Carrier contre le c.ᵉⁿ Champenois, officier municipal. Ce caractère de plainte, cette étrange dénomination nous ont donné des justes préventions contre l'esprit qui doit régner dans cette société; il faut l'améliorer; tu le peux par la confiance que tu y auras en te présentant.

Pour terminer sur ce qui concerne Carrier, tu apprendras avec surprise qu'il a maltraité Julien, notre agent, dont tu connais la douceur de mœurs et l'énergie républicaine. Julien a dû sortir avec des précautions qu'un agent du Comité ne devrait pas être obligé de prendre.

Nous te recommandons fortement la ville de Nantes; son esprit public à raviver, les patriotes à encourager et à défendre, les aristocrates à comprimer et à punir, le *modérantisme négociant* à neutraliser et les affaires de la *Vendée* à surveiller et à accélérer contre le maudit *Charrette* qui rallie des rebelles et des brigands.

Nous écrivons dans ce moment à Carrier qui va partir pour une autre destination.

   Salut et fraternité (1).

    (Suivent les paraphes de Barère et de trois autres
    membres.)

Quoique j'aie coutume de laisser parler les faits et les pièces, je me permettrai quelques réflexions sur ces lettres remarquables. J'y retrouve l'empreinte du Comité de Salut public et de Robespierre; la manifestation de leur esprit, de leur caractère, de leur capacité, de leur fanatisme, de leur insensibilité, surtout de leur doctrine abominable, que « le but justifie les moyens. »

Certes, le 20 pluviôse, ce Comité et son chef n'ignoroient point les crimes de Carrier; et rien, dans leurs lettres, ne les laisse soupçonner; à Carrier on parle de ses « *travaux* multipliés, de ses *occupations* constantes, du repos qu'il a mérité »; avec Prieur de la Marne, concernant Carrier, on n'emploie que des expressions vagues : « les *formes violen-*
« *tes, dures* de Carrier, ses *moyens* qui ne font pas *aimer*

(1) J'ai vu également l'expédition de cette lettre, adressée à Prieur de la Marne et signée *Billaud-Varenne* et *Collot-d'Herbois*; elle appartient à M. Rathery, conservateur adjoint à la Bibliothèque impériale.

l'autorité nationale; pour Nantes, Carrier *usé.* » — Quelques mois plus tard, Barère, au nom du Comité, tenoit un semblable langage sur Joseph Lebon, à qui l'on ne reprochoit aussi que des *formes* un peu *acerbes* (1).

Ainsi le Comité de Salut public et son chef ne s'étoient pas émus des horreurs de Nantes. L'avoient-ils été de celles de Bordeaux, de Lyon, de Toulon, de l'Alsace? Le furent-ils, plus tard, de celles d'Arras, de Brest, de Cambrai, d'Orange? C'étoient des fanatiques, mais des fanatiques logiciens.

Cependant à Nantes, délivrée de Carrier, justice put être faite des deux principaux noyeurs, Fouquet et Lamberty; mais, on l'a vu (2), leur jugement ne fit pas même allusion aux noyades, que Prieur de la Marne avoit défendu d'ébruiter.

Pour Carrier, il revint paisiblement, à Paris, reprendre sa place à la Montagne et aux Jacobins. Neuf mois s'étoient passés, le 9 thermidor avoit soulagé le pays, lorsque, poursuivi par la clameur publique, Carrier fut réuni aux assassins du Comité et de la compagnie Marat de Nantes, et, le 26 frimaire an III, reçut son trop juste châtiment (3).

C'est à cet homme que le vertueux Robespierre, approuvant ses crimes, donnoit le titre de « patriote »; que le Comité écrivoit que « tous ses collègues le reverroient avec plaisir dans le sein de la Convention nationale. » — En de tels sentiments, en un tel système étoit le germe de la loi du 22 prairial qui fut l'épanouissement de Robespierre!

(1) Convention, séance du 21 messidor an II, *Moniteur* du 22, p. 1195.
(2) N° VI, *Cabinet*, 1865, p. 153.
(3) Carrier fut aussi condamné par ses proches; sa famille existe encore à Aurillac, où elle tient un rang honorable; mais elle a quitté son nom depuis longtemps.

Paris. — Imprimerie de PILLET fils aîné, rue des Grands-Augustins, 5.

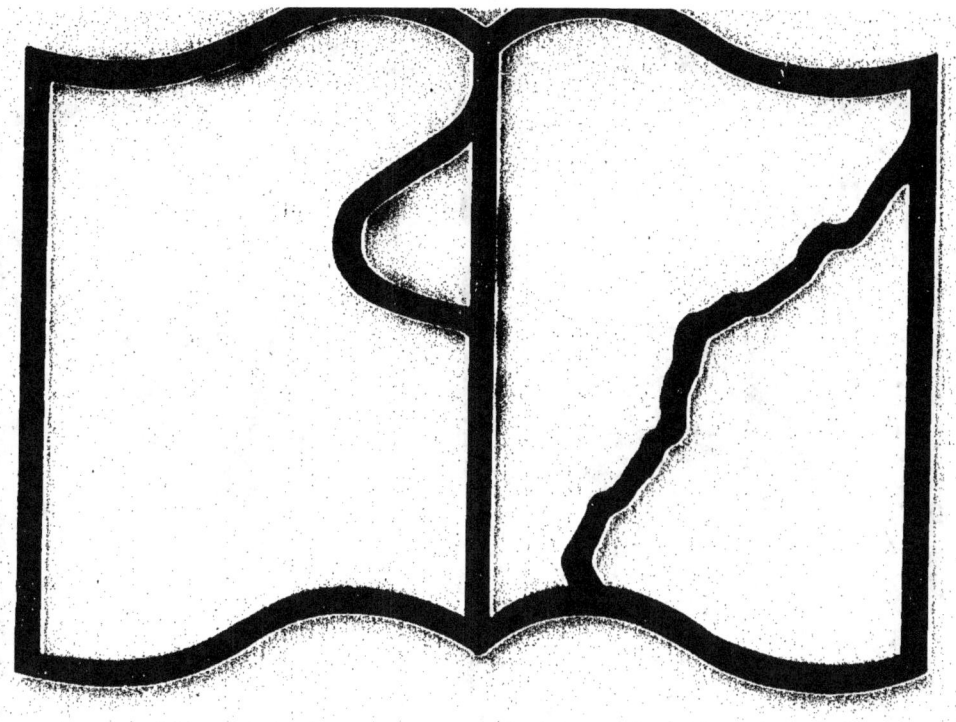

Texte détérioré — reliure défectueuse
NF Z 43-120-11

Contraste insuffisant
NF Z 43-120-14

www.ingramcontent.com/pod-product-compliance
Lightning Source LLC
Chambersburg PA
CBHW070535230426
43665CB00014B/1699